감사의 마음을 담아

_____ 님께 드립니다.

The Dollar Story
달러이야기

THE DOLLAR STORY

달러 이야기

달러의 탄생과  세계지배의 역사

홍익희 지음

홍익희 교수의 교양 화폐경제학 시리즈

한스미디어

머리말

나는 32년간의 KOTRA 근무 끝에 우리나라가 한 번 더 도약하려면 서비스산업에서 승부를 보아야 한다는 결론을 내렸다. 그래서 서비스산업에 대하여 글을 쓰기 시작했다. 그런데 내가 서비스산업이 정말 중요하다고 외쳐도 독자들의 가슴에 와 닿을 것 같지가 않았다. 그래서 서비스산업을 창안하고 주도했던 《유대인 이야기》를 그 서문 격으로 썼다. 서비스산업의 중요성을 알리기 위해서였다.

이제 본문을 쓸 차례다. 서비스산업 가운데에서도 가장 중요한 금융산업에 대한 글로부터 시작한다. 《달러 이야기》, 《환율전쟁 이야기》, 《월가 이야기》가 그것이다. 많이 에둘러 왔다.

세계의 제조업이 산술급수적으로 커가고 있을 때 금융산업은 기하급수적으로 성장했다. 세계는 바야흐로 금융자본이 산업자본을 이끄는 금융자본주의 시대다. 싫든 좋든 간에 말이다. 이러한 금융자본주의 정점에는 미국이 있다. 그 주도 세력이 유대인이다. 지피지기라 했다. 상대를 알아야 한다.

이제 우리의 제조업은 하나 둘씩 중국과 인도로 넘어갈 것이다. 이것이 토인비가 이야기한 〈문명 서진설〉의 어두운 일면이다. 우리도 이제는 제조업이 물러난 자리에 서비스산업을 꽃 피워야 한다. 서비스산업 강국이 되어야 한다. 특히 금융강국이 되어야 한다. 이 책이 우리 금융산업이 진일보하고 또 수출산업화 하는 데 기여하길 바란다.

신대륙 발견을 기점으로 세계사는 중세와 근대를 가른다. 그만큼 신대륙 발견은 역사적 의미가 컸다. 이로써 유럽은 동양을 추월하는 계기를 마련했다.

신대륙 발견 이후의 아메리카 역사는 이제 520년 남짓이다. 그나마 그 가운데 280년은 미국의 태동을 준비하는 시기였다. 1776년 탄생한 미국은 아직 240년이 안 된 신생국이다. 그럼에도 미국은 초강대국이 되어 세계 경제를 지배하고 있다. 미국은 어떻게 부의 역사를 만들었는지를 알아보기 위해 그들의 궤적을 경제사적인 측면에서 추적해 보았다.

그 과정에서 특히 달러의 역사에 주목했다. 미국 중앙은행, 곧 연방준비제도이사회(FRB)는 왜 정부기관이 아니고 민간은행의 연합체인가? 이 수수께끼를 풀기 위해서는 그 시대적 배경과 탄생 비화를 함께 알아야 한다. 이를 음모론적인 시각이 아닌 '미국 화폐의 역사'라는 가능한 객관적인 기록을 통해 조망하였다. 특히 달러 발권의 역사를 그 시대적 배경과 함께 살펴보았다. 이는 연준 탄생의 역사적 배경이기도 하다.

역사는 미래의 거울이라 했다. 달러의 역사를 살펴봄으로써 그 미래를 보려 한다. 모든 금융의 역사가 그렇듯 달러의 역사도 그 배경을 함께 살펴야 한다. 우리가 당시의 시대적 상황을 이해하고 객관적인 시각과 상식으로 역사를 들여다 볼 때 지나친 신자유주의적 맹신이나 음모론적 시각 어느 한 쪽에 치우치지 않고 좀 더 자유로운 조망을 즐길 수 있다.

이 시대에도 민간기구가 달러 발권을 독점하는 것이 과연 타당한지에 대한 판단은 오롯이 독자의 몫이다.

지은이 홍익희

추천사

구용회 | 선트러스트뱅크 수석부사장

나는 평소 존경하던 저자의 새로운 책을 읽고 나서, 무엇보다 이렇게 경제 금융 전반을 깊이 있게 다룬 훌륭한 책이 한국에서 나온다는 것 자체가 크게 놀라웠다. 요즘 열풍이 불고 있는 토마 피케티 파리경제대 교수의 저서 《21세기 자본》에 비교해도 전혀 손색없으며, 한국인의 관점에서 쓰인 책이라는 점이 장점이다. 이 책을 제대로 이해하고 나면, 세계 경제의 흐름을 주도하는 월가 투자은행의 핵심직위에 있는 전문가들 못지 않은 수준의, 경제 및 금융 전문가가 되리라 확신한다. 그렇기에, 이 책이 가능한 널리 많이 읽혔으면 좋겠다. 더 자세한 이유를 풀어나가고자 한다.

세계는 국가 간 협력이라는 명분을 내세우면서도 물밑에서는 자국의 국익을 극대화하려는 총성 없는 경제 전쟁이 치열하게 진행 중이다. 2008년 금융위기를 일찍이 예고했던 뉴욕대 루비니 교수가 "미국이 재채기하면 나머지 세계는 감기에 걸릴 수밖에 없다."고 얘기한 바 있듯, 미국 경제는 금융위기 5년 만에 그 늪에서 벗어나고 있는 반면 부채 구조가 취약한 유럽과 일본, 남미의 여러 나라는 아직도 금융위기 여파를 못 벗어나고 허덕이고 있다. 한국도 예외가 아니다.

한국의 경제구조를 살펴보면 전자, 자동차 등 첨단 제조업 분야에서 세계 최고의 수준에 오른 지 몇 년 되었지만, 금융시장의 수준은 아직 후진국 수준을 벗어나지 못하고 있다. 세계경제포럼(WEF)의 2014년도 국가경쟁력 평가에서 우리나라의 금융시장 성숙도는 세계에서 80위로 평가됐다.

또한 저자가 책에서 밝히고 있듯, 취약한 금융 경쟁력의 여파로 2005년도의 경우, 우리 상장기업들이 1년간 힘들여 약 69조 원의 순이익을 냈지만, 그보다 더 많은 80조 원을 우리 주식시장에 들어와 있는 외국인들이 가져갔다. 그뿐만 아니다. 외국 투자회사들의 수많은 기업인수 사례, 파생시장을 악용해 외국인들이 벌어가는 막대한 돈 등 금융시장을 통해 빠져나가는 국부의 전체 규모는 추정조차 안 되고 있다.

　지피지기면 백전백승이라 했다. 문제는 눈에 안 보이는 적과 싸우며, 눈뜨고 코를 베이고도 코 베인 줄도 모르는 것이 현대의 금융전쟁이다. 국제 간의 정세에서 금융산업의 중요성을 일찍이 간파한 미국은, 제조업의 주도권을 진즉에 타국에 넘겨주고, 금융시장과 통화정책의 주도권을 유지함으로써 아직도 세계 경제의 헤게모니를 쥐고 있다. 그 중심에는 금융시장과 금융정책을 주도하고 있는 유대인들이 있다. 나는 월가에서 십수 년간 일하며 수많은 유대인들을 접하면서 그들의 치밀하고 치열함에 감탄한 적이 수없이 많았다. 그렇기에 베스트셀러 《유대인 이야기》를 저술한, 유대인 연구에 관해 국내 최고권위자인 저자야말로 유대인을 중심으로 움직이는 미국 금융구조를 속속들이 연구하여 눈에 안 보이는 적을 명확히 밝혀내는 데 가장 적합한 분이다.

　이런 관점에서 저자가 책에서 강조하고 있듯, 1980년대 세계경제 총아로 부상하다 미국의 제재로 장기침체로 빠져든 일본이나, 국가 부도 후 후진국으로 전락한 남미의 여러 나라에서 보듯, 인재양성을 통해 엘리트 경제 전사를 키우는 것이 국가의 사활이 걸린 중대사임이 명확해졌다. 인재양성을 위해서 무엇보다 세계 경제의 흐름과 그 속에서 대한민국이 처한 위치와 나아갈 바를 일

목요연하게 정리한 책이 절실하던 참에 이 책이 출간되었다.

저자는 이 책을 통해 그 목표를 훌륭히 이루고 있다. 그 이유는 다음과 같다.

첫째, 세계 경제의 흐름과 금융시장을 제대로 이해하기 위해서 첫째로 선행되어야 할 것은 방대한 경제 데이터와 역사적 사실들을 정리하는 일이다. 그렇지 않고서는 단지 단편적인 고찰에 불과하며 큰 흐름을 볼 수가 없다. 그런 면에서 이 책은 방대한 데이터를 일목요연하게 정리하고 있는 아주 드문 책이다. 나아가 저자는 데이터들이 제시하는 경제적인 의미도 쉽고 친절하게 풀어간다.

둘째, 국제 금융시장은 천문학적 규모의 자본과 인력을 동원해 개발한 첨단 금융기법을 바탕으로 형성되어 있다. 거대 금융기관들의 투자와 위험관리를 위해 개발한 고도의 금융기법은 상상을 초월하리만큼 복잡해지는 추세이다. 그 핵심에 있는 월가와 유대인들을 중심으로, 이런 복잡한 금융 구조의 역사적 사건들을 금융 전문가가 아닌 누구라도 쉽게 이해할 수 있도록, 저자는 놀라울 정도로 명료하게 이야기를 풀어나간다. 나아가 여러 사례를 통해 금융시장에서 진행되고 있는 굵직한 사건들과 주요 인물들 이야기를 상세하게 기술하고 있다.

또한 책을 통해 저자는 실생활에서 개인이 재테크에 적용할 수 있는 고도의 투자기법들을 소개하고 있다. 그 예로는 위대한 투자자들의 투자 철학, 장기투자법, 군중심리에 빠지기 쉬운 주식투자에 대한 경고 등을 들 수 있다. 나아가 환율전쟁 등 선제적 정책대응과 수출관련 업무에 도움이 되는 실용적인 지식도 많이 다루고 있다.

이 책은 금융전문가나 경제, 경영 전공자뿐 아니라 누구나 쉽게 이해할 수 있도록 쓰인 책이다. 경제 흐름과 투자론 등에 관심이 있는 누구나 반드시 읽어볼 필요가 있다. 자신이 알고 있는 세계 경제에 대한 지식이 어느 정도인지 진단하고 생각해 볼 수 있게 할 것이다. 나아가, 각 개인의 삶에서의 합리적인 금융관리 계획을 세우고, 기업과 국가의 경제정책에 대한 체계적이며 창의적인 사고를 할 수 있게 될 것이다.

구용회 님은 서울대 수학과를 졸업하고 미국 미네소타 대학에서 응용수학 박사학위를 취득했다. 그 뒤 미국과 유럽의 연구소에서 수년간 연구 활동과 강의를 거쳐 월가에서 모건스탠리, 시티그룹, 메릴린치 등 주요 투자은행에서 십여 년간 수조 원대의 파생상품 포트폴리오를 관리하는 금융공학자(퀀트 : Quant)로 근무해 누구보다 월가의 내막에 정통한 금융전문가이다. 지금은 애틀랜타에 소재한, 약 200조 원 정도의 자산을 보유한 은행인 '선트러스트뱅크'(SunTrust Bank)에서 수석부사장으로 파생상품 및 자산 위험관리 업무를 담당하고 있다.

차례

머리말 · 4
추천사 · 6

1부 미국의 탄생과 화폐의 등장

1. 콜럼버스의 신대륙 발견
   후춧가루 쫓다 세계사를 바꾼 콜럼버스 · 17
   신대륙 발견에 힘을 보탠 유대인들 · 21
   신대륙 발견과 뜻밖의 수확물 · 24
   동양의 향신료가 대항해를 촉발하다 · 27

2. 신대륙의 원시화폐들
   원시화폐의 탄생 · 33
   동토의 시베리아 개척 · 44
   원시화폐가 이룬 또 하나의 전설, 맨해튼 구입 · 48
   화폐의 역사 · 57

3. 유대인들 몰려오다
   유대인, 미국에 상륙하다 · 64
   청교도와 유대교 · 82
   삼각무역을 주도한 유대인들 · 87

4. 식민지 시대의 혼란
   새로운 개념의 화폐가 등장하다 · 101
   7년 전쟁과 식민지의 반발 · 106
   지폐의 발행으로 일어난 미국 독립전쟁 · 114

5. 치열한 화폐발행 권력의 다툼
미국의 독립과 달러의 탄생 • 120
연방정부의 탄생 • 126
중앙은행의 탄생 • 141
제퍼슨, 민주국가의 기틀을 잡다 • 155
제2미합중국 중앙은행의 탄생과 폐쇄 • 163

6. 미국, 산업시대로 진입하다
미국 제조업은 산업스파이로부터 • 175
국제 금융계의 큰손, 로스차일드의 등장 • 189
골드러시, 미국의 부흥을 이끌다 • 196

7. 미국의 분수령, 링컨과 남북전쟁
최초의 세계공황이 일어나다 • 204
남북전쟁 발발과 그린백의 탄생 • 212
그린백과 국채가 전쟁을 승리로 이끌어 • 220

8. 미국의 산업혁명
미국, 규격화와 표준화로 세계 최대의 공업 생산국이 되다 • 230
철도 시대의 개막과 유럽 자본의 힘 • 237

2부 패권국 미국과 달러의 세계지배

1. 유대인의 본격 이주와 미국의 산업화
유럽의 장기불황, 유대인들의 미국 이주가 급격히 늘어나다 • 247
유대계 자본과 인력이 미국 산업화를 이끌다 • 252

2. 미국의 패권주의
미국, 마침내 영국을 넘어서다 • 275
금과 은의 다툼 • 281
금융자본주의 시대가 열리다 • 288
러·일 전쟁에서 일본을 지원한 유대인 제이콥(야곱) 시프 • 304
1차 세계대전 후 미국이 세계 1위의 해외투자국가로 • 322

3. 미국 근대 산업사는 재벌의 역사
세계 경제의 축, 대서양을 건너다 • 329
제이피 모건의 등장 • 330
코카콜라 이야기 • 356
록펠러의 등장 • 380
미국 산업을 양분한 두 재벌 • 416

4. 공황의 두려움으로 탄생한 연방준비제도이사회
제이피 모건의 활약 • 440
안정에 대한 갈망이 중앙은행 탄생을 이끌어 • 450

5. 대공황의 역사가 반복되다
과잉자본 때문에 발생한 1907년 공황 • 460
1929년 대공황 전야 • 463
만약 벤저민 스트롱이 살아있었더라면 • 473
보호무역주의 대두, 공멸로 치닫다 • 480
대공황에 시달리는 국민의 선택, 정권교체 • 485

6. 루스벨트의 개혁
루스벨트, 대공황 타파 위해 유대인 끌어들여 • 489
세제개혁을 통해 부의 재분배 실현 • 502
다우지수가 루스벨트의 개혁을 반기다 • 510

7. 반유대 정서와 유대인의 권익보호
유대인 차별 철폐와 그들의 부상 • 517
반유대 정서의 확산 • 527
유대인들의 강력한 권익활동 • 540
에이펙 총회의 위력 • 544

8. 미국, 세계 경제를 주도하다
대량생산 시스템으로 세계를 장악하다 • 547
2차 세계대전을 계기로 세계 경제의 주도권을 잡다 • 553
달러, 세계의 기축통화가 되다 • 561

참고문헌 • 574

THE DOLLAR STORY

미국의 탄생과
화폐의 등장

1부

콜럼버스의
신대륙 발견

1

후춧가루 쫓다
세계사를 바꾼 콜럼버스

유대인으로 추정되는 콜럼버스

크리스토퍼 콜럼버스가 1492년 10월 12일 신대륙을 발견했다. 그러나 기실 신대륙의 첫 번째 발견자는 아메리카 원주민들이었다. 그들은 아시아에서 베링 해협 육로를 통해 2만 년 전에 아메리카로 건너온 것으로 추정된다. 그 뒤 두 번째 발견한 사람들은 바이킹이었다. 그러나 1천 년경에 일어난 이 사건은 세상에 별로 알려지지 않았다.

콜럼버스는 지금도 유대인이라는 설이 끊이지 않는다. 그는 제노바 근처 사보나에서 모직물 무역상 도미니코 콜론과 스페인계 유대인 어머니 수산나 폰타나로사 사이에서 태어났다. 그래서 법적으로는 제노바 사람이었으나 이탈리아어를 쓰지 않고 스페인어를 썼다. 그의 아버지도 스페인계 유대인으로 추정된다. 우선 중세에 상인이라 함은 유대인과 동의어였다. 그 무렵 중세 봉건주의의 장원제도 하에서 대부분이 농사 짓고 살았는데 떠돌아다니며 장사하는 상인은 유대인이었기 때문이다. 게다가 모직물 무역상은 대대로 유대인 고유의 직업이었다.

:: 신대륙을 발견한 콜럼버스 일행. 그는 죽는 순간까지 자신이 발견한 곳이 인도라고 믿었다.

그리고 콜럼버스는 영어식 성이고 그의 실제 성은 콜론(Colon)이다. 당시 '콜론'은 이탈리아에 살고 있었던 유대인들의 성으로 콜럼버스 스스로도 다윗 왕과 관련 있다고 자랑하였다. 그는 개종 유대인인 '마라노'라는 설이 있다. 마라노는 종교재판을 피해 가톨릭으로 거짓 개종한 유대인을 부르는 경멸어이다. 최근 유대 연구가들에 따르면 콜럼버스는 1391년~1492년 사이에 스페인에서 추방된 유대인이라는 주장이 제기되고 있다. 당시 스페인에서는 마녀사냥식 종교재판이 성행해 많은 유대인들이 추방되거나 스스로 탈출했다.

마르코 폴로의 《동방견문록》에 심취하다

콜럼버스는 어릴 때부터 항해에 관심이 많았다. 10대 후반부터 아버지를 따라 직물과 포도주를 팔러 지중해 연안은 물론 아이슬란드까지 항해했다. 1474년 에게해 키오스섬에 유향 사러가는 항해에도 참가했고, 20대 후반에는 스페인 남부 마데이라섬으로 설탕 사러 간 적도 있었다. 이렇게 그는 어릴 때부터 해상무역을 하던 무역상이었다.

당시 동서무역의 주역 또한 유대인들이었다. 왜냐하면 기독교와 이슬람이 첨예하게 대립하던 시절이라 양 지역을 오가며 교역할 수 있는 상인은 유대인뿐이었다. 기독교도나 이슬람은 상대 지역에 들어 갈 수 없을 뿐 아니라 항해 자체가 위험했던 시기였다.

콜럼버스는 제노바 상선대 선장이 된 뒤에는 마르코 폴로와 프톨레마이오스 등의 책을 읽고 지구가 둥글다는 믿음을 갖게 되었다. 그는 마르코 폴로의 글을 읽으면서 흥미로운 대목 옆에는 메모를 남길 정도로 탐독했다. 마르코 폴로는 몽골의 대칸이 지배하는 영역이 대인도, 중인도, 소인도 '세 개의 인도'로 구성되어 있다고 했다. 콜럼버스는 마르코 폴로가 이야기한 '인도' 곧 원나라를 향해 출항한 것이다. 그가 휴대한 이사벨라 여왕의 친서 수신인은 '위대한 칸'이었다.

:: 중세 사람들은 지구가 평평해 먼 바다로 나가면 절벽 아래로 떨어진다고 생각했다.

어렵게 이사벨 여왕의 후원을 얻다

17년간 후원자를 찾아 헤매던 콜럼버스가 우여곡절 끝에 수도원장 마르티나 신부의 주선으로 1486년 1월 스페인 이사벨라 여왕을 처음 알현했다. 그는 탐험계획을 설명하고 마르코 폴로의 《동방견문록》에 소개된 '대칸의 나라'를 찾아가겠다며 도움을 청했다. 이 계획은 특별 심사위원회에 올려졌으나 쉽게 결론나지 않았다.

당시 궁전에는 3인의 마리노, 곧 개종유대인들이 있었다. 궁정 유대인 가브리엘 산체스, 시종 J. 가브레로, 왕실 조세관리관 루이스 데 산탄겔이 그들이다. 그들은 이사벨 여왕에게 왕실 재산의 궁핍을 설명하고 만일 콜럼버스가 성공하기만 한다면 거대한 부를 거둘 수 있다고 거들었다. 당시 유럽에는 왕실 내에 '궁정 유대인'이란 특이한 직종이 만들어지기 시작할 무렵이었다. 유대인들이 워낙에 재정 관리와 금융 섭외에 유능했기 때문이다. 궁정 유대인은 오늘날의 재무장관격이었다.

여왕은 콜럼버스의 요구가 많아 처음에는 부정적이었다. 그러나 조세관리관 루이스 데 산탄겔이 자신이 탐험비용을 부담해도 좋다고 발언한 것에 자극받아 그를 지원하기로 결정했다. 이사벨은 자금 외에도 팔로스 시(市)로 하여금 선박 2척을 내주게 하고, 과거의 죄를 사면해 준다는 조건으로 승무원 모집도 거들어 주었다. 또 핀손이라는 선장이 자기 소유 선박 산타마리아호와 함께 참가했다. 그는 드디어 1492년 8월 3일 3척의 배에 120명의 선원을 태우고 출발했다.

신대륙 발견에 힘을 보탠 유대인들

음양으로 도움 준 유대인들

 당시 콜럼버스 항해를 적극 지지했던 궁정의 후원자들은 주로 개종 유대인들이었다. 그리고 선원은 물론 통역관, 지도 작성자, 항해기구 제작자 등 대부분이 유대인이었다. 유대인 천문학자 아브라함 자쿠토가 작성한 항해지도를 썼고, 유대인 요세프 베치뇨가 개발한 항해도구를 썼다. 특히 통역관이었던 루이스 데 토레스는 4개국 언어에 능통한 랍비 출신이었다.
 콜럼버스의 항해에는 음양으로 유대인 과학자들의 도움이 컸다. 당시 유대인 과학자들은 남들보다 1세기 먼저 지도와 나침반을 만들어 먼 거리 항해를 준비했다. 마르코 폴로의 글이 유럽인의 지리 지식을 어떻게 바꾸어 놓았는지를 잘 보여주는 것이 1375년 스페인 마요르카 섬에서 제작된 유럽 최초의 세계지도였다.

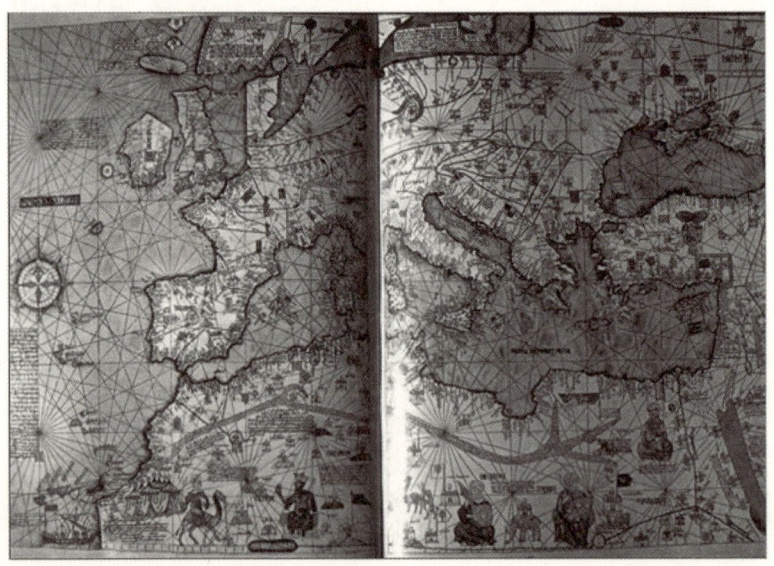
:: 1375년 아브라함 크레스쿠 지도 (자료사진 : 서현우)

　이 지도에는 《동방견문록》에 의해 처음 알려진 지명들이 자세히 기록되어 있었다. 모두 8장으로 이루어진 지도는 동방 세계에 4장을 할애했다. 유대인 아브라함 크레스쿠가 바로 이 지도를 만들었다.

남반구 항해를 가능케 한 유대인의 천측력

　콜럼버스가 항해를 떠나기 5개월 전인 3월에 이사벨 여왕은 유대인 추방령을 내렸다. 당시 추방당한 사람 중에는 랍비이자 천문학자인 '아브라함 자쿠토'도 있었다. 그 무렵 항해가들은 아프리카 서해안을 따라 탐험했는데 북반구에서는 북극성의 고도를 측정하면 대략의 위도를 구할 수 있었다. 경도는 연안을 따라 항해했기 때문에 큰 문제가 아니었다. 그러나 남반구로 내려가면 북극성을 관측할 수 없어 위도를 구할 수 없었다. 이를 해결한 사람이 바로 자쿠토였다. 그는 해의 고도를 측정하는 방법을 고안해 위도와 태양의 적위를 계산해 놓은 《천측력》을 유대어로 간행했다. 이로써 위도를 구할 수 있게 되어 남반구 항해가 가능해졌다.

그는 스페인에서 추방당하자 포르투갈로 건너가 포르투갈 왕실 천문학자로 일했다. 콜럼버스가 대항해를 결심하게 된 배경에는 자쿠토의 영향이 컸다. 그의 멘토였던 자쿠토는 지구가 둥글다는 사실을 콜럼버스에게 확실하게 각인시킨 인물이었다.

마지막 난관은 선원 모집이었다. 저 넓은 바다 끝에 가면 벼랑 아래로 떨어져 죽을 것이라는 공포감 때문에 배를 타겠다는 사람이 없었다. 콜럼버스의 끈질긴 노력과 이사벨과 여왕의 지원으로 선원의 4분의 1은 승선을 조건으로 사면 받은 죄수들로 채워졌다.

콜럼버스의 첫 항해에 탑승한 선원들 중 우수한 뱃사람, 독도사, 통역, 외과의사 등 중요 스탭진은 대부분 유대인이었다. 콜럼버스가 이런 유대인 선원들을 만났다는 것은 행운 중에 행운이었다.

신대륙 발견과
뜻밖의 수확물

콜럼버스, 서인도제도에 도착하다

　마침내 그해 10월 12일 콜럼버스는 신대륙에 도착했다. 출발한 지 70일 만이었다. 콜럼버스는 바하마제도의 구아나아니 섬에 도착했다. 그는 자신이 인도의 한 곳에 도착한 것으로 확신하고 신에 대한 감사의 뜻을 표시하기 위해 이 섬을 '산살바도르'라고 명명했다. '구세주'라는 뜻이다.

　콜럼버스가 그곳을 인도라고 착각한 이유는 있었다. 《동방견문록》의 애독자였던 그가 원래 가고자 했던 나라는 칸이 다스리는 원나라였다. 그런데 그는 해류 때문에 원나라 남쪽 인도에 도착했다고 생각했다.

　그는 진정 자기가 도착한 곳이 인도인줄 알았다. 그래서 그곳 사람들을 '인디언'이라고 불렀다. 후세 사람들도 아메리카 원주민들이 인도 사람이 아닌 줄 뻔히 알면서도 콜럼버스를 따라 계속 인디언이라고 불렀다. 콜럼버스는 죽을 때까지 자기가 인도를 찾아냈다고 믿었다. 그의 이러한 슬픈 신념을 애도하기 위해 후세 사람들은 그가 찾아낸 카리브 해의 섬들을 인도와는 전혀 상관이 없었지만 그래도 서쪽의 인도라는 의미로 '서인도제도'라고 불러 주었다.

∷ 신대륙에 도착한 콜럼버스

그가 도착해 맨 처음 한 일은 돈이 될 만한 토산품을 찾아내는 일이었다. 그러나 여러 섬을 돌아다녀 보아도 후추 같은 돈 될 만한 것은 어디에도 없었다. 그런 가운데 어느 섬에서 사금이 나는 걸 발견했다. 그 뒤 스페인은 금과 은에 집착하게 된다.

콜럼버스는 첫 귀환 길에 앵무새와 아메리카 원주민을 대동하여 사람들을 놀라게 했다. 그 뒤에도 신기한 동식물들을 많이 갖고 들어왔다. 콜럼버스의 위대한 업적 가운데 하나가 그가 일차 항해에서 가지고 온 감자와 옥수수, 고추, 고구마, 토마토 등 남미산 곡물이었다. 훗날 바로 이 감자와 옥수수가 유럽을 기근에서 구해 주었다.

또하나, 콜럼버스가 가지고 온 고추가 임진왜란 때 일본을 통해 우리나라에 들어와 우리 민족의 입맛을 바꾸어 놓았다. 매운 것 좋아하는 사람들은 콜럼버스에게 감사해야 할 것이다.

신대륙 명칭이 콜럼비아가 아니라 아메리카인 이유

콜럼버스는 자기가 찾은 땅을 인도라고 믿은 반면, 이탈리아 출신의 지도제작자이자 탐험가인 아메리코 베스푸치는 1502년 남미 탐험 이후 콜럼버스와는 달리 이곳은 인도가 아닌 신대륙이라 믿었다. 그래서 그는 그의 확신을 담은 《신대륙》이라는 여행일지를 출판했다. 이에 사람들은 신대륙을 처음 인정한 그를 기려 '아메리카'라 불렀다.

그리고 1856년 파리에 살던 중남미 지식인들이 멕시코 이남의 나라들은 라틴 전통을 공유하고 있다며 당시의 명칭인 '앵글로색슨아메리카' 대신 '라틴아메리카'라고 부르기 시작해 국제적으로 통용되었다. 이는 미국의 팽창주의에 반발한 반미 감정의 표출이기도 했다.

∷ 베스푸치 동상. 피렌체 우피치 미술관

동양의 향신료가
대항해를 촉발하다

금가루보다 비쌌던 중세의 후춧가루, 로마시대부터 애용

후춧가루 등 향신료는 세계 경제사에서 상상 이상의 중요성을 갖고 있다. 콜럼버스의 아메리카대륙 발견, 바스코 다 가마의 인도항로 개발, 마젤란의 세계일주 등이 모두 후춧가루를 구하기 위한 것이었다. 당시 동양의 향신료는 부의 원천이었고, 이를 계기로 대항해가 시작되었다.

:: 후추

기원전 330년경 알렉산더 대왕이 인도의 인더스강 유역까지 정복하여 그때 동양 향료가 유럽에 전해졌다. 특히 그는 원정 때 친구인 식물학자를 대동하여 점령지의 많은 향료를 수집하게 했다. 그러나 유럽인들이 인도산 후추와 계피 등 향신료를 본격적으로 사용하기 시작한 것은 로마가 이집트를 정복한 뒤부터이다. 무역풍을 타고 인도양과 홍해를 거쳐 이집트에 오는 항로가 개발되었기 때문이다.

후추는 실크로드나 해로로 상업 중심지 호르무즈나 아덴에 옮겨진 후 그곳에서 다시 베네치아와 알렉산드리아로 운반되었다. 당시 후추는 너무도 귀해 로마에 도착하면 같은 무게의 금과 가격이 같았다.

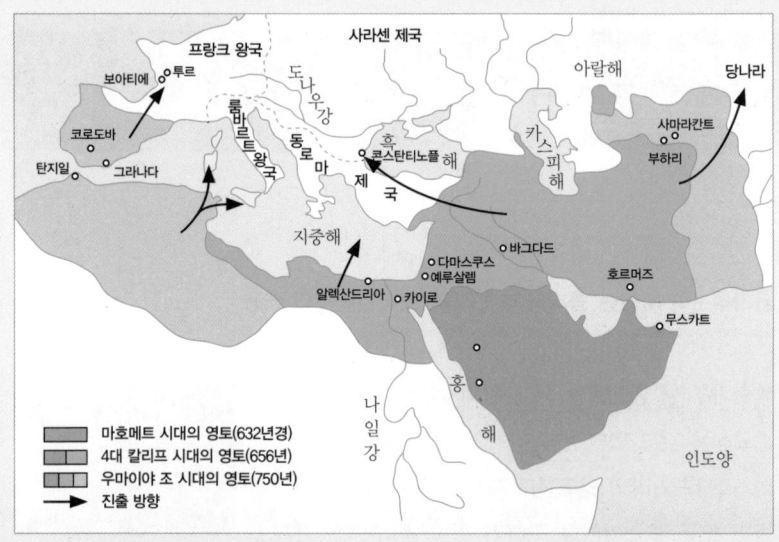
:: 중세 이슬람의 진출방향

중세에 이슬람이 실크로드와 바닷길을 장악해 8세기경부터 지중해는 이슬람의 바다가 되었다. 그 뒤 향신료는 모두 아랍 상인의 손을 거쳐 공급됐고, 따라서 가격이 오르고 거기에다 술탄이 과도한 관세를 부가해 더욱 비싸졌다. 이를 베네치아의 유대인 상인들이 아랍 상인들로부터 사서 막대한 이윤을 붙여 유럽 각지에 팔았다. 그러다 보니 후추의 소비자 가격은 금가루보다 비쌌다. 귀하다 보니 화폐로 통용된 때도 있었다. 이쯤 되자 후춧가루는 베네치아를 제외하고는 유럽 각국에서 왕실의 전매품이 되었다.

유럽인은 왜 비싼 향신료를 그토록 선호했을까?

그 무렵 냉장고가 없던 시대라 주식이 빵과 감자 그리고 소금에 절인 저장육과 생선 정도였다. 소금에 절인 염장식품에 신물이 난 귀족과 세도가들은 후춧가루를 친 신선한 스테이크를 좋아했다. 또 맛없는 음식에 정향이나 육두구 같은 향료를 넣으면 맛있게 먹을 수 있었다. 당시 후추보다 비싼 게 육두구였다. 영어 이름인 '너트메그'(nutmeg)란 사향 향기가 나는 호두라는 뜻이다. 고기음식을 즐기는 서구인들은 고기 비린내를 제거하고 육류를 저장하는 데 향료를 사용했다.

향료는 음식의 풍미를 더하는 데 머물지 않고 성욕을 돋우는 강장제와 의약품으로 여겨졌다. 특히 전염병을 예방하는 살균효과가 있다고 알려져 부유층들이 앞다투어 샀다. 전염병이 돌때는 후추가 악취를 없애고 소독하는 약품으로도 쓰였다.

:: 육두구

후추는 로마시대부터 귀하게 여겨져 은제 항아리에 넣어 소중하게 다루었다. 인도 남부에서 생산되는 후추는 유럽 귀족의 입맛을 완전히 바꿔버렸다. 중세 게르만 사회에서는 세금이나 관료의 급료, 땅의 매매나 임대, 결혼 지참금 등에 후추가 쓰였다.

후추는 열대성식물이라 유럽에서는 재배가 어려워 동서무역을 하는 대상들로부터 비싼 값에 사들일 수밖에 없었다. 대상들은 동양으로부터 후추를 사들여 비싼 값에 되파는 중개무역으로 큰 부를 쌓았다.

후추가 이처럼 귀하고 비싸지자 사람들은 대상을 거치지 않고 목숨을 건 모험을 감행했다. 당시 인도 현지에서 산 향신료를 싣고 배가 무사히 돌아오면 보통 1백 배 이상의 시세차익을 보았다. 선장과 선원들은 고향에서 영웅이 됐고, 항해에 자금을 댄 상인들은 떼돈을 벌었다.

역사를 바꾼 대항해 시작되다

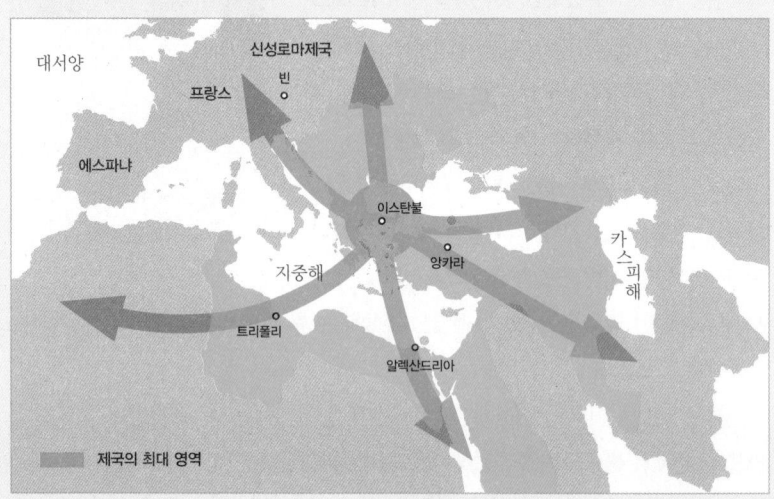

:: 오스만제국의 발흥

14세기 초 동서교통로를 보호해 주던 원나라의 힘이 약해진 틈을 타 오스만제국이 발흥해 유럽과 동방의 무역로를 차단했다. 그러자 유럽에서 후추 가격이 폭등했다. 생산지 가격의 1백 배는 보통이고 육두구의 경우 6백 배까지 치솟았다. 동양의 향신료만 얻을 수 있으면 그야말로 대박이었다. 그러자 유럽 각국들은 동방 향료를 구하기 위해 혈안이 되었다. 인도로 가는 새로운 항로개척이 시급해진 것이다.

지리상의 발견이 시작된 것도 바로 후추를 구하기 위해서였다. 향신료 무역을 이슬람을 통하지 않고 직접 시도한 것이 스페인과 포르투갈의 대항해였다. 그 촉발제는 마르코 폴로의 《동방견문록》이었다. 이 책이 성경 다음의 베스트셀러였는데, 그만큼 당시 사람들이 동방에 대한 관심이 지대했다.

이 책에는 향신료 산지에 대한 기록이 자

:: 마르코 폴로

세히 적혀 있었다. "중국보다 동쪽에 황금의 나라가 있다. 그곳 사람들은 후추를 물 쓰듯 한다."는 대목에서 유럽인들의 눈은 휘둥그레졌다. 황금과 후추가 그렇게 흔하다니 모험가들이 몸이 달아오를 수밖에 없었다. 마르코 폴로는 항주 시의 하루 후춧가루 소비량이 4,740킬로그램이나 된다고 그 놀라움을 적었다. 동방견문록에는 과장되거나 불확실한 부분도 있으나, 베네치아 상인답게 그의 향신료 산지에 대한 기록은 비교적 정확했다. 이렇게 되자 신항로 개척의 필요성은 한층 절실해졌다.

스페인과 포르투갈의 향신료 획득전쟁은 결국 항로를 동쪽으로 향한 포르투갈이 서쪽으로 향한 스페인을 이기고 무역권을 독점하게 된다. 1498년에 포르투갈의 바스코 다 가마가 희망봉을 돌아 인도로 가는 항로를 발견함으로써 후추 교역에서 포르투갈 시대가 전개된다. 그들은 인도의 고아에 식민기지를 마련하고 말라카왕국과 향료의 주산지인 몰루카제도를 점령해 단번에 향료무역을 독점했다. 반면 항로를 잘못 잡은 스페인은 신대륙을 발견했다. 콜럼버스 역시 후춧가루를 찾아 나섰던 사람이다.

포르투갈 사람들이 구한 향료는 인도 말라바르해안의 후추와 스리랑카의 계피를 비롯해 몰루카제도의 정향, 반다섬의 육두구 등이었다. 포르투갈이 가져간 향료가 큰 인기를 끌고 엄청난 이윤을 내자 네덜란드와 영국도 동인도회사를 속속 설립해 향료무역에 뛰어들었다. 결국 유럽의 발전은 후추가 이끈 셈이다.●

● 《성서 이후의 유대인》, 최영순, 매일경제신문사, 2005년 5월

THE
DOLLAR
STORY

신대륙의
원시화폐들

2

원시화폐의 탄생

북미 대륙 원주민의 화폐는 조가비 구슬

콜럼버스가 신대륙을 발견할 당시, 북미 대륙의 원주민 인디언은 약 2백만 명 정도였다. 그들의 화폐는 조가비로 만든 구슬이었다. 당시 조가비 구슬을 꿰어 만든 목걸이가 그들의 위세를 드러내는

:: 조가비 구슬

귀중품이었다. 마치 청동기시대에 청동검이 족장의 위세를 나타내어 도전이나 포전이 화폐가 되었듯이 조가비 구슬이 그들의 화폐였다.

사실 원주민들은 날씨가 따듯한 중남미에 많았다. 그곳에는 약 6천만 명 이상의 인디언이 있었다. 중남미는 당시 강국이었던 스페인과 포르투갈이 분할 점령했다. 그 뒤 스페인은 1513년 플로리다, 1522년 멕시코를 정복하고 1540년에는 뉴멕시코에 진출했다. 그들은 주로 자기들 조국 스페인과 기후가 비슷한 곳에 살았다.

그 뒤 영국, 포르투갈, 네덜란드, 프랑스의 탐험가들이 신대륙의 황금과 부를 찾아 유럽 대륙에서 건너왔다. 그러나 초기 개척자들은 북아메리카에서 황금을 찾지 못해 대부분 정착하지 못하고 고국으로 돌아갔다. 결국 북미에 정착하게 된 사람들은 나중에 도착한 사람들이었다.

이후 네덜란드와 프랑스인들이 몰려와 정착했다. 특히 미시시피강 유역에 프랑스계 이민이 많았다. 상대적으로 늦게 제임스타운에 도착한 영국은 다른 나라와 달리 정부 주도가 아닌 민간회사를 통해 이민이 이루어졌다. 영국 이민은 1585년 106명이 처음으로 신대륙에 왔다. 그들은 식민지 건설계획을 선언하고 영국 국왕 엘리자베스 1세에게 자기들이 개척한 토지를 바쳤다. 여왕은 이민자들이 도착한 곳이 처녀지이고 그녀 자신이 처녀였기 때문에 그곳을 '버지니아'(Virginia)라고 이름 짓게 했다.

그러나 1589년 다시 찾아가니 초기 이민자들은 병들어 모두 죽고 없었다. 이후 1607년 새로운 이민자들이 버지니아 제임스타운을 다시 정착지로 만들었다. 당시 이민자들은 주로 엔클로우저 운동(영국에서 행해졌던 토지 사유화 운동)으로 쫓겨난 농민과 도시 빈민들로 생계를 찾아 건너온 사람들이었다.

연초 재배로 자립기반 닦아, 담배가 화폐 구실

제임스타운에 최초의 식민지를 건설한 영국인들은 초기에 인디언 도움을 많이 받았다. 인디언들은 그들에게 사냥과 낚시하는 법과 호박, 콩, 옥수수 등 토착식물 재배법을 가르쳐 주었다. 그 무렵 카리브 해 연안과 인근 섬들이 담배 경작지였다. 1612년에 존 롤프가 그곳에서 연초 씨앗을 얻어왔다. 그런데 이 연초는 맛이 독했다. 그래서 이를 토착식물과 교배해 유럽인 취향에 맞는 신품종을 개발했다. 결과는 대성공이었고 1614년 런던에서 크게 환영받았다. 그 뒤 연초 재배는 버지니아의 주 수입원이 되었다. 이로써 자립경제의 기틀을 마련했다.

  담배는 콜럼버스에 의해 유럽에 처음 소개되어 그 중독성으로 인해 삽시간에 인기를 얻었다. 담배 수입이 이익이 많이 남자 1600년 이래로 담배는 왕실의 전매사업이 되었다. 그 뒤 담배는 귀족과 부자들의 사치품으로 자리 잡았다. 왕실이 재정수입 확대를 위해 귀족 자제들이 다니는 학교에서 일종의 교양으로 흡연을 권장하고 예법을 가르쳤다는 기록도 있다.

1620년 청교도의 신대륙 이주

최초의 청교도 이주자들(Pilgrims)은 포도주 운반 배 메이플라워호를 빌려 타고 1620년에 신대륙에 왔다. 이들의 애초 목적지는 버지니아였다. 하지만 폭풍을 만나 그보다 훨씬 북쪽인 매사추세츠에 도착했다.

그들 가운데 지도자들이 앞으로 공동체 식구들이 지켜나가야 할 서약을 만들었다. 이것이 '메이플라워 서약'이다. 이 서약은 미국 역사에서 민주주의 기본정신으로 여겨진다.

겨울에 매사추세츠에 도착한 그들은 먹을 것도 없고 추위 속에 병에 걸려 102명 중 반이 죽고 50여 명만 살아남았다. 그럼에도 1년 후 메이플라워호가 영국으로 돌아갈 때 전부 신대륙에 남아 공동체를 지켰다. 인디언들은 그들에게 옥수수 재배법을 가르쳐 주었다. 그리고 사냥한 모피와 목재 교역 그리고 담배 재배를 통해 소중한 현금을 마련했다. 이들은 불과 5년 만에 자립경제를 이루었다.

이들이 플리머스에서 살며 가을에 처음 수확을 하고 하느님께 감사를 드린 날이 지금의 '추수감사절'(Thanksgiving Day)이다. 추수감사절에 칠면조 고기를 먹는 풍속은, 인디언들이 가지고 온 칠면조를 백인 여인들이 요리하여 인디언과 나누어 먹기 시작한 데서 연유한다. 이 부족장 이름이 '마싸오잇'(Massasoit)으로 매사추세츠 주의 이름이 여기서 기원되었다고 한다.

:: 〈첫 번째 추수감사절〉, 진 레오 페리스

정교일치의 엄격한 청교도 사회
|

신대륙 지도층인 청교도들은 종교적 박해를 피해 온 사람들로, 가난을 극복하고자 이민 온 사람들이 아니었다. 이들은 영국의 교회개혁을 선도했던 개혁 주도세력이었다. 때문에 정착목적을 신앙에 기초한 유토피아, 곧 신세계 건설에 두었다. 따라서 이들이 식민지 사회의 주도세력으로 등장한 것은 자연스러운 현상이었다.

청교도들이 가장 먼저 신경 쓴 것은 모든 신도들이 성경을 읽을 수 있도록 의무교육을 제도화한 것이다. 그리고 안식일을 반드시 준수하도록 했다. 또한 합리적인 사고와 종교적 믿음을 갖고 인내, 근면, 정직, 성실, 검소하게 살아가는 생활태도를 견지했다. 그들은 엄격한 청교도 정신으로 노력에 대한 보상을 확신하며 건설적이지 못한 사고나 행동을 죄악시했다. 일례로 단추는 음란한 생각을 일으킨다고 천으로 된 고리나 호크를 사용했다. 그러다 보니 종교적 믿음이 모든 걸 지배하는 정교일치의 사회가 되었다.

정치와 종교가 분리되다
|

그러나 청교도의 엄격한 통치를 모든 사람들이 다 좋아한 것은 아니었다. 지도층의 권위에 공개적으로 도전하고 나선 최초의 인물은 로저 윌리엄스라는 젊은 성공회 사제였다. 그가 식민지에 도착해 보니 식민지 행정관이 10계명을 어긴 자들을 마음대로 처벌하고 있었다.

정치와 종교가 혼합되어 10계명을 어기는 자들은 가차 없이 처벌받았다. 그는 신앙생활이란 개인적인 신념과 판단에 맡겨야 된다고 생각했다.

게다가 그는 매사추세츠 식민지가 인디언의 땅을 빼앗는 것과 식민지 교회가 영국 성공회와 관계를 지속하는 것에도 반대했다. 그는 결국 매사추세츠 식민지로부터 추방당했다. 이후 그는 침례교로 옮겨 미국 최초의 침례교회를 세웠다.

그는 1636년에 지금의 로드아일랜드 프로비던스 땅을 인디언들로부터 사서 그곳에 정치와 종교가 분리된 식민지를 건설했다. 그 뒤 프로비던스는 재세례파·퀘이커교도 등과 같이 자신들의 신앙을 공개적으로 나타낼 수 없는 교파들이 몰려 들었다. 이후 1650년 무렵부터 영국 이주자들이 대서양 연안지역에 지배적인 입지를 구축하는 덕분에 정교분리의 기틀을 잡을 수 있었다.

1642년 담배가 법정통화로 지정되다

그 무렵 신대륙에는 고유의 화폐제도가 없을 때라 버지니아에서는 담배가 화폐 구실을 했다. 영국이 식민지로의 금화 반출을 금지해 통화부족이 발생하자 버지니아 의회는 1642년 아예 담배를 법정통화로 지정했다. 담배만이 유일한 화폐였다. 금화나 은화로 지불하는 행위는 되레 위법이었다. 당시 담배는 연초를 둘둘 말은 잎담배였다.

그 무렵 젊은 여자들이 버지니아 총각들의 배우자로 많이 수입되었다. 처음에 담배 1백 파운드 가격이었던 여성들은 수요가 급증하자 150파운드로 껑충 뛰었다. 어느 작가는 담배화폐로 아내를 맞아들이는 남성들의 흥분된 광경을 기록으로 남겼다. "기적소리를 내며 런던으로부터 배가 항구에 도착했다. 배에는 아름답고 정결한 여성들이 타고 있었다. 이들을 기다리던 젊은 남성들은 팔에 최상품 담배를 한 다발씩 들고 급히 배 쪽으로 뛰어갔다."

법정화폐인 담배의 인기가 치솟자 '돈'을 심는 사람들이 크게 늘어났다. 집집마다 담배를 재배한 탓에 시중에 돈이 넘쳐나기 시작했다. 시중에 담배가 많아지자 담배 구매력은 형편없이 떨어졌다. 과잉공급을 우려한 버지니아, 메릴랜드, 캐롤라이나 3개 주는 1년간 담배 생산을 중단하자는 협정을 맺었다. 하지만 그 뒤에도 담배 폭락세는 멈추지 않았다. 그러자 성난 사람들이 떼를 지어 담배공장을 파괴했다.

담배는 이후 다른 나라에서도 화폐로 통용되었다. 2차 세계대전 이후 독일에서 화폐로 사용되었다. 그리고 20세기 후반 공산권이 개방될 때 독재자 차우세스코가 통치했던 루마니아를 비롯해 일부 국가에서 말보로 담배가 일시적으로 화폐 구실을 하기도 했다.

다양한 원시물품화폐

식민지에서 화폐로 사용된 물품은 담배만이 아니었다. 그 뒤 사우스

● 〈담배의 전성시대〉, 배연국의 돈 블로그, http://blog.segye.com/bykoog

캐롤라이나에서는 쌀이 화폐로 사용되었다. 우리도 조선시대에 모든 세금은 대동법이라 하여 쌀로 걷어 들였고 궁녀나 포졸들의 급여도 쌀로 지급했다. 이 경우 '쌀'이 화폐의 기능을 한 셈이다. 이처럼 당시 사회에서 꼭 필요하면서도 풍부한 상품들이 화폐 구실을 했다.

다른 문명권에서도 여러 종류의 물품화폐가 쓰였다. 초콜릿의 원료인 카카오가 많이 나는 남미에서는 카카오 열매를, 소금이 풍부한 아프리카와 지중해 지역에서는 소금을, 농경 지역에서는 곡식과 옷감을, 가축이 재산이었던 유목민은 동물을 각각 돈으로 썼다.

∷ 개오지 조개

그리고 조개 역시 가나 등 일부 아프리카 국가에서 화폐로 사용했다. 그들은 개오지 조개(cowery shell : 보배 조개)를 화폐로 썼는데 기실 보배 조개는 화려함과 견고성 때문에 기원전 3천 년경부터 여러 문명에서 돈으로 쓰여 왔다. 돈을 상징하는 한자 '貝'자는 개오지 조개의 아랫면을 본 따 만든 상형문자라 한다. 지금도 남태평양과 아프리카의 어느 부족들은 개오지 조개를 화폐로 쓰고 있다고 한다.

초기 미국 대륙에서는 조가비 구슬, 담배, 쌀, 비버가죽, 물고기, 옥수수, 조개, 유리구슬 등이 모두 화폐로 사용되었다. 이러한 원시물품화폐가 현대인에게는 다소 생소해 보이겠지만 물품화폐도 엄연한 경제재이자 중요한 교환수단이었다.

화폐 이상의 일을 해낸 비버모피

담배와 쌀 이후 신대륙에서 가장 중요한 화폐는 비버가죽이었다. 비버가죽은 화폐로 쓰이면서 그 이상의 일을 해냈다. 그 무렵 신대륙 이주자들이 서부로 뻗어나간 이유는 순전히 비버 등 모피동물을 사냥하기 위해서였다. 비버는 머리부터 꼬리까지의 길이가 약 1미터, 서 있는 키가 30센티미터쯤 되는데 비버의 모피는 양털이나 토끼털보다 더 가늘고 촘촘해 방수가 가능해 고가로 거래되었다. 당시 비버모피는 유럽에 수출되는 가장 귀한 상품 중 하나였다. 비버가죽 쟁탈을 위해 인디언들은 전쟁도 불사했다.

:: 비버

유럽에서는 모피가 중세 초부터 인기 있는 교역 상품 중 하나였다. 9세기경 베네치아 유대인들이 흑담비모피를 수입해 당시 가톨릭 교부(주교)가 입고 다녔다는 기록이 있다. 그때부터 유럽인들은 모피동물을 사냥했다. 당시 사냥의 대상이 된 것은 다람쥐, 담비, 산족제비, 여우 등 주로 작은 동물이었다. 사람들은 모피를 손상 없이 벗겨내기 위해 대개 덫을 설치해 동물을 산 채로 잡았다. 외투 한 벌을 만들려면 다람쥐 수백 마리가 필요했다. 엄청난 숫자의 동물이 희생되었다.

결국 서유럽에서 모피동물이 남획되어 거의 찾아 볼 수 없게 되자 러시아 사람들은 그간 쓸모없다고 쳐다보지도 않던 시베리아로 눈을 돌려 꽁꽁 얼어붙은 동토의 땅을 개척하기 시작했다. 그 뒤 러시아는 유럽에서 소비되는 모피의 주요 공급처가 되어 국가경제에 큰 도움이 되었다.

시베리아가 러시아 문헌에 처음 나타난 것은 11세기였다. 12세기부터 노브고로트의 상인들이 오브강 하류의 부족들과 모피를 거래하기 시작했다. 그 뒤 비버, 담비, 수달, 밍크 같은 동물의 모피는 혹독한 겨울을 견뎌내야 하는 러시아인에게는 물론 유럽 귀족들에게도 인기가 높아 비싼 가격에 팔려나갔다. 13세기 유럽에서는 모피 수요가 폭발했는데, 비버모피를 구하기가 어려워지자 신분에 따라 모피 재질을 규제하는 법률이 만들어지기도 했다. 구하기 쉬운 토끼털은 서민들이 쓰도록 하고, 비버가죽은 왕과 귀족들만 사용할 수 있도록 규정한 것이다. 비버가죽으로 만든 모자는 중요한 유산 품목으로 지정될 정도였다고 하니 당시 모피가 얼마나 고가였는지를 알 수 있다.

:: 비버모피 외투

최초의 모피 수출국은 고조선

사실 모피는 고조선이 최초의 수출국이었다. 기원전 7세기 중국 제나라 〈관자〉의 기록에 따르면 재상 관중이 왕에게 고조선의 특산물인 문피에 대해 3대 특산물의 하나로 이야기하고 있다. 문피란 호랑이나 표범의 가죽을 뜻한다. 그 무렵 고조선에는 산길을 잘 타는 과하마와 사거리가 긴 복합궁 활이 있어 사냥이 발달해 있었다.

그뿐 아니라 세석기라 불리는 흑요석 작업도구들이 있어 모피 생산 작업에 특화될 수 있었다. 당시의 모피 작업터에서 명도전 화폐가 무더기로 발굴되어 고조선이 모피 수출의 중심지였음을 보여 주고 있다.

그 뒤 고구려와 발해에서도 모피는 중요한 수출 상품이었다. 중국 사서에 많은 기록들이 보인다. 또한 고대 중앙아시아의 소그드 상인들에게까지 발해 모피의 우수성이 알려져 그들이 발해에 흑담비 모피를 사러 다녔던 담비길이 러시아 학자에 의해 발굴되어 발표되기도 했다.

동토의
시베리아 개척

 러시아는 13세기 이래 몽골의 지배 아래 있다가 15세기 말에 독립했다. 러시아가 시베리아 공략을 시작한 것은 차르 이반 4세 때인 16세기 후반이다. 그 때까지 그 땅의 주인은 한민족과 시원(始原)을 함께 한 몽골 계통의 원주민들이었다. 우리 민족으로부터 갈라져 나온 부족들도 있었다. 이들은 대륙 서쪽 우랄산맥에서부터 동쪽의 태평양 연안에 이르는 광대한 동토에서 선사 이래 아무런 통치 권력이나 문명의 간섭을 받지 않고 부족 단위로 흩어져 자유롭게 살아왔다.

 배재대학교 손성태 교수에 의하면 시베리아 극동 지방 원주민들의 언어가 우리말과 유사한 단어들이 많은 것으로 보아 고조선과 고구려의 후예들이라고 한다. 언어뿐 아니라 유물이나 풍습, 신앙, 영웅 설화까지도 많이 닮았다고 한다. 하지만 러시아가 동진하면서 이들 120여 개 부족공동체 20여만 명의 운명은 격랑을 맞았다.

무서운 경제적 동인, 모피

러시아의 동진은 1581년 이반 4세가 고용한 코사크 용병들이 타타르족 거점인 우랄산맥 동남부 시비르를 점령하면서 본격화되었다. 목적은 모피였다. 당시 서유럽과 비잔틴제국 등에서 최고품으로 꼽혔던 시베리아 검은 담비 모피 코트의 가격은 상상을 초월했다. 사냥꾼 한 명이 검은 담비 몇 마리만 잡아도 생애를 편히 보낼 정도였다.

게다가 흰 담비는 귀족 부인들 사이에서 애완용 동물로도 인기였다. 담비는 전통적으로 순결과 순수함의 상징

∷ 〈담비를 안고 있는 여인〉, 레오나르도 다 빈치

이었다. 이는 레오나르도 다 빈치의 1490년경의 〈흰 담비의 우의화〉라는 드로잉에서 볼 수 있는 것처럼 담비가 진창에 자신의 흰 털을 더럽히기보다 차라리 잡혀 죽는 것을 선택한다는 사람들의 믿음 때문이었다. 그러니 미국의 서부개척이 '골드러시'였다면, 러시아의 시베리아 공략은 '모피열병'이었던 셈이다.

러시아는 이후 모피 상인들이 주축이 되어 코사크 용병을 앞세우고 극동의 오츠크해 연안까지, 이르는 곳마다 요새를 구축하며 동진을 거듭했다. 이로써 군대의 진격 속도보다 더 빨리 모피 상인들에 의해 시베리아가 개발되었다. 먼저 들어가 잡는 사람이 임자였다. 하

루 평균 1백 제곱킬로미터, 곧 3천만 평이 넘는 엄청난 속도로 영토가 확대되었다. 경제적 동인은 이렇게 무서웠다. 하도 비싸서 모피는 '부드러운 금'이라고 불리었다.

세금으로 거둬들인 비버가죽

이렇게 시베리아 진출이 본격화됨에 따라 모피 공급의 원천인 동물들은 빠른 속도로 고갈되어 갔다. 새로운 모피를 구하기 위해서는 계속 더 동쪽으로 진출할 수밖에 없었다. 17세기 초반부인 1622년에 2만 3천 명에 불과하던 시베리아 거주자가 17세기 후반에는 그 10배로 늘어났다. 그들은 가는 곳마다 원주민들로 하여금 비버가죽으로 세금을 바치도록 했다. 비버가죽이 곧 화폐였다.

그리고 이것들을 거두어 파는 과정에서 러시아의 국제무역 시스템이 발달했다. 이러한 국제무역 수익은 근대 초기에 러시아가 시베리아까지 땅을 넓힐 수 있었던 가장 중요한 원동력이었다. 모피무역은 러시아의 경제적 기초가 되었다. 모피 수출을 통한 러시아 재정수입은 1589년 3.75%, 1605년에는 11%에 달했다. 비버나 담비뿐 아니라 다람쥐 모피무역이 절정에 이르렀던 16세기에 노브고르드 지역의 연간 다람쥐 모피 수출량은 50만 장에 이르렀다.

후일 영국과 프랑스가 북미대륙으로 진출해 그곳의 모피를 들여올 때까지 러시아는 유럽의 모피시장을 독점하다시피 했다. 시베리아는 러시아 영토의 4분의 3에 해당하는 큰 영토다. 러시아 모피 상인들은 극동 오호츠크해에 도달할 때까지 60~70년 동안 매년 한반도만한 영토를 하나씩 개척한 셈이었다.

러시아의 남하를 저지한 나선정벌 이야기

러시아의 남진에 얽힌 우리 이야기가 있다. 러시아군의 지원을 받는 모피 사냥꾼들은 모피동물이 급감하자 시베리아 남쪽으로 내려오기 시작했다. 그들은 고대로부터 담비모피의 주산지였던 백두산 일대의 만주 지역에 눈독을 들였다.

결국 1651년 흑룡강(아무르강)에서 청나라와 부딪혔다. 그때 2천 명의 청나라 병력이 총포로 무장한 불과 2백여 명의 러시아군에게 참패하여 7백여 명이 사망하는 치욕적 패배를 당했다. 그 뒤에도 청은 러시아군을 만나는 족족 패배했다. 러시아가 적극적으로 남진을 계속하자 청나라는 화포가 발달한 조선에 원병을 청하게 된다.

그 무렵 조선은 임진왜란 뒤 조총을 개발해 실전에 배치하고 삼전도의 굴욕을 잊지 못해 북벌을 준비하며 조총 병사 10만 명이 청나라를 기습할 준비를 하고 있었다. 그러던 차에 청나라로부터 원군 요청을 받은 것이었다. 조선은 청에 항복하면서 맺은 이른바 '정축년 조약'에 의해 청국의 파병요청을 거절할 수 없었다. 조선의 원정군은 1654년과 1658년 두 차례에 걸쳐 흑룡강에서 러시아군과 싸웠다.

이때 러시아 군은 대형선 13척, 소형선 26척의 함선에 군사를 싣고 쳐내려왔다. 조선군은 집중사격을 가해 러시아 함선 10여 척을 불태우고 조청연합군은 1백여 리를 추격하며 적군 대부분을 섬멸했다. 4년 후 벌어진 2차 나선정벌도 상황은 비슷했다. 그 뒤 러시아군은 조선군이 두려워 청·러 국경인 흑룡강을 넘지 못했다.

원시화폐가 이룬 또 하나의 전설, 맨해튼 구입

1626년 네덜란드 서인도회사의 총독 피터 미누이트는 인디언으로부터 조가비 구슬, 장식용 유리구슬, 옷감, 주전자, 단검 등 불과 60길더, 곧 24달러 상당의 물품을 주고 맨해튼을 손에 넣었다. 맨해튼 남단의 배터리 파크는 이 역사적인 거래가 이루어진 장소다. 네덜란드인은 이곳에 '뉴암스테르담'을 건설했다. 당시 맨해튼 인구는 270명이었다.

그 무렵 조가비 구슬(염주)은 인디언들이 가장 좋아하는 원시화폐였다. 이렇듯 미국은 식민지 시절에 원시

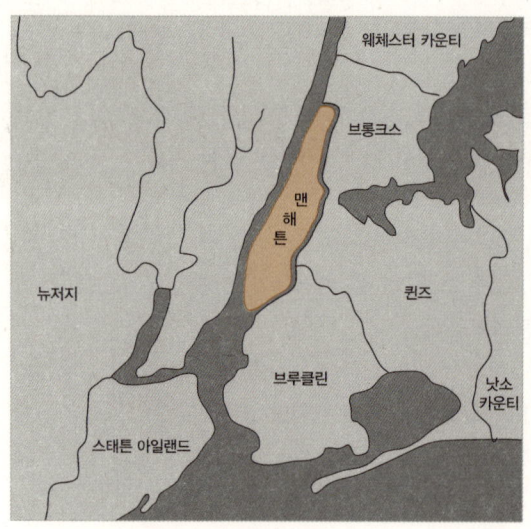

:: 24달러에 맨해튼의 주인이 바뀌었다.

화폐가 많이 사용되었다. 사우스캐롤라이나 주는 쌀을, 버지니아 주는 담배를 화폐로 사용했다. 특히 식민지 담배는 질이 좋아 이곳 사람들은 담배 수출을 통해 풍요롭게 살았다. 독립전쟁을 승리로 이끈 조지 워싱턴과 토머스 제퍼슨 역시 담배농장 주인이었다. 이밖에도 고둥껍질, 소, 밀, 소금, 냄비와 쇠꼬챙이, 코코아열매나 고래이빨에 이르기까지 그 시절에 화폐로 사용된 물품은 다양하다 못해 상상의 한계를 뛰어넘는다.

맨해튼, 유대인들이 대주주인 동인도회사가 발견하다

맨해튼은 유대인과 관계가 깊다. 지금으로부터 약 4백여 년 전 맨해튼을 처음으로 발견한 것도 유대인들이 대주주인 네덜란드 동인도회사였다. 17세기 초 네덜란드는 아시아 무역을 위해 동인도회사를 설립해 독점무역을 주도하는 한편 대서양으로도 뱃길을 개척하려 노력했다. 그러던 중 동인도회사 선장 헨리 허드슨이 '반

:: 헨리 허드슨

달'(Half Moon)이라는 이름의 바닥이 평평한 네덜란드 배를 타고 20명의 선원들과 함께 1609년 9월 맨해튼을 발견했다.

당시 그는 북극을 넘어 중국으로 가는 수로를 찾고 있을 때였다. 그는 이곳이 중국으로 가는 수로일지 모른다고 생각해 맨해튼 옆 강을 따라 올버니까지 올라갔다. 맨해튼 서쪽 허드슨강은 그의 이름에

서 따온 것이다. 그는 네덜란드 동인도회사에 보낸 보고서에서 '푸른 언덕으로 둘러싸인 훌륭한 항만과 위도 상 아열대쯤에 속할 것 같은 이곳에 농경지로 이용될 수 있는 무한한 땅이 있다.'고 했다. 이 보고서가 계기가 되어 네덜란드인들이 이곳에 정착하기 시작했다.

명품 모피의 대명사 비버, 북아메리카 역사를 바꾸다

이듬해 7월 네덜란드로 돌아온 하프문호는 비버모피 등 아메리카 대륙 특산물을 가득 싣고 왔다. 그 무렵 비버모피는 최고 인기상품의 하나였다. 그래서 아메리카의 비버는 일찍부터 유럽 사냥꾼의 목표물이 되었다. 비버가죽은 아주 질기고 따뜻한 솜털이 달려있어 좋은 모피제품을 만들 수 있었다. 특히 비버로 만든 가죽모자는 당시 유럽의 대히트 상품이었다. 거기에다 비버로부터 귀한 해리향도 얻었다. 이는 비버가 봄에 짝짓기를 할 때 상대를 유인하려 분비하는 강한 향을 지닌 물질로 고급 향수의 재료나 약재로 쓰였다.●

:: 이탈리아 화가 라파엘로 산치오가 그린 르네상스 시대 외교관 발데사르 카스틸리오네, 그가 입은 코트와 모자가 비버가죽으로 만들었다.

● 〈주경철의 세계사 새로 보기 ③ 비버, 북아메리카의 역사를 바꿨다〉, 주경철, 주간조선, 2009년 11월 30일

1621년 서인도회사가 설립되다

비버에 눈독 들인 네덜란드 상인들은 이 땅을 주목했다. 그래서 아예 이곳에 정착해 사는 사람들이 나오기 시작했다. 이후 네덜란드는 동인도회사와는 별도로 1621년에 신대륙을 겨냥한 서인도회사를 세워 본격적인 식민지 개척활동을 시작했다. 동인도회사와 마찬가지로 이 회사의 대주주들은 대부분 암스테르담에 본거지를 둔 유대 상인들이었다.

네덜란드 서인도 회사는 아프리카 및 아메리카와의 무역 독점권을 부여받았다. 이렇게 설립된 서인도회사는 신대륙 무역과 식민지 개척활동 곧 무역과 무력침략을 동시에 독점 수행하는 특권회사였다. 막강한 무력을 갖추고 있어 은을 싣고 가는 스페인 상선대를 습격하는 해적질은 물론 인근 나라들에 대한 침략도 서슴지 않는 사실상의 전쟁기업이었다. 이 회사는 브라질 북부와 베네수엘라 연안군도 및 기아나를 침략해 무역기지로 삼았다.

비버모피 교역 위에 세워진 뉴암스테르담

그 무렵 맨해튼은 인디언들이 사는 숲으로 덮인 섬이었다. 1625년에 서인도회사가 이곳에다 비버모피 수집을 위해 가죽거래교역소를 세웠다. 이듬해 서인도회사 총독은 인디언들로부터 아예 맨해튼을 사버렸다. 서인도회사의 무역은 대략 다음과 같이 진행되었다.

먼저 네덜란드에서 실려 온 모직 천을 맨해튼에 사는 인디언들의 화폐인 조가비 구슬과 바꾸었다. 이 구슬을 가지고 허드슨강을 거슬러 올라가 포트오렌지 지역 인디언들의 비버가죽과 교환했다. 1626년에는 모직 1천 2백 매를 조가비 구슬로 바꿔 포트오렌지로 올려 보내면 비버모피 1만 장과 바꿀 수 있었다.

가죽거래소가 세워지고 3년 뒤 1628년 거래소 성채 안 인구는 고작 270명이었다. 하지만 초기 8년 동안 서인도회사가 네덜란드로 선적한 목록을 보면, 비버가죽은 첫해 1천 5백 장에서 1만 5천 장으로 10배 이상 늘었다. 거의 매년 64%씩 성장한 것이다.

네덜란드인들은 고향의 수도를 기리며 이 섬을 '뉴암스테르담'이라 불렀다. 그리고 네덜란드풍으로 건설하기 시작했다. 배터리 파크를 중심으로 한 맨해튼 남단은 지금도 풍차나 벽돌로 만든 작은 집들이 줄지어 있어, 네덜란드 마을 같은 분위기를 풍긴다.

한편 인디언과의 싸움도 치열했다. 교회나 도로의 건설이 진행되면서 인디언 습격을 막기 위해 통나무 벽을 쌓았다. 1653년에는 맨해튼 남단에 영국군의 침략을 막기 위해 끝을 뾰족하게 깎은 나무목책(wall)도 세웠다. 그 뒤 나무목책이 세워진 거리와 인접한 거리를 '월가'(Wall Street)라 불렀다.

조가비 구슬 화폐

당시 맨해튼의 인디언들은 비버모피 대금을 칼, 도끼, 낚시 바늘, 솥,

술, 총과 바꾸거나, 금은이 아닌 자신들
세계의 화폐인 조가비로 만든 구슬로
받았다. 금과 은은 유럽 사람들 눈에나
귀금속으로 보였을 뿐 그들에게는 쓸
모없는 금속조각이었다.

∷ 구슬을 끈에 꿴 '왐품'(wampum)

조가비 구슬은 동부의 강과 호수에서
자생하던 조가비 조개로 만들었다. 그
세공은 맨해튼 인근에 있는 지금의 뉴저지, 롱아일랜드 지역에서 이
루어졌다. 조개껍질을 여러 조각으로 부수어 그 조각들을 손으로 비
비면 나중에는 매끈하고 윤이 났다. 특히 검은색을 띠는 구슬이 귀해
더 가치가 있었다. 인디언들에게 구슬은 단순한 장신구 이상의 특별
한 의미를 가지고 있었다.

부족에 따라 구슬은 추장의 위세품이거나 신부의 결혼예물로 사
용되었다. 하지만 더 특수한 용도가 있었다. 바로 의사소통의 도구
이자 기록의 매체로 쓰였다. 낱개로는 의미가 없고, 끈에 특정 패
턴대로 꿰어야 비로소 의미가 생긴다. 이렇게 끈에 꿴 것을 '왐품'
(wampum)이라 한다. 보통 360알을 꿰어 만든 것이 1왐품이다. 특정
재질과 색상의 염주를 특정 패턴으로 연결하면, 왐품은 스토리를 갖
게 된다. 예를 들어 부족 간의 동맹기록이라든지, 전쟁의 구전역사를
왐품에 담았다. 이후 부족장이 왐품의 순서나 표면의 특정 흔적 등을
통해 기록들을 다시 재생해내는 것이다. 실제로 왐품을 매개체로 한
인디언들과 미국 정부 사이의 조약이나 계약이 법적효력을 발휘한
판례가 있다.

변변한 자체 화폐가 없었던 식민지에서 조가비 구슬 화폐는 독립전쟁 전까지 스페인 은화 등 여러 종류의 주화와 어울려 비교적 오랜 기간 통용되었다. 이 가운데에서도 조가비 구슬은 초창기에 강세 통화였다. 흑색 구슬 한 줄(왐품)로 비버가죽 다섯 장을 살 수 있었다. 1626년 교환비율은 1흑색 왐품 = 2흰색 왐품 = 10길더 = 5비버가죽 정도였다. 나중에는 짝퉁 구슬이 많이 유통되어 가치가 하락했다.

일부 인디언들은 비버가죽을 팔아 총과 화약을 사들였다. 처음에 이 총은 비버 사냥에 사용되었다. 이후 비버 수가 점점 줄어들자 더 많은 비버 확보를 위해 다른 부족과 전쟁하는 데 총을 사용하기도 했다. 이런 방식으로 대량의 모피가 수집되었다.

북아메리카의 모피사냥

모피사냥은 백인들이 서쪽으로 세력을 넓혀간 가장 중요한 이유였다. 모피무역은 인디언의 삶에도 큰 영향을 미쳤다. 교역의 대가로 백인들로부터 받은 술과 무기는 생활을 변화시켰다. 인디언들끼리도 모피를 팔아 산 총으로 부족들 간에 모피 쟁탈 전쟁이 벌어졌다. 그리고 유럽산 질병으로 커다란 피해를 입었다.

모피무역 덕분에 유럽 상인과 사냥꾼들이 인디언 땅에 발을 들여놓을 수 있게 되었다. 북아메리카에서 가장 인기 있는 사냥감은 비버였다. 1580년대 파리를 중심으로 비버가죽 모자가 대유행이었다. 한때 북아메리카 대부분 지역에서 번성하던 비버는 극성스런 사냥으

:: 허드슨강의 초기 지도. 비버 분포지가 그려져 있다.

로 1630년대부터 줄어들기 시작했다. 영국 국왕 찰스 1세가 상류사회 사람들은 반드시 비버가죽 모자를 써야 한다는 포고령을 내렸기 때문이다. 영국뿐 아니라 유럽대륙 전체가 비버가죽 붐이었다. 18세기 말 유럽이 북아메리카에서 수입한 비버모피는 연평균 26만 마리에 이르는 엄청난 양이었다.

:: 당시 유행했던 비버가죽 모자, 〈장교와 웃는 소녀〉, 베르메르(1657)

러시아, 알래스카로 진출하다

광활한 시베리아 숲에 살던 모피 동물은 인간의 탐욕으로 18세기 초에 거의 자취를 감추었다. 그 무렵 러시아 표트르 대제가 고용한 덴마크인 V. 베어링이 해협을 건너 알래스카를 발견했다. 그러자 조선군 때문에 남진이 불가능했던 러시아 사냥꾼들은 방향을 돌려 알래스카로 향했다. 순전히 모피사냥을 위해서였다. 러시아는 알래스카 해안을 따라 남쪽으로 사냥터를 확대해 나갔다. 그곳들이 모두 러시아 영토가 되었다.

알래스카에서조차 얼마 안가 육지의 모피동물이 사라지자 러시아 사냥꾼들은 해안가의 해달과 북방물개에 눈을 돌렸다. 1750~1790년에만 약 25만 마리의 해달이 목숨을 잃었다. 모피사냥은 19세기까지도 시베리아와 알래스카에서 가장 중요한 경제활동이었다.

| The Dollar Story PLUS |

화폐의 역사

인류 최초의 화폐, 세겔

수메르인이 남긴 유산 가운데 경제사에 가장 큰 역할을 한 것이 화폐의 발명이다. 고대에 어느 곳에서든지 통용되었던 화폐는 조개껍질이었다. 이것은 낚시바늘, 바늘, 칼날 제작에 쓰였으며, 이 조개껍질로 꿴 줄이 장신구로 사용되었다. 이 조개껍질은 유럽, 아프리카, 아시아의 전역에서 발견된다.

∷ 수메르의 조개 화폐

기원전 9천~6천 년경 사람들은 종종 교환의 매개로 가축들을 사용하였다. 오늘날 자본을 뜻하는 'capital'이 소의 머리를 뜻하는 라틴어 'caput'에서 유래되었다. 원시화폐 흔적의 하나이다. 옛날에는 소가 부의 상징으로 중요한 가치 저장 수단이자 교환수단이었다. 하긴 우리나라도 소 팔아 아들 학교 보내 대학교를 우골탑이라 하지 않았던가.

나중에 농업의 발달로 사람들은 물물교환을 위해 밀 등 작물을 화폐로 사용했다. 이때 화폐로 사용한 밀(She) 다발(kel)을 '세겔'(Shekel)이라 칭했다. 그 뒤 수메르인은 기원전 3천 년경에 이미 동전을 만들어 사용하였던 것으로 보인다. 그들은 이 동전을 세겔이라 불렀다. 이렇게 수메르인은 화폐를 발명하여 물물교환을 한층 수월하게 만들었다.

그러나 큰 거래에는 동전 대신 금괴나 은괴가 사용되었다. 중국과 아프리카 등지에서 송아지, 소금, 조개 등을 화폐로 쓸 때 수메르인은 벌써 금괴와 은괴를 사용했다. 그게 기원전 2700년경이다. 금괴의 단위도 만들었다. 금괴 25킬로그램을 1달란트라 했다. 그리고 1달란트는 60미나, 1미나는 60세겔이었다. 60진법이었다. 동양의 60갑자(甲子)와 같았다. 수메르인들은 하루를 24시간, 각 시간을 60분, 각분을 60초로 나누었다. 성경에도 아브라함이 사라를 위하여 묘지를 살 때 은괴를 지불하며 화폐의 단위로 세겔을 사용하였음을 언급하고 있다. 세겔은 지금도 이스라엘의 화폐 단위이다.

원시 주조화폐

:: 도전과 포전

고고학적으로 증명 가능한 최초의 주조화폐는 동양에서 먼저 만들어졌다. 기원전 8세기경 칼과 쟁기 모양을 본떠 만든 도전(刀錢)과 포전(布錢)이 그것이다. 청동기 시대에 청동검은 누구나 선호하는 귀한 물건이었다. 이런 물품이래야 화폐 노릇을 했다. 우리 고조선 유적지에서도 많이 발굴되는 유물이다.

고조선과 중국의 활발한 무역 활동은 고고학적으로도 뒷받침된다. 고조선 영역에서 당시 연나라 화폐인 명도전(明刀錢)은 한 유적에서 무려 4~5천 여 점이나 출토되어 고조선이 중국과의 무역에서 많은 외화를 벌어들였음을 보여주고 있다. 명도

:: 명도전

전은 실제 칼로도 사용되었다. 명도전이 만주 일대는 물론 청천강, 대동강, 압록강 유역 및 한반도 서북부 등 고조선 영토에서 대량으로 발굴되고 있다.

당시 연나라, 제나라, 조나라에서 사용된 명도전이 고조선 영토에서 하도 많이 출토되고, 발굴 범위가 정확히 고조선의 영토와 일치하다 보니 재야사학자들은 명도전이 아예 고조선의 화폐라고 주장하고 있다. 중국 지린(吉林)대학 역사학과 교수였던 장보취안(張博泉)도 그의 《명도폐 연구속설》에서 명도전 손잡이 끝의 구멍이 사각형인 방절식(方切式)은 연나라 화폐지만 동그란 원형인 원절식(圓折式)은 고조선 화폐라고 주장한다.

최초의 금화

사람들은 금, 은, 구리 등 금속을 화폐로 사용하면서 무게를 재서 써야 했다. 영국의 화폐 단위 '파운드'나 과거 유럽 국가들의 화폐 이름이었던 마르크(독일)·리브르(프랑스)·리라(이탈리아) 등은 금·은의 무게를 재던 시절의 흔적이다. 저울로 일일이 무게를 재야하는 번거로움 때문에 사람들은 기어이 작고 같은 모양·무게를 가진 동전을 만들어냈다. 그 최초의 주화가 기원전 7세기경 지금의 터키 지역 리디아에서 쓰인 금, 은의 천연합금인 호박금으로 만든 일렉트럼 코인이다. 이 금화에는 앞뒤에 양각과 음각으로 사자가 새겨져 있으며 리디아 왕 기게스는 일렉트럼 화에 그 가치를 보증하는 각인을 새겨 사용했다. 소 5마리 가치

였다. 리디아는 그리스와 페르시아 사이에 자리 잡고 있어 중개무역이 발달했던 것으로 추정된다.

:: 일렉트럼 코인

그 뒤 소금을 이용해 금과 은을 분리하는 기술이 개발되어 후계자 크로이소스는 기원전 550년경에 최초의 금화와 은화를 만들었다. 이것은 근동 각지에서 유통되었다.

기원전 6세기 페르시아가 리디아왕국을 정복했으나 화폐 사용은 그대로 답습했다. 다리우스 1세 왕이 자신의 모습을 담은 경화를 만들었다. 그것은 무릎 꿇고 있는 궁수의 모습이었다. 그 모습은 왕으로서 아니라 대지신으로서의 다리우스였다. 이것이 의미하는 바는 왕뿐 아니라 신이 경화의 가치를 보증한다는 것이었다. 금화는 다리우스의 이름을 따라 다라카야(dārayaka)라 불렸다.

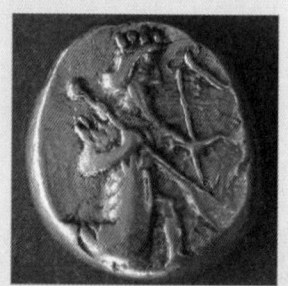
:: 다리우스 1세의 모습이 새겨진 다라카야

다리우스는 5.4그램 정도의 금화와 8그램 정도의 은화를 선보였다. 금화는 셰켈, 은화는 드라크마라 부르며 금은복본위제도를 채택했다. 당시 금화와 은화의 거래비율은 1:13.3이었다. 이 비율은 그 뒤 2천 년간 세계 각지에서 쓰여 졌다.

솔론, 최초의 기축통화를 실현시키다

그리스 도시국가들이 해상무역을 주도하면서 주화를 발행해 기원전 6세기 후반에 이미 지중해 연안국들에서는 주화 사용이 일상화되었다. 당시 아테네 은화에 새겨진 부엉이는 '전쟁과 지혜의 여신'인 아테나 여신을 상징했다. 부엉이는 어두운 곳에서 남이 보지 못할 때 홀로 잘 볼 수 있는 능력을 가졌다. 이것은 남이 못 보는 것을 볼 수

:: 부엉이가 새겨진 아테네 은화

있는 초능력과 통하고, 현명하다는 의미도 되기 때문에 지혜의 상징으로 사용되었다. 이것이 지중해 연안의 국제화폐가 되었다. 훗날 로마 신화에서는 이 지혜의 여신을 '미네르바'라 부른다.

기원전 6세기 그리스 일곱 현인 가운데 한 사람인 솔론은 아테네와 페르시아 사이의 무역을 증가시킬 방안을 모색했다. 그러기 위해서는 먼저 양국 간의 화폐 통일이 필요했다. 그는 아테네 드라크마와 페르시아 화폐를 등가로 만들 묘책을 강구했다. 이를 위해 드라크마의 은 함유량을 줄여 페르시아 은화와 은 함유량을 맞추었다. 이로써 양국 통화를 서로 자유롭게 교환할 수 있게 했다. 그의 의도는 성공했다. 페르시아는 물론 이오니아, 흑해, 시실리, 아프리카로부터 경화가 아테네로 몰려들었다. 아테네 은화가 가장 널리 유통되는 화폐가 되었다.

아테네인들은 드라크마 이상의 단위도 갖고 있었다. 1백 드라크마는 1미나이고, 60미나는 1탈렌트였다. 그리스인들은 이처럼 10진법을 썼는데 이는 바빌로니아 제도보다 더 실제적이었다.

아테네는 그리스의 화폐 주조의 중심지였다. 더구나 기원전 483년에 발견된 대규모 라우리움 은광은 국부를 획기적으로 높여주었다. 뿐만 아니라 그 돈으로 아테네의 해군력을 향상시켜 페르시아군을 무찌르는 계기가 되었으며 민주주의 정착을 앞당겼다. 기원전 449년에 아테네는 그리스 전역에 아테네식 주화와 도량형 사용을 강제하는 통화법령을 반포했다.

이는 경제적 교환의 거래비용을 최소화하는 데 큰 도움이 되었다. 이로써 기원전 5세기, 아테네의 항구 피라우스가 지중해 세계의 중심지가 되었다. 통일된 화폐제도 덕분이었다. 아테네 은화가 기축통화가 된 것이다.

기축통화의 역사

5백 년 가까이 해상무역을 주도하며 기축통화의 위상을 누려온 아테네의 드라크마 은화는 기원전 1세기 로마제국의 금화 아우레우스와 은화 데나리온에 기축통화 자리를 넘겨준다. 카이사르 때 만들어진 이 화폐들은 멀리 아시아 지역에서도 사용된 흔적이 발견된다. 그 뒤 4세기 콘스탄티누스 대제 때 주조된 솔리두스 금화가 기축통화 노릇을 하며 1천 년 이상 유통됐다.

:: 솔리두스 금화

13~15세기에는 당시 국제무역의 중심지인 이탈리아 도시국가들 곧 제노바의 금화 제노인과 피렌체의 금화 플로린 그리고 베네치아의 금화 두카티가 기축통화로 쓰였다. 17~18세기는 새롭게 국제무역의 중심국으로 떠오른 네덜란드의 휠던이 기축통화의 지위를 누렸다.

그 뒤 해상무역의 주도권이 영국으로 넘어오면서 파운드화가 기축통화가 되었다. 1819년 금본위제도를 도입한 영국 중앙은행은 1파운드의 가치를 약 7그램(g)의 금으로 교환해줬다. 파운드는 19세기 말 국제 무역 결제통화의 60%를 차지했고 20세기 초에는 세계 외환보유액에서 차지하는 비중이 48%에 육박했다.

그 뒤 미국이 세계 교역을 주도하자 파운드는 1931년 금태환을 공식 중단하면서 기축통화의 자리를 달러에게 물려준다. 세계 역사는 세계 교역을 주도하는 나라의 통화가 기축통화가 되는 것을 우리에게 보여준다.

유대인들 몰려오다

3

유대인,
미국에 상륙하다

유대인, 사탕수수 경작에 성공하다

네덜란드 서인도회사 설립에는 포르투갈에 살았던 유대인들이 많이 참여했다. 유대인들은 서인도회사와 손잡고 대규모로 브라질과 카리브해 지역에서 사탕수수농장과 원목 벌채사업에 뛰어들었다. 유럽에서는 이슬람의 이베리아반도 지배시절 남부 안달루시아와 포르투갈 등 따뜻한 곳에서만 사탕수수가 재배되어 귀했다. 17세기 초까지 설탕은 약국에서 취급될 만큼 귀중한 약재이기도 했다. 당시 설탕이 하도 귀해 같은 무게의 금값과 같았다.

이런 귀한 상품을 유대인들이 놓칠 리 없었다. 포르투갈에 살았던 네덜란드 유대인들이 1625년에 최초로 브라질과 카리브해 섬에 사탕수수를 가져와 경작에 성공했다. 유럽 사람들은 브라질산 설탕에 매료되었다.

당시 설탕은 대부분 네덜란드에서 정제되었다. 서인도회사는 〈브라질에서 생산할 수 있는 상품목록〉이라는 문서를 통해 '서인도회사가 조속히 스페인 왕으로부터 브라질을 빼앗아야 하는 이유'를 적시했다. 설탕 때문에 전운이 감돌았다.

:: 서인도회사는 브라질 레시페를 무역기지로 삼았다.

1630년 2월 서인도회사의 깃발을 단 65척의 함대가 브라질 레시페 앞 바다에 나타났다. 함대들은 짧은 전투 끝에 레시페를 무역기지로 삼으며 모피거래 · 노예무역 · 사탕수수 등을 거래했다.

결국 네덜란드는 동양의 향신료교역은 물론 설탕과 목재교역에서도 유대인의 덕을 톡톡히 보았다. 유대인들의 활발한 대외교역으로 네덜란드는 세계교역의 중심지로 자리매김할 수 있었다.

유대인 사탕수수농장, 브라질에서 서인도제도로

브라질의 유대인들은 1630년부터 레시페에서 사탕수수를 본격적으로 재배했다. 그들은 이제 더 이상 기독교 신자로 위장할 필요가 없었다. 그들은 유대인 회당 '시너고그'를 세우고 랍비를 초청해 당당하게 예배를 드렸다. 그러나 이러한 평화도 그리 오래 가지 못했다.

1645년 포르투갈이 브라질 식민지의 주도권을 잡자 네덜란드는 1654년 1월 레시페를 포르투갈에 양도했다. 그러자 그곳에 살던 유대인 1천 5백 명은 서인도제도 바베이도스 등지로 옮겨갔고, 일부는 맨해튼으로, 그리고 나머지는 네덜란드로 돌아갔다. 이로써 서인도제도에서 유대인들의 사탕수수농장이 대규모로 시작되었다.

:: 서인도제도에서 유대인들의 사탕수수농장이 대규모로 시작되었다.

서인도제도의 사탕수수가 꽤 이윤을 남기자 유대인들은 아프리카에서 흑인노예를 실어와 대규모 사탕수수농장을 만들기 시작했다. 노예, 담배, 설탕의 삼각무역을 통해 유럽으로 실려 가는 설탕과 당밀은 폭발적으로 늘어나 마침내 유럽 전체가 설탕의 단맛에 빠졌다.

당밀 또한 유용했다. 당밀은 사탕수수를 설탕으로 가공할 때 부수적으로 나오는 찌꺼기로 찐득한 시럽이었다. 이를 이용해 럼주를 만들었다.

유대인의 맨해튼 상륙

처음으로 미국 식민지에 정착한 유대인의 역사는 월가의 탄생과 함께 한다. 묘한 인연이었다. 1654년 7월 뉴암스테르담에 혼자 상륙한 네덜란드계 유대인 바르심슨으로부터 유대인의 미국 정착이 시작되었다. 같은 해 2월 브라질에 살던 유대인 23명이 레시페 항에서 신천지 북아메리카로 향했다. 그들을 박해하던 포르투갈 사람들이 브라질로 몰려왔기 때문이다. 중간에 해적을 만나 억류당하는 역경을 딛고 그해 9월 도착한 곳이 뉴암스테르담 남단이었다. 7개월간의 험난한 여정이었다. 그 무렵 뉴암스테르담은 750가구의 조그마한 어촌이었다.

그러나 당시 맨해튼을 다스리던 서인도회사 총독이 상륙허가를 내주지 않았다. 우여곡절 끝에 그들은 네덜란드에 있는 서인도회사 유대인 대주주의 도움으로 어렵게 상륙허가를 얻어 늪지에 정착할 수 있었다. 그 무렵 번성하던 암스테르담 유대인 사회가 뉴암스테르담에 유대인 정착을 가능하게 했다. 유대인들은 버려진 늪지를 삶의 정착터로 가꾸어 나갔다. 이듬해 3월에 유대인 25명이 네덜란드에서 곧장 뉴암스테르담으로 건너와 유대인은 49명으로 늘어났다. 이것이 최초의 유대인 정착촌이었다.

플러싱 항의 서한

당시 뉴암스테르담의 총독 페트루스 스토이베산트는 개혁교회 신자로 유대인들과 퀘이커교도들이 늘어나자 이들을 못마땅하게 여겨 추방하려 했다. 그 무렵 퀘이커교는 17세기 영국 청교도 운동의 극좌파에 해당하는 종교로 유대교와 많은 면에서 공감대를 이루고 있었다. 그러자 유대인들은 '플러싱 항의서'라고 알려진 편지를 네덜란드 서인도회사에 보내 종교의 자유와 장사를 핍박하는 총독을 파면시킬 것을 탄원했다.

  서인도회사는 곧 총독에게 유대인들의 종교와 장사를 훼방하지 말라고 경고했다. 스토이베산트는 결국 파면당해 네덜란드로 돌아갔다. 플러싱 항의서는 미국 최초로 종교의 자유를 탄원한 문서였다. 이를 계기로 뉴암스테르담에서는 종교의 자유가 철저히 보장되었다.

유대인, 대구잡이와 비버모피 수출에 가담하다

초기 유대인들은 맨해튼 어촌에서 그들이 네덜란드에서 하던 청어와 대구잡이를 하며 일부는 일용잡화 행상부터 시작했다. 가장 손쉽게 시작할 수 있는 일이었다. 맨해튼 앞 바다에도 청어와 대구가 있었지만 가까운 매사추세츠 근처 '케이프 코드'(Cape Cod Bay)에 특히 대구가 많았다. '코드'(Cod)라는 단어 자체가 생선 대구를 뜻한다. 그 앞바다는 대구 산란철이 되면 말 그대로 '물 반, 대구 반'이었다. 지금도 그곳은 세계 4대어장의 하나다.

:: 보스톤 남동쪽 케이프 코드

냉장고가 없던 시절이라 말린 대구와 소금절임 대구는 유럽인들이 좋아하는 먹거리였다. 유대인들은 비버와 대구잡이를 위해 뉴암스테르담과 케이프 코드 연안으로 몰려들기 시작했다.

대서양 대구는 크다. 보통 1미터가 넘는 크고 못생긴 대구는 입이 커서 대구(大口)라 불린다. 무게도 보통 30킬로그램이 넘는 대형고기로 살이 많아 사람들이 좋아했다. 대구는 커다란 입을 쫙 벌린 채 수면 가까이 물속을 돌아다니며 입 속으로 들어오는 것은 무엇이든 삼켜 버린다. 대구는 그 큰 입만큼이나 엄청난 대식가이다. 닥치는 대로 먹는데 새우와 오징어, 청어, 꽁치 같은 맛있는 생선을 주로 먹는다. 대구 살이 맛있는 이유이다. 이런 엄청난 식욕 때문에 대구는 잡기 쉬웠다.

먼 바다의 대구가 산란철인 12월에서 3월 사이 연안으로 알을 낳으러 몰려든다. 대구가 번식기에 알을 낳고 정자를 뿌리기 시작하면 바다가 하얗게 변할 정도였다. 대구가 너무 많아 어선들이 항해하기 힘들 정도였고, 낚시 없어도 뱃전에서 양동이를 내려 대구를 퍼낼 수 있었다는 이야기들이 전해진다. 주낙으로 길이 180센티미터, 무게 1백 킬로그램의 거대한 대구가 낚이기도 했다. 유대인들은 이때 잡은 대구를 햇볕에 말렸다 두고두고 먹었으며 대구철이 지나면 청어나 다른 고기를 잡았다.

:: 아이 키보다도 큰 거대한 대구

네덜란드 시절부터 대구잡이와 소금절임은 유대인들의 주특기였다. 그들에게 말린 대구는 바다의 빵으로 유대인들이 거의 일상적으로 먹는 음식이었다. 특히 금식일이나 종교 절기에 고기나 누룩 든 빵을 금해 유대인들은 빵은 못 먹어도 말린 대구는 먹었다.

유대인들은 잡은 대구나 청어를 해변에서 말리는 동안 조개나 물고기를 잡기 위해 해안가를 찾아온 인디언들과 만나게 되고, 양측 간에 물물교환이 이루어졌다. 인디언들은 그들이 필요한 칼, 도끼, 솥, 술 등을 받고 그 대가로 비버가죽을 주었다.

당시 뉴암스테르담에서 서인도회사는 인디언들로부터 사들인 비버모피를 유럽에 수출했다. 시베리아에서 잡히던 비버가 남획으로 고갈되어 북아메리카 비버가 최고인기 상품으로 떠올랐다. 유대인들은 비버가죽을 맨해튼의 서인도회사에 비싼 값에 팔았다. 대구잡이 어부들로서는 힘들게 조업하는 것보다 인디언과 교환해 얻은 모피를 서인도회사에 되파는 것이 수익면에서 훨씬 좋았다. 그래서 오로지 모피 거래에만 종사하는 사람들이 생겨났다.

1655년 영국군의 침략에 대비해 맨해튼 섬에 통나무 외벽을 쌓기 위해 시민들로부터 모금을 했다. 그때 맨해튼에 처음 도착했던 유대인 23명 중 다섯 명이 네덜란드 은화 1천 플로린을 기부했다. 그 외벽을 쌓은 곳이 지금의 월가이다. 무일푼이었던 유대인들이 1년 새 그런 거액을 기부할 정도였다면 그들이 얼마나 돈을 잘 벌었는지 알 수 있다.

펜실베이니아에 제2의 유대인 정착촌을 개척하다

유대들은 인디언들이 갖다 주는 모피가 양이 차지 않자 이를 수집하기 위해 강을 거슬러 올라가 다른 인디언 부족들과 접촉했다. 그래서 맨해튼 다음으로 1655년 초에 두 번째 생긴 유대인 커뮤니티가 펜실베이니아 델라웨어 강가였다. 이로써 선발대 맨해튼 도착 이듬해에 벌써 펜실베이니아에도 유대인 정착촌이 들어섰다.

모피 수집을 위해 유대인들이 인디언들이 사는 펜실베이니아로 모여들었다. 델라웨어 강가의 인디언들과 모피 교역을 위해 뉴암스테르담의 유대인들이 진출한 것이다. 그 뒤 펜실베이니아 거주 유대인들의 생업은 대부분 모피 수집과 행상이었다.

나중에는 비버를 잡으러 유대인들이 직접 숲으로 들어갔다. 비버 가죽이 돈이 되자 너나 나나 할 것 없이 사람들이 몰려들면서 그 과정에 길을 내고 작은 마을을 만들기 시작했다. 이는 유대인뿐 아니라 당시 북아메리카 대륙에 발을 들여 놓은 네덜란드, 프랑스, 영국, 스페인, 러시아 사람들 모두의 공통된 현상이었다.

유대인을 쫓아 펜실베이니아에 발을 들여 놓은 사람들은 퀘이커 교도들이었다. 돈 많은 퀘이커 교도이자 영국 해군제독의 아들인 윌리엄 펜이 영국 왕 찰스 2세에게 돈을 빌려주고 상환금 대신 1681년 델라웨어강 연안의 땅을 하사받아 이를 개척했다. 펜실베이니아는 '펜의 숲이 있는 지방'이란 뜻이다.

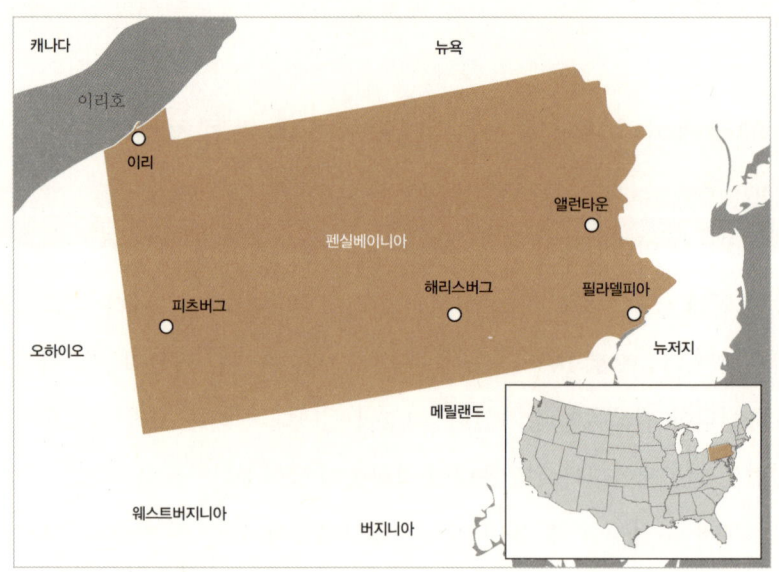

:: 유대인들이 개척한 펜실베이니아 지역

그 뒤 펜은 종교의 자유를 보장하며 이민자들을 모집했다. 특히 퀘이커 교도들이 몰려들면서 급속도록 발전해 1685년경에는 인구가 9천 명으로 불어났다. 그 중심은 '형제애의 도시'라는 뜻의 필라델피아로 당시 식민지의 최대 도시가 되었다. 펜실베이니아는 윌리엄 펜 덕분에 식민지 가운데 가장 먼저 번영하기 시작했다. 하지만 펜 자신은 이민자들이 땅을 탐내 인디언을 몰살하는 등 그의 이상이 실현되지 않자 실망해 1701년 영국으로 귀국한 후 다시는 돌아오지 않았다.

유대인과 청어잡이의 인연

동부 연안의 대구와 청어잡이에도 많은 유대인들이 몰려들었다. 이곳은 멕시코 난류와 래브라도 한류가 부딪쳐 어종이 풍부했다. 특히 청어가 많았다. 청어는 몸길이 35센티미터 정도의 작은 생선인데 당시 어류 중 가장 많이 잡히는 어종이 청어였다. 한류가 흐르는 북반구의 바다라면 어디서나 청어가 잡혔다. 대서양의 별명이 '청어 연못'일 만큼 청어의 어획량은 수위에 꼽혔다.

청어가 유명해진 데는 스토리가 있다. 14세기 중엽 네덜란드 어부들이 청어잡이를 할 때는 얼음도 없고 소금이 귀해 고기가 빨리 상해 많이 잡을 수 없었다. 그때 빌렘 벤켈소어라는 한 어부가 칼끝을 V자로 만들어 선상

:: 네덜란드 어부들이 기발한 발상으로 청어를 저장했다.

에서 단칼에 청어의 살과 내장을 분리해 소금물에 절여 보관하는 기발한 발상으로 부패를 해결했다.

그리고 육지에 돌아와 다시 소금에 절이는 방식이었다. 생선을 육지로 가지고 와서 내장을 따고 소금절임을 시작하는 것과 큰 차이가 났다. 특히 신선도와 보관기간에서 많은 차이가 났으며 기존방법과 달리 조업기간이 길어져 포획양이 크게 늘어났다. 이후 네덜란드 어선들은 조업기간에 구애받지 않아 만선으로 귀항할 수 있어 수익성이 높아졌다. 네덜란드가 청어잡이로 번영할 수 있었던 이유이다.

이후 16세기 말 스페인에서 추방당해 네덜란드에 온 유대인들은 한자상인들이 공급하는 비싼 암염 대신 값싼 스페인산 천일염을 수입해 싸고 좋은 절임 청어를 대량으로 공급했다. 가뜩이나 식량이 부족하고 냉장고가 없던 시대라 소금절임 청어는 전 유럽에 불티나게 팔려나갔다. 이 통에 한자상인 길드는 와해되었다.

그리고 '어업위원회'를 만들어 소금절임 청어의 생산과 유통을 과학적으로 관리하였다. 이후 유대인들에 의한 소금절임 청어의 유통혁명으로 네덜란드 경제가 번영의 길로 들어섰다. 그 뒤 어업은 조선업을 발달시키고 조선업은 해운업을, 해운업은 물류산업을, 물류산업은 무역을, 무역은 금융업을 발전시켜 네덜란드가 세계 최강의 해상무역국가가 되었다.

제3의 유대인 정착촌, 뉴포트

미국에서 세 번째 유대인 정착지는 뉴욕 롱아일랜드와 가까운 로드아일랜드 주 항구도시 뉴포트였다. 대구와 청어잡이를 위해 유대인들이 몰려든 것이다. 로드아일랜드는 미국에서 가장 작은 주로 1636년 로저 윌리엄스 목사에 의해 세워졌다.

윌리엄스는 그가 신봉하는 민주주의 사상으로 인해 매사추세츠 주에서 추방당하자, 로드아일랜드로 가서 정교(政敎)분리와 신앙자유를 표방한 식민지를 세웠다. 그는 영국으로 건너가 1644년에 정식 인가를 받아 스스로 최초의 로드아일랜드 총독이 되었다. 그는 모든 사람에게 종교의 자유를 철저히 보장했다. 이것이 유대인들이 몰려든 이유였다. 이에 많은 유대인들이 로드아일랜드의 중심 도시인 '뉴포트'와 '프로비던스'로 들어와 정착했다.

또 다른 이유는 뉴포트가 눈에 띄는 어항으로 케이프 코드와 가까워 대구잡이 기지로서 적지였기 때문이다. 소문이 나자 1658년 네덜란드로부터 많은 유대인들이 뉴포트로 건너왔다. 그 뒤 남미와 포르투갈에서도 유대인들이 몰려왔다. 종교적 박해를 피하고 생존을 위한 이주이다 보니 유대인들의 신대륙 정착 속도가 빨랐다. 그 무렵 뉴포트는 미국에서 가장 큰 유대인 커뮤니티를 이루었다.

조선업이 발달하다

뉴잉글랜드에 정착한 영국 이민자들도 대구잡이에 뛰어들었다. 돈이 넘치고 사람이 모이면서 대구 덕분에 보스턴 같은 대도시가 생겨났다. 대구는 보스턴 항에 모아진 뒤 말린 상태에서 선적되어 스페인의 빌바오 항을 거쳐 유럽 내륙에 팔려나갔다.

어업이 발달하면 조선업이 뒤따르게 되어 있다. 뉴포트를 비롯한 매사추세츠 만에는 조선소들이 많이 생기기 시작했다. 주위 삼림에 배 만들기 좋은 목재들이 많았기 때문이다. 배의 선체부분을 만드는 오크(참나무), 돛대용 긴 소나무, 그리고 배의 이음매를 위한 송진이 동북부 삼림에 지천이었다.

∷ 유대인들의 조선소

유대인들이 운영하는 조선소도 생겨 어선에서부터 대형 무역선까지 만들었다. 원래 조선업도 중세 이래 베네치아와 네덜란드에 살던 유대인들의 주특기 가운데 하나였다. 매사추세츠 만 유대인들은 자기들의 배를 직접 만들어 전 세계의 항구를 찾아 항해함으로써 해운업과 무역의 토대를 닦았다.

이후 유대인들의 분업 및 경영합리화로 경쟁력이 높아져 동부 조선 산업은 급속도로 성장했다. 식민지 시대가 끝날 무렵에는 영국 선적의 3분의 1이 아메리카 동북부 뉴잉글랜드에서 건조되었다.

1664년, 뉴암스테르담에서 '뉴욕'으로 이름을 바꾸다

영국은 1651년 〈항해조례〉를 발표하여 네덜란드와 전쟁을 하게 된다. 항해조례란 영국에 드나드는 배는 영국선이거나 상대국 배여야 한다는 조례다. 이는 당시 해운업을 장악하고 있던 네덜란드를 붕괴시키기 위한 의도였다.

이 전쟁에서 영국이 승리함으로써 네덜란드는 브라질 일부 지역에 갖고 있던 식민지를 포르투갈에게 빼앗겼고, 맨해튼도 1664년에 영국에게 넘어갔다. 새 영토의 주인이 된 영국 왕 찰스 2세는 왕위계승자인 동생 요크에게 버지니아와 뉴잉글랜드 사이에 있는 모든 땅을 선물로 준다. 요크 공작 소유가 된 뉴암스테르담은 곧 새 주인 요크(York) 공작을 기리는 뜻에서 새로운 이름 '뉴욕'(New York)을 얻게 된다. 요크 공작은 나중에 형의 뒤를 이어 영국 왕 제임스 2세가 된다.

유대인의 도시, 뉴욕

뉴욕은 유대인 사회의 중심이었다. 다른 나라 초기 이민자들은 번잡하고 지저분한 항구도시 뉴욕을 그리 좋아하지 않았다. 뉴욕의 유대인들은 대구잡이와 행상 그리고 비버모피 수집으로 돈을 모은 뒤 차츰 기반을 넓혀 철공소, 정육점, 의류재단사 등 비록 영세하지만 안정된 직종으로 진출했다. 훗날 정육점으로 큰돈을 번 유대인도 나왔지만, 의류재단과 봉제산업이 뉴욕 유대인의 주요 직업이었다. 오늘날 세계의 경제수도로 발전한 뉴욕 시는 처음에 이렇게 유대인에 의해 시작되었다.

뉴욕에 정착한 유대인들은 일자리가 생기는 대로 유럽에 있는 친척들을 불러들였다. 친척이 없는 유대인들도 건너왔다. 그들 대부분의 초기 이민은 농장에서 일하기로 계약을 맺고 건너왔지만, 곧 상업 등 도시형 산업에 종사했다. 조가비 구슬 알을 제조하는 공방도 생겨났다. 유대인다운 발상이었다.

유대인들이 자리를 잡자 1723년 미국 최초의 유대회당 시너고그가 뉴욕에 세워졌다. 이후 뉴욕은 유대인 무역상들에 의해 주도되어 성장 가도를 달렸다. 그 뒤 무역을 지원하는 금융업이 유대인에 의해 발전하였다. 한때 뉴욕 인구의 3분의 1이 유대인이었으며 뉴욕 소재 대학교 재학생의 절반이 유대인 학생들이었다.

뉴포트 유대인, 소금절임 대구를 팔아 부자가 되다

1776년 뉴포트의 유대인은 1천 2백 명으로 항구 전체 인구의 20%에 이르렀다. 그들은 네덜란드에서 그랬듯이 대구처리와 소금절임을 분업화하고 표준화했다. 그리고 철저한 품질관리와 서비스로 전국적인 유통을 장악해 이를 기업화했다. 네덜란드에서 그들이 했던 방식 그대로였다. 냉장고가 없던 시절이라 소금절임 대구는 이윤이 많이 남는 장사였다.

당시 이 지역에는 대구 어업으로 부를 축적한 '대구 귀족'들이 생겨나면서 유대인 부자들도 많이 탄생했다. 그 뒤 유대인 부자들은 높은 교육열로 대학설립에 재정지원을 많이 했다. 1769년에 설립된 로드아일랜드 대학은 모든 학생에게 종교의 자유를 주고, 기독교 종교행사에 유대 학생들의 강제 참여를 면제해 주었다. 유대인에게 종교의 자유와 교육은 무엇과도 바꿀 수 없는 절대적인 것이었다. 이때부터 유대인 부호들의 명문대학 설립과 재정지원은 일종의 전통처럼 자리 잡았다.

비버사냥이 서부 개척을 독려하다

1720년까지 북아메리카 동부에서 잡은 비버 숫자는 2백만 마리가 넘었다. 비버모자는 19세기 초까지 인기를 누렸는데, 이때쯤 미시시피강 동쪽에는 비버가 사실상 멸종되다시피 했다. 이 시기에 모피동물사냥은 상상하기 힘들 정도로 엄청난 규모로 이루어졌다. 18세기 말의 통계를 보면 한 해 평균 비버 26만 마리, 너구리 23만 마리, 여우 2만 마리, 곰 2만 5천 마리 등을 합쳐 모두 90만 마리 이상의 동물을 사냥했다. 19세기가 되면 이 수는 더욱 커져 한 해 평균 포획 동물 수가 170만 마리나 되었다.

모피동물 가운데 가장 큰 비중을 차지한 것은 비버였다. 비버는 비교적 쉽게 사냥할 수 있었다. 반면 번식률이 낮기 때문에 사냥꾼들이 한 지역에서 집중적으로 잡고 나면 거의 사라질 지경이었다. 비버를 주로 식량으로 삼았던 현지 인디언들은 비버를 멸종 위기에 몰아넣을 정도로 남획하지는 않았다. 그러나 유럽의 모피 수요와 연결되자 한 지역에서 비버가 완전히 사라지는 일이 벌어졌다.

1640년께 허드슨강에서 비버가 사라졌다. 그러자 사냥꾼들은 세인트로렌스강 주변으로 이동해 갔다. 18세기 말에는 이 지역도 끝나자 미시시피 서쪽과 태평양 연안 지역만이 마지막 남은 비버의 서식지였다.

그 뒤 북아메리카의 모피무역은 최후의 미개척지인 미시시피 서쪽 땅으로 옮겨갔다. 이 지역을 처음으로 탐험한 루이스와 클락은 1805년에 로키산맥을 넘어 태평양 해안으로 계속 나아가면서 이곳에 지구상 그 어느 곳보다 많은 비버와 수달이 살고 있다고 보고했다. 곧 사냥꾼들이 몰려와 비버와 수달을 잡기 시작했다.

이 동물들이 거의 사라진 뒤에는 더 이상 개척할 곳이 없어 값이 덜 나가는 동물들로 시선을 돌렸다. 그리하여 사향뒤쥐와 담비모피가 몇 년 동안 모피무역을 지탱했다. 하지만 이 동물들마저 거의 사라지자 해달과 물개, 바다표범, 하프물범이 그 자리를 대신했다. 특히나 하얀 모피를 위해 생후 3개월 미만의 어린 하프물범들이 표적이었다. 바다 모피동물도 귀해지자 이후엔 검은 여우가 쓰였다. 이때부터 야생동물이 귀해지자 모피용 동물을 사육하기 시작해 은여우가 길러졌다.

:: 하프 물범

청교도와 유대교

청교도와 유대인, 미국의 건국정신을 만들다

청교도와 유대교는 처음부터 궁합이 잘 맞았다. 종교의 자유를 찾아 메이플라워호를 타고 대서양을 건너왔던 청교도들은 뒤늦게 이주해 온 유대인을 동병상련의 마음으로 따뜻하게 맞아들였다. 그런 까닭에 유대계 이주민들은 유럽에서는 느낄 수 없었던 편안함으로 생업에 종사할 수 있었다. 유대인들은 오랜 방랑 생활에서 본능적으로 익혀온 장사 재능과 자본 증식의 노하우를 마음껏 발휘하며 아메리칸드림을 일구어갔다.

신대륙은 청교도와 유대인에 의해 실용주의와 자유민주주의가 건국정신으로 자리 잡았다. 개인의 능력과 지식을 최우선으로 하는 실용주의 문화는 프로테스탄트보다 오히려 유대인에 의해 주도되었다. 유대인이 미국 사회에 급속히 동화될 수 있었던 것은 청교도 정신이 유대교와 비슷했기 때문이다. 칼뱅주의 일파인 청교도들은 영국 국교인 성공회에 대해 극단적인 개혁을 주장했었다. 청교도 지도자들은 '지상에 하느님의 나라'를 만들기 위해 구약성서의 가르침에 따라 엄격한 공동체 생활을 하면서 도덕적 선을 추구했다.

청교도 교리 자체가 구약성경을 중시해 유대교와 흡사했다. 더구나 청교도는 다른 종교들과 달리 청빈을 주장하지 않았다. 이 점이 유대교와 맥을 같이 했다. 성실한 노력으로 일군 부(富)를 찬양했다. 그리고 가톨릭에서 죄악시했던 대부업을 경제발전의 필요불가결한 요소로 보고 이자를 5% 이내에서 허용했다. 이런 면에서 당시 청교도 사회의 분위기는 유대인을 받아들이는 데 걸림돌이 없었다. 청교도는 구약성서에서 신을 찾았기 때문에 영국에서는 '유대인의 신파'라고 불렸다. 청교도는 그들의 영국 탈출을 유대인의 애굽 탈출에 견주어 매사추세츠 만 연안의 식민지를 새 예루살렘이라고 부르며 유대인들과의 정신적 유대감을 같이 했다.

이들이 미국에 도착하여 올린 기도는 출애굽을 연상케 한다.

"180톤 밖에 안 되는 작은 배지만 그 배라도 주심을 감사하며, 평균 시속 2마일로 항해했으나 117일간 계속 전진할 수 있었음을 감사했다. 그러면서 비록 항해 중 두 사람이 죽었으나 한 아이가 태어났음을 감사하였고, 폭풍으로 큰 돛이 부러졌으나 파선되지 않았음을 감사하며 또 여자들 몇 명이 파도에 휩쓸렸지만 모두 구출됨을 감사하였다. 인디언들의 방해로 상륙할 곳을 찾지 못해 한 달 동안 바다에서 표류했지만 결국 호의적인 원주민이 사는 곳에 상륙하게 해주셔서 감사하고 또한 고통스러운 3개월 반의 항해 도중 단 한 명도 돌아가자는 사람이 나오지 않았음을 감사했다."

목사 양성소, 하버드 대학

그 뒤 청교도들이 후손들 종교교육을 위해 만든 목사 양성소가 바로 하버드 대학이다. 1636년에 성경만을 가르치기 위해 존 하버드 목사가 세운 미국에서 가장 오래된 대학이다. 하버드 대학이 창설되었을 때 라틴어, 그리스어와 함께 히브리어를 가르쳤다. 실제로 식민지 공용어를 히브리어로 하면 어떻겠느냐는 안까지 나온 일이 있었다. 저명한 청교도 존 코튼 목사도 모세 율법을 매사추세츠 법의 바탕이 되게 하자고 생각했다. 이러한 청교도 정신이 있었기에 미국 헌법은 모세 법전에서 많은 부분을 인용하게 되었다.

:: 하버드 대학. 청교도들이 후손들 종교교육을 위해 만든 목사 양성소가 그 유래였다.

청교도와 유대교의 궁합

《근대 자본주의》를 저술한 독일의 경제학자이자 사회학자인 베르너 좀바르트는 "이베리아 반도의 유대인들이 재산을 정리하여 막대한 자본을 가지고 암스테르담에 정착할 때 자본주의도 따라왔다."고 주장했다. 이런 좀바르트가 이렇게 말했다. "미국은 방방곡곡에 유대정신으로 가득 차 있다. 우리가 '미국의 혼'이라 부르는 것은 순수한 유대정신에 지나지 않는다. 아메리카의 정신은 청교도를 통해 기독교의 가면을 쓴 유대교로 변질되어가는 과정이며 청교도는 인공적인 유대이다."

'반유대교'적일만큼 과격한 이 말이 의미하는 것은 무엇일까? 그것은 크롬웰에 의한 영국의 청교도 혁명 이후 영국이 서서히 '유대화'되었고 드디어는 대영제국의 정책, 나아가서는 세계 정책에 유대인들의 입김이 크게 작용했다는 뜻이다. 그러한 청교도 무리와 유대인들이 아메리카에 건너가 미국을 건설했다는 의미이다.

당시 유대인은 물 만난 고기였다. 그 이유는 청교도와 유대교 사이에 커다란 공통점이 있기 때문이다. 세계의 종교들은 부를 부정하고 탐욕을 억제하라고 가르친다. 탐욕에 의한 혼란과 약탈을 방지하고 인간사회의 질서를 유지하기 위함이었다. 가톨릭은 돈과 부귀를 탐하지 말고 청빈하라고 가르친다. 불교는 모든 물욕을 버리고 마음을 비우도록 '무소유'를 설파한다. 힌두교는 아예 아무것도 소유해선 안 된다고 가르친다. 이슬람교도 물욕을 버릴 것을 요구한다.

이처럼 종교가 한결같이 물욕을 버리라고 가르치고 돈 버는 것을 깨끗하지 못한 것으로 보는데 딱 두 개의 종교가 부를 인정하고 부자가 돼도 좋다는 교리를 강조한다. 이 두 종교가 바로 유대교와 청교도이다.

칼뱅은 '깨끗한 부자'를 강조했고 유대교도 부자가 축복받은 것임을 강조하는 공통점을 지니고 있었다. 유대인들은 물질적인 성공은 신으로부터 선택받은 사람임을 증명해 주는 것으로 믿었다. 다시 말해 재산을 모으는 일은 고귀한 일이었다. 오히려 가난이야말로 삶에 대한 성실성의 결여로 간주되어 도덕적으로 지탄받아야 할 대상이었다. 이러한 생각은 청교도들도 마찬가지였다.

다만 유대교는 개인 윤리적 차원에서 소유욕과 부를 경고했다. 돈과 부는 인간을 교만하게 하여 하느님을 잊어버리게 할 수 있다는 것이다. 또 과도한 금전욕은 사람으로 하여금 불의와 부패로 이끈다. 그럼에도 돈과 부는 경건한 자에게 주어지는 하나님의 선물로 간주되었다. 따라서 부는 미래의 이상적 상이 되기도 한다.

유대인의 경전 탈무드는 돈의 중요성을 가르쳐준다. '사람을 해치는 것이 세 가지 있다. 근심, 말다툼 그리고 빈 지갑이다.', '몸의 모든 부분은 마음에 의존하고, 마음은 돈지갑에 의존한다. 돈은 사람을 축복해주는 것이다. 부는 요새이고 가난은 폐허이다.'●

● 《먼나라 이웃나라》, 이원복, 김영사

삼각무역을 주도한
유대인들

설탕무역 쟁탈전, 1차 영국-네덜란드전쟁

경제사에 많은 영향을 미친 영국 크롬웰의 〈항해조례〉는 네덜란드의 해상무역, 특히 설탕무역을 정조준했다. 그 무렵 신대륙 서인도제도의 설탕무역은 네덜란드 부(富)의 근원이었다. 17세기까지만 해도 설탕값은 금값에 버금갔다. 귀족들은 파티 요리 마지막에 설탕과자를 내놓음으로써 그들의 위세를 과시했다. 이것이 오늘날 결혼식이나 생일파티에 케익이 등장하는 전통으로 자리 잡게 된 연유이다.

그 무렵 사탕수수농장이 있는 자메이카의 바베이도스 섬은 영국령이었지만 교역은 네덜란드의 서인도회사가 주도하고 있었다. 당시 이 섬의 유대인들은 영국 왕에게 충성을 맹세하고 있었다. 그들은 1640년 포르투갈 사람들을 피해 브라질에서 건너온 유대인들이었다. 그러나 내전에서 영국 왕이 지고 의회파인 크롬웰이 승리하자 바베이도스 섬을 오가던 네덜란드 상선 13척이 영국 함대에 나포되었다. 그에 따라 네덜란드의 설탕무역은 치명타를 입고, 1652년 1차 영국-네덜란드 전쟁이 일어났다. 그 뒤 전쟁에서 이긴 영국은 1655년부터 서인도제도 설탕무역의 종주권을 네덜란드로부터 빼앗았다.

바베이도스 유대인, 직접 삼각무역에 뛰어들다

바베이도스 사탕수수농장 유대인들에게 위기가 닥쳤다. 이제 사탕수수즙을 사줄 네덜란드 상선이 오지 않았다. 그렇다고 영국 상선이 이를 제대로 대체한 것도 아니었다. 유대인들에게 이런 위기는 항상 기회의 전조였다. 비정기 상선을 기다릴 게 아니라 그들이 직접 배를 사서 무역에 뛰어 들었다. 사탕수수 농장주이자 선주가 되어 직접 해상무역업자가 된 것이다. 그 뒤 바베이도스 유대인들은 오히려 사업 영역을 확장했다.

유대인들은 사탕수수즙과 그 부산물인 당밀의 구매자이자 노예무역상으로서 서인도제도 시장에서 두각을 나타낸다. 당밀은 노예무역과 삼각무역에 긴요하게 쓰였다. 영국은 서인도제도에서 온 당밀로 럼주를 생산했다. 럼주는 아프리카에서 노예들을 획득하는 요긴한 수단으로 쓰여 영국 부의 주요 원천이 되었다. 이때부터 서인도제도의 사탕수수 농장에는 유럽에서 데려온 노동자보다 아프리카 흑인노예의 숫자가 훨씬 많아졌다.

그 뒤 영국의 찰스 2세는 1661년 연소득 1만 파운드가 넘는 10명

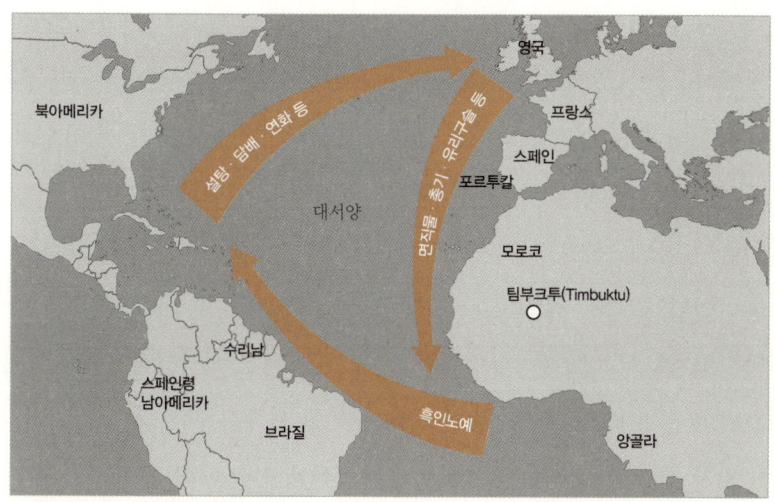
:: 17세기 주요 무역상품의 흐름

의 유대인 사탕수수 농장주이자 영국 국적선의 해상무역업자들에게 남작 직위를 주었다. 여기서도 1671년에 기독교 상인들을 중심으로 반(反) 유대인 움직임이 있었으나 영국 정부에 의해 유대인들의 정착은 오히려 권장되었다.

유대인들의 삼각무역으로 부흥한 뉴욕

그 무렵 유럽에서 건너온 유대인들은 미국이 독립하기 이전의 초기 13개 주로 골고루 퍼져 나갔다. 17세기 후반에 뉴욕이 네덜란드 서인도회사와 교역하였던 3대 상품은 '모피와 노예, 그리고 밀'이었다. 밀은 허드슨강 주변에서 경작되었다. 또한 뉴욕 역시 서인도제도에서 당밀이나 럼주를 수입해 아프리카에서 흑인 노예를 사는 데 썼다.

그 외에도 미국은 영국에 고래기름과 담배 등을 팔아 기계장비를 수입했다.

미국에 흑인이 처음 들어온 것은 1619년 네덜란드 국적 선박이 버지니아 식민지에 20여 명의 흑인을 내려놓으면서부터다. 미국에 흑인들이 청교도들보다 먼저 도착한 것이다. 이들이 처음부터 노예는 아니었다. 그들은 계약노동자였다. 그때에는 비슷한 처지의 백인 계약노동자들이 대부분 가난 때문에 계약을 맺고 대서양을 건너왔다. 그리고 운임 대신 약 7년 동안 일을 해주고 자유를 얻었다.

정작 흑인이 노예가 된 것은 역설적이게도 흑인이 많아지면서부터다. 수요가 늘어나면서 대규모로 흑인들이 유입되었다. 이들이 인구의 20%를 넘어가자 통제를 위해 노예제도가 본격화되었다. 이후 노예 노동력으로 서인도제도의 사탕수수 농장이 급속히 확대되었다. 아메리카 대륙 역시 유럽 식민지가 확장되자 흑인노예의 수요가 급증해 노예무역은 점점 번성했다.

특히 그 무렵 네덜란드 서인도회사는 직접 브라질 사탕수수 농장에 진출해 이곳에서 일할 인력 공급을 위해 노예무역을 주도했다. 17세기 후반부터는 영국령 바베이도스와 자메이카 섬이 브라질을 대신하여 사탕수수 생산의 중심지가 되자 영국은 1672년에 노예무역 독점회사인 왕립아프리카회사를 세우고, 영국-아프리카-서인도를 연결하는 이른바 삼각무역을 경영하여 네덜란드를 압도했다.

노예무역에서 삼각무역의 내용을 살펴보면, 본국에서 노예를 사는 데 필요한 럼주, 총포, 화약, 면직물 등을 싣고 아프리카 서해안에 이르러 흑인노예와 바꾸었다. 그 뒤 아메리카로 건너가 노예를 팔고 그

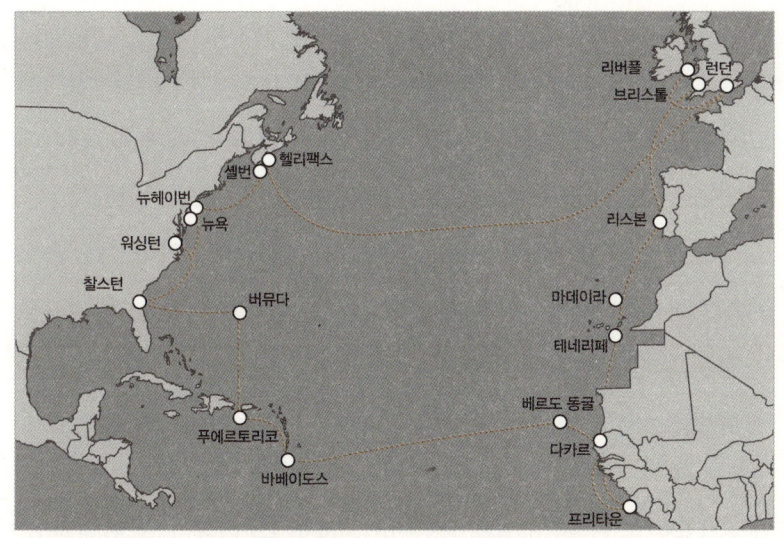
:: 노예무역을 중심으로 한 유대인들의 삼각무역

대금으로 서인도제도의 사탕수수즙과 당밀 그리고 담배와 면화 등을 사 본국으로 돌아오는 것이었다. 더욱이 17세기 후반 이래 남부의 담배·곡물·인디고를 생산하는 대농장에서도 흑인노예를 사용해 그 수요는 크게 늘어났다.

유대인, 검은 화물 삼각무역에 주력

항해조례 발표 뒤 영국과 네덜란드 사이에 1652년부터 1674년까지 22년 동안 세 번의 전쟁이 있었다. 결과는 네덜란드의 패배였다. 그 뒤 네덜란드는 해상강국의 지위를 잃었다. 유대인 무역상들은 네덜란드 해안이 봉쇄되자 네덜란드에서 영국으로 건너가 자리를 잡았다. 그리고 기존의 해외거점을 활용해 무역거래를 폭발적으로 늘려 나갔다. 기원전부터 중국과 교역을 했고, 10세기에는 이집트 알렉산드리아에서 대규모 해상교역을 주도했던 유대민족에게, 17세기에 대서양과 태평양을 개척하는 일은 그리 대단한 도전도 아니었다.

고대 솔로몬 왕 때부터 유대인의 주특기가 중계무역이었다. 솔로몬은 소아시아 지역의 말을 사서 훈련시켜 이집트에 팔았고, 이집트의 물품과 전차를 사서 물품은 인근국들에 팔고 전차는 훈련시킨 말과 함께 소아시아 지역에 팔았다. 그것이 근대 들어 삼각무역으로 발전하였다.

삼각무역은 한 번 항차에 여러 번 거래할 수 있었다. 유럽에서 아프리카로 공산품이, 아프리카에서 아메리카로 노예들이, 아메리카에서 유럽으로 설탕과 담배가 실려 갔다. 당시 설탕은 흰 화물, 노예는 검은 화물이라 불리었다.

이렇게 영국의 유대인들이 노예무역을 주도하게 된 이면에는 교황

∷ 검은 화물로 불렸던 노예들

의 노예무역 금지 선포가 한몫 단단히 했다. 1640년대에 교황이 노예무역 금지를 명하자 가톨릭 국가인 스페인과 포르투갈이 노예무역에서 철수했다. 얼마 안가 다른 나라 가톨릭 상인들도 뒤를 따랐다.

설탕에 어른거리는 흑인노예의 땀과 피

17세기 유럽에서 가장 중요한 산업은 설탕산업이었다. 정제시설에 많은 자본이 투입되나 높은 수익을 올려주는 유럽 최초의 자본주의적 산업이었다. 18세기 후반에 면직물산업이 발전하기 전까지 자본축적에 요긴한 사업이었다. 설탕은 세계 자본주의 성장과 깊이 관련된 역사적 작물이다. 1650년에는 귀중품이었던 설탕이 1750년에는 사치품, 1850년에는 생활필수품이 되었다.

이러한 설탕의 대중화를 가능케 해준 게 흑인노예였다. 사탕수수 농사에는 일손이 많이 필요했고, 흑인 노예들이 대거 투입되었다. 열대지방에는 계절의 변화가 없기 때문에 사탕수수 심는 시기를 조금만 달리 해도 1년 내내 수확할 수 있었다. 사탕수수는 다년생 풀이라서 새로이 씨앗을 심어 경작하는 방식이 아니라 잘라낸 줄기 옆으

:: 4미터가 넘는 사탕수수들

로 새로운 줄기가 솟아 다시 자란다. 그렇지만 지력을 심하게 소모하는 작물이라 윤작을 통해 지력을 회복해줘야 하기 때문에 경작지를 계속 바꾸어 주어야 한다. 게다가 수확 후에는 사탕수수의 단맛이 급격히 떨어지기 때문에 재빨리 즙을 짜내어 이를 다시 졸이고 정제해야만 한다. 이렇듯 사탕수수 재배를 위해서는 언제나 대규모 노동력이 필요했다.

사탕수수는 다 자라면 키가 4미터가 넘는다. 이때는 도로들만 빼고는 나머지 지역은 도저히 뚫고 지나갈 수 없는 정글로 변해버린다. 이를 베어서 공장으로 운반하고 분쇄한 다음 롤러를 이용해서 압착해 즙을 얻어낸다. 그리고 이걸 정제하기 위해 큰 솥에서 오랫동안 끓여야 한다. 이때 엄청나게 많은 연료가 필요하므로 주변 지역에서 땔나무를 베어서 가져와야 한다. 그래서 사탕수수 농장에는 항상 대량의 일손이 필요했다. 20세기 이전에는 이 모든 일들을 기계의 도움 없이 전부 사람의 힘으로 처리하였기 때문에 노동력 확보와 노동 통제가 제당업의 핵심이었다.

아메리카의 사탕수수 재배의 역사에서 17세기 중엽이 결정적인 전환점이었다. 영국의 2차 항해조례로 설탕 등 중요 상품은 영국령끼리만 무역하도록 한 것이 결정타였다. 이후로 설탕 유통의 판도가 바뀌었다. 때맞추어 수요가 급증하면서 아프리카 노예수입이 크게 확대되어 대규모 플랜테이션이 완전히 자리 잡았다. 예컨대 바베이도스에서는 1660년대까지 유럽인 노동자가 다수였으나 이후 흑인노예들이 더 많아졌다. 그 뒤 사탕수수 농지는 급속도로 확대되어 이웃나라로 번져 갔다.

17세기에 크게 번영했던 바베이도스를 제치고 18세기에는 자메이카가 으뜸 제당산지로 발전했다. 사탕수수 플랜테이션에서는 기술 발전에 따른 생산성 증가가 거의 없어 설탕 증산을 위해서는 오로지 인력 확대에만 의존했다. 이는 곧 노예무역의 증가로 연결되었다. 그 무렵 자메이카는 노예 삼각무역의 중심지였다. 거기에 노예들이 중노동을 견디기 위해서는 단백질과 소금이 필요한데, 소금에 절인 대구는 노예에게 값싸게 먹일 수 있는 양질의 영양 공급원이었다. 그들을 먹여 살리기 위해 보스턴 인근 뉴잉글랜드 지방에서 유대인들이 주도하는 염장대구 산업 역시 발달했다.

1701년과 1810년 사이 110년 동안 대서양을 건너 자메이카와 바베이도스로 끌려온 흑인노예의 숫자는 무려 1백만 명에 다다랐다. 이러한 희생 덕분에 설탕 생산이 늘어나자 가격은 급속히 떨어졌다. 그러자 유럽인들의 입맛은 달콤함에 길들여져 설탕 소비가 급증했다.

유대인이 주축이 되어 뉴욕 상공회의소를 창설하다

당시 뉴욕항은 수출로는 농산물, 수입으로는 공업제품과 노예가 주요 상품이었다. 1690년부터 근 60년간은 영국·스페인 전쟁 등 각종 전쟁으로 군수품 무역항으로 성장했다.

유대인 뿐 아니라 신대륙을 향한 이민자들의 행렬은 끊이지 않았다. 특히 1680년대 이후로는 전쟁을 피해 온 수많은 유럽 난민들과 정치적 박해를 피해 온 사람들이 늘어나면서 기하급수적으로 식민지 인구가 증가하였다. 1703년 당시 뉴욕 가정의 42%가 노예를 소유했다. 유대인들은 그들을 하인과 노동자로서 뿐 아니라 숙련된 장인으로 교육시켜 거래, 선적과 기타 분야에도 참여시켰다. 흑인노예들은 뉴욕 식민지 개발에 중요한 역할을 담당했다.

이렇게 삼각무역으로 기반을 닦은 유대인들은 1723년 미국 최초의 유대회당 시너고그를 뉴욕에, 1754년에는 로우 맨해튼에 컬럼비아 왕립대학을 설립하였다. 1690년대에 25만 명이던 인구가 1770년 무렵에는 2백만 명을 넘어섰다.

그 무렵 뉴욕에서는 심슨, 모제스, 레비 등 유대인 사업가들이 두각을 나타내기 시작했다. 그들은 코코아·럼주·포도주·모피 등의 무역과 섬유제품 거래에 종사했다. 그 뒤 그들은 자본을 축적하여 레비는 부동산업계로, 모제스는 선박업계로 각각 진출하고, 심슨은 뉴욕 상공회의소를 창설하는 등 짧은 기간에 급속한 성장을 이루었다.

특히 1768년 4월 5일, 유대인들이 주축이 된 20명의 상인들이 미국 최초의 상공회의소를 뉴욕에 설립했다. 이것은 미국 경제를 유대인들이 주도하고 있음을 뜻했다. 이후 존 제이콥 에스터, 피터 쿠퍼, 제이피 모건 등으로 이어지는 초기 뉴욕 상공회의소의 활약은 눈부셨다. 그들은 뉴욕을 발전시키기 위한 여러 획기적인 아이디어를 내놓았다.

먼저 미국의 무역을 비약적으로 발전시키기 위해 서부와 뉴욕 항구 사이를 운하를 만들어 연결시키자는 아이디어를 제안하고 이를 적극 지원했다. 그리고 최초의 대서양 횡단 케이블 구축과 도시 최초의 지하철 건설도 제의했다. 또 허드슨강 취수를 중단하고 뉴욕으로부터 2백 킬로미터 떨어진 캐츠킬 산에서 식수를 가져올 세계 최대의 수로 건설을 모색했다. 모두 몇백 년 후를 내다 본 야심찬 계획들이었다. 이것들이 뉴욕을 걸출한 상업 및 금융 중심지로 만드는 중요한 역사적 동인들이 되었다.

이렇듯 식민지 경제는 18세기에 급성장했다. 이는 영국 정부가 왜 세금 부과에 혈안이 되었고, 독립전쟁이 왜 일어났는지를 설명해 주는 대목이다.

좀바르트와 베버의 논쟁, 자본주의 정신

독일의 국민경제학자 베르너 좀바르트는 1902년《근대 자본주의》에서 처음으로 '자본주의 정신'이라는 개념을 사용했다. 그는 이 책에서 자본주의가 유대인으로부터 시작되었고 주장했다. 그는 자본주의 활동의 특징이 영리주의와 합리주의라고 보았다. 특히 영리주의 측

:: 베르너 좀바르트

:: 막스 베버

면을 강조한 좀바르트는 경제에서 무한추구 정신은 무한 화폐추구라고 했다.

그러나《프로테스탄트 윤리와 자본주의 정신》을 쓴 막스 베버는 자본주의는 청교도로부터 시작했다고 주장했다. 그가 말하는 자본주의는 '건전한 직업정신'과 '정당한 이윤추구'라는 '윤리적 자본주의 정신'이다. 그는 노동이 신성하다면 돈도 신성하다고 말했다. 그리고 돈은 철저하게 합리적인 목적을 위해 사용돼야 하는 책임감을 수반한다고 주장했다. 따라서 윤리적 자본주의 정신이란 직업을 갖고 노동을 통해 합리적으로 정당한 이윤을 추구하는 정신적 태도라고 베버는 말했다.

베버에 따르면 자본주의 정신은 탐욕과 무한한 이윤추구와는 전혀 다른 것이다. 이른바 금욕주의 정신에 충실한 자본가들은 자신의 직무를 엄격하게 수행하면서 윤리적으로 조금도 어긋나지 않는 이윤을 추구한다는 것이다. 베버는 잘못된 자본주의 정신과 건전한 자본주의 정신과의 차이점을 유대교와 청교도정신의 예를 비교로 들어 설명했다. 유대교의 경제적 지향은 정치나 투기에 의존해서라도 돈을 버는 모험적 자본주의 태도다. 한 마디로 돈을 벌기 위해 수단과 방법을 가리지 않는다는 얘기다. 베버는 이런 유대교 자본주의 행태를 천민자본주의라고 말했다. 청교도적 논리였다.

좀바르트가 제시하는 명제와 베버가 제시하는 명제는 명백히 상충된다. 물론 이 두 사람의 주장이 전적으로 모순되고 양립 불가능한 것은 아니다. 가만히 들여다보면 그 둘은 근대 초 자본주의의 형성 원인으로서 서로 다른 영역, 서로 상이한 집단을 연구대상으로 삼고 있다. 둘의 논쟁은 이후에도 계속된다. 묘하게도 학문적으로는 이러한 대립각을 세우면서도 둘은 절친한 친구였다. 두 사람은 함께《사회과학 및 사회정책잡지》를 간행하기도 했다. 이들에게서 마치 유대교와 청교도의 관계를 보는 듯하다.

유대인, 자본주의 창시자라는 사실을 거부하다

유대인은 탐탁치는 않지만 그리스도교와 공산주의 창시자가 유대인이라는 사실 자체는 인정하고 있다. 하지만 자본주의를 창시한 사람이 유대인이라고 말하면 단호히 부인한다. 그들은 좀바르트의 주장의 타당성을 입증하기보다는 오히려 부인하는 데 힘썼다. 근래에 와서야 비로소 좀바르트 주장의 적극적인 면을 재검토하게 되었지만 아직도 확실한 입장은 아니다. 흔히 반유대주의자들이 유대인을 '약탈적 자본주의자'라고 부르기 때문에 유대인 스스로는 자신들이 자본주의의 창시자라는 사실을 인정하고 싶지 않은 것이다.

그들은 유대인들이 '경제를 지배하다', '언론을 장악하다'라고 하는 말에도 질색한다. 이렇게 이야기하는 사람은 유대인 등 뒤에 비수를 겨눌 사람으로 보기 때문이다. 그래서 유대인 반비방 단체는 이렇게 이야기하는 사람에게 소송을 걸곤 한다. 그 근거를 대라는 것이다.

THE
DOLLAR
STORY

식민지 시대의
혼란

4

새로운 개념의 화폐가 등장하다

유럽 주화 통용

그 무렵 신대륙에서 원시물품화폐만 통용되었던 것은 아니었다. 유럽에서 들어온 금화를 포함한 경화가 1600년대에 함께 사용되었다. 스페인을 위시한 유럽 나라 경화와 더불어 초기 아메리카의 은화와 동전도 유통되었다. 그 중에서도 스페인 주화 '다레라'가 가장 많이 사용되었다.

신대륙 초기 약 1백 년 동안 미국에서 금광이 개발되지 않아 자체 주조 금화는 없었다. 금화는 유럽 이주민들이 가져 오거나 네덜란드 서인도회사와의 무역을 통해 들어왔다. 당시 아메리카에서 유통되던 금화도 유럽의 금화와 마찬가지로 깎이고 쓸리고 구멍이 뚫려 무게를 달아 유통되었다. 이러한 악화는 거래를 힘들게 만들었다. 이를 대신할 다른 조치가 필요했다.

트럼프 지폐

1685년 캐나다의 프랑스 총독은 본국에서 돈을 실은 배가 오는 것을 여러 해 동안 기다렸다. 그러나 프랑스 왕은 재정문제와 유럽의 소동으로 캐나다보다 더 염려해야 할 일이 많았다. 캐나다에 있는 그의 군대는 계속 봉급이 지불되지 않았다. 캐나다에서 쓰는 돈의 상당량이 군인들 호주머니에서 나왔던 관계로 캐나다 경제 역시 붕괴되기 시작했다.

이때 총독은 놀라운 생각을 해냈다. 그는 프랑스 군인들이 가지고 있던 모든 놀이용 카드를 징발했다. 상당한 양이었다. 그는 카드를 4등분해 각 조각마다 서명을 하고 이를 법정화폐로 선언했다. 그는 그것을 경화로 상환하겠다고 약속했다.

이 카드 조각은 그 뒤 65년 동안 돈으로 유통되었다. 파리 정부는 총독의 행동을 승인하지 않았기 때문에 이 돈은 총독의 약속과 그의 서명 이외에는 어떠한 것으로도 보증되지 않았다. 그것은 순수한 식민지용 화폐였다. 그리고 그 가치는 오로지 그것이 경화로 태환될 수 있다는 사람들의 신뢰에 달려 있었다. 트럼프 지폐는 1759년 영국이 퀘벡을 정복하자 사라졌다.

:: 트럼프 지폐

식민지 정부, 최초의 지폐를 발행하다

아메리카 최초의 지폐는 은행이 아니라 식민지 지방정부에서 발행되었다. 당시 식민지 정부는 정부지출을 위해 돈을 빌릴 수 있는 은행제도 조직이 없었다. 그 무렵 영국 주화를 비롯해 온갖 종류의 주화들이 식민지 내에서 유통되고 있었다. 더불어 인디언들과는 조가비 화폐나 유리구슬 등이 돈으로 통용되어 비버모피나 사슴가죽과 교환되었다.

1690년 매사추세츠 식민지 정부는 프랑스 식민지인 퀘벡을 침략했다. 그러나 원정이 실패로 돌아가자 문제가 생겼다. 당초 병사들의 급료는 퀘벡에서 약탈된 전리품으로 지급될 예정이었다. 역사적으로 봐도 급료를 받지 못한 병사들보다 더 위험한 존재는 없었다.

그러나 불행히도 매사추세츠 식민지 정부는 이들에게 지불할 돈이 없었다. 따라서 식민지 정부는 병사들에게 나중에 화폐를 지불하겠다는 약속이 적힌 쪽지를 나눠 주었다. 급여를 곧 지불하겠다는 증서로 일종의 약속어음이었다. 병사들이 받은 쪽지어음은 예상외로 효과적으로 통용되어 지폐 구실을 했다. 이것이 식민지 최초의 화폐인 셈이다. 금이나 은 같은 준비금도 없었지만 이 증서는 곧 '매사추세츠 파운드'로 불렸다. 스웨덴

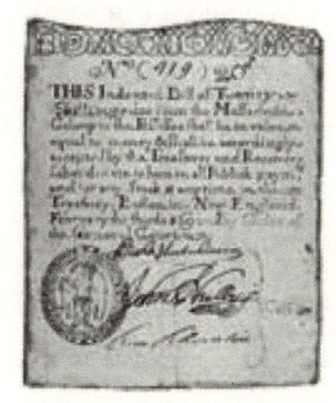
:: 미국 최초의 지폐. 일종의 약속어음이었다.

이 1661년 구리와 은을 준비금으로 삼아 지폐를 발행한 적이 있지만 정부의 신용만으로 발행된 7천 파운드어치의 이 증서가 서구 최초의 불환지폐에 해당된다.

이렇게 돈이 돌고 경기가 좋아지자 아메리카의 다른 식민지들도 매사추세츠의 편법을 따라하게 되었다. 특히 로드아일랜드와 사우스캐롤라이나에서 대량의 지폐를 발행했다. 이 지폐들은 지방정부의 상환약속 이외에는 아무 보증이 없었다. 수입이 수출을 초과해 얼마 안 되는 금과 은마저 영국 등으로 빠져나가던 상황에서 자체 화폐발행은 돈가뭄을 한 번에 해소해 주었다.

세계 최초의 지폐, 교자

참고로 지폐는 동양에서 먼저 나왔다. 종이 자체가 먼저 발명됐을 뿐 아니라 상업이 발달했기 때문이다. 세계 최초의 지폐는 10세기말 남송에서 상인들 간에 사용된 예탁증서인 교자(交子)였다. 당시는 철전을 사용했는데 비단 한필 사는 데 130근을 지불해야 할 정도로 가격이 너무 낮아 불편했다. 그래서 16개 대형점포가 연합해 철전을 함께 저장하고 등가의

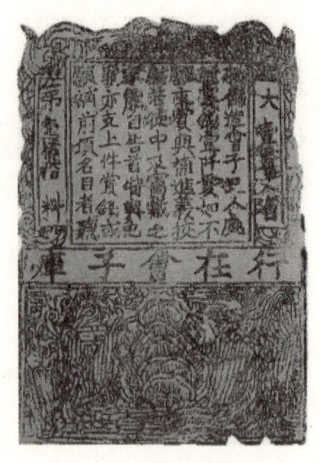

:: 세계 최초의 지폐인 교자(交子). 10세기말 남송에서 상인들 간에 사용된 예탁증서였다.

지폐인 교자를 발행했다. 훗날 북송 정부는 교자의 발행권을 거두어 정부에서 직접 지폐를 발행했다.

그 후 원(元)대에는 동전의 유통을 금지하고 지폐만 사용하도록 해 지폐 유통이 활발하게 이루어졌다. 지폐를 유통시키는 데 방해가 되는 자는 죽음을 각오해야 했다. 지폐 유통을 장려하기 위해 모든 금과 은을 지폐로 값을 치루고 몰수했다. 외국 상인들이 가져온 것이라도 예외가 없었다.

마르코 폴로는 중국의 효율적인 지폐 제도에 깊은 인상을 받아 그의 책《동방견문록》에서 지폐에 대해 자세히 설명했다. 그래도 유럽인들은 아무 가치도 없는 종이가 돈 구실을 한다는 걸 도저히 이해할 수 없었다.

중국에서 지폐를 발명한 지 7백 년이 지나서야 서양에서도 지폐를 만들었다. 1661년 스웨덴에서 지폐가 처음 발행되었다. 당시 사용되던 구리 동전이 20킬로그램에 달해 너무 크고 무거워 지폐가 나오게 된 것이다.

초기 지폐는 금이나 은으로 바꿀 수 있는 태환화폐였다. 유럽 최초의 지폐를 발행한 스톡홀름 은행의 요한 팜스트루흐 총재는 통화남발로 인해 태환이 불가능해지자 결국 사형을 선고받았으나, 나중에 징역형으로 감형돼 간신히 목숨을 건졌다. 그 무렵 영국에서 금장이 발행한 예치증서(Goldsmith Note)가 지폐 구실을 하며 오늘날 은행권의 모체가 되었다.

7년 전쟁과
식민지의 반발

영국과 프랑스의 한 판 승부

유럽에서 영국과 프랑스는 1688년 명예혁명 이후 80년간이나 치열하게 싸웠다. 영불전쟁은 외형적으로는 왕위계승을 둘러싼 분규로 알려져 있지만 실상은 원자재 확보와 수출시장 확대를 위한 식민지 쟁탈전이었다.

프랑스의 신대륙 개척 방식은 영국과 차이가 있었다. 프랑스는 영국인과 달리 인디언들을 조상 대대로 살던 땅에서 몰아내지 않고 그들과 공존하며 거래를 하면서 땅을 개척했다. 때문에 인디언들은 영국인들보다는 프랑스인들을 더 신뢰했다.

1754년경 프랑스는 5대호 주변의 인디언 부족들과 강력한 유대를 갖고 인디언들이 많이 사는 미시시피강을 따라 요새와 교역소를 설치했다. 미시시피라는 이름은 인디언어로 '위대한 강'이라는 뜻이다.

미시시피강은 미국 31개 주와 캐나다 2개 주가 포함될 정도로 북미 최대의 강이다. 따라서 프랑스는 캐나다 퀘백에서부터 미시시피강 하류의 뉴올리언스에 이르기까지 방대한 영토를 차지하고 있었다. 영국이 미동부에 차지한 땅은 애팔래치아 산맥 동쪽의 좁고 긴 지대에 국한되어 있었다. 프랑스는 미시시피강 유역을 차지함으로써 영국의 서부 진출을 막고 있었다.

:: 1750년경의 영국, 프랑스, 스페인, 러시아의 식민지 지배 영토

그러다 결국 1756년 양국은 부딪쳤다. 인디언들은 영국과 프랑스가 전쟁에 돌입하자 처음부터 프랑스 편에 서서 영국과 싸웠다. 초기 3~4년간의 전쟁은 프랑스의 우세로 전개되었다. 프랑스는 펜실베이

니아와 오하이오강 경계선에서 버지니아 민병대를 이끈 조지 워싱턴 부대를 제압한 것을 비롯해 5대호 등지에서 영국군을 패배시켜 승세를 잡는 듯 했다.

영국 정부는 군 병력과 해군 함대를 총동원하여 대대적인 증원군을 보냈다. 영국군은 이에 힘입어 1759년에 나이아가라 항과 퀘백 등을 연달아 빼앗고 1760년에 몬트리올마저 점령했다. 1763년 영국군은 천연두 환자가 덮었던 모포를 적지에 보내 천연두를 크게 유행시키기도 했다. 영국의 해군력에 해상로가 막혀 지원을 받지 못한 프랑스군은 마침내 전쟁에 패했다. 이로써 '7년 전쟁'은 영국의 승리로 끝났다. 이 전쟁에 토목기사 조지 워싱턴이 중령으로 참전해 준장으로 예편했다.

프랑스, 파리조약으로 아메리카 영토 잃어

1763년 2월 '7년 전쟁'의 결과로 영국·프랑스·스페인 간에 파리조약이 체결되었다. 이 조약으로 프랑스는 북아메리카에 대한 모든 기득권을 포기했으며, 영국은 북아메리카와 인도에 대한 독점적 우위권을 확보했다.

프랑스는 캐나다와 미시시피강 이동(以東)의 루이지애나를 영국에게 넘겨주었고 영국은 스페인으로부터 플로리다를 얻었다. 대신 스페인은 프랑스로부터 미시시피강 이서(以西)의 루이지애나를 얻었다. 이로써 프랑스는 아메리카 대륙의 모든 영토를 잃고 북미대륙

동부 전역이 영국 영토가 되었다.

  이 전쟁의 또 다른 의미는 신대륙 주민들이 영국군을 도와 전투에 참여했다는 사실이다. 비록 개전 초에 조지 워싱턴처럼 포로로 붙잡힌 경우도 있었으나 이후 전투경험을 얻어 영국군 없이도 자체능력으로 대륙을 방어할 수 있다는 자신감이 생겼다. 이 경험은 훗날 영국군을 상대로 독립전쟁을 하는 데 많은 도움이 되었다.

식민지, 영국의 정책에 반발하다

프랑스-인디언 전쟁이 끝난 1763년까지만 해도 영국과 식민지 사이는 좋았다. 그런데 영국이 7년 전쟁으로 인해 많은 빚을 지게 되자, 영국은 재정 악화와 식민지 통치 비용을 해결하기 위해 종전의 방임 정책을 포기하고 과세와 중상주의적 통제를 강력하게 실시했다. 이로 인해 영국과 식민지 간의 관계는 완전히 틀어진다.

  게다가 영국을 통하지 않고 프랑스와 프랑스의 서아프리카 식민지에 대구를 수출하는 미국이 영국과 충돌한다. 곧 대구 수출도 미국 독립전쟁 원인 중 하나였다.

  영국과 프랑스 전쟁의 후유증으로 영국은 무려 1억 3천만 파운드의 빚을 지고 있었다. 한 해 이자만 450만 파운드에 달하는 큰 액수였다. 뿐만 아니라 미국은 쓸모없는 어음 더미 때문에 고통을 겪었다. 전쟁 기간 중에 남발된 어음들로 돈 가치가 떨어지면서 광범위한 경기침체가 야기된 것이다. 이로 인해 영국은 식민지에서 더 이상 환어음이나 종이돈의 발행을 허용하지 않는다고 선언했다.

영국은 식민지를 방어하는 데 쓴 전쟁비용 부채를 해결하기 위해 재정 부담의 일부를 식민지 주민들에게 돌리기로 했다. 1764년 설탕·커피·포도주를 포함한 대부분의 수입품에 관세를 부과하기로 결정한 설탕법이 시행되었다. 이어 이듬해 신문에서부터 카드에 이르기까지 모든 인쇄물에 고액세금을 매긴 인지조례는 식민지 13개 주의 커다란 반발을 샀다. 이 조례는 이듬해에 폐기되었지만 앞으로 일어날 문제의 시작이었다.

보스턴 차 사건

1770년 보스턴에서 학살 사건이 일어났다. 이 사건은 보스턴 시의 부두에서 술을 마시던 노동자들과 영국군 사이에 일어난 유혈사태이다. 식민지 사람들이 주둔군에게 눈덩이를 던졌고, 그 눈덩이에 맞은 군인이 화가 나서 발포했다. 이 사건으로 노예 출신 흑인 선원 크리스퍼스 애턱스를 비롯해 4명이 죽었다. 식민지 정부는 이것을 과장해 '보스턴 대학살'이라고 부르며, 이 사건을 자유 쟁취를 위한 투쟁으로 평가했다.

이어 1773년 12월에 일어난 보스턴 차(茶) 사건은 수입차에 영국이 중과세를 부과하자 반기를 든 사건이다. 분노한 사람들이 인디언으로 위장해 보스턴 항에 정박한 배에 실려 있던 홍차 상자들을 바다에 버린 것이다. 이 사건이 독립전쟁의 불씨를 일으켰다.

:: 보스턴 차 사건 당시를 그린 삽화

1676년부터 차에 과세하기 시작한 영국 정부는 18세기 중반 119%까지 세율을 올려 막대한 재정수입을 거두었다. 이러한 중과세에 반발해 신대륙 13개 주는 대의권 없는 과세제도는 받아들일 수 없다고 영국에 대항했다. 곧 미국 식민지는 영국 의회에 대표를 보낸 적이 없으니 이러한 법률 또한 인정할 수 없다는 것이었다.

그러자 영국 정부는 탄압을 가속화했다. 보스턴 항 법안을 제출하고 군대를 주둔시켜 손해배상을 청구했다. 영국은 차 값을 배상할 때까지 항구를 폐쇄시키는 법안을 영국 의회가 통과시켰다. 이 법안의 내용은 보스턴 항구폐쇄, 의회모임제한, 군대가 주인 허락 없이 민간 집에 숙영할 수 있고, 영국인의 재판은 자유선택을 할 수 있다는 내용이었다. 보스턴 시민은 이를 거부하고 더욱 단결하였다. 대륙의회도 이에 동조해 혁명정부의 모체를 구축했다. 결국 1775년 무력충돌에 이르러 독립전쟁이 일어났다.

중국이 독점했던 차 재배

보스턴 차 사건 이후 미국인들은 차 대신 커피를 애용했다. 이게 미국에서 커피가 유행한 동기이다. 이후 차 문화가 지배하는 영국 문화와 커피가 지배하는 미국 문화에 차이가 생겼다. 여유 있고 감미로운 분위기의 차와 달리 각성작용이 강한 커피는 활력 있는 분위기와 사업적 발전에 유리하다고 한다. 실제로 차 문화권에서는 쉬고 싶을 때 차를 마시는 경향이 있지만, 커피 문화권에서는 일의 피치를 올리고 싶을 때 커피를 마시는 경향이 있다.

차(茶)는 원래 중국 쓰촨성의 티베트 경계의 산악지대에서만 자라는 나무였다. 이 차를 1560년 포르투갈의 예수회 수도사가 유럽에 전했다. 그 뒤 1610년 네덜란드 동인도회사가 본격적으로 유럽에 수입했다.

차는 보통 홍차, 우롱차, 녹차 세 종류가 있다. 차 잎을 따 온도, 습도, 시간을 잘 맞추면 잎의 효소가 산화작용으로 발효되어 잎이 검게 변한다. 이를 홍차라 한다. 반쯤 발효시킨 게 우롱차다. 따자마자 햇볕에 말려 효소를 없애면 장기간 녹색을 유지하는데 이것이 녹차다. 원래 수출은 녹차 위주였다. 그런데 17세기에 차를 선박으로 수입할 때 적도의 뜨거운 태양열을 받아 녹차 잎이 자연적으로 발효해 홍차가 되었다 한다. 이후 영국과 네덜란드인들은 홍차를 즐겨 마셨다.

당시 중국의 차 수출 항구가 그 지방 사투리로 테이(Tei)였는데 여기서 티(Tea)라는 명칭이 유래되었다. 그 무렵 차 재배는 중국이 독점하고 있었으며 묘목 반출을 엄금했다. 특히 영국인들이 차를 즐겨 수입량이 부쩍 늘었다. 중국과의 아편전쟁도 찻값을 지불할 방편이 마땅치 않았던 영국이 아편을 재배해 팔기 시작한 데서 비롯되었다. 이를 보면 이 시기 차의 중요성이 그만큼 컸음을 알 수 있다.

유대인, 차 재배에 성공하다

중국은 이러한 차의 수출산업을 빼앗기지 않기 위해 차나무 종자의 유출을 막고, 재배기술과 차를 발효시키는 방법까지 모두 비밀에 부쳤다. 때문에 유럽인들은 차나무가 중국에서만 자라는 줄 알았다.

그러던 것이 네덜란드 유대인 야코브센이 차 묘목을 목숨 걸고 몰래 빼내 길러 보았다. 그는 마카오를 통해 33년간 5차례에 걸쳐 묘목을 반출해 재배를 시도했다. 그러다 마침내 1828년에 인도네시아 자바 섬에서 경작에 성공했다. 이후 실론에서도 재배하던 커피나무가 원인 모르게 죽자 대신 대체작물로 차나무가 재배되었고 이로 인해 당시 중국의 녹차산업은 망했다.

이는 1696년 네덜란드 동인도회사 유대인들이 인도네시아 자바에서 처음으로 커피나무를 대량 재배하는 데 성공했던 것과 맥을 같이 한다. 그 무렵 아랍은 커피나무의 유출을 엄격히 막고 있었다. 유대인들이 아랍에서 몰래 커피 묘목을 빼내 와 이를 실론과 자바 섬에 이식했는데 자바에서 재배에 성공한 것이다. 이후 자바 묘목이 암스테르담 식물원에 이식되었는데 이 중 한 그루가 프랑스를 거쳐 중남미로 가서 각국의 커피원목이 되어 중남미에 커피농장이 확산되었다.

지폐의 발행으로 일어난
미국 독립전쟁

식민지 정부와 은행들이 같이 지폐를 발행하다

그 무렵 본국으로부터의 수입초과에 따라 금·은이 계속 유출되고 있던 각 식민지 정부는 화폐유통량이 부족해지자 토지를 담보로 잡고 지폐를 발행해 대출해 주었다. 이 방법은 화폐유통량을 늘려 경제를 활성화시켰다. 신대륙 식민지의 발전은 정부가 이렇게 화폐를 스스로 발행했기에 가능했다. 이로써 정부는 화폐발행에 대한 이자를 누구에게도 지불할 필요가 없어 영국은행의 통제에서 벗어났다.

곧이어 민간은행들도 똑같은 일을 시작했다. 이렇게 되자 지폐발행 특권이 남용되었다. 악화는 양화를 구축하는 법이다. 값어치 없는 지폐는 귀금속으로 만들어진 주화를 유통에서 몰아냈다. 또한 지폐의 남발로 물가가 치솟았다. 더구나 각 식민지에서는 이 지폐를 법화와 동일하게 취급하여 본국인에 대한 채무 변제에도 쓸 수 있다고 정하고 있었기 때문에, 식민지 지폐발행에 대하여는 본국의 채권자들 사이에 불만이 높았다.

지폐발행 막은 '통화조례'가 독립전쟁을 부르다

영국 정부는 식민지 지폐를 화폐로 인정하지 않았다. 당시 영국인들에게 돈이란 스스로 그 가치를 보증하는 귀금속으로 된 화폐라야 했고, 이는 정부가 보증하는 주화(Coin)뿐이었다. 그들의 상식으로 종이로 만든 지폐는 도저히 돈이 될 수 없었다.

더 큰 문제는 마구잡이식 발행이었다. 18세기 중반 매사추세츠가 발행한 지폐의 은에 대한 가치는 처음에 1:1로 시작했다 나중에는 1:11로 가치가 떨어졌다. 영국 투자자들은 식민지 화폐의 급속한 평가절하로 큰 손실을 보았다. 그러지 않아도 아무 가치도 없는 종이에다 자기들끼리 돈이라고 약속하고 유통시키는 것을 못마땅하게 생각했던 영국 투자자들은 런던 의회에 식민지의 화폐발행을 금지시키라는 압력을 가했다. 1751년 통화조례(Currency Act)는 이런 배경에서 탄생했다.

1751년에 영국은 뉴잉글랜드 지역 식민주에서 법정 화폐를 발행하지 못하도록 했다. 그리고 1764년에는 이러한 금지 규정을 확대하고 식민주에서 유통되고 있는 모든 지폐를 회수했다. 뿐만 아니라 영국 정부에 내는 세금은 반드시 금이나 은으로만 납부하도록 했다. 물론 식민지에서도 방만한 지폐발행에 반대하며 영국 의회의 조치를 환영하는 사람들도 많았다. 그러나 지폐발행의 남발로 물가가 치솟는 것도 문제였지만 지폐가 없어 화폐가 통용되지 않는 것은 더 큰 문제였다.

　이것은 식민지 경제를 피폐화시켰다. 불과 1년 만에 식민지 경제 상황은 완전히 역전되어 번영의 시대는 끝나고 경제는 심각한 불황에 빠졌다. 민심이 들끓었고, 이후 10년 경기불황 끝에 일어난 것이 독립전쟁이다.

미국 통화의 시작, 대륙지폐(Continental currency)

대륙회의는 본국의 고압적인 식민지 경영에 반발하여 1774년부터 개최되었다. 13개 주 가운데 12개 식민지 대표 56명이 참석했다. '대륙'(Continental)이라는 말은 주의회와 구별하기 위해 편의상 사용한 말이다. 그 해 10월 채택된 대륙회의 결의는 "12월 1일부터 영국 제품을 보이콧하고 또한 수출도 중지한다."는 식민지 사이의 동맹 약관을 담았다.

　이듬해 5월에 소집된 2차 '대륙회의'에서는 독립전쟁 경비 마련 방법이 주요 의제였다. 당시 대륙회의가 전비를 조달할 수 있는 방법은 두 가지로, 채권을 발행하는 것과 지폐를 발행하는 것이었다. 그러나 채권 발행은 액수가 크게 늘어나기 힘들었다. 반면 종이돈 발행은 통제되지 않았다. 대륙회의는 지폐발행을 선택했다. 대륙회의에서 발행된 지폐라 하여 '대륙화폐'로 불린다. 그리고 다음 달 6월에는 '대륙군'을 창설하여, 조지 워싱턴을 총사령관으로 임명했다. 독립전쟁이 시작되었다.

대륙지폐 남발로 초인플레이션을 불러오다

식민지 정부의 종이돈 대륙지폐는 금괴와 동등한 가치로 보증 받을 예정이었다. 각 식민지는 할당된 몫의 금괴를 담보로 제공하기로 약속했다. 하지만 약속은 이행되지 않았다. 대륙지폐는 아무런 담보 없이 인쇄되었다. 그래서 전쟁 발발 당시에는 1천 2백만 달러에 불과했던 통화량이 종전 무렵에는 5억 달러에 육박했다.

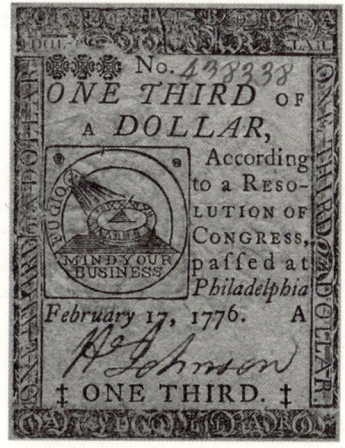
∷ 대륙지폐

화폐의 가치는 처음에 은과 액면가 대비 1:1이었다. 그러던 것이 1781년에는 자그마치 168:1로 떨어졌다. 1만 6천 8백%의 초인플레이션이 발생한 것이다. 결국 이로써 미국은 역사상 최초의 초인플레이션을 경험하게 된다. 미국 정부는 전쟁 기간에 총 6억 달러 규모의 공채를 발행했는데 이 또한 공개시장에서 가치가 하락했다. 일부는 할인된 비율로 처분되기도 했지만 대부분은 새로 출범한 미 연방정부의 채무로 남았다.

극심한 초인플레이션으로 신발 한 켤레가 5천 달러에 매매되고 옷 한 벌은 1백만 달러에 달했다. 설상가상으로 대륙지폐는 위조가 쉬워 영국인들이 위조지폐를 만들어 마구 뿌려댔다. 결국 초인플레이션과 위조지폐로 인해 돈 가치를 잃어버렸다. 때문에 식민지 정부의 대륙지폐를 믿었던 국민들과 은행가들은 말 그대로 거덜이 났다. 1780년 무렵에는 아무 가치가 없는 것을 가리킬 때 '대륙지폐만큼이나 가치가 없는'(Not worth a Continental)이라는 관용어가 유행하였다.

초인플레이션에 대한 반성이 미국 금융시장의 출발점

식민지 정부의 새로운 발명품인 대륙지폐는 미국의 독립에 크게 기여했다. 하지만 그 결과로 발생한 초인플레이션은 국민에게 큰 고통을 안겨 주었다. 초인플레이션은 국민들이 가지고 있던 현금을 정부가 세금으로 강탈해 가는 것과 똑같은 효과가 있었다. 그래서 이를 '인플레이션 세금'이라 부른다. 현금을 믿고 저축했던 서민들은 정부에 의해 촉발된 초인플레이션으로 순식간에 거지가 되었다.

따라서 초인플레이션에 혼이 난 미국인들은 두 번 다시 같은 실수를 범하지 않겠다는 결의를 다지게 된다. 앞으로는 정부의 화폐발행권을 인정치 않겠다는 것이었다. 결국 미국 최초의 투기와 초인플레이션을 일으킨 대륙지폐에 대한 반성이 미국 금융시장의 근원적인 출발점이 되었다.

치열한
화폐발행 권력의 다툼

5

미국의 독립과
달러의 탄생

1776년 미국의 독립전쟁

영국의 식민지 지배가 강화되자 13개 주가 뭉쳐 독립을 결의했다. 전쟁 지휘 경험이 있는 조지 워싱턴을 총사령관으로 하는 독립군을 조직해 1776년 7월 4일 독립선언을 하고 독립전쟁을 선포했다. 전쟁 초반에 식민지 측은 무기가 빈약한데다 내부분열까지 있어 고전을 면치 못했다. 독립군은 독립 전쟁 초기에 영국군에게 일방적으로 밀렸다.

그러나 1778년 벤저민 프랭클린이 프랑스와의 동맹외교를 성공시켜 전황은 역전되었다. 프랑스가 함대를 파견하고 총을 대량으로 지원한 것이다. 여기에 스페인, 네덜란드까지 가세해 1781년 10월 19일 마침내 영국이 항복했다.

:: 1776년 대륙회의에서 벤저민 프랭클린, 로저 셔먼, 로버트 리빙스턴, 존 애덤스, 토머스 제퍼슨이 독립선언서 초안을 제출하고 있다.

헌법으로 정부의 지폐발행을 금지시키다

당시 사람들이 신뢰할 수 있는 유일한 통화는 금과 은뿐이었다. 이제는 초인플레이션에 혼이 났던 국민과 의회가 정부에 지폐발행권을 다시는 주어서는 안 되겠다고 작정했다. 그 결과 독립 이후 연방헌법은 주정부에 의한 지폐발행을 일체 금지했다. 뿐만 아니라 연방정부에 의한 지폐발행조차 원칙상 금지했다. 그리고 화폐 가치의 관리는 의회에 위임했다. 그래서 그 뒤로 화폐는 정부가 발행한 '정부권'이 아닌 은행에서 발행한 '은행권'만 허용된 것이다.

이제 미국 정부는 연방헌법에 의해 화폐를 발행할 수 없게 되었다. 이로써 독립전쟁이 끝나자 식민지 시대에 통화조례로 금지 당했던 은행들의 발권이 다시 합법화되었다. 여기저기서 은행권이 발행되기 시작했다. 1781년 의회는 로버트 모리스가 세운 필라델피아의 북미은행을 최초의 국책은행으로 인가하여 신생정부의 재정을 지원하도록 했다. 미국 최초의 민간 국책은행이었다. 이 은행은 1783년 영국 정부가 미국의 독립을 공식적으로 인정하게 될 때까지 정부에 단기융자를 해주었다.

당시 북미은행의 최대 예금주는 유대인 헤임 솔로몬이었다. 그는 독립전쟁 기간 중 전쟁 자금이 모자라자 전시채권을 사주는 이외에도 개인 돈 65만 달러를 대륙의회에 내놓았다. 훗날 솔로몬이 죽자 메디슨 대통령은 "솔로몬이 없었더라면 미국은 독립전쟁에서 끝까지 싸울 수 없었을 것이다. 그는 그만큼 큰 공적을 남겼다."고 치하했다.

달러를 'buck'(수사슴)이라 부르는 유래

미국 달러를 슬랭으로 '벅'(buck)이라 부른다. 미국인들이 애용하는 단어다. '벅'은 본래 수사슴을 뜻한다. 액수가 적을 경우 미국인들은 요즈음도 '달러' 보다는 오히려 '벅'이라는 말을 즐겨 쓴다. 이것이 달러화의 속어로 쓰이게 된 이유가 있다.

1775년 발행된 대륙지폐는 6년이 지난 1781년에 그 가치가 떨어져 1백 달러에 해당하던 것이 1달러의 가치도 없게 되었다. 아무리 전쟁통이라지만 국민들이 소유하고 있었던 현금 자산의 가치가 대부분 증발되었다. 이렇게 되자 사람들은 현금거래 대신 차라리 물물교환을 하는 편이 낫다고 생각했다. 당시 가장 값나가는 물건이 수사슴, 즉 '벅'의 가죽이었다. 그래서 수사슴 가죽은 돈이나 마찬가지였다. 아니 돈보다 더 가치가 있었다. 그 무렵 남자들은 사슴이나 양가죽으로 만든, '녹비'라는 이름의 가죽옷을 입었다. 시간이 흐르면서 '벅'은 달러보다 더 귀염 받는 돈의 별명이 되었다.

달러 명칭의 유래, '다레라'가 달러로 불리다

과거 세계의 통화 시스템은 주로 은본위제도였다. 1517년 지금 체코 보헤미아 지역인 세인트요아힘 골짜기(Tal)에서 대규모 은광이 발견되었다. 여기서 나온 은으로 만든 은화는 '요아힘스탈러' (Joachimsthaler)라 불렸는데, 후에 이를 줄여 '탈러'라 불렀다. 이 은화가 유럽 여러 나라로 퍼져나가면서 탈러(Taler) 철자가 조금씩 변했다.

스페인은 식민지인 멕시코와 페루에서 대규모 은광들이 발견된 후 대량으로 은화를 찍어냈다. 이 은화를 탈러의 스페인어식 발음인 '다레라'라 불렀다. 그리고 미국은 스페인 식민지인 중남미에 상품들을 팔면서 주로 다레라 은화를 받았다. 미국에서는 다레라 은화를 미국식 영어 발음인 '달러'라 불렀다. 당시 달러라 함은 스페인 은화를 가리키는 말이었다.

:: 당시 달러는 '다레라'로 불렸던 스페인 은화를 가리켰다.

1785년 은본위제 실시, '달러'를 공식화폐의 하나로 채택

미국이 달러를 화폐단위로 채용한 것은 독립 후 1785년 대륙회의에서였다. 대륙회의는 유럽 나라들과 마찬가지로 은본위제를 채택했다. 이를 시행하면서 공식화폐 가운데 하나로 달러를 채택했다. 이것이 달러의 첫 등장이다. 스페인 은화가 식민지 정부의 주력 통화로 떠오른 것이었다.

미국 독립 당시 도량형의 단위는 영국 것을 그대로 가져다 썼으나 화폐 단위만은 파운드가 아닌 달러로 정했다. 이것은 당시 신대륙에서 스페인 은화 '다레라'가 너무 많이 유통되어 영국의 파운드화를 압도했기 때문이다. 돌이켜보면 이때 파운드로부터 독립하여 독자적인 달러 통화체제를 구축한 것이 미국으로서는 큰 축복이었다.

태환 가능 화폐가 요구되다

그 무렵 민간은행들이 독자적으로 너무나 다양한 화폐를 발행하여 화폐체계가 혼란스러웠다. 얼마 지나지 않아 사람들은 불평을 늘어놓게 되었다. 당시 대부분의 상품은 영국에서 수입되고 있었다. 영국 무역업자들은 믿을 수 없는 미국 은행권보다는 공정 가치를 지닌 금이나 은으로 받기를 원했다.

그러나 일부 비양심적인 은행가들은 자신들이 발행한 은행권을 귀금속으로 교환해 주지 않았다. 심지어 은행이 망해 교환이 아예 불가능한 사태까지 발생했다. 분노한 시민들은 언제나 귀금속으로 교환할 수 있으며 영국인들과 거래가 가능한 화폐를 요구했다.

　해결책은 간단했다. 수많은 민간은행들이 중구난방 식으로 각자 발행케 하지 말고 영국 영란은행과 비슷한 중앙은행을 설치하여 그곳에서만 화폐를 발행하면 되는 것이었다.

연방정부의 탄생

미국은 왜 독립 후 13년 동안 대통령이 없었을까?

1776년 7월 4일 13개 식민지의 대표자들은 필라델피아 인디펜던스 홀에서 미국 독립선언에 서명하고 독립을 선포했다. 미국은 이날을 독립기념일로 여긴다. 미국 독립선언서에는 자연법에 근거한 인권, 사회 계약설에 의한 정부 등 당시 독립운동에 가담한 사람들의 사상이 대변되어 있었다.

그러나 실질적 독립은 전쟁이 종료된 1781년에야 이루어졌다. 미국은 헌법회의에서 세계에서 처음으로 성문헌법을 제정했다. 미국의 첫 번째 헌법은 1781년에 제정된 연합규약이었다. 이는 중앙정부 없이 13개 주정부가 연합한 형태였다.

그 무렵 미국인들은 중앙정부를 원하지 않았다. 중앙집권제를 유럽의 전제왕권과 동일시하여 이것이 독재와 인권침해의 근본 원인이라 여겼다. 마치 유대인들이 애굽을 탈출하여 처음 나라를 세울 때 왕이 없이 12지파별 자치제를 운영했던 것과 같았다. 13개의 국가는 각자 완전한 주권을 가지고 있었다. 다만 연합규약에 의해 연합회의가 설립되어 외교, 국방, 화폐, 인디언 대책 등의 공통사항을 처리했다. 중요사항은 13개국 중 9개국의 찬성이 필요했다. 연합회의는 권고까지만 할 수 있었다. 또한 징세, 통상규제 권한이 없고 상비군도 없어서 오늘날의 UN과 비슷한 형태였다.

아메리카합중국(USA)의 탄생

그러나 이후 재정곤란, 지폐가치의 하락, 물가앙등 등 사회가 불안해지자 강력한 중앙정부 필요성이 대두되었다. 그래서 헌법회의가 연방파와 주권파 양 파로 갈라졌다. 알렉산더 해밀턴이 주도하는 연방주의를 주장하는 연방파와 토머스 제퍼슨 중심의 주정부 자치제의 주권파가 대립했다. 그 뒤 연방주의자들의 견해가 점차 헌법회의를 지배하게 되었다.

그리하여 독립선언을 선포한 지 12년이 지난 1787년에야 필라델피아에서 헌법제정회의가 열려 이듬해 연방헌법이 발효되었다. 연방헌법은 몽테스키외의 3권분립에 입각한 공화제 헌법으로, 각 주정부에 광범위한 자치권과 권한을 인정하나 중앙에 이를 통괄하는 연방정부를 두기로 했다. 입법권을 가진 연방의회는 상원, 하원으로 구성되어 과세나 군대 모집 등을 관장했다. 행정권은 간접선거에 의해 선출되어 4년의 임기를 가지는 대통령이 관장하고, 사법부는 주와 연방의 이중구조로 이루어져 최고법정으로 '대법원'을 설치했다. 이리하여 아메리카합중국(USA)이 탄생되었다.

미국 국기인 성조기의 붉고 흰 13개의 선은 독립당시 13개 주를 의미하며, 별은 현재의 총 주를 표시하고, 붉은 색은 용기, 흰색은 순결, 파랑색은 신의 은총을 나타냈다고 한다.

:: 미국 성조기. 13개의 선은 독립 당시 13개의 주를, 별은 현재 주의 개수를 의미한다.

하지만 그 뒤에도 미국은 역사의 고비 고비에서 연방파와 주권파의 대립이 계속되었다. 이러한 전통으로 인해 미국은 지금도 주정부의 자치권한이 막강한 것이다.

월가가 정치의 중심지가 되다

|

뉴욕을 중심으로 동부에 정착한 유대인들은 세계 각국의 유대인 커뮤니티를 파트너로 대규모 무역을 하며 큰 자본을 축적했다. 이러한

자본 축적은 곧 금융산업을 태동시켰다. 이로써 맨해튼에 무역업을 지원하는 금융산업이 월가를 중심으로 빠르게 자리 잡아갔다.

돈이 도는 곳에는 사람들이 모이게 마련이다. 정치 후원금도 월가에서 가장 많이 모였다. 정치가들도 월가로 모여 들었다. 자연히 월가가 금융의 중심뿐 아니라 미국 정치의 중심지도 겸하게 되었다.

1776년 독립전쟁이 발발해 미국은 1781년 영국으로부터 독립하였다. 이 시기 미국 총인구는 3백만 명 남짓했으며 유대인 인구는 고작 3천 명에 불과했다. 그러나 유대인들은 독립전쟁에 자발적으로 참전했다.

뉴욕 시는 독립혁명 중에 영국군에 점령되어 거의 파괴되었음에도 1789년 미국 최초의 수도가 되었다. 같은 해 3월 4일, 월가 26번지에 위치한 연방의회 의사당인 '페더럴 홀'에서 상원의원 9명과 하원

:: 월가 페더럴 홀에서 취임식을 갖는 워싱턴 초대 대통령

의원 13명이 초대의회 개원식을 하였다. 또 같은 해 4월 30일에는 조지 워싱턴이 그곳에서 초대 대통령으로 취임식을 거행했다. 유대인들의 본거지 월가가 미국 정치의 중심지가 된 것이다.

조지 워싱턴, 초대 대통령에 취임하다

1787년 필라델피아 헌법제정회의에서 연방정부의 기틀이 마련되어 1789년 4월 30일 선거인단 만장일치로 조지 워싱턴 장군을 미합중국의 초대 대통령으로 선출했다. 미국은 인권과 주권재민, 사회계약설을 토대로 유럽에서 볼 수 없는 새로운 유형의 국가를 건설했다.

조지 워싱턴 초대 대통령은 행정수반으로서 성공적인 임무를 수행했을 뿐 아니라 알렉산더 해밀턴과 토머스 제퍼슨과 같은 유능한 정치인을 내각에 기용하는 리더십을 보였다. 1792년 그는 만장일치로 재선에 성공했지만 4년 후 3선은 스스로 사양했다.

워싱턴 대통령, 독립전쟁을 도운 유대인에 감사를 표하다

독립전쟁 시작 당시인 1776년 뉴포트 유대인 수는 1천 2백 명으로 전체 인구의 20%에 이르렀다. 뉴욕과 필라델피아에는 유대인들이 훨씬 더 많았다. 많은 유대인들이 조지 워싱턴 장군을 도와 총을 들고 참전했다. 장군 측근의 재정담당 부관도 유대인이었다. 유대인들의 전쟁 후원금도 많았다. 워싱턴은 대통령이 된 후에도 이를 잊지 못했다.

미국 유대인 사회는 건국과 동시에 대통령과 인연을 맺는다. 1790년 8월 워싱턴 대통령은 취임 1주년 기념으로 뉴포트를 방문했다. 대통령은 그 기회에 그곳의 유대교회 시너고그 랍비에게 정중한 인사 서한을 보냈다. 오늘날 미국 유대인은 워싱턴 대통령의 이 서한을 미국 유대인이 진정한 미국 시민으로 인정받은 최초의 문서로 여기고 있다.

그 해 미국의 총인구는 393만 명이었다. 이들은 대부분 동부 연안 80킬로미터 이내에 살고 있었다. 당시 중국 3억 2천만, 인도 1억 9천만, 유럽 1억 8천만 명에 비하면 그야말로 소국이었다. 그 무렵 뉴욕시가 인구 3만 3천 명으로 미국에서 가장 큰 도시이자 수도였다. 이후 뉴욕은 급속도로 발전해 18세기 말에는 6만 명을 넘어섰다.

프랭클린, 처음으로 위조할 수 없는 지폐를 만들다

오늘 날 미국인들이 가장 닮기 원하는 첫 번째 인물이 벤저민 프랭클린이다. 다방면에 재능이 넘치면서도 강직하고 도덕적인 면모를 지닌 입지전적인 인물이라는 이유에서다.

미국 지폐의 아버지는 다름 아닌 벤저민 프랭클린으로, 오늘날 1백 달러짜리 지폐에 있는 인물이다. 그는 독립전쟁 기간 중 미-프랑스 동맹을 이끌어내 역사적 전환점을 가져온 인물이다. 정치가이자

:: 1백 달러 지폐의 벤저민 프랭클린

계몽 사상가이며 과학자인 벤저민 프랭클린은 출판인쇄업으로 성공한 후 독립선언서를 기초한 사람의 하나다. 또한 미국의 세 가지 중요 문서인 '독립선언서, 영국과의 평화협정, 연방헌법' 모두에 서명한 인물이다.

그는 보스턴에서 비누와 양초 만드는 집안의 17명의 자녀 중 15번째로 태어났다. 집안형편이 어려워 교육도 1년밖에 받지 못하고 형의 인쇄소에서 일했다. 노력 덕분에 능숙한 인쇄기술을 습득하면서 독학으로 공부한 그는 17세 때 자립을 결심한 후 보스턴과 뉴욕에서 일자리를 찾지 못하자 필라델피아로 가서 무일푼으로 인쇄업을 시작했다.

인쇄업을 하는 덕분에 항상 책을 보며 수많은 지식과 정보를 받아들였다. 그는 지폐에 관심이 많았다. 홀로 지폐의 본질과 그 효용성에 관해 연구했다. 마침내 23세인 1729년에 《지폐의 본질과 필요성에 관한 소고》라는 소책자를 펴냈다. 준비된 자에게 행운이 미소 짓는 법이다. 이 책 덕분에 그는 펜실베이니아 식민지의 지폐 도안 및 인쇄자격을 얻었다. 이것이 프랭클린이 거둔 첫 번째 성공이었다.

그 뒤 그는 화폐 위조를 막을 몇 가지 대책을 고안해 냈다. 이후 프랭클린은 펜실베이니아뿐 아니라 뉴저지와 델라웨이 및 메릴랜드의 공인 인쇄업자로 일했다.

프랭클린은 실제 나뭇잎으로 주형을 떠서 부조를 만든 다음, 나뭇잎 패턴을 독특하게 양각한 천연 날염방식으로 지폐를 찍어냈다. 이 방법은 효과적인 위조지폐 방지책이 되었다. 그 방법이 하도 독특해 여러 세기가 지나서야 그의 인쇄 방법이 이해되었다. 이러한 위조지폐 방지 기술은 달러가 신뢰받는 통화로 자리 잡는 데 크게 공헌하였다.

1736년에 그는 펜실베이니아의 하원의원으로 임명되었다. 그 뒤 펜실베이니아 시의 체신장관 대리로 일하며 우편 업무에 관한 사항을 한층 개선시켰다. 그리고 1750년에는 그가 주도하여 설립된 펜실베이니아 대학에 많은 도서를 기증하여 도서관을 만들었다. 그 뒤 그는 사업가로서, 정치가로서, 과학자로서, 신문사 경영자로서 수많은 역할을 하였다. 한 사람의 인생이라고 하기에 벤저민 프랭클린은 너무나 다양한 경력을 가진 사람이었다. 그리고 이 모든 것을 수행할 수 있는 힘은 바로 독서에 있었다.

∷ 프랭클린의 위조방지 화폐, 1739년

공공의 이익 위해 피뢰침 특허 내지 않아

그는 과학자로서도 공헌을 남겼다. 필라델피아 시민들에게 전기를 처음 소개한 것도 프랭클린이었다. 1740년대 초기에 그가 발명한 프랭클린 스토브라는 난로는 아직도 생산되고 있다. 1748년 그의 사업이 크게 번창하자 프랭클린은 사업을 대리인에게 맡기고 자신은 과학을 탐구하였다.

그 뒤 그는 1752년에 번갯불과 전기가 동일하다는 가설을 증명했다. 그의 유명한 '연 실험'을 통해 번개가 전기를 방전한다는 것을 증명한 것이다. 그리고 번개의 성질을 연구해 번개 피해를 막는 피뢰침을 발명했다. 피뢰침 발명 덕에 엄청난 돈을 벌 수 있었지만 그는 특허를 내지 않았다. 누구나 피뢰침을 만들어 쓰고 이를 통해 온 인류에게 혜택이 돌아가기를 원했다. 실로 위대한 과학자였다. 이로써 번개로부터의 수많은 인명과 재산의 피해를 줄일 수 있게 됐다. 또한 그는 전기의 플러스와 마이너스라는 용어를 최초로 사용한 장본인이었다.

그 후 1776년에 독립 선언서 기초 위원이 되었다. 같은 해 프랑스 대사가 되어 독립전쟁 중 미국과 프랑스 동맹을 성립시켜 전세를 역전시켰다. 그 뒤 대통령 출마를 권유 받았으나 사양하고 80세에 펜실베이니아 주지사를 지냈다.

그가 인류사에 남긴 업적은 너무나도 크다. 그가 죽은 후에 출판된 자서전은 미국에서 성경 다음으로 많이 읽혔다. 그의 영향력은 사회 전체에 미쳤고 그의 지혜는 여러 사람의 마음을 움직였다. 이렇게 대류의 양심이라고 불리던 벤저민 프랭클린이 지폐 제도의 가장 열렬한 지지자였다.

해밀턴과 제퍼슨

1789년 워싱턴 대통령은 각료를 임명할 때 주권파의 제퍼슨과 연방파의 해밀턴을 고루 기용해 정부의 밸런스를 맞추었다. 그리고 초대 재무장관으로 알렉산더 해밀턴을 임명한다.

당시 경제 상황은 엉망이었다. 정부의 재정은 파탄난 상태로 전쟁 중 발생한 막대한 부채를 갚지 못하고 있었다. 그 결과 국가 신용도는 추락하고 갚을 돈조차 없었다. 전쟁 중 발행한 2억 달러의 대륙지폐는 화폐가치를 상실했다. 해밀턴은 독립전쟁 선봉에 서서 싸웠고, 독립 후에는 연방파를 이끌며 13개 주가 강력한 연방으로 합치도록 만든 일등공신이었다. 하지만 정작 연방정부가 들어섰을 때에는 이런 난관을 맞아야 했다.

워싱턴 대통령이 새롭게 정부를 조직하면서 부딪친 가장 큰 두통거리는 제일 중요한 두 각료가 사사건건 날카롭게 맞서는 데 있었다. 당시 그의 정부는 세 명의 각료가 전부였다. 제퍼슨 국무장관, 해밀턴 재무장관, 녹스 전쟁장관이 그들이다.

제퍼슨과 해밀턴은 매사에 맞섰다. 당시 자본주의 캠프 선봉장이 알렉산더 해밀턴이었다. 그가 이끄는 연방주의자들은 강력한 중앙정부를 지지했다. 특히 금융과 상업 활성화를 위해 정부개입을 강조했다. 이들의 지역기반은 동북부였다.

반면 민주주의 캠프 선봉장은 토머스 제퍼슨이었다. 그가 이끄는 공화주의자들은 연방정부의 권한을 제한하고 주정부 자치제를 지지했다. 이들의 지역기반은 남부였다.

초대 재무장관 알렉산더 해밀턴

알렉산더 해밀턴은 대학생 때부터 독립운동을 하다 전쟁 중에는 워싱턴의 전속부관을 했다. 전쟁 당시 13개 주가 따로 놀아 독립군은 재정지원을 제대로 받지 못해 많은 고생을 했다.

전장에서 워싱턴과 어려움을 같이 한 해밀턴은 13개 주를 한데 묶어 조율할 강력한 중앙정부가 꼭 필요하다고 믿었다. 그는 군사력과 재정 양면에서 강한 힘을 발휘하는 강력한 연방정부를 세우려 했다. 이에 따라 중앙은행을 수립해 13개 주의 전쟁 채무를 모두 중앙정부로 이양해서 다 갚아주는 연방정부 강화책을 주장했다. 이를 위해 해

:: 10달러 화폐 속의 해밀턴 미국 초대 재무장관

밀턴은 연방정부가 국내외의 모든 채권을 떠안아 대형 국채로 통합하는 방안을 내놓았다.

민주주의 수호자, 초대 국무장관 토머스 제퍼슨

:: 초대 국무장관 토머스 제퍼슨

토머스 제퍼슨은 독립선언문의 기초자로서 유명하다. "우리는 이 진리들을 자명하다고 여기는 바, 모든 인간은 평등하게 창조되었으며 그들은 창조주로부터 양도할 수 없는 특정 권리들을 부여받았는데, 이 권리들 중에는 삶, 자유, 그리고 행복 추구가 있다." 토머스 제퍼슨은 1776년 이 문장을 미국 독립선언문에 삽입함으로써 전형적인 정치 문서를 살아 있는 인권선언문으로 탈바꿈시켰다.

제퍼슨은 프랑스 혁명 와중에 외교관으로 파리에 머물면서 계몽사상에 큰 감명을 받아 자신의 평생 정치철학으로 삼았다. 그는 벤저민 프랭클린과 더불어 18세기 미국 최고의 지성으로 평가받으며 힘없는 사람들의 수호자, 자유주의의 시조로 존경받았다.

그러던 그가 뉴욕으로 돌아와 국무장관이 되자 군주제를 경멸했다. 때문에 선거를 통해 군주제 복귀를 시도한 해밀턴과 그의 동조자들을 '영국파'로 간주했다. 그는 미국이 농부와 노동자들의 민주국가가 되기를 원했다. 이러니 해밀턴의 주장에 제퍼슨이 가만있을 리 없었다. 제퍼슨은 국가란 개인의 자유를 보전하기 위해 생긴 제도라는 것을 상기시키며, 강력한 정부는 개인의 자유를 억제할 위험이 있다고 경계했다. 그는 통화를 관리하는 중앙은행을 수립하면, 동부 산업지역에 특혜를 주게 되고, 전쟁채권의 액면가 상환은 채권업자들만 배불려주는 것이라고 비난했다. 전쟁 중 일반 시민들은 형편없이 가치가 떨어진 전쟁채권을 금융업자에게 헐값에 팔아버렸기 때문이다. 그리고 제퍼슨을 지지하는 자유주의자들도 중앙은행 설치가 극소수에게 국가경제의 통제권을 주게 될 것이라며 격렬히 반대했다.

미국의 수도가 뉴욕에서 워싱턴으로 바뀐 사연

제퍼슨과 해밀턴은 오랫동안 재정정책에 대해 논쟁을 벌였는데 특히 전쟁채무 처리방법에서 마찰을 빚었다. 해밀턴은 이제 독립했으니 국가의 신뢰를 위해 독립전쟁 시 국내외에 발행한 5천만 달러가량의 채권을 즉시 갚아야한다고 주장했다. 그러나 제퍼슨은 채권은 부유층들이 모두 헐값에 매입했으므로 채권을 갚자면 그들을 위해 농민들에게 세금을 거둬야 하니 안 된다고 주장했다.

 연방정부가 떠안은 채권의 빚을 갚는 방법도 문제였다. 해밀턴은 빚을 모든 주가 똑같이 나누어 갚아야 한다고 주장하였다. 그러나 제퍼슨은 각 주가 자신들의 빚을 알아서 갚아야 한다고 역설했다. 당시 제퍼슨이 주지사로 있었던 버지니아 주는 독립전쟁 때 많은 빚을 꾸지 않았는데 공업 중심의 뉴잉글랜드 지방의 주들은 엄청난 빚을 지고 있었다.

해밀턴이 빚을 똑같이 나누어 갚자고 하자, 빚을 많이 지지 않은 주들의 불만을 샀다. 이렇게 엄청난 반대에 부딪히자 해밀턴은 제퍼슨에게 협상을 요구했다. 결국 해밀턴은 남부가 요구한 수도 이전을 수용하는 대가로 채무인수법안의 통과를 매듭지었다. 뉴욕에서 워싱턴으로의 수도이전은 정치적 타협의 산물이었다.

당시 뉴욕시민들의 상실감은 매우 컸다. 워싱턴 대통령조차도 뉴욕에 계속 머물러 있기를 원했지만 국가의 분열을 막기 위해 결단을 내렸다. 미국 최대의 도시 뉴욕은 이렇게 하루아침에 수도의 지위를 잃게 되었다.

월가의 탄생

그러나 뉴욕이 모든 걸 다 잃은 것은 아니었다. 이때 발행된 8천만 달러의 채권이 월가 탄생의 기반이 된다. 1783년 전쟁이 끝나고 국공채와 은행주 중심으로 증권거래가 보급되면서 이외에도 운하주, 보험주가 인기리에 거래되었다. 그리고 1790년 미국 정부는 독립전쟁으로 인한 빚을 청산하기 위해 대규모 국채를 발행했다. 이로써 본격적으로 채권 시대가 열리면서 사람들의 관심이 그간의 땅 투기에서 금융 투자로 바뀌었다. 은행과 보험사들이 속속 채권 거래에 참여했다.

:: 월가는 채권·증권거래의 중심이 되었다.

하지만 이때는 아직 제대로 된 거래소가 없어 개인들이 거래에 참여하기가 쉽지 않았다. 처음에 개인들은 거래 상대방을 찾아 신문광고를 내거나 커피숍에서 만나 거래를 했다. 이후 개인 간 거래를 도와주는 중개인들이 나타나 월가 68번지 기슭의 플라타너스 나무의 일종인 버튼나무(buttonwood) 근처의 카페에서 거래가 활성화되었다.

그 뒤 1794년에 24명의 거래인과 상인들은 수수료와 거래방법 등을 결정하고 주식경매시장을 개설하기로 합의한 '버튼우드 협약'(Buttonwood Agreement)을 맺었다. 이로써 그들의 연합을 공식화했다. 이것이 뉴욕증권거래소의 기원이었다. 이렇게 국채가 중개인들 사이에 본격적으로 거래되기 시작하면서 월가는 채권 및 증권거래의 중심이 된다.

그 뒤 협약에 따라 1817년에 거래소가 설립되어 철도주가 거래되면서 월가는 활기찬 활약과 함께 이름이 높아졌다. 이후 당시 세계 최대 금융시장 런던과 교류하면서 세계 금융 중심지로 크기 시작했다. 1903년 월가 페더럴 홀 맞은편에 지금의 뉴욕증권거래소 건물을 새로 지어 이사하였다.

:: 현재 월가의 뉴욕증권거래소

중앙은행의 탄생

누가 화폐발행량의 결정권을 갖느냐의 문제

제퍼슨과 해밀턴은 중앙은행을 세울 때에도 심하게 마찰을 빚었다. 제퍼슨은 은행설립이 헌법에 명시되어 있지 않다고 역설했으나 해밀턴은 수정헌법 제10조에 '국민들이 필요로 하는 것을 연방정부가 행사할 수 있다.'라는 조목을 들어 은행설립의 타당성을 주장했다.

한편 중앙은행 설립을 지지한다 해도 정작 중요한 것은 '중앙은행의 화폐발행량에 대한 결정권을 누가 갖느냐' 하는 것이 문제였다. '정부가 권한을 갖느냐 아니면 은행 스스로 결정권을 갖느냐'의 문제였다. 은행권을 발행하여 대출을 하게 되면 화폐공급이 늘어나 경제가 원활하게 잘 돌아갈 수 있지만, 과도한 발행은 인플레이션을 초래해 오히려 경제를 망칠 수도 있다. 그럼 이 중용의 묘를 누가 결정하느냐의 문제였다.

은행권을 발행할 때 금이나 은 등 실물자산을 담보로 발행하도록 하면 무절제한 화폐공급은 통제될 수 있다. 그러나 그것이 과연 적정 통화량이냐의 문제가 남는다.

정치인은 인기를 의식해 재정 지출과 화폐발행량을 늘려 경기를 활성화시키려는 속성이 있어 과도한 화폐발행을 추진할 소지가 컸다. 반면 은행가들은 은행권의 과도한 발행을 스스로 억제할 것으로 보았다. 왜냐하면 그들은 주로 채권자의 입장이라 화폐 가치가 높게 유지되기를 바라지, 채권 가치를 떨어뜨리는 인플레이션을 원하지 않을 것으로 판단했다. 그러므로 화폐발행을 책임질 사람은 정치인이 아니라 은행가여야 한다는 것이 평소 해밀턴의 소신이었다.

영국, 민간소유의 중앙은행 탄생 배경

17세기 영국 상인들은 여유 자금을 정부기관인 조폐창에 맡기는 경우가 많았다. 그런데 돈이 궁해진 찰스 1세가 '대부'라는 명목으로 조폐창에 보관 중인 상인들의 돈 20만 파운드를 강탈하는 사건이 벌어졌다. 그러자 상인들은 조폐창에서 돈을 빼서 골드스미스(금 세공인) 곧 금장(金匠)들에게 맡기기 시작했다. 그들은 예금에 대

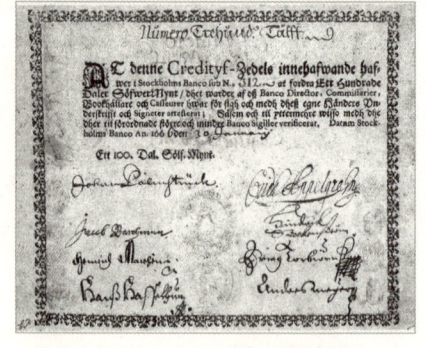

:: 은행권의 전신, 금장이 발행한 보관영수증

한 이자도 지불했고 보관영수증도 발행했다. 이들이 발행한 보관영수증은 마치 은행권처럼 통용되기도 했다.

크롬웰의 항해조례 이후 유대인들이 몰려 온 17세기 후반 영국의 대외무역이 급팽창하자 자금수요가 크게 늘어나면서 새로운 금융기관에 대한 요구가 커졌다.

영란은행의 설립 배경은 또 있었다. 1689년 네덜란드 연합주 총독이었던 윌리엄은 영국 왕위계승 이후 곧바로 심각한 재정적자 문제에 직면했다. 오랜 전쟁으로 국고가 바닥나 매우 곤란한 지경에 처해 있었던 것이다.

영국은 스페인과 네덜란드를 상대로 50여 년에 걸쳐 전쟁을 치루는 와중에 국고가 바닥나자 세금을 올렸다. 정부는 17세기에 국민소득의 2~4%를 세금으로 걷어 들였는데 전시에는 6%까지 올라갔다. 프랑스와의 긴장이 고조된 1689년에는 12%까지 뛰어 올랐지만 국민의 혈세로도 전비를 조달할 수 없었다.

전비가 모자라자 1692년에 국채 발행 제도가 도입되었다. 이것은 일종의 재정혁명이었다. 그간 군주의 변덕에 달려 있던 대부방식을 효과적인 정부채권 체계로 대체했기 때문이다. 또 국채를 발행하기 위해서는 의회의 동의를 받아야 했다. 때문에 재정악화를 어느 정도 견제하는 효과가 있었다. 의회가 재정운용권을 가지게 되자 그 전처럼 증세에 반대하지 않았고, 이듬해에는 국가채무에 대해 지급을 보장했다. 이런 몇 가지 사정 덕택에 국채의 신뢰도가 높아졌다. 그러나 이러한 국채 발행조차도 한계가 있었다. 국채 발행이 한계에 다다르자 더 이상 재정적자를 해소할 방법이 없었다. 왕으로서 가장 화급한 문제는 당장 눈앞에 닥친 프랑스와의 전쟁을 위한 전비 마련이었다.

마지막 수단으로 윌리엄 3세는 네덜란드 시절 활용했던 '전쟁기금 모금기구'를 설치하기로 했다. 그는 네덜란드 시절부터 친하게 지냈던 유대 금융가들에게 긴급 협조를 요청했다.

그런데 왕이 요청한 돈은 120만 파운드라는 엄청난 금액이었다. 이는 어느 몇 명이 나서서 해결할 수 있는 금액이 아니었다. 그런데 문제는 큰돈을 마련하여 왕에게 빌려준다 해도 이렇게 재정적자가 날로 심해지는 형국에 돈 받을 가능성이 희박했다. 그렇다고 모른 채 할 수도 없는 난처한 입장이었다. 그들은 우선 윌리엄 패터슨 등 스코틀랜드 금융인들을 끌어들여 전면에 내세웠다. 이른바 신디케이트 대출을 구상한 것이다.

유대자본, 민간소유 중앙은행 설립하다

이때 유대인들은 또 한 번 기발한 발상을 하게 된다. 유대인들과 스코틀랜드인들이 주축이 된 금융가들은 왕에게 큰 딜을 제안한다. 돈을 모아 빌려주는 대가로 '은행권'을 발권할 수 있는 민간은행 설립 허가를 요구한 것이다. 그들의 제안은 상인들이 120만 파운드의 자본금을 모아 주식회사 은행을 세우고 이때 모은 자본금을 모두 국왕에게 대부하겠다는 것이었다. 대신 상인들은 출자액만큼을 은행권으로 교부받아 지불수단으로 통용할 수 있게 해달라고 한 것이다.

그들로서는 금괴를 맡기고 그만큼의 은행권을 받는 것이어서 밑

질게 없는 장사였다. 그뿐만이 아니다. 더 중요한 것은 최초로 은행권을 찍어 낼 수 있는 발권력을 쥐게 된다는 점이었다. 유대인들은 고대로부터 유대 은전의 발권을 통해 발권력의 위력을 잘 알고 있었다. 당시 영국은 주화와 금장들이 발행한 금괴나 은괴 보관증이 많이 통용되었지만 은행이 정식으로 발권한 은행권이라는 개념이 없던 때였다.

게다가 당시 윌리엄 3세는 전임 제임스 2세의 왕위 탈환 움직임을 공공연히 지원하는 프랑스와의 전쟁에 필요한 자금을 마련해야 했다. 왕은 의회에 세금징수권을 내주는 통에 세금을 거두지 않고 전쟁비용을 마련할 수 있는 방안이 필요했다. 의회도 국왕이 다시는 조세권에 접근치 못하게 하려는 의도에서 왕의 차입을 적극 지원했다.

상인들의 제안은 왕에게도 솔깃했다. 무엇보다 상인들이 출자금만큼을 은행권으로 가지고 가기 때문에 왕은 빚을 구태여 갚지 않아도 됐다. 왕은 120만 파운드를 연이자 8%로 빌리는 대신 이자만 지급하고 원금은 영구히 갚지 않아도 되는 영구채무로 하기로 유대인들과 협상했다. 은행권 발권력 부분만 제외하면 누이 좋고 매부 좋은 협상이었다. 이때부터 유대 금융권력이 주도하여 세운 민간은행이 은행권에 대한 독점 발권력을 소유하고 중앙은행으로 진화하게 된다.

이상한 셈법

이때부터 영란은행은 국가에 거액의 대출을 해주고 짭짤한 이자 수입을 챙기게 되었다. 여기서 하나 이상한 점은 유대인들은 은행 설립 때 출자한 금괴만큼의 은행권을 되받아 갔기 때문에 실질적으로 빌려 준 돈이 없었다. 그래도 국가로부터 받는 이자는 매년 꼬박꼬박 챙기는 것이다. 이상한 셈법이었다.

윌리엄 3세는 잉글랜드은행에 은행권 발권을 허가하는 칙허장을 교부했다. 군비조달을 위해 자금을 영구히 빌리는 대가로 유대인들에게 화폐 주조권을 허가했다. 이렇게 국가를 대표하는 왕과 상인들의 이해관계가 절묘하게 맞아 떨어져서 탄생한 것이 영국의 중앙은행이다. 화폐 주조권을 손에 넣은 유대인들은 은행을 설립했다. 이렇게 스코틀랜드와 유대인 금융가들이 주주가 되어 설립한 것이 잉글랜드은행(BOE : Bank of England)이다.

:: 영란은행. 화폐 주조권을 손에 넣은 유대인들이 설립했다.

그리하여 영국 중앙은행도 여느 개인기업과 마찬가지로 주식공모를 통해 설립자금을 모집했다. 당시 영국 정부가 요구한 120만 파운드가 필요했으나 런던 상인 1,286명에게서 주식 공모 형태로 거둬들인 돈은 80만 파운드에 불과했다. 그 무렵 상인(Merchant)이라 함은 유대인과 동의어였다. 그럼에도 다급한 영국 정부와 의회는 1694년 7월 의회 입법을 통해 영란은행의 창립을 허가했다. 근대의 은행권은 영란은행이 설립되면서 시작되었다.

1694년에 잉글랜드은행이 설립되어 첫 대출로 정부에 80만 파운드를 빌려주었다. 정부는 이 은행권을 이용해서 루이 14세와 싸우기 위한 전쟁의 보급품을 사들였다. 이 은행권들은 기업 사이에서 그리고 사람들 사이에서 돈처럼 유통되었다. 이것이 영란은행 지폐의 원조이다.

덕분에 프랑스는 전비 마련에 어려움을 겪었지만 영국은 쉽게 전비를 마련하였다. 영란은행은 주주들 가운데 2천 파운드 이상 응모한 사람 14명에게 이사 자격을 주었다.

독점적 발권력을 갖는 중앙은행이 되다

이렇게 설립된 영란은행은 '정부의 은행'으로서의 기능을 수행했다. 하지만 설립 당시에는 민간은행의 하나였다. 이후 영국은 1793년부터 22년간 나폴레옹과 전쟁을 치루면서 급격한 인플레이션을 겪게 되고 이로 인해 독점적 발권력을 가지고 화폐가치를 안정시킬 중앙은행이 필요하게 되었다.

결국 1844년 의회가 '은행허가법'(Bank Charter Act)을 통과시켜 영란은행을 제외한 여타 은행의 화폐발행을 금지시키고 영란은행의 은행권에만 법화의 지위를 부여했다. 세계 최초의 '민간소유' 중앙은행이 탄생한 것이다. 그것은 동시에 현재에 이르는 국제금융 역사의 시작이기도 하다.

그 뒤 입법 제안자인 로버트 필 총리의 이름을 따 '필 은행법'으로도 불리는 이 법은 전 세계로 퍼졌다. 이후 19세기 중반 세 차례에 걸쳐 발생한 금융공황을 계기로 영란은행은 시중은행에 최종적으로 자금을 대부하는 '은행의 은행' 기능을 수행했다. 이로써 영국의 금융시스템을 안정시키는 책무도 지니게 된다.

화폐의 발행과 국채를 묶어놓은 괴상한 구조

이렇게 강력한 금융 수단이 생기면서 영국의 재정적자는 수직 상승했다. 쉽게 돈을 빌릴 곳이 생겼기 때문이다. 1670~1700년 사이 정부수입은 두 배 조금 넘게 증가했으나 같은 기간 정부가 영란은행에서 대출한 액수는 17배나 급증해 80만 파운드에서 1,380만 파운드가 되었다.

아이로니컬하게도 이 제도는 국가화폐의 발행과 영구적 국채를 묶어놓는 구조였다. 그래서 화폐를 신규 발행하면 국채가 늘어나게 되었다. 그렇다고 국채를 상환하면 국가의 화폐를 폐기하는 셈이 되므로 시중에 유통할 화폐가 없어지게 된다. 따라서 정부는 영원히 채무를 상환할 수 없는 구조가 되었다.

경제도 발전시켜야 하고 이자도 갚아야 하므로 화폐 수요는 필연적으로 늘 수밖에 없다. 그 돈을 다시 은행에서 빌려와야 했기 때문에 국채는 계속해서 불어났다. 이자는 국민의 세금으로 부담했고 그 이자수입은 고스란히 은행가의 지갑으로 들어갔다. 1783년의 국채 발행 누적액은 세금수입 20년 분이었다.

이처럼 정부가 신뢰도 높은 국채를 대량으로 발행하자 영국의 금융업은 크게 발달했다. 런던 금융시장의 유통자본이 늘어나고 국채의 신뢰도가 높아지자 이자율이 하락했다. 영란은행은 런던 상공업자를 대상으로 대출해 주었는데 18세기 말 이자율은 연 6~8%였다. 국채는 주로 전시에 많이 발행되었는데 1814년에 나폴레옹 전쟁이 끝났을 때는 국채의 이자 지급액이 국가 세입의 56%를 차지할 정도로 많았다.

중앙은행은 정부의 은행, 은행의 은행, 발권은행 세 가지 기본기능을 수행했다. 경제학자들은 그 존재의 필요성과 역할, 기능의 우수성을 고려할 때 인류의 3대 발명품으로 불, 수레바퀴와 더불어 중앙은행을 꼽기도 한다.

미국, 영란은행과 유사한 민간 중앙은행을 설립하다

역사상 국제 통화체제의 패권을 거머쥔 국가는 부에 대한 영향력을 극대화할 수 있었다. 따라서 새로운 국제 통화제도를 어떻게 창출하느냐에 따라 세계 경제에 대한 지배력이 좌우된다. 건국 초대 내각의 해밀턴은 영란은행을 본 따 중앙은행 제도를 추진했다. 그는 중앙은행을 세워 화폐발행 업무를 수행토록 할 것을 의회에 제안했다.

"중앙은행 본부는 필라델피아에 두고, 각 지역에 지점을 설립한다. 정부의 화폐와 세금징수는 이 은행시스템으로 관리해야 하며, 이 은행은 국가화폐를 발행하며 미국 정부에 대출을 해주고 이자를 받는다. 개인이 80%의 주식을 보유하고 나머지 20%는 정부가 보유한다. 이사회 20명은 주주 중에서 추천하며, 5명은 정부가 임명한다."는 것이 주요 내용이었다. 정부에 대출해 주고 이자를 받는다는 면에서 영란은행과 유사한 시스템이었다.

주당 4백 달러씩 총 2만 5천 주를 발행하는 당시로서는 미국 최대 규모인 자본금 1천만 달러짜리 은행이었다. 우여곡절 끝에 해밀턴은 1791년 2월 설립안을 관철시켰다. 상·하원 모두 연방주의자가 우세했던 덕이다.

최초의 중앙은행 설립(1791~1811)

워싱턴 대통령으로서는 강력한 정부를 부르짖는 해밀턴에게 마음이 더 쏠렸다. 1791년 워싱턴 대통령은 미국의 첫 번째 중앙은행인 제1미합중국은행 설립안에 서명했다. 법안의 특징은 중앙은행의 존속기간을 20년으로 제한한 것이다. 중앙은행을 반대하는 반연방파를 누그러뜨리기 위한 고육책이었다.

이 은행이 신생국 미합중국 최초의 중앙은행이다. 그때부터 미국 지폐는 이 은행에서만 발행하도록 했다. 당시 미국에서 제일 큰 주식회사였다. 큰 은행들과 돈 많은 집단이 대주주가 되었다.

미합중국은행은 오랜 논란 끝에 정부의 신용 회복을 위해 독립전쟁 기간 중 발행한 대륙지폐의 가치를 환불해 주기로 했다. 마침내 대륙지폐는 1781년에 발행된 재무성 중기채권으로 바꿀 수 있게 되었다.

1792년 달러가 미국의 공식화폐로 채택되다

이런 혼란을 겪고 난 뒤 정부는 화폐 금융제도를 정립하였다. 1792년 제정된 '조폐법'에 의해 조폐소가 만들어지고 연방 통화시스템이 확립되었다. 중앙은행은 은행권을 제한된 수량 안에서 발행할 수 있고 지점을 설립할 수 있었다. 달러를 미국의 공식화폐로 채택하고 근대국가 최초로 십진법 화폐체계를 도입했다.

:: 1792년의 1달러

새 경화의 한 면에는 자유의 여신상이, 다른 면에는 미국 독수리 상이 새겨졌다. 10달러, 5달러, 2.5달러는 금화로 제조되었다. 1달러 이하 동전은 은화로 제조되었다. 1달러는 정확히 371.4그레인의 은과 같은 가치를 가졌다. 모든 경화의 무게를 정하고 마모와 파손을 막기 위해 경화를 파손하면 사형에 해당하는 범죄로 규정했다.

:: 자유의 여신상(왼쪽)과 독수리상(오른쪽)이 새겨져 있다.

　화폐에 관한 최초의 미국법은 금은양본위제도(금은복본위제도)였다. 금화와 은화가 모두 법정통화였다. 1792년 미국 화폐주조법은 금 1.7그램과 은 27그램의 값을 동일하게 정했다. 약 1:15.9의 비율이었다. 당시 금 1온스(31.1그램)의 값은 18.3달러였다.

　그러나 그 뒤 38년 동안 은화가 금화보다 더 많이 통용되었다. 이는 금이 상대적으로 더 가치 상승이 컸음을 뜻한다. 하지만 금과 은의 양이 모자라 유통량이 적었다. 경화는 점차 깎이고 쓸리고 상태가 불량해졌다. 법으로도 막기 힘들었다. 경화가 모자라 외국 경화도 함께 사용되었는데도 계속 모자랐다.

　그런데 최근에는 금의 가치 상승이 두드러져 금과 은의 가격 비율이 1:60 이상으로 유지되고 있다. 1975년 이후 금·은 가격 비율의 장기평균은 58배 수준인데 2014년 7월 3일 현재 68.5배를 기록 중이다. 이것은 예전에 비해 은값이 몹시 저평가되어 있다는 것을 뜻한다. 중국의 쑹훙빙은 그의 저서 《화폐전쟁3》에서 "금의 가치가 계속 상승한다면 은은 더욱 빠른 속도로 가격이 올라갈 수밖에 없다."고 주장해 중국에 은 투자 열풍을 일으키기도 했다.

경제 수장 해밀턴, 제조업을 육성해 미국 경제를 일으키다

해밀턴은 중앙은행을 중심으로 은행시스템을 구축했는데, 은행주들이 비정상적으로 폭등했다. 그러나 곧 거품이 빠지면서 1792년은 미국 역사상 최초의 경제공황으로 기록되었다. 이때 해밀턴은 은행주를 적극 매입함으로써 시장을 안정시켰다.

이어 해밀턴은 경제시스템의 기본골격을 만들었다. 그는 그간 영국에 의존했던 제조업의 자립을 위해 그 육성을 최우선 정책으로 추진했다. 해밀턴이 내놓은 경제정책은 하나하나가 고민의 산물이었다. 그는 독립전쟁 때 경제가 얼마나 중요한지를 깨달았다. 또 자신이 경제에 대해 얼마나 무지한지를 자각하고, 포화 속에서 밤새워 경제 지식을 쌓아 가면서 고민 고민한 끝에 만든 방안과 정책들이었다. 위기에 경제 수장의 역할이 얼마나 중요한지를 깨닫게 해준다.

그 뒤 그는 마침내 제조업 중심으로 경제를 급성장시켰다. 그래서 미국인들은 해밀턴을 미국 독립의 실질적인 주인공으로 여긴다. 10달러 화폐에 해밀턴이 있는 이유이다.

많은 사람들이 그를 천재라고 불렀다. 그러나 해밀턴은 "사람들은 내가 가진 약간의 천재성에 대해 칭찬한다. 내 모든 천재성은 이렇게 이루어졌다. 나는 무언가 해야 할 일이 생기면 깊이 공부하며 낮밤

가릴 것 없이 그것에 대해 고민한다. 그리고 마침내 통달한다. 그렇게 이룬 성과에 대해 사람들은 천재성의 과실이라 말하지만 그것은 노력과 통찰의 결실일 뿐이다."고 말했다.

1811년 중앙은행의 외국자본은 1천만 주 가운데 7백만 주로 70%를 차지했다. 이로써 영란은행의 대주주 네이선 로스차일드를 비롯한 유럽의 로스차일드 가문은 미국 중앙은행의 대주주가 되었고, 이때부터 유대계 자본이 미국 자본을 주도하기 시작했다. 더불어 모든 주정부의 부채도 연방정부가 떠맡았다.

제퍼슨,
민주국가의 기틀을 잡다

한편 건국 초 제퍼슨의 정신이 무시된 것만은 아니었다. 워싱턴이 정부를 조직하기 2년 전부터 헌법 수립에 대한 논란이 뜨거웠다. 헌법의 초안이 대표들의 투표로 통과되었다. 그러나 미국은 연방인 만큼 13개 국가가 모인 형국이라, 이곳에 파견된 대표들은 제헌회의에서 통과된 헌법초안을 자기 주로 가져가서 통과시켜야 하는 절차가 남아 있었다. 4분의 3 이상의 주, 곧 9개의 주가 비준하면 연방의 헌법으로 제정될 예정이었다.

전국에서 갑론을박하는 논쟁이 벌어져 헌법 비준 절차에 2년이 걸렸다. 드디어 찬반 양진영 사이에 타협이 이루어져 미합중국 헌법이 탄생했다. 이 헌법논쟁에서 강력한 연방을 주장하는 해밀턴이 이끄는 연방파는 공화당의 정신적 시조가 되고, 제퍼슨이 이끄는 반연방파는 민주당의 시조가 되었다.

당시 제퍼슨은 헌법초안이 국가 조직만을 논하고, 국민의 권리에 대해서는 아무 말도 없다는 맹점을 지적했다. 그리고 전문 10개의 수정조항을 첨부해야만 헌법 초안을 통과시킬 수 있다고 주장했다. 제헌회의가 열릴 당시 제퍼슨은 1785년부터 1789년까지 프랑스에 공사로 파견 나가 있었기 때문에 국내 사정을 잘 몰랐다. 귀국 후 국민과 주정부의 권리를 보호하고 연방정부의 역할을 제한하는 미국판 권리장전을 제안한 것이다.

제퍼슨이 제시한 수정조항은 1조에 종교의 자유와 집회, 출판, 결사 등 표현의 자유를 포함한다. 다음 9개의 조항도 미국 인권의 기초가 되는 재산권에서부터 행복추구권까지 나열한다. 그의 수정요구는 받아들여졌다. 10개 수정조항은 지금까지도 시민권의 기본조항이다. 이런 제퍼슨의 공로로 그는 시민의 권리를 대표하는 자로, 해밀턴은 국가의 기틀을 잡은 자로 추앙받는다.

양당 정치의 시조, 제퍼슨과 해밀턴

워싱턴은 내심 해밀턴에게 마음이 기울어도 손아래 동료로서 오래도록 함께 국가 건설에 기여했던 제퍼슨을 잊지 않았다. 제퍼슨은 생래적으로나 문화적으로 야심찬 해밀턴의 정반대 측에 서 있었다. 제퍼슨은 워싱턴과 마찬가지로 부유한 농장주 집안에서 태어나 제대로 가정교육을 받고 자란 점잖은 애국파로 전쟁 중에는 버지니아 주지사를 지냈다. 그 뒤 제퍼슨은 해밀턴과의 정책대립으로 1793년 사임하고 연방파에 대항하기 위해 현재 민주당의 뿌리인 민주공화당을 설립해 1796년 대선에 나섰다.

1800년의 혁명

워싱턴이 은퇴하면서 1796년 미국에서 최초의 대통령 선거유세가 시작되었다. 연방파 의원들은 부통령 존 애덤스를 제1후보, 사우스캐롤라이나의 토머스 핀크니를 제2후보로 선출했다. 알렉산더 해밀턴은 골수 연방파들에게까지 군주제를 옹호하는 완고한 인물로 간주되어 제외되었다. 제퍼슨은 민주공화당의 공천 후보자였다. 당시 헌법상, 선거인단은 모두 2표를 행사해 1위가 대통령이 되고 2위가 부통령이 되는 구조였다. 애덤스는 가까스로 대통령에 당선되었다. 제퍼슨은 야당후보였음에도 두 번째로 많은 선거인단 표를 얻어 부

:: 토머스 제퍼슨과 존 애덤스

통령이 되었다.

그 뒤 1800년 대통령 선거는 백중세였다. 우여곡절 끝에 제퍼슨이 연방파에게 현 상태를 그대로 유지하겠다는 개인적 약속을 한 후 하원은 제퍼슨을 대통령으로 선출했다.

제퍼슨의 당선으로 북부 연방파의 12년 집권이 마감되고 남부 공화파 집권이 시작됐다. 제퍼슨은 3대 대통령으로 새 수도 워싱턴에서 취임하여 1809년까지 연임했다. 임기 동안 영국과의 전쟁을 막아내고, 1803년에는 나폴레옹으로부터 루이지애나를 1천 5백만 달러에 사들여 영토를 두 배로 늘이는 등 미국 발전에 많은 공헌을 했다.

미국, 영토를 넓히다

루이 15세의 이름에서 유래된 루이지애나는 원래 프랑스 영토였으나 1763년 파리 조약에 따라 스페인으로 소유권이 넘어갔다. 그러다 나폴레옹 보나파르트가 1801년에 스페인을 정복하자, 자연히 스페인의 영토였던 루이지애나는 도로 프랑스 영토가 되었다.

그 무렵 농업을 주로 했던 오하이오, 인디애나, 미시간 등 북서부 농민들은 농작물을 열악한 도로 사정과 약탈의 위험을 피해 육로가 아닌 미시시피강을 이용해 동부의 뉴욕이나 보스턴으로 운반했다. 프랑스 영토였던 강어귀의 뉴올리언스를 통과할 때마다 통행세를 지불해야 했던 농부들의 불만이 높았다. 당시 교통상의 요로였던 미시시피강 항해와 화물 환적에 위협을 느낀 제퍼슨 대통령은 뉴올리언스 항을 프랑스로부터 사들이기로 했다.

  1802년 뉴올리언스 매입에 1천만 달러를 지불해도 좋다는 의회의 승낙을 받아냈다. 원래 미시시피강 통행권 확보를 위해 추진했던 뉴올리언스 항구 매입계획은 전쟁으로 자금난에 허덕이던 나폴레옹으로부터 뜻밖의 제의를 받게 된다. 당시 프랑스 점령지역을 모두 매입하는 게 어떻겠냐는 것이었다.

  당시 나폴레옹은 아이티에서 반란군과 싸우느라 막대한 군비를 지출하고 있었다. 국고에 돈이 없자 나폴레옹은 루이지애나 영토 전체 값으로 1천 5백만 달러를 제시했다. 본래 미국이 뉴올리언스 항구를 사려고 했던 가격이 1천만 달러였다. 그런데 나폴레옹은 뉴올리언스 면적의 수백 배에 해당하는 루이지애나 전체를 미국이 사려고 했던 가격보다 5백만 달러만 더 주면 팔겠다는 것이었다. 이렇게 해서 미국은 한반도의 열 배에 해당하는 넓이의 루이지애나 주를 1803년에 1천 5백만 달러에 나폴레옹으로부터 사들였다.

  이 매입으로 미국 영토는 하루아침에 두 배로 늘어났다. 불모지로 알려져 있던 이곳은 프랑스인들조차 그 넓이가 어느 정도인지 몰랐다고 한다. 그야말로 떡이 통째로 굴러 들어온 격이었다. 광대한 넓이의 미국 중부 12개 주는 이렇게 탄생해 서부개척의 발판이 되어 미국이 서해안까지 진출하는 계기가 된다. 제퍼슨은 지금의 광대한 미국을 있게 한 장본인이다.

토머스 제퍼슨의 중앙은행관, '군대보다도 위험하다'

미국 2달러 지폐에 새겨진 사람이 바로 미국 건국의 아버지인 토머스 제퍼슨이다. 행운을 가져다준다는 속설 덕에 2달러 지폐는 미국에서 가장 인기 있는 돈이다. 그래서 시중에서는 보기가 쉽지 않다.

제퍼슨은 민간은행인 중앙은행에 화폐발행권을 독점적으로 주는 게 위험하다고 생각했다. 그는 다음과 같이 말했다. "금융기관은 군대보다도 위험하다. 그들은 이미 금전 귀족계급을 창조했으며 정부를 무시하고 있다. 화폐발행권을 은행의 손에서 되찾아야 한다. 그것은 당연히 주인인 국민에게 속해야 한다." 또 "만약 미국인이 끝까지 민간은행으로 하여금 국가의 화폐발행을 통제하도록 둔다면 이들 은행은 먼저 통화팽창을 이용하고, 이어서 통화 긴축정책으로 국민의 재산을 강탈할 것이다. 국민이 사설은행에 통화 발행권을 넘겨주면 은행과 금융기관의 이러한 행위는 이 나라의 자녀들이 거지가 될 때까지 그들의 재산을 거덜 낼 것이다."

그는 금융재벌들이 인위적으로 공황을 만들어 기업과 국민 재산을

:: 2달러 지폐 속의 토머스 제퍼슨. 미국인들은 이 지폐가 행운을 가져다준다고 믿는다.

강탈할 것이라고 내다 본 것이다.

최초의 중앙은행 20년 만에 문 닫다

중앙은행 반대파들은 중앙은행 철폐 운동을 포기하지 않았다. 특히 농민들은 큰 권력을 가진 중앙은행이라는 개념을 싫어했다. 중앙은행의 허가는 19세기에만 두 번 취소되었다. 중앙은행 설립자체가 위헌이라는 것이 이유였다. 최초의 취소는 토머스 제퍼슨에 의해서였다. 1811년 중앙은행의 20년 면허기간이 끝났을 때 다수당으로 올라선 토머스 제퍼슨이 이끄는 민주공화당에 의해 만기 연장안이 의회에서 한 표 차로 부결되었다. 그리하여 존속기한인 1811년 3월 문을 닫았다.

그 뒤 주정부는 주은행을 자유롭게 인가할 수 있었다. 1811년 당시 귀금속으로 보증하는 은행권을 발행하는 주은행이 88개나 되었다. '독립'과 '자유'의 건국 이상은 은행가가 마음대로 지폐를 발행하고 대출할 수 있는 완벽한 자유를 허락했다.

중앙은행 폐쇄로 인한 불환지폐 남발이 경제공황 초래

최초의 13개 주는 1803년 프랑스 나폴레옹으로부터 루이지애나 구입을 계기로 방대한 북미 대륙으로 팽창하기 시작했다. 나라가 팽창하자 돈의 필요성도 커졌다.

제퍼슨의 연임이 시작되던 1805년에 유럽대륙에서는 나폴레옹 전쟁이 일어났다. 영국과 프랑스의 전쟁이 시작되자 제퍼슨은 미국의 중립을 선언했다. 영국과 프랑스는 다 같이 상대방 나라에 드나드는 선박을 제한하려고 해상통제를 강화했다. 특히 프랑스와 미국의 밀착된 관계를 벌려 놓기 위해 영국 측의 해상통제는 정도가 지나쳐 미국 측에 교역금지를 요구하며 선원과 화물을 압수하곤 했다. 영국은 프랑스로 가는 미국 선박들을 나포해 미국 수출에 타격을 주었다. 결국 이는 미영전쟁으로 치달았다. 미국과 영국은 1812년부터 3년간 전쟁을 치렀다.

그러자 은행들은 담보 없는 은행권 발행이라는 유혹에 빠져들기 시작했다. 이들이 은행권을 남발해 미영전쟁 동안에 인플레이션이 발생했다. 별 성과 없던 전쟁은 1814년 크리스마스 전날인 12월 24일 벨기에 겐트에서 겐트조약을 맺고 끝냈다. 1816년에는 246개의 주은행이 은행권을 발행했는데, 머지 않아 인플레이션으로 금리는 뛰고 신뢰는 추락해 미국 정부가 빚더미에 앉게 되고 경제공황이 시작되었다.

제2미합중국 중앙은행의 탄생과 폐쇄

전쟁이 끝난 지도 모르고 치른 전쟁

크리스마스이브인 1814년 12월 24일 켄트 조약으로 미영전쟁은 끝났으나 전쟁이 끝난 지도 모르고 그 보름 뒤에 발생한 뉴올리언스 전투가 미영전쟁 중 가장 치열한 전투였다. 1815년 1월 8일 잭슨의 군대는 자신들의 진지를 습격한 7천 5백 명의 영국군과 싸웠다. 지형지물과 솜 포대로 진지를 요새화한 것이 효과를 거두어, 싸움은 반시간 만에 미국의 대승리로 끝나고 영국군은 철수했다.

영국군 사상자는 사망자 289명을 포함해 2천 명이 넘었으나 미국군 사상자는 71명(31명 죽음)뿐이었다. 승리의 소식이 겐트조약 체결 소식과 같은 시간에 워싱턴에 전해지자 그때까지 떨어져 있던 미국의 사기는 크게 높아졌다. 뉴올리언스 전투로 앤드루 잭슨은 영웅이 되었고 뒤에 그는 미국 7대 대통령이 된다.

제2미합중국 중앙은행 탄생(1816~1836)

결국 미영전쟁은 누구의 승리랄 것도 없이 끝났지만 미국은 백악관이 불타는 등 많은 피해를 입었다. 불에 거슬린 백악관 외벽을 4대 제임스 메디슨 대통령이 하얗게 칠했다. 백악관(White House)이란 이름은 건물 외벽이 하얀 데서 유래하였다.

전쟁 중 불환지폐 남발로 인플레이션이 심해져 결국 경제공황이 시작되었다. 이로 인해 1816년에는 정치적 분위기가 다시 중앙은행을 만들자는 쪽으로 기울었다. 작은 표 차이로 의회는 합중국 제2은행을 허락했다. 매디슨 대통령은 두 번째 중앙은행 설립을 승인했다. 그는 '건국의 아버지' 중 한 명으로 오늘 날 민주주의 토대를 이룬 삼권분립이 바로 그의 아이디어였다. 매디슨은 제퍼슨 대통령 때 국무장관으로 일하며 루이지애나 구입을 성사시켰다. 그 뒤 제퍼슨에 이어 4대 대통령으로 당선되자 미국의 경제 독립권을 지키기 위해 영국과 1812년 전쟁을 감행하기도 했다. 그러한 그가 중앙은행의 설립에 손을 들어준 것이다. 결국 1816년 미국의 두 번째 중앙은행인 제2미합중국은행이 탄생된다. 이번에도 유효 기간은 20년이었다. 연방정부는 설립자금의 20%를 부담하고 80%는 민간자금이었다.

미국은 플로리다를 어떻게 손에 넣게 되었을까?

5대 대통령 제임스 먼로는 루이지애나가 미국 영토가 되었으나 국경이 애매하다고 생각했다. 이 문제로 플로리다와 텍사스의 소유권을 놓고 결국 스페인과 논쟁을 한 끝에 애덤스 오니스(미주리) 조약을 체결했다. 스페인은 텍사스에 대한 주권을 인정받는 대가로 1819년 플로리다를 5백만 달러에 미국에 양도하고 오리건 지역에 대한 권리를 포기했다. 플로리다는 스페인어로 '꽃들이 많다'(Full of Flowers)는 뜻이다.

먼로주의 탄생

1820경 중남미에서 독립운동이 일어나자 오스트리아 재상 메테르니히를 중심으로 유럽 여러 나라는 이 독립운동을 억압하려 했다. 이에 먼로 대통령은 1823년 '먼로 독트린'을 발표해 미국이 유럽 문제에 개입하지 않을 것이며 미국에 대한 유럽의 간섭도 받아들이지 않겠다고 선언했다. 이 주장을 '먼로주의'라고 한다. 이로써 중남미는 미국의 뒷마당이 되었다.

몬로비아의 유래

미국에서 격렬한 노예해방 논쟁이 1800년대 초에 시작되어 1817년 해방노예를 위한 나라를 아프리카에 만들어 주기 위한 모임이 창설되었다. 이른바 미국식민협회가 그것이다. 이후 식민협회가 서아프리카에 땅을 구입해 해방노예 거주지를 건설하여 1822년 흑인노예들을 그곳으로 이주시켰다.

현재 라이베리아가 그곳이다. 수도인 몬로비아는 당시 먼로 대통령의 이름을 따서 붙였다. 라이베리아는 아프리카에서 첫 번째 미국의 식민지이자 아프리카 최초의 공화국이었다. 라이베리아는 미국을 그대로 모방해 헌법을 제정하고 심지어 성조기를 본 따 라이베리아 국기를 만들었다. 국명 라이베리아는 '자유의 나라'를 뜻한다. 하지만 라이베리아는 말이 공화국이지 실제로는 미국 식민지나 마찬가지였다. 미국은 라이베리아에 미군을 영구주둔을 시켜 아프리카 침략의 전초기지로 삼으려 했다.

:: 라이베리아 국기

앤드루 잭슨 대통령, 중앙은행의 외국인 소유 규탄하다

미영전쟁에서 친영성향으로 인해 매국노로 몰린 연방파는 몰락했다. 그리고 1824년 존 애덤스 6대 대통령 당선 직후 민주공화당은 앤드루 잭슨 지지파인 민주파와, 이에 반대하는 존 애덤스를 지지하는 자유주의 휘그파가 대치하게 된다. 이는 뒤에 결국 노예제를 찬성하는 민주당과 노예제를 반대하는 공화당이 창당되어 오늘날의 양당체제가 된다.

미국 중앙은행 면허는 19세기에만 두 번에 걸쳐 취소되었다. 중앙은행은 설립 자체가 위헌이라는 것이 그 이유였다. 중앙은행 옹호파와 반대파의 싸움은 7대 앤드루 잭슨 대통령의 시기에 절정으로 치달았다.

중앙은행을 싫어하는 잭슨이 1828년 대통령이 되자 그는 중앙은행을 없애겠다고 약속했다. 그는 은행을 '화폐권력'이라 부르며 혐오했다. 은행 지배 권력에 대한 그의 공격은 대중의 지지를 얻었다. 1832년 잭슨은 당시 통화발행권을 관장했던 민간 중앙은행 '제2미합중국은행'에 대해 강하게 비판했다.

"우리 정부의 이익금이 국민들에게 돌아가지 못하고 있다. 8백만 이상의 은행 주식을 외국인(유럽 금융자본조직)이 소유하고 있다. 우리의 것이어야 할 은행의 구조가 오히려 우리의 자유와 독립성을 위협하지 않는다고 누가 감히 말할 수 있겠는가? 이 사회의 돈을 관리하면서 우리 국민의 자주성을 외국인이 좌지우지한다는 것은 적에게 막강한 군사력이 있는 것보다 더 위험천만한 일이다. 하늘에서 내리는 비가 높은 곳이나 낮은 곳이나 골고루 적시는 것과 마찬가지로 정부가 부자나 가난한 자를 공평하게 보호하는 것이 마땅하다. 그러나 현 정부는 그런 자격이 없다."

1832년 잭슨 대통령 재선운동 때도 중앙은행 문제가 정치적 핫이슈가 되었다. 대통령과 당시 중앙은행장이었던 니콜라스 비들은 물과 기름 같은 존재였다. 두 사람은 곧잘 충돌을 일으켰다. 비들은 언론을 앞세워 잭슨 재선 반대운동에 나섰다. 비들의 견제에도 재선에 성공한 잭슨 대통령은 중앙은행 폐지를 추진했다. 1832년 미국 의회는 중앙은행의 면허를 갱신했으나 잭슨 대통령은 거부권을 행사했다. 이로 인해 아직 허가기간이 4년이나 남아 있었지만 제2미합중국은행은 사형선고를 받은 것이나 다름없게 되었다.

눈물의 길

루이지애나 구입 이후 미국은 본격적으로 미시시피강 북쪽을 개척하기 시작했다. 사막을 가로질러 로키 산맥을 넘어 서쪽으로 나아갔다. 7대 대통령 앤드루 잭슨은 인디언을 미시시피강 서쪽으로 이주시켜 10년 동안 2백 번 정도의 인디언과 전쟁이 있었다. 서부영화의 배경인 된 인디언 코만치, 아파치, 샤이안 등과 싸움이 이때의 일이다.

　잭슨은 서부개척에 인디언들이 가장 큰 걸림돌이라고 판단했다. 그는 군 시절부터 인디언과의 전쟁에 앞장섰을 뿐 아니라 대통령이 되고 나서 1830년에 미시시피강 동쪽에 살던 원주민들을 인디언 보호구역에 강제로 이주시켰다. 이 사건을 '눈물의 길'이라고 한다.

　4만 5천 명 이상의 인디언들이 이 길을 따라 서쪽으로 이주했다. 조지아 북쪽에 살던 체로키족은 1만 4천 명이 길을 떠났으나 질병과 굶주림, 탈진으로 10분의 1도 못되는 1천 2백 명만 살아남았다. 플로리다의 세미놀족은 이주정책을 거부해 전쟁은 8년 동안 계속되었다.

:: 보호구역으로 이주하는 인디언들

앤드루 잭슨, 미국 최초로 국채를 청산하다

잭슨은 빚이란 그 자체로 나쁜 것이라 생각했다. 그는 1824년 대통령 선거운동 당시 국채를 '국가에 내린 저주'라고 말했다. 그는 "돈을 쥔 귀족들이 정부를 좌지우지하거나, 나아가 우리나라의 자유를 파괴하지 못하도록 국채를 모두 청산하겠다."고 공약했다.

대통령에 당선된 잭슨이 처음으로 취한 조치가 '국채청산'이었다. 당시 은행들은 연방정부 채권을 은행권을 발행하는 보증수단으로 사용하고 있었다. 그는 화폐발행이 국가 채무와 연결되어 있는 방식을 도저히 이해할 수도, 용서할 수도 없었다. 그러한 시스템을 폐지하고자 했던 잭슨은 먼저 국가 채무를 모두 갚아야겠다고 생각했고, 1835년 1월 미국 역사상 처음으로 국채를 전부 상환했다.

암살 기도에 직면했던 앤드루 잭슨, 자유은행법 채택

그리고 그는 중앙은행 계좌에서 정부자금을 전액 인출하여 23개 주의 은행에 분산 예치시켰다. 정부 예금이 빠져나가자 제2미합중국은행은 빠른 속도로 늘어나는 주 은행들을 규제할 힘을 상실하게 되었다. 중앙은행 총재 비들은 여기에 맞서 그간 시중에 풀었던 돈을 거둬들였다. 대통령은 중앙은행을 말려 죽이려 하고 중앙은행 총재는 경제를 볼모로 정권에 저항한 셈이다.

앤드루 잭슨 대통령이 은행 연장안에 거부권을 행사한 날이 1월 8일이었다. 같은 달 30일 잭슨 대통령은 암살 기도에 직면했다. 영국 출신 페인트공 리처드 로렌스가 두 개의 권총으로 잭슨을 저격했으나 한 발은 불발탄이 되고 한 발은 급소를 피해가 다행히 살아났다.

잭슨이 그토록 쟁취하고 싶었던 것은 서민들이 은행을 지배하고 통화 공급 결정권을 쥐는 '민주적인 화폐경제'였다. 마침내 잭슨에

:: 잭슨 대통령 암살 사건. 금융의 역사는 정치와 마찬가지로 혼란을 거듭했다.

의해 '자유은행법'이 채택되었고 인가 없이 누구나 은행을 개설할 수 있게 되었다. 이처럼 건국초기 미국 금융제도의 변천과정은 정치권 판도와 쌍둥이였다.

현실은 잭슨의 생각과는 반대로 엉망이 되다

중앙은행이 없어지자 주정부면허 은행과 인가 없이 세워진 자유은행이 각자 은행권을 발행했다. 은행권들은 금이나 은으로 태환할 수 있었다. 은행은 요구불예금을 만들어 이를 기초로 수표나 약속어음을 발행했다. 수표거래량이 늘어나자 1853년 뉴욕 청산거래소를 만들어 은행들이 여기서 수표를 교환하고 거래를 청산했다. 이로써 자금 유통이 빨라지자 시중 유동성이 급격히 증가했다.

그러자 현실은 잭슨의 생각과는 반대로 진행되었다. 중앙은행 폐지로 통화조절 기능이 상실되고 통화량이 많아지자 실물경기는 호황을 가져왔다. 하지만 이는 증권시세를 끌어올렸고 서부에서 땅 투기 열풍을 불러왔다. 잭슨 대통령은 경악했다. 자신의 뉴딜정책이 지폐를 엄청나게 증가시켜 투기를 불러 오리라고는 미처 생각하지 못했던 것이다.

게다가 복병이 나타났다. 다름 아닌 위조지폐의 출현이었다. 이 시기에 화폐를 발행하는 은행들이 7백 개가 넘었고 저마다 특색 있는 지폐를 수천 종류나 발행하다 보니 일반인들은 어떤 달러가 진짜이고 어떤 달러가 가짜인지 구별할 방법이 없었다. 후대의 연준은 당시 유통되었던 지폐의 3분의 1은 위조지폐였을 것으로 추정했다.

잭슨은 고민 끝에 이 문제를 자신의 방식으로 해결하려 했다. 은행권, 곧 지폐의 유통을 제한하기로 한 것이다. 정부가 토지를 불하할 때 은행권이 아닌 금화나 은화 등 소위 정화로만 받도록 하는 이른바 '정화 유통령'을 선포했다. 효과는 바로 나타났다. 투기가 중단되었다. 하지만 이번에는 심각한 부작용이 나타났다.

서부에서 정화 수요가 급격히 늘어나면서 동부 은행들로부터 금과 은이 빠져나가기 시작했다. 그럼에도 유동성 부족에 빠진 서부 은행들이 위기를 맞고 대출금을 회수하자 채무자들이 파산하기 시작했다. 이로 인해 서부 은행들까지 줄줄이 도산했다. 서부에서 시작된 은행 도산은 동부로 번져 급기야 영국에까지 영향을 미쳤다. 그러자 영국은행은 외국으로의 금 유출을 막기 위해 금리를 올렸다. 그리고 미국 증권에 대한 투자와 미국 면화 수입도 줄였다.

직격탄의 위력은 강력했다. 미국 최대의 수출품인 면화가격이 50%나 떨어졌고, 이로 인해 공장의 90%가 문을 닫고 연방정부 세입은 반으로 줄었다. 미국 경제는 깊은 불황의 늪에 빠졌다. 급기야 뉴욕 등 동부 은행들은 정화지불을 중단했다. 영국은 미국에 대한 대출을 중지했고 유럽 중앙은행들 역시 미국에 대한 대출을 줄였다. 미국은 이렇게 인위적으로 조성된 화폐 부족의 국면에 빠져들면서 1837년 경제공황이 시작되었다. 대통령과 중앙은행장 양자 간의 알력은 이렇게 대공황으로 이어져 무려 5년간이나 지속되었다.

'재정과 은행의 이혼'

앤드루 잭슨 대통령의 뒤를 이어 제8대 대통령이 된 마틴 밴 뷰런은 전임 대통령의 정책을 고수하겠다는 공약으로 당선되었다. 마틴 밴 뷰런 대통령은 국제 은행가들의 화폐공급 긴축에 대응해 이를 타개할 수 있는 독립 재무시스템을 만들어 정면승부를 택했다. 재무부 관장의 화폐를 민간은행에서 모두 인출해 재무부 금고에 보관했다. 역사학자들은 이를 가리켜 '재정과 은행의 이혼'이라 표현했다. 당연히 은행가들은 반발했다.

다음 9대 대통령 윌리엄 해리슨도 민영 중앙은행 부활에 부정적이었다. 그는 대통령 취임 이후 한 달 만에 폐렴으로 숨진다. 일부 음모론적 시각의 역사학자들은 그가 비상 독에 독살 당했다고 주장한다.

해리슨의 후임인 10대 존 타일러는 대통령직을 승계한 최초의 대통령이다. 그 역시 해리슨과 같은 입장이었다. 당시 여당이던 휘그당은 1841년 두 차례에 걸쳐 중앙은행의 부활과 독립 재무시스템의 폐지를 제기했다. 그러나 두 번 모두 타일러 대통령에 의해 부결되었다. 이로써 타일러는 미국 역사상 유일하게 자기 당에서 제명당한 무소속 대통령이 되었다.

이어 제임스 포커를 거쳐 휘그당의 재커리 테일러가 12대 대통령이 되었다. 그도 자기 임기 내에는 중앙은행을 고려하지 않겠다고 했다. 재임 16개월 즈음 그는 설사병에 걸려 죽었다. 1991년 후손의 동의로 테일러 시체에 대한 검사 결과 독살이 아니라는 결과가 보고되었는데 비상 중독으로 암살당했다는 음모론은 계속 거론된다.

미국, 산업시대로
진입하다

6

미국 제조업은
산업스파이로부터

    독립전쟁으로 미국은 영국에서 지원 받던 생필품의 자체 생산체제를 구축해야 했다. 알렉산더 해밀턴은 〈제조업에 관한 보고〉라는 의회 보고서를 통해 '미국과 같은 후진국은 외국과의 경쟁으로부터 유치산업을 보호하고 육성해야 한다.'고 주장했다. 그리고 이를 위해 강력한 보호주의 정책을 추진했다.

    그 뒤 외국 공산품에 대한 평균관세가 5%에서 12.5%로, 그리고 다시 25%로, 1820년경에는 40%까지 올랐다. 미국은 1920년대까지 세계에서 가장 강력한 보호무역국가였다. 이러한 보호주의 울타리 안에서 미국의 제조업은 성장할 수 있었다.

사무엘 슬레이터, 비상한 기억력으로 방적공장 설립

1781년 독립전쟁이 끝난 후 미국은 여러 가지 문제에 봉착했다. 특히 숙련공과 자본 부족이 심각했다. 우선 영국으로부터 경제적 독립을 위해 섬유생산의 자립이 절실했다. 후발주자가 항상 그렇듯 미국 산업은 선진국 영국을 베끼는 것으로부터 시작했다. 그런데 영국은 기술유출을 막았다. 특히 기계와 기술자 유출을 집중적으로 막아 핵심 기술자의 해외여행도 금했다.

영국의 사무엘 슬레이터는 어려서부터 도제수업을 받았다. 그는 아버지 친구이자 아크라이트의 동업자였던 공장주 밑에서 7년 동안 생산기술에서 경영까지 전 과정을 익혔으며 생산 공정을 개선하는 아이디어를 낸 공로로 1년 치 봉급을 보너스로 받기도 했다.

도제를 마친 스물한 살의 청년 사무엘은 자기 사업을 하고 싶었으나 돈이 없었다. 그는 '미국에서 직조기 기술자를 우대한다.'는 불법 유인물을 떠올리고 미국에 가기로 마음먹었다. 그는 모든 기계의 작동원리와 공정의 전 과정을 상세하게 암기했다. 사무엘 슬레이터라는 이름으로 보아 그는 유대인으로 추정된다. 구약성경에 나오는 사무엘이란 이름은 유대인에게는 흔한 이름이다.

미국에 도착한 그는, 당시 유일하게 직조기를 갖고 있었던 모제스 브라운에게 편지를 써서 만났다. 그러나 가서보니 쓸만한 기계가 아니었다. 그는 실망을 극복하고 모제스 브라운의 도움으로 당시 유대인들이 가장 많이 살았던 로드아일랜드에서 목수와 기계공들을 모아 공장을 차렸다. 그 무렵 로드아일랜드는 유대인들의 대구잡이 기지일 뿐 아니라 조선산업 기지로 미국에서 제조업이 가장 발달한 곳이었다.

그는 비상한 기억을 되살려 아크라이트의 수력방적기 설계도를 그려내고, 필요한 기계들을 하나씩 만들기 시작했다. 이윽고 1년여 만

:: 미국에서 수력방적기를 개발함으로써 산업혁명의 시작을 알린 모제스 브라운

인 1790년 12월 20일, 로드아일랜드 주 프로비던스 강가에 설치된 거대한 수차를 이용한 방적기가 빠르게 작동했다. 미국 최초의 방적공장이 가동되는 순간이었다. 로드아일랜드 주 포터켓에 미국 최초로 수력을 이용하여 실을 뽑아내는 방적공장을 설립한 것이다. 미국의 산업혁명은 이렇게 시작됐다.

기업주 브라운은 자신이 수력으로 가동되는 최신 공장을 성공적으로 세웠음을 해밀턴 재무부 장관에게 알렸다. 고무된 해밀턴은 '앞으로 1년 안에 미국 곳곳에 미국 전체의 수요를 충족시킬 수 있는 방적공장들이 세워질 수 있다.'는 내용의 〈제조업에 관한 보고서〉를 의회에 제출했다.

해밀턴의 전폭적 지원 아래 슬레이터의 공장은 미국 북동부 전역으로 빠르게 퍼져나갔다. 동력을 얻을 수 있는 유속이 빠른 강이 많다는 지리적 장점 덕분이었다. 첫 공장이 세워진 지 30년 후 미국은 영국에 이어 세계 2위의 섬유산업국으로 떠올랐다. 그 뒤 막대한 돈을 모은 모제스 브라운은 형과 함께 브라운대학교를 세워 육영사업에 진력하였다.

:: 로드아일랜드의 브라운 대학

　1793년에 슬레이터는 실 제조의 모든 과정이 한 지붕 아래서 이루어질 수 있도록 자신의 공장을 확장했다. 같은 해 휘트니가 목화솜에서 씨앗을 분리해내는 조면기를 개발해 슬레이트와 같은 생산자들에게 풍부한 솜을 공급해 주었다. 그리고 같은 해 사무엘 슬레이터의 부인 하나 윌킨스는 면 바느질실을 개발했다. 장섬유 방적실을 사용해 방적기에 합사하여 바느질실을 만들어 낸 것이다.

　브라운 가에서 총명한 아내까지 얻고 돈을 모은 사무엘 슬레이터는 1803년부터 자기 돈으로 공장을 세웠다. 영국 공장들보다 훨씬 크고 개량된 공장에는 노동자를 위한 기숙사와 학교, 구내매점도 딸려 있었다. 그 뒤 그는 폭발하는 수요를 감당키 위해 이러한 대규모 공장을 13개나 운영했다. 그의 공장들로 인해 미국의 산업혁명이 태동되었다고 평가받고 있는 이유가 여기에 있다. 앤드루 잭슨 대통령은 1833년 그의 공장을 방문해 그를 '미국 제조업의 아버지'로 칭했다.

그가 최초로 세운 공장은 현재 국립사적지 섬유박물관으로 지정되어 '미국 산업의 발상지'로서 보존되고 있다.

로버트 풀턴, 최초로 상업용 증기선 개발하다

1807년 뉴욕 허드슨강에 24마력짜리 증기기관을 장착한 전장 45미터 증기선이 움직이기 시작했다. 세계 최초의 상업용 증기선 클러몬트호가 시운전하는 날이었다. 이를 개발한 로버트 풀턴은 허드슨강을 거슬러 240킬로미터 상류 올버니까지 운행했다. 이 증기선이 미국의 역사를 바꾸었다. 증기선은 물류혁명을 주도하고 해군력을 증강하여 미국이 바다를 지배하게 만들었다.

:: 운행중인 증기선을 그린 삽화

펜실베이니아에서 태어난 풀턴은 처음엔 그림을 그리다 기계학과 수학에 흥미를 느껴 1793년 저술한 〈운하항행의 개선에 대해〉를 바탕으로 기선 제작을 계획했다. 이를 위해 그는 프랑스로 건너가 당시 미국대사이던 로버트 리빙스턴의 후원으로 증기선은 물론 잠수함을 연구했다. 그는 발명에 재주가 있었다. 상업 증기선 외에도 대리석 자르는 톱, 운하 파는 기계, 아마포 짜는 기계 등을 발명했다.

프란시스 로웰, 카트라이트 직조기 핵심기술을 암기하다

미국 산업사에 큰 획을 그은 인물은 프란시스 로웰이다. 그는 18살에 하버드대학을 졸업한 천재였다. 로웰은 1810년 35살 때 영국에 여행 가서 직물공장 견학 기회를 얻었다. 일체의 기록이 금지된, 눈으로만 보는 견학이었다. 그는 공장견학 때 카트라이트 직조기의 핵심기술을 파악했다. 그는 2년 더 영국에 머물면서 랭커셔와 스코틀랜드 지방의 여러 직물산업을 연구했다.

영미전쟁이 일어나 직물 수입이 끊어지자 미국의 직물 값이 폭등했다. 그는 미국으로 돌아와 그의 처남 패트릭 트레시 잭슨, 네이션 애플턴과 함께 매사추세츠 월섬에 공장을 세웠다. 그는 영국에서 금융기법도 배워와 주식회사 제도를 본 따 주식을 팔아 설립자금 30만 달러를 모았다.

그는 세계 최초로 방적, 직조, 염색을 일관공정으로 생산하는 시스템을 개발해냈다. 그가 세운 보스턴공업사는 '원사에서 옷까지' 모든

:: 당시 공장의 전경

공정을 감당하는 세계 최초의 공장이었다. 모델로 한 영국 공장보다 더 나은 공장을 세웠다. 대성공이었다. 그는 영국과의 경쟁에서 이길 수 있다는 자신감을 미국인들에게 심어줬다. 그는 폴 무디와 함께 전동기와 같은 동력을 사용하여 운전하는 직기인 역직기도 개발했다.

로웰은 미국에서 여직공을 최초로 고용했다. 미혼의 처녀들을 채용해 숙식을 제공하며 결혼할 때까지 일하도록 했다. 새로운 기술과 인력구조, 거대한 자본이 결합된 로웰의 섬유사업은 주주들에게 처음부터 25.7%라는 고율배당을 할 만큼 성적이 좋았다.

영국산 수입면제품을 대체할 미국산 면제품에 대한 수요가 급증한 덕분이었다. 로웰의 성공은 사람들의 투자 의욕을 자극했고, 미국 각지에 220여 개의 섬유공장이 생겨 제조업의 급성장으로 이어졌다.

그러자 영국이 당황했다. 영국은 잃어버린 미국 시장을 되찾기 위해 면직물을 덤핑 수출했다. 이에 미국 섬유업자들은 로웰을 중심으로 정부에 보호관세를 요청했다. 이에 대해 영국에 면화를 수출하던 남부 면화농장주들과 해운업자들은 수출물량이 줄 것을 우려해 극렬히 반대했다. 하지만 섬유제조업자들이 결국 이겼다.

섬유제조업자들의 입김은 더욱 강해져 관세율이 계속 올랐다. 남부 농장주들은 이를 '증오의 관세'라 부르며 저항했다. 남북전쟁 이유의 하나였던 북부 제조업과 남부 농업 사이의 대결구조는 로웰로부터 심어진 셈이다.

그는 근대 기업금융의 선구자였다. 뿐만 아니라 의류제조의 모든 공정을 기계화하고 표준화했다. 이외에도 단일판매대리점, 기숙사제도를 도입하여 뉴잉글랜드 공장들의 모범이 되었다. 로웰 공장의 근로조건과 노동자 주택도 당대의 귀감이었다. 로웰의 공장이 있던 도시는 이제 로웰 시(市)로 불린다. 로웰은 노동운동에도 영향을 미쳐 여성 노동운동 초기 지도자의 대부분이 로웰공장 출신이었다.

미국도 영국과 마찬가지로 직물이 초기 공업화를 선도했다. 이후 산업 발달 규모 순으로는 면방직, 구두, 남성피복, 목재 등이며 나중에 제철, 기계가 가세했다. 면직공장의 성장과 함께 자본시장에서 주식거래가 시작되어 공장의 자금 조달방법은 주식발행이 주를 이루었다. 보스턴증권거래소가 뉴욕보다 먼저 성황을 이룬 이유이다. 남북전쟁 이전의 미국 공업이 뉴잉글랜드 지역에 집중되었던 것은 기계 돌리는 동력을 강가의 물레방아에 의존했기 때문이다. 물레방아는 역사상 최초의 기계식 엔진이었다.●

● 《부의 역사》, 권홍우, 인물과사상사, 2008년 6월

미국 초기산업의 특징 자동화, 수력 자동제분소

18세기 후반 미국 각지의 수력제분소는 일이 힘들고 또 밀가루를 운반하는 사람이 더러운 발로 밀가루를 밟는 등 위생상태가 불결했다. 올리버 에번스는 제분공장을 청결하게 유지하고 위생적인 밀가루를 만들어야 한다고 생각했다. 그 뒤 그는 공장 안에 사람이 들어가지 않아도 되는 무인 제분공장을 건설했다. 곧 대량생산의 기초가 되는 자동화 생산 공정이 1791년에 선을 보인 것이다.

올리버 에번슨이 탄생시킨 수력 자동제분소는 곡물을 투입구에 부으면 탈곡과 제분을 거쳐 포장까지 마친 완제품이 나오는 자동설비였다. 최초의 무인공장격인 자동제분소 설치를 주문한 농장주 명단에는 조지 워싱턴도 있었다. 자동제분공장은 19세기에 미국 각지에 세워졌다.

자동제분소는 미국의 농업경쟁력을 배가시켰다. 뿐만 아니라 헨리 포드에게 영감을 불어넣어 대량생산 시스템을 만드는 계기가 되었다. 실제로 헨리 포드는 자동제분소를 견학한 다음 초기 포드의 생산 시스템을 만들었다. 4층부터 시작해 1층에서 완성되는 구조는 자동 제분공장과 같은 개념이었다. 20세기 초 포드는 컨베이어 벨트를 이용해 자동차 조립을 매우 능률적으로 하게 되었다. 이러한 방법은 곧 기계공장의 모든 부문에 보급되었다. 그 무렵 포드는 부품의 규격화·단순화를 이룩해 컨베이어 작업을 더욱 쉽게 만들었다.

맥코믹 자동수확기, 거대한 평원을 밀밭으로 만들다

19세기 중반, 미국에서는 현대사에 지대한 영향을 남기게 되는 두 가지 해방이 일어났다. 그 하나는 링컨에 의한 노예해방이고, 다른 하나는 사이러스 맥코믹에 의한 농민해방이었다. 맥코믹의 자동수확기가 미국 농업을 획기적으로 발전시킨 일등공신이자 많은 농민들을 농업에서 해방시켰기 때문이다. 그는 머리 깎는 '바리깡'에서 힌트를 얻어 자동수확기를 만들었다.

:: 말이 끄는 자동수확기. 작업 속도를 획기적으로 올려 주었다.

맥코믹이 1834년 제작한 말이 끄는 자동수확기는 작업 속도를 열 배 이상 높여주었다. 당시 미국은 118만 명의 노예를 비롯해 미국 노동력의 70%가 농사일에 매달려 있었다. 2에이커의 밀을 수확하려면 6명의 일꾼이 온종일 매달려야 했는데 맥코믹의 수확기는 2명의 인원으로 10에이커의 밀을 수확했다. 생산성이 자그마치 15배나 급증한 것이다.

게다가 맥코믹은 '할부판매' 방식을 고안해 내어 농민들의 구매부담을 줄여주었다. 할부판매는 엄청난 돌풍을 가져와 '고객중심 서비스'의 시초가 됐다. 이로써 농업생산성을 비약적으로 늘려주어 밀이 넘쳐나게 만들었다. 그런데 재미있는 것은 노예해방자 링컨과 농민해방자 맥코믹은 같은 날 태어나서 생일이 같았다는 점이다.

이전까지 밀을 재배하고도 추수할 일손이 없어 방치한 밀밭에서도 소득이 높아졌다. 이로써 중서부의 거대한 평원이 밀밭으로 변했고, 사람들이 몰려들었다. 맥코믹의 성공은 사람들의 발명 의지를 고취시켜 탈곡기에서 파종기에 이르기까지 수백 종의 농기계를 탄생시켰다. 간단한 것일지라도 수작업을 대치할 수 있는 자동기계는 빠르게 실용화되었다. 영농기계화로 1840년 70%였던 농업인구는 1900년 10%로 떨어졌다. 그럼에도 생산량은 급증했다.

조면기, 남부를 세계의 목화밭으로 만들다

맥코믹의 자동수확기보다 훨씬 광범위한 영향을 미친 기계가 있었다. 바로 예일대 출신의 엘리 휘트니가 1793년에 개발한 '목화와 씨를 분리하는' 톱니형 조면기였다. 간단한 기계였지만 면화씨를 일일이 사람의 손으로 발라내야 했던 목화농장 생산성을 1천 배나 높여주었다. 미국 남부가 목화밭으로 변하게 된 이유였다. 게다가 1815년 이후 증기선이 보편화되자 목화를 값싸게 대량으로 실어 나를 수 있게 되었다. 당연히 미국이 영국에 목화를 수출하는 주요 공급국이 되었다.

19세기까지만 해도 미국에서 가장 많이 수출한 작물은 담배였다. 그런데 시간이 가면서 담뱃값이 떨어지자 면화가 그 자리를 차지했다. 목화 산업은 이제 황금알을 낳는 거위가 되어 미국의 최대 수출품이 되었다. 그게 남부의 '노예제'를 대두시킨 결정적 원인이었다.

:: 목화와 씨를 분리하는 톱니형 조면기

이렇게 되자 남부는 담배농사 대신 너도나도 목화를 심었다. 조면기는 남부 면화농장을 살찌우고 흑인노예를 급증시켰다. 1800년대 들어서는 유대인들이 흑인노예를 이용해 대규모 면화 플랜테이션들을 조성하기 시작했다. 미국 작가 마크 트웨인은 흑인들을 착취하는 유대인의 이러한 행태를 심하게 비난했다.

하여튼 이렇게 생산량이 늘어나면서 미국은 1820년부터 인도를 제치고 세계최대 면화생산국이 되었다. 1830년이 되자 영국 원면 수요량의 4분의 3을 미국이 공급했다. 미국은 원면 세계최대 공급국 자리를 1971년까지 150년 이상 유지했다.

남부에서 대량 생산된 솜은 미국의 풀턴이 발명한 증기선에 실려 영국으로 건너가 의류로 만들어져 전 세계로 뿌려졌다. 이 기계 덕에 영국의 면 생산량이 1790년 3천 베일에서 1835년 1백만 베일로 증가했다. 휘트니의 조면기가 아니었으면 산업혁명이 더뎌졌을지 모른다.

산업혁명으로 방직업이 크게 활기를 띠면서 면화 수요가 커졌다. 서부개척과 함께 면화를 재배할 땅도 늘어났다. 1850년 남부는 세계 목화의 80% 이상을 재배했다. 대신 조면기의 생산성을 따라갈 만한 인력이 필요했다. 이로 인해 1808년 노예무역 폐지 이후 사라질 것으로 예상되었던 노예제도가 오히려 확대되게 된다. 1790년에는 3백 달러로 살 수 있었던 흑인노예 가격이 1850년에는 2천 달러를 주고도 사기 힘들어졌다. 그럼에도 같은 기간 중 노예 숫자는 65만 명에서 320만 명으로 늘어났다. 날이 갈수록 늘어나는 흑인노예를 쓰는 대농장의 증가로 남부와 북부의 경제 주도권 다툼도 늘어났다.

남부와 북부의 다른 방향의 경제발전으로 인해 이해관계가 상충되었다. 결국 노예의 존재를 둘러싼 충돌로 발전했다. 곧 북부 공업 지대는 값싼 노동력을 필요로 했다. 북부 자본가들은 흑인노예들이 사슬에서 풀려나 자유로운 임금노동자가 된다면 노동력 부족을 해결할 수 있을 뿐 아니라 싼 값에 노동자를 부릴 수 있었다. 결국 이러한 상충된 이해관계는 사상자 97만 명을 발생시킨 남북전쟁으로 번졌다.

엘리 휘트니는 조면기를 생산하는 경쟁업체들이 늘어나자 무기 제작자로 변신했다. 그는 호환부품을 사용한 머스킷 소총을 제작해

● 〈강철구의 세계사 다시 읽기〉, 강철구, 프레시안

큰돈을 벌었다. 특히 그는 무기부품의 표준화에 큰 공을 세웠다. 이는 후에 사무엘 콜트를 거쳐 공작기계 산업으로 연결되고, 자전거·자동차·기계 부문에 확산되면서 헨리 포드에 이르러 미국식 생산양식으로 자리 잡았다.

미국 초기산업의 특징은 자본에 의해 시장이 지배된 것이 아니라 기술력만으로도 시장을 지배할 수 있었다는 점이다. 교역 위주의 자본주의보다 제조업 산업이 먼저 존재함으로써 기술력에 의한 경쟁이 가능했다. 구체적인 예는 특허제도에서 나타났다. 신규 등록 이후 2년 안에 상품화하지 못할 경우 특허권은 자동폐기되었다. 그리고 새로운 신제품이라도 과거의 특허나 발명을 재조합한 것은 인정받지 못했다. 곧 기술혁신과 발명은 시장이 생기기를 기다리기보다는 적극적으로 시장을 개척해야 했다. 이는 자본의 논리보다는 기술혁신이 주도하는 산업화의 기틀을 만들었다. 이러한 미국 제조업의 기틀을 닦은 인물이 해밀턴 재무 장관이었다.

● 《성서 이후의 유대인》, 최영순, 매일경제신문사, 2005년 5월

국제 금융계의 큰손, 로스차일드의 등장

미국 산업혁명의 자금줄, 로스차일드

미국이 산업혁명 초기 진입에 수월하게 성공했던 큰 원인 중의 하나가 유럽자본 덕분이었다. 당시 유럽자본을 주도했던 게 로스차일드 가문이다. 워털루 전쟁의 결과를 하루 앞서 입수한 네이선 로스차일드는 역소문을 내 영국채권의 62%를 손에 쥐게 된다.

1815년 나폴레옹전쟁이 끝났을 때 영국 네이선 로스차일드는 런던 금융계의 절대 강자로 등장했다. 금이 세계 화폐 역사에 등장한 것은 1816년 로스차일드의 영란은행이 금본위제를 채택하면서부터이다. 그 뒤 세계 통화의 가치 곧 금값은 로스차일드가 정했다.

맏형 암셀은 프랑크푸르트에서 로스차일드 가문의 본점을 지켰고, 둘째 솔로몬이 오스트리아 빈에, 넷째 카를이 나폴리에 은행을 개설했다. 막내 제임스는 파리 금융계를 장악했다. 로스차일드 가문의 전

:: 좌측에서 순서대로 암셀, 솔로몬, 네이선, 카를, 제임스

유럽을 잇는 금융 네트워크가 완성된 것이다. 이때부터 로스차일드 가문은 국제 금융계를 좌지우지하였다.

  금융은 근대 세계를 탄생시킨 결정적 요인 가운데 하나이다. 그 글로벌 시스템이 태동한 시기가 1815~1830년의 15년 사이였다. 로스차일드 가문이 이를 주도했다. 당시 미국 국공채는 물론 중앙은행 주식의 많은 양을 그들이 샀다.

미국, 영국과 동시에 철도가 개통되다

미국은 강력한 보호주의 정책으로 북부를 중심으로 공업이 발전했다. 공업화는 북부와 남부의 경제적 격차를 가져오고 급속한 도시화를 불러왔다. 북부의 자본가들은 연방정부가 연방은행을 운영하여 투자를 지원해줄 것과 도로, 운하, 철도 등을 부설해주기를 원했다.

영국과 미국은 거의 동시에 철도와 증기기관차가 운행되었다. 뉴저지에 사는 존 스티븐슨은 1825년 자신의 집에 시험용 궤도를 놓고 기관차를 운행했다. 공교롭게도 영국의 철도 개척자 조지 스티븐슨과 이름이 비슷했다. 이들의 아들들 역시 부친 가업을 이어 철도 확장에 큰 기여를 했다. 둘 다 로버트 스티븐슨으로 이름마저 같았다.

1825년 영국의 스톡턴-달링턴 철도가 세계 최초의 철도로, 1830년 리버풀-맨체스터 노선이 최초로 운행되었다. 한편 미국도 1827년 볼티모어 앤 오하이오 사를 설립해 1830년 이 구간 운행을 시작했다. 영국과 미국에서 철도가 거의 동시에 개통되었다.

미국, 대립 속 발전

그러나 이는 남부와 서부에서 거센 반발을 가져왔다. 자신들이 낸 세금으로 북부 자본가들을 지원해 준다고 보았기 때문이다. 도망노예들을 포함한 남부의 인력이 북부의 도시로 유출되는 상황도 불만이었다. 1816년 매디슨 행정부 시절에 만든 관세법 역시 혐오의 대상이었다. 외국 공산품에 대해 자국 공산품을 보호하는 성격 때문에 남부와 서부에서는 질 낮은 북부 공산품을 싫어도 구입해야 했기 때문이다. 그리하여 연방은행이나 교통망 설치, 관세 문제 등은 연방의회나

주의회에서 항상 논란거리가 되고, 선거의 핵심쟁점이 되었다.

그러나 모두가 동의하는 국가정책이 하나 있었다. 바로 '서부개척'이었다. 독립전쟁 이후 서쪽으로 확장을 거듭해온 미국에게 광활한 서부는 자본가에게나 농장 경영자에게나 광산 업자에게나 기회의 땅이었다. 미국 정치가치고 서부에 땅 투기를 하지 않는 사람이 없다시피 했다. 그래서 그 땅에서 스페인 세력과 인디언을 몰아내는 일이야말로 시대적 과업으로 여겨졌다. 그런 영웅 중 한 사람이 앤드루 잭슨이었다.●

또한 초기 미국은 재산에 따라 참정권을 제한했다. 이는 영국의 '40실링 이상의 재산을 가진 자에게만 투표권 부여'라는 1432년 헨리 4세가 정한 참정권 제도를 바탕으로 하는 것이었다. 잭슨은 재산과 상관없이 모든 백인 남성들에게 투표권을 부여해야 한다고 주장했다. 그리하여 1828년의 대통령 선거부터 투표권이 크게 확대되었다. 물론 이 시기에도 여성과 유색인종은 참정권에서 제외되었다. 이런 선거를 통해 잭슨은 당선되었다. 그래도 이를 최초의 보통선거라 부른다.

모스의 전신 발명, 정보혁명과 금융혁명 일으켜

|

1844년 5월 24일, 세계 최초로 전신기가 개통되었다. 이를 통해 종

● 〈고아에서 미국 대통령으로 앤드루 잭슨〉, 작성자 큐티, http://blog.daum.net/_blog/BlogTypeView.do?blogid=0Dafh&articleno=12878460&categoryId=444379&regdt=20111130181520

이테이프에 찍힌 역사적인 메시지는 '하느님은 무엇을 하시는가?'(What hath God wrought?)였다. 이 최초의 메시지는 미국의 저명한 화가 사무엘 모스에 의해 워싱턴에서 볼티모어에 보내졌다. 그 후 금융업계가 이 전신기를 적극 활용했다.

19세기 미국인들은 전보로 인해 혁명적인 변화를 느꼈다. 인간이 전기로 정보를 전달하는 전신을 이용해 주식의 변동, 시장가격의 변화, 열차 출발시간, 정치적 사건, 전쟁 소식 등 멀리 있는 곳의 소식을 전달받을 수 있게 되었다.

당시 전신 통신망은 철도와 불가분의 관계에 있었다. 전신소가 위치한 곳이 다름 아닌 철도 역사였다. 그때나 지금이나 금융인에게는 빠른 정보가 곧 돈을 의미했다. 때문에 은행이 철도업을 장악하면 자동적으로 전신망도 지배해 생생한 정보를 가장 빨리 얻을 수 있었다. 빠른 정보는 곧 돈으로 이어졌다.

이렇게 시작된 통신의 발달로 미국에서는 전보와 송금업무가 국영이 아닌 민간 기업화되었다. 이때 전보업무와 현금송금을 위해 설립된 회사가 '웨스턴 유니언'(Western Union)이다. 미국에서 흔히 쓰이는 우편환(Money Order)은 당시 이 회사가 개발한 것이다. 이 회사는 현재도 운영되고 있는 세계적 송금회사이다.

투자자들은 너나 할 것 없이 이 신기술에 투자하여 1849년에 전신선로는 공급과잉이 되었다. 전신이 가능한 거리는 1846년 2천 마일에서 1852년에는 2만 3천 마일로 10배 이상 늘어났다. 전신 버블은 커뮤니케이션 혁명을 불러왔다. 저렴해진 전신기를 활용해 AP 통신사가 설립되었다. AP 통신은 상업신문 기자 데이비드 헤일의 제안에 따라 1848년 뉴욕의 6개 신문사가 주축이 되어 결성되었다. 이렇듯 전신은 통신사업을 가능하게 만들고 돈을 송금할 수 있게 되어 오늘날 금융시장의 초석을 놓았다. 미국 전역이 정보를 공유했고 빠른 정보 전달은 또 다른 혁신을 낳았다.

그 뒤 전신은 대륙을 연결하는 대서양 해저 케이블 공사로 이어졌다. 1866년 대서양 반대편과도 소통할 수 있게 되었다. 이는 뉴욕 증권거래소에 혁명적인 변화를 불러 일으켰다. 특히 로이터 통신 등 통신사의 발달은 월가의 성장에 큰 기여를 했다.

1847년의 금융위기

영국에서 1845년에 정점이었던 철도투기는 버블이 꺼지기 시작했다. 이듬해 여름에는 흉작마저 들어 영국 경제는 최악의 상황으로 빠져들었다. 이로 인해 1847년 1월 영란은행은 금 보유량이 계속 줄어들어 이자율을 4%로 올렸다. 초가을에는 밀 풍작 소식으로 밀값이 폭락했다. 이 여파로 곡물업자 13명과 런던 거상 40명이 파산했다.

1847년 10월 또다시 금 유출이 발생하자 영란은행은 개인들을 상대로 금의 지급보증을 중단했다. 이는 즉각 유럽 대륙과 미국 시장에 영향을 미쳐 철도 파산 등 연쇄작용을 불러 일으켰다. 영국에서만 파산한 기업이 6천 개를 넘어섰다. 당연히 실업자가 급증했다. 이러한 경제 위기로 1848년 2월 프랑스 혁명과 동시에 런던에서 〈공산당 선언〉이 발표되었다. 유럽 대륙을 뒤흔드는 혁명이 찾아 왔다. 영국과 프랑스에서 발화된 혁명의 불길은 독일과 오스트리아 등으로 번져 나갔다. 자본주의의 위기였다.

당시 자본주의를 구한 장본인은 금이었다. 미국과 호주에서 금광이 발견되자 골드러시가 불기 시작하면서 유럽의 실업자들이 앞 다투어 신대륙과 호주로 이주하였다. 주로 미국행이었지만 호주로도 10년 사이에 70만 명 이상이 건너갔다. 그 뒤 금 공급이 증가해 시중에 돈이 풀리면서 서구는 10년에 걸친 새로운 번영기를 맞이했다.

골드러시,
미국의 부흥을 이끌다

미국의 행운, 골드러시

미국의 행운은 1848년 멕시코로부터 산 캘리포니아에서 시작되었다. 그해 1월 캘리포니아 세크라멘토 근처 강에서 한 노동자가 사금을 발견했다. 그 뉴스가 전해지자 미국 안에서는 물론 세계 각지로부터 일확천금을 노리는 사람들이 서부로 몰려들었다. 이재에 밝은 유대인들이 이런 기회를 놓칠 리 없었다. 남보다 먼저 서부로 말을 몰아 채광권과 주변 토지를 선점했다. 이때 1만 명의 유대인이 캘리포니아로 몰려들었다.

이듬해에만 8만 명의 장정이 몰려와 캘리포니아 인구는 10만을 돌

:: 당시 캘리포니아의 광부

파했다. 십중팔구는 모두 외지인이었다. 일개 촌에 불과하던 샌프란시스코도 일약 2만 명의 도시가 되었다. 1852년에는 캘리포니아 인구가 25만 명으로 불어났다.

그 뒤 캘리포니아 금광산업은 서부개척의 상징이 되었고, 대륙 철도사업을 일으킬 정도로 대호황이었다. 당시 금광 근처에 신선한 채소와 과일이 부족해 많은 사람들이 괴혈병으로 사망했다. 이로 인해 괴혈병에 효과가 있다고 알려진 오렌지 재배가 성행하여 오늘날에도 캘리포니아에는 대규모 오렌지 농장이 많이 있다. 유대인들은 금광 근처 곳곳에 대지주로 자리 잡았다. 지금도 캘리포니아 일대의 토박이 지주나 엘리트 가문에는 유대인들이 많다.

더욱이 금광은 캘리포니아뿐 아니라 콜로라도, 아이다호, 몬타나, 사우스 다고타 등 각지에서 잇달아 발견되어 1850년대는 골드러시로 들끓었다. 이 소식이 유럽에 알려지면서 19세기 후반에만 유럽 인구의 10%가 미국으로 건너왔다.

골드러시의 경제사적 평가

골드러시는 미국 사회를 부강하게 만드는 계기가 되었다. 이 기간 미국은 서부에 대한 개발과 영토 확장을 할 수 있었다. 그리고 인디언 보호구역 설정으로 인디언의 영향력 감소는 운송수단의 발달을 가져와, 이때 역마차 제도가 생겼다. 더불어 역마차 우편제도와 전보가 발전했다.

역마차는 3가지 종류의 좌석등급이 있는데 진흙탕이나 언덕이 나오면 1등 요금은 앉아 있고, 2등 요금은 마차에서 내려 걷고, 3등 요금은 마차를 밀었다고 한다.

그 뒤 중국인 노역자들을 중심으로 대륙횡단철도가 개설되어 경제 발전의 토대를 이루었다. 특히 대륙의 동서 간 균형 발전과 태평양 진출을 위한 교두보인 하와이 섬을 확보했다. 골드러시로 인해 캘리포니아는 20세기 중엽까지 많은 인구가 유입되어 미국에서 가장 크고 가장 많은 인구를 보유한 주가 되었다. 이것이 모두 골드러시의 영향이다.

청바지로 돈 번 유대인, 리바이스

골드러시 덕분에 돈 번 유대인이 또 있다. 광산 지대에는 광부들을 위한 임시 천막촌이 형성되었다. 독일계 유대인 청년 리바이 슈트라우스도 그들 옆에서 천막 장사를 하고 있었는데, 어느날 위기가 닥쳐왔다. 천막을 대량 주문한 사람이 부도가 나서 천막을 인수할 수 없게 된 것이다. 그는 어떻게든 돌파구를 찾아야 했다. 백방으로 뛰었으나 그 많은 수량을 인수할 사람이 없었다.

그러자 그는 궁여지책의 하나로 천막 천으로 바지를 만들었다. 천막 천은 질기고 단단해 돌에 긁혀도 잘 찢어지지 않아 광산에서 일하는 탄부의 옷으로 적합했다. 그래서 처음 청바지는 천막 색깔인 갈색이었다. 리바이스는 한 가지 발상을 떠올렸다. 당시는 미국 남북전쟁이 끝날 무렵이었다. 그는 전쟁 후 캘리포니아로 온 남군 패잔병이 입고 있던 파란색 바지를 유심히 보았다. 그는 이 인디고 블루색이 독사를 물리칠 뿐 아니라 사람들에게 활력을 줄 것이라고 확신했다. 그 뒤 그는 바지에 독사들이 싫어하는 인디고 자연염료로 푸른 물을 들였다. 광부들이 사막을 다닐 때 독사의 위험이 많았기 때문이다. 이로써 리바이스 청바지가 탄생했다.

  19세기 말 본격적인 산업화에 진입한 미국에서 청바지는 불티나게 팔렸다. 그런데 바지가 조금 무겁다는 소비자의 불만이 있었다. 그래서 슈트라우스는 가벼운 면 소재인 데님으로 옷감을 바꿨다. 데님은 프랑스 남부 도시 님(Nimes)의 특산물로 고급 면 의류를 만드는 데 많이 쓰였다. 그리고 진(Jeans)이라는 이름은 청바지 천 데님이 이탈리아 제노바에서 많이 수입되었는데, '제노'(Genes)의 영어 발음인 진(Jeans)에서 나왔다. 1차 세계대전이 발발하자 유럽 전선에 참전한 미군들이 진 바지를 즐겨 입었다. 청바지가 미국을 넘어 세계 상품으로 발전한 계기이다.

  당시 유럽에서는 여자들이 바지를 입으면 벌금형을 받았는데, 청바지를 입은 미국 여성들의 유럽여행이 많아지면서 자연히 폐지되었다. 1960~1970년대 청바지는 전 세계 젊은이들 사이에서 폭발적인 인기를 끈다.

  이때부터 청바지는 옷이기 이전에 하나의 사상이요 주의(主義)를 대표하게 되었다. 청바지는 다섯 개의 없음(No)을 표현한다. 곧, 노 클래스(계급 초월), 노 에이지(연령 초월), 노 시즌(계절 초월), 노 섹스(성별 초월), 그리고 노 보더(국경 초월)가 그것이다.

세계 인구와 맞먹는 연인원 70억 명이 입는다는 청바지는 자유·평등사상, 계급사회 철폐, 기득권층에 대한 저항의 상징이 됐다. 미국 최초의 의류 브랜드인 '리바이스'를 만든 후 결혼도 하지 않고 독신으로 여생을 마친 리바이스는 샌프란시스코 유대인 사회의 대부였다. 그는 살아서 자선활동을 많이 펼쳤기에, 1902년 그가 죽자 시 정부는 장례식이 열리는 날을 공휴일로 선포해 많은 사람들이 그의 마지막 모습을 볼 수 있도록 배려했다. 오늘날에도 가장 많이 팔리는 옷이 청바지다.

이름과 성으로 알아보는 유대인 판별법

미국 산업사에는 유대인들이 많이 등장한다. 그들 스스로가 유대인임을 밝힐 때도 있지만 당시 사회 여건상 이를 밝히지 않는 경우도 많았다.

유대인은 이름으로 구별되는 경우가 많다. 기독교도들은 아이들 이름을 지을 때 주로 신약성서에 나오는 12제자 이름을 주로 쓰나, 유대인들은 구약성경에 등장하는 조상의 이름을 쓴다. 아담, 아브라함, 이삭(아이작), 야곱(제이콥), 다윗(다비드), 솔로몬, 모세, 임마누엘(이매뉴얼), 사무엘 등이 주로 쓰인다.

특히 15세기 이후 유대인은 조상의 이름을 따 아이들의 이름을 삼는 게 관례였다. 조상의 이름과 같이 훌륭한 하느님의 종이 되라는 뜻이다. 당시 유대인이 아닌 다른 사람들은 유대인으로 오해받기 싫어 구약성경의 이름을 잘 쓰지 않았다.

그리고 원래 유대인에게는 성이 없었다. '누구의 아들 누구' 또는 '어느 지방의 누구' 이런 식으로 이름만 불렀다. 성경을 보면 쉽게 알 수 있다. 그러다 유럽인들과 섞여 살게 되면서 대체로 19세기 중엽부터 성을 쓰게 되었다. 유대인들이 성을 사용하게 된 것은 2백 년도 채 되지 않는다.

● 〈박재선의 유대인 이야기〉, 박재선, 중앙SUNDAY

유럽 사람들은 대개 조상의 직업에서 유래된 성을 갖는 것이 보통이다. 그들의 성을 보면 그들의 조상이 무슨 직업을 갖고 있었는지 알 수 있다. 골드스미스는 금장이었고 호프만은 농장주였다.

하지만 마땅한 직업을 가질 수 없었던 유대인은 그들이 살았던 도시나 지형을 성으로 삼은 예가 많았다. 그래서 시 이름에서 비롯된 성들이 있다. 아우에르바흐(Auerbach), 드레스너(Dresner), 긴즈버그(Ginzberg) 등인데 그렇게 된 데에는 배경이 있다. 19세기까지 어느 국가도 유대인들에게 토지소유를 허용하지 않았기 때문에 그들은 굶어 죽지 않기 위해 도시로 가 당시로서는 별 볼일 없던 수공업이나 상업에 종사할 수밖에 없었다.

재미있는 것은 1875년 합스부르크가의 오스트리아에서는 유대인들로부터 세금을 거두기 위해 돈을 내고 성을 살 것을 강요했다. 부자들은 로젠(장미), 골드(금), 존넨(햇빛), 탈(골짜기) 등 좋은 단어가 들어가는 성을 샀다. Rosenthal(장미 골짜기), Lilienthal(백합 골짜기), Hofmansthal(농장주 골짜기), Goldstein(황금석) 등이 그것이다.

중산층은 아이젠(철), 호프만(농장주) 등, 빈민은 슈무츠(쓰레기), 에젤코프(나귀 대가리), 카날게르프(시궁창 냄새), 아르멘프로인트(빈민의 벗), 볼게니히트(돈 꾸지마라), 갈겐슈트리크(교수형 밧줄) 등의 성을 샀다.

지금도 로젠(장미)-, 블루멘(꽃)-, 골드(금)-, 질버(은)-, -하임(집), -슈타인(돌), -베르크(도시) 등의 단어가 성에 들어 있으면 거의 유대인이라고 보면 된다. 우리가 잘 아는 Rothchild(붉은 방패), Strauss(타조, 깃 장식), Poe(공작) 등도 이런 산물이다.

나중에는 유대인도 직업이 분화되면서 유럽인들처럼 직업으로 성을 삼기도 했다. 영어의 Baker에 해당되는 베커(Becker), 푸줏간 주인을 의미하는 플라이셔(Fleischer), 벽돌공의 뜻을 가진 아인슈타인(Einstein), 직조공의 베버(Weber), 금세공사인 골드슈미트(Goldschmidt), 상인을 의미하는 크레이머(Kramer) 등이 좋은 예이다. 과거 〈크레이머 대 크레이머〉라는 영화에 유대인인 더스틴 호프만이 주연을 맡았던 것도 이 같은 배경 때문일지 모른다.

유대인들은 이 같은 방식 외에 그들의 히브리어 이름을 사는 지역의 언어로 번역해 성으로 삼기도 했다. 웃는 사람을 뜻하는 아이작(이삭)은 라흐만(Lachman)으로, 착한 사람을 의미하는 투비야는 Gutman(미국에서는 Goodman), 힘센 삼손은 슈타크만(Starkman)으로 바뀌었다.

또 누구의 자식을 의미하는 -shon(독일)이나 -vith(동구)를 붙여 멘델스존, 멘델로비치, 아브람슨, 아브라모비치라는 성을 만들기도 했다. 그리고 에스더의 남편을 의미하는 이스트만(Estermann)을 낳기도 했다. 물론 이러한 것이 다 맞는 것은 아니다. 다만 개연성이 높을 뿐이다.

● 마이네임이즈, http://blog.naver.com/shinade/60008791169 /《유대인의 역사》, 폴 존슨, 살림 등, 2005년 3월

미국의 분수령,
링컨과 남북전쟁

7

최초의 세계공황이 일어나다

왜 미국 지식인은 멕시코 전쟁을 토지강탈 행위로 보았나?

미국의 서부개척은 1803년 루이지애나 주를 구입한 뒤 시작되었다. 다음 개척지는 텍사스였다. 1841년 최초의 미국인 이주민이 대규모 마차 행렬로 미주리 주로부터 텍사스로 이동했다. 당시 텍사스는 멕

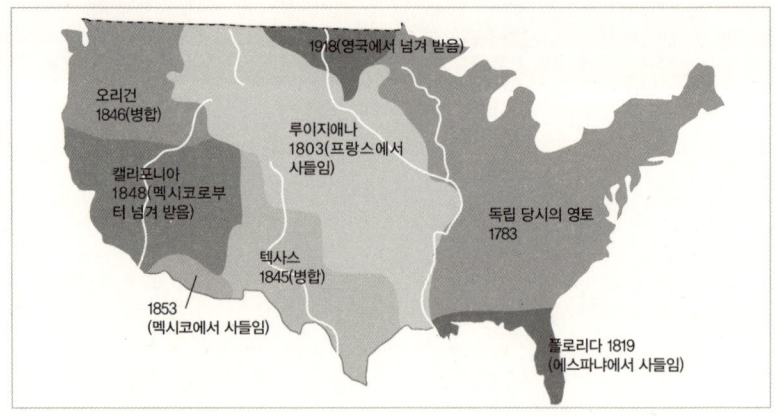

∷ 미국 영토 확장의 역사

시코 영토였다. 그 뒤로도 텍사스를 향한 이민 행렬은 계속되었다.

멕시코 정부는 자국 국교인 가톨릭이 아닌 미국에서 온 이들 개신교 정착자들과의 관계가 불편했다. 멕시코가 노예제도를 폐지했을 때 일부 이민자들은 이 법의 이행을 거부했다. 멕시코 중앙정부의 간섭이 심해지자 미국인 정착민들의 주도로 1836년 혁명이 일어나 멕시코로부터 독립해 텍사스 공화국이 되었다. 이후 1845년 텍사스 공화국이 합병을 통해 미국의 28번째 주가 되었다. 그러자 종주국이라고 생각한 멕시코는 이를 인정하지 않았다.

한편 미국의 제임스 포커 대통령은 이를 좋은 기회로 판단하고 이 참에 멕시코 영토를 뺏을 계획을 세웠다. 1846년 제커리 테일러가 포크 대통령의 명령으로 멕시코를 일부러 도발시켜 전쟁을 일으켰다. 테일러는 이듬해 5천 명의 군대로 2만 명의 멕시코 군대를 패배시키는 큰 공을 세웠다.

그리고 1847년 미국 윈필드 스콧 장군은 역사상 최초의 수륙양용 군사작전으로 멕시코 베라크루즈에 상륙했다. 이어 내륙으로 진군해 멕시코시티를 점령했다. 이듬해 과달루페 이달고 조약으로 전쟁을 매듭지은 미국은 1,825만 달러를 지급하고 멕시코로부터 한반도의 15배에 달하는 영토를 얻었다. 뉴멕시코, 유타, 네바다, 애리조나, 캘리포니아, 텍사스, 콜로라도, 와이오밍이 그것이다. 멕시코 전쟁의 승리로 재커리 테일러는 영웅으로 떠올라 포크의 뒤를 이어 1849년 12대 대통령이 되었다.

전쟁 직전 휘그당과 일부 미국 여론들은 전쟁을 반대했다. 지식인 헨리 데이비드 소로는 전쟁세를 내는 대신 감옥에 가는 것으로 항의했다. 랄프 왈도 에머슨은 미국의 폭력을 부끄러워하며 멕시코가 미국에게 독이 될 것이라 했다. 또한 남북전쟁의 영웅 율리시스 그랜트 역시 이를 두고두고 한탄했다고 한다. 미국의 양심적인 사람들과 대부분의 휘그당원들은 당시 미국 대통령 제임스 포크의 행동을 양심을 저버린 토지강탈 행위라고 보았다. 미국 패권주의의 신호탄이었다.

유럽 유대자본, 미국 국공채의 절반 이상을 사들이다

유통화폐 부족으로 미국에서 1837년부터 5년간 지속된 공황은 다행히 캘리포니아에서 거대한 금광이 발견되어 유동성이 증가하면서 끝을 맺었다. 이러한 금 공급의 확대는 유럽 금융재벌의 미국 금융시장에 대한 통제를 약화시켰다. 그러자 이들은 이번에는 국공채 등 미국의 우량자산들을 사들이기 시작했다.

유럽의 로스차일드는 오거스트 벨몬트란 인물을 미국으로 보내 뉴욕증권거래소에서 헐값에 팔리는 주식·채권을 대량으로 사들였다. 그는 주로 국채, 주정부 공채, 철도주식 등을 매입했는데, 특히 연방정부와 주정부에서 발행하는 국공채의 절반 이상을 사들였다. 이 일로 미국 사회에서 벨몬트는 극진한 환영을 받았다. 얼마 안 되어 백악관이 그를 경제고문으로 모셔갔다.

벨몬트는 열네 살에 로스차일드의 프랑크푸르트 본점에서 일을 시작해 17살에 벌써 나폴리지점 감독업무를 맡았다. 이후 교황청과의 대출협상을 잇달아 성공적으로 처리해 21세의 젊은 나이에 로스차일드의 절대적인 신임을 얻고 뉴욕으로 건너갔다.

골드러시의 후유증, 1857년 최초의 세계공황

그 뒤 캘리포니아에서 1848년부터 1855년까지 지속된 골드러시로 풍요로운 세월이 10년 이상 지속되었다. 호황이 지속되자 철도주식과 국공채의 수요증가로 그 자산가치가 날로 높아졌으나, 도가 지나쳐 거품이 꼈다. 호황 뒤에 꼭 나타나는 반갑지 않은 손님이다.

미국 경제는 최초로 국제적인 공황을 맞게 된다. 사태의 도화선은 1857년 8월 24일 오하이오생명보험신탁회사 뉴욕지점의 파산이었다. 직원의 횡령으로 미국 굴지의 금융회사가 파산한 것이다. 이 소식으로 뉴욕에서 먼저 예금인출 소동이 일어났다. 그러자 주가가 폭락했다. 이 소식은 미국뿐 아니라 태평양 건너 유럽에도 퍼졌다. 인류가 경험한 최초의 세계공황이 시작된 것이다. 이는 이미 미국과 유럽이 투자와 금융연계가 많아져 공동운명체가 되었음을 뜻했다.

그 뒤 미국 전역의 은행들이 연쇄적으로 무너지기 시작했다. 그리고 영국 금리가 올라가던 시기여서, 뉴욕시장의 혼란으로 겁먹은 해외투자자들이 앞 다투어 빠져 나갔다. 당시 미국 연방국채의 46%, 주정부 채권의 58%, 핵심 블루칩인 철도 주식의 26%를 보유한 영국 자본이 먼저 미국을 등졌다.

그들이 떠날 즈음 엎친 데 덮친 격인 해상재난도 불황을 키웠다. 캘리포니아에서 14톤의 금괴를 싣고 뉴욕으로 오던 배가 폭풍으로 침몰해 금융대란에 대응할 자금도 사라졌다. 14톤의 금괴는 작은 양이 아니었다. 2010년 우리나라 중앙은행의 보유 금괴가 그 정도였다. 결국 연말까지 뉴욕증시의 주가가 3분의 1토막이 나고 6천여 개의 기업이 문을 닫았다.

이 공황을 로스차일드 가문의 음모로 보는 시각도 있다. 중앙은행을 폐쇄한 미국을 혼내주기 위한 작전이라는 것이다. 그간 영국 유대자본이 미국 투자를 늘리고 신용대출을 남발해 거품을 조성했다가 갑자기 대출을 회수해 공황을 유발시켰다는 것이다.

사정은 유럽도 마찬가지였다. 크림전쟁 종결로 러시아가 곡물수출을 재개하자 식료품 가격이 급락하고 철도부지 주변 부동산 가격이 하락했다. 이어 소비가 둔화되고 생산이 격감하는 악순환에 빠졌다. 이로써 '세계는 하나다. 증기선과 전신이 세계를 하나로 만들었다.'는 말이 나왔다.

미국 정부는 영국자본을 다시 불러들이기 위해 수입관세를 내리는 등 안간힘을 썼지만 공황은 4년간 지속되다 남북전쟁이 시작된 1861년이 되어서야 끝났다. 전쟁은 수요를 폭발적으로 증가시켜 경기를 활성화시키는 힘을 갖고 있었다.

금 함량을 줄여 달러 가치를 절하시키다

미국 최초의 중앙은행에서 발행된 1792년의 1달러 가치는 금 1.584그램이었다. 그러던 것이 1834년에는 슬그머니 1.4848그램으로 줄어들었다. 이는 로마 시대 네로가 썼던 수법으로 명백한 모럴헤저드였다. 그 강대했던 로마제국이 망한 원인 중의 하나였다. 그 뒤에도 달러 가치는 계속 줄어왔다.

독립전쟁 이후 영국 자본이 미국의 산업투자를 이끌었다. 1850년에서 1914년 사이에만 영국의 미국에 대한 투자와 대출은 총 30억 달러였다. 그 무렵 투자는 수익성이 좋았을 뿐 아니라 대출이자도 높아 같은 기간 미국의 영국에 대한 이자와 배당 등 순지급액만 58억 달러나 되었다. 그럼에도 갚아야할 원금은 많이 남아 있었다.

미국은 당시 영국으로부터 유입된 자본의 상환부담을 덜기 위해 의도적으로 달러 가치를 약하게 만들었다. 1792년 금 1.584그램으로 시작된 1달러가 1934년에는 금 0.877그램까지 쪼그라 들었다. 금본위제 하인데도 달러 동전의 금 함량을 줄여 화폐가치를 인위적으로 낮춘 것이다. 더구나 파운드 가치도 19세기 파운드당 4.86달러에서 순차적으로 평가 절하되어 1.60달러까지 떨어졌다. 미국으로서는 빚 갚기가 수월해졌다.

주(州)의 권한, 노예제도

1808년 이후 노예수입이 금지되었다. 그럼에도 남부에서는 면화농장이 늘어나 여전히 노예매매가 성행해 북부 인도주의자들로부터 강력한 비난을 받았다. 특히 영국 산업혁명으로 목화 수요가 급증하면서 면화는 남부에서 가장 이익이 많은 농산물이었다. 이에 따라 노예제도는 사실상 움직일 수 없는 것이 되었다. 노예제도를 인정하느냐, 안하느냐 하는 권한은 대통령이나 연방의회에 있는 것이 아니라 주(州)의 권한이었다.

북부는 더 이상 노예제도를 인정하는 노예 주(州)가 늘어나는 것을 저지했다. 그러나 남부는 새로 만들어지는 서부의 주에도 노예제도를 도입하려 했다. 1820년 노예제도를 인정하는 미주리 주가 합중국의 주로 편입하려 하자 노예제도가 비로소 정치문제로 등장했다. 결국 미주리 주를 노예 주로 인정하고 가입시키는 동시에 북부에는 새로운 자유주인 메인 주를 매사추세츠 주에서 분리해 가입시킴으로써 남북의 균형을 맞추었다. 그 뒤 주(州) 편입에 대하여는 미주리 주 남쪽 경계 이북에는 노예 주 신설을 인정하지 않기로 했다. 이것을 미주리협정이라 한다.

그러나 멕시코전쟁의 결과로 캘리포니아·뉴멕시코가 새로 합중국 영토가 되자 이 지역에 노예제를 인정할지의 여부가 문제였다. 1850년 남·북은 재차 다음과 같이 타협했다.

① 캘리포니아 주를 자유주로 한다. ② 워싱턴에서는 노예매매를 금지한다. ③ 새로운 영토에 대하여는 노예제도의 존폐를 결정하지 않고 준주(准州)로 한다.

그러나 이 타협은 1854년 캔자스네브래스카법이 제정되면서 사실상 파기되었다. 미주리협정에 의하면 자유 주가 되어야 할 캔자스 주가 주민의사에 따라 결정하기로 했기 때문이다.

노예반대론자들은 공화당을 조직해 남부에 대항하자 링컨도 가입했다. 링컨의 입장은 기존의 노예 주에는 간섭하지 않으나 준주(準

州)에 대한 더 이상의 노예제 확대는 반대한다는 것이었다.

　남부에서는 주(州)는 국가보다 먼저 이루어졌고 연방헌법은 주와 주 사이의 계약에 불과하므로 어떤 주든지 불만이 있으면 합중국에서 탈퇴할 수 있다고 주장했다. 그러나 북부의 공화당은 연방헌법은 인민상호 간의 계약이므로 주가 탈퇴한다는 것은 위법이라는 해석을 내렸다. 남북전쟁은 이러한 의미에서 근원적으로는 서로 헌법상의 해석을 달리함으로써 비롯된 싸움이었다.

남북전쟁 발발과
그린백의 탄생

링컨과 남북전쟁

1860년 미국은 영토가 넓어지고 인구도 늘어 주가 33개, 인구는 약 3천 1백만 명이 되었다. 그 무렵 각 주정부는 자유롭게 소신대로 행동했다. 이것이 지역감정과 충성심을 유발해 지역 간 불화와 적대감정을 일으켜 남북전쟁의 한 원인이 되었다.

캘리포니아에서 금광이 발견된 것을 계기로 서부개척은 급진전된 것도 남북전쟁 발발의 한 원인이었다. 서부를 둘러싼 북부와 남부의 다툼이 심했다. 서부가 노예제도 존속 여부의 캐스팅보트 역할을 했기 때문이다.

또한 남북전쟁은 중상주의와 중농주의의 갈등, 보호무역과 자유무역의 대립이었다. 상공업이 발전한 북부는 보호무역을 옹호한 반면, 면화 수출이 주력인 남부는 자유무역을 선호했다. 이러한 갈등과 대립이 남북전쟁으로 분출된 것이다.

　노예제 금지를 옹호하는 공화당의 대통령 후보로 링컨이 선출되자, 취임 전에 사우스캐롤라이나 주가 '유니온'(Union : 당시 미합중국의 명칭)에서 탈퇴했다. 그 뒤 다른 주들도 가세해 이듬해 봄에는 연방을 탈퇴한 남부의 7개 주가 '남부연합'을 구성했다.

　결국 1861년 4월 남부연합은 미합중국으로부터의 분리를 선언한 뒤 사우스캐롤라이나 찰스턴 항의 섬터 요새 포격으로 남북전쟁은 시작되었다.

극심한 혼란, 9천 종의 은행권과 5천 종의 위폐 통용

이 와중에도 은행 수가 많이 늘어났다. 1836년 713개였던 것이 1860년에는 1,562개로 증가해 문제가 생겼다. 그 많은 은행들이 모두 지폐를 발행한 것이다. 귀금속이나 주정부에 예치한 유가증권을 기초로 자그마치 9천 종의 은행권이 발행되었다. 각종 결제제도와 예금보험도 발달했다. 그러나 이 모든 것을 관리할 중앙은행은 없었다. 스캔들이 많았는데도 신기하게 은행 파산은 적었다. 그런데도 금융 파탄이 일어나지 않은 것은 그 무렵 미국 경제가 급속히 팽창하고 있었기 때문이다.

　남북전쟁 당시 미국의 화폐는 혼란 그 자체였다. 그 무렵 주 별로 산재한 은행들이 모두 지폐를 발행하다 보니 무려 9천 종의 은행권이 나돌아 다녔다. 여기에 더해 5천 종의 위조지폐까지 통용되었다.

이렇게 되자 합법적인 은행권이건 위조된 것이건 구매력이 없기는 마찬가지였다. 사태가 너무 혼란스러웠다.

링컨, 협상 결렬 후 '정부권'을 발행하다

전쟁을 하면 돈이 많이 들었다. 남북전쟁도 예외가 아니었다. 링컨 대통령은 남북전쟁 전비를 마련하기 위해 뉴욕에 올라가 금융가들과 협상을 벌였다. 금융가들이 연 24~36%의 터무니없이 높은 이자를 요구하자 링컨은 이 돈을 빌릴 경우 미국 정부는 전쟁에 이겨도 파산할 수밖에 없다고 판단했다. 그는 금융재벌들의 제안을 거부하고 돌아왔다.

남북전쟁이 시작될 낌새를 보이자 당시 재무장관 체이스는 1861년 무역을 통해 군비물자를 안정적으로 들여오기 위해 모든 은행에 있는 금을 정부 산하로 끌어 오게 된다. 물론 체이스의 이러한 결정 때문에 미국 북부에 있는 모든 은행들은 만성 금 부족에 시달릴 수 있는 상황에 놓이게 되었다.

링컨은 묘안을 짜내고 의회를 본격적으로 설득했다. 당시 은행들은 정부비축 금과 은의 보유량이 줄어들자 달러를 금으로 바꿔 줄 수 없었다. 태환지폐가 불환지폐가 된 것이다. 이에 링컨은 금으로 교환해주지 않아도 되는 지폐 곧 태환성이 없는 지폐를 정부도 발행할 수 있도록 해줄 것을 의회에 요구했다.

결국 의회는 전쟁 수행을 위해 재무부가 담보 없이 20년 동안 연

5%의 이자가 붙는 국채를 발행하도록 승인했다. 마침내 금이나 은의 담보 없는 불환지폐를 정부지폐로 발행할 수 있는 획기적인 권한을 얻어냈다. 이로써 은행권이 아닌 '정부권'이 발행됐다. 미국 독립 후 화폐로서 금과 은의 역할이 처음 폐기된 게 남북전쟁이었다.

그린백 달러, 천하를 평정하다

새 화폐는 기존의 다른 은행권들과 구별하기 위해 녹색 도안을 사용했다. 1861년 재무부는 국채(Demand Notes)라 불린 최초의 10달러 지폐를 발행했다. 연방정부가 직접 정부권 지폐를 찍어 유포시킨 것이었다. 이때 링컨 대통령의 초상화가 인쇄된 10달러 지폐는 색상 때문에 '그린백'(green back)이라 불렸다. 1861년 이래 발행된 모든 미국 화폐는 오늘날에도 여전히 그 가치가 유효하며 액면가 그대로 전액 상환받을 수 있다.

어쨌거나 그린백 4억 5천만 달러어치는 미국 시장에서 금을 대체하면서 자금사정을 순식간에 해결시켰다. 여기에다 부분지급준비금 제도를 통한 은행의 화폐창출 작업이 더해져 시중에 돈이 급격하게 풀렸다. 풀려나온 돈들은 군수산업이나 철도, 도로 건설 등으로 흘러 들어가 북부가 남부를 누르고 전쟁에 승리하는 데 지대한 역할을 끼쳤다.

그린백 달러는 인플레이션을 가져 왔지만 화폐 통일이라는 뜻밖의 효과를 낳았다. 전쟁 전에 각 주와 은행들이 임의대로 금융증서와

:: 링컨 대통령의 초상화가 인쇄된 10달러 지폐 그린백

지폐를 찍어내는 통에 1만여 종에 달하는 개별 은행권들이 대량 발행된 그린백에 묻혀 점차 사라졌다. 마침내 연방 구성보다 어렵다던 화폐통합이 이루어졌다. 그리고 1862년에는 위조방지 수단으로 화폐 도안에 재무부 인장과 서명이 들어갔다.

링컨, 마르크스가 주장한 소득세를 도입하다

그럼에도 정부의 전쟁자금은 모자랐다. 링컨은 마르크스가 1848년

〈공산당 선언〉에서 주장한 누진 소득세 제도를 도입했다. 전쟁 중인 1862년 3월 연 5백 달러~1만 달러의 소득은 3%, 그 이상 버는 사람에게는 5%의 소득세를 물렸다.

금융가들은 링컨의 조세제도 도입에 극렬 반대하며 이를 경계의 눈초리로 지켜보았다. 야당인 북부 민주당의 반대는 물론 위헌 논란에서도 소득세는 유용하게 쓰였다. 주로 관세에만 의존하던 세입이 늘어나 북부는 전쟁비용의 21%를 세금으로 충당했다.

전시 소득세는 전후 한때 소멸됐다. 그러다 1894년 민주당 정부가 평시 소득세를 도입했다. 4천 달러 이상 소득에 대해 2% 세율이 적용되어 10%가 안 되는 가구가 과세대상이 되었다. 결국 자산소득에 대한 과세 문제로 다툼이 계속되다가 1913년 헌법 수정으로 전면 부활해 연방정부의 가장 큰 수입원이 되었다. 그 뒤 루스벨트가 대공황을 극복하기 위해 세율을 대폭 올린 이후 2차 세계대전과 한국전쟁 기간 중에는 세율이 92%까지 뛴 적도 있다.

1863년 국립통화법, 연방정부가 최초로 은행을 규제하다

당시까지도 은행권의 남발로 사태가 너무 혼란스럽게 되자 전쟁 중이던 1863년에 국립통화법이 제정되었다. 의회는 재무부가 국가 은행업무 시스템을 확립해 국책은행권 발행을 감독하도록 승인했다. 이로써 국책은행 설립허가와 규제에 관한 정부 가이드라인이 발표되었다. 그리고 이들 은행이 채권을 구입해 이를 토대로 화폐를 발행하도록 승인했다. 연방정부가 은행을 최초로 규제하게 된 것이다.

　이 법은 전쟁으로 인해 재정적 어려움을 겪는 연방정부를 지원해 통화 공급문제를 해결하기 위해 제정되었다. 이 법에 의해 전국적으로 면허받은 국책은행이 만들어져 이들이 찍어낸 은행권은 정부가 보증했다. 이는 그간 각 주정부가 인가해 준 주립은행에 대응해 연방정부 통화감독국이 은행 설립인가를 맡게 한 것이다.

　이렇게 설립된 국책은행(national bank)들은 정부의 채무를 인수하는 대신 이를 바탕으로 은행권을 발행할 수 있게 했다. 이 국책은행권은 재무성이 보증하는 최초의 표준통화가 되었다. 참고로 국책은행은 용어상 국가가 세운 은행으로 오해될 수 있으나 실상은 이렇듯 주정부에서 인가해 준 주립은행과 구별해 연방정부가 인가해 주었다는 뜻이다. 이들은 민간 상업은행이다.

1864년 국책은행법, 국채를 담보로 은행권을 공급하다

은행화폐에 대한 신뢰는 1864년 국책은행법이 제정되면서 높아졌다. 이 법은 국책은행들이 납입자본금의 3분의 1만큼 정부채권을 구입할 것과 이를 재무성에 예치하면 채권 시장가치의 90%에 해당하는 은행권을 공급하도록 규정했다. 이로써 자유분방하던 자유은행시대는 막을 내렸다.

　그리고 미국 정부는 화폐 위조범들을 단속하기 위해 1865년 재무부의 한 부서로 비밀정보국을 설립했다. 대륙화폐 시절 위조지폐로 인해 통화가치가 폭락한 사례를 미연에 방지하기 위한 대책이었다.

한편 당시 1천 4백여 개의 주립은행들은 지불준비금으로 금과 은을 은행금고에 보관하거나 다른 도시의 은행에 '거래처 계좌'(correspondent account)를 만들어 지불준비금을 예치했다. 이 법은 이러한 관행을 인정하여 국책은행에 대해서도 유사한 방식으로 지불준비금을 보유하게 했다.

그리고 극심한 화폐의 난립을 막기 위해 1865년 3월 의회는 주립은행 은행권에 액면가의 10%에 해당하는 세금을 부과하는 법안을 통과시켰다. 이 조치로 많은 주립은행들이 국책은행으로 전환하였다. 그리고 수천 가지의 지폐가 자취를 감추었다.

그린백과 국채가
전쟁을 승리로 이끌어

그랜트 장군, 미연방을 분열 없이 하나로 뭉치게 하다

남북전쟁을 승리로 이끈 지휘관이 바로 그랜트 장군이다. 링컨 대통령은 꼬박 3년간 그랜트 장군을 지켜보았다. 그랜트는 웨스트포인트를 하위권으로 겨우 졸업하고 음주로 물의를 일으켜 불명예 제대한 실패한 군인이었다. 그런 그가 남북전쟁 발발 후 탁월한 지휘관으로서의 진면모를 보여줬다. 그랜트는 부하들을 사려 깊게 배려했고 그들의 경험과 기술에 자신의 명령을 조율한 사람이었다. 그랜트는 평소 전장에서 당번병도, 야영 막사도, 담요도 없이 병사들과 함께 땅바닥에서 잠을 자곤 했다. 오직 칫솔 하나만 들고 다녔다.

1862년 그가 이끄는 북군이 헨리 요새와 도넬슨 요새를 잇달아 함락하고 1만 2천 명을 포로로 잡는 대승을 거두자 그랜트는 국가적 영웅으로 부상했다. 이듬해 그랜트가 빅스버그와 채터누가 전투에서 대승을 거둔 뒤 링컨은 그의 진가를 제대로 알게 됐다. 링컨은 1864년 3월 10일 그를 북군 총사령관으로 임명해 남북전쟁의 운명을 맡겼다. 또한 그때까지 유일하게 조지 워싱턴 초대 대통령에게만 주어졌던 중장 계급을 그랜트에게 수여했다. 그의 활약으로 마침내 북군이 최종 승리하였다. 가히 그 대통령에 그 장군이었다.

남북전쟁 말기, 리 장군이 이끌던 기진맥진한 남군은 버지니아에서 그랜트 장군의 압도적인 북군에 포위당했다. 부관 알렉산더 장군이 숲으로 달아나 게릴라전을 펼 것을 제안했지만 리 장군은 고개를 저었다. "이제 남부동맹이 실패했다는 사실을 인정해야 하오. 병사들은 하루빨리 고향으로 돌아가 농사를 짓고 전쟁 피해를 복구해야 합니다."

리 장군은 항복했다. 탁월한 리더십으로 전투에서 대적할 사람이 없던 그였지만 승리보다 중요한 것은 평화와 국민통합이었다. 5년여에 걸친 이 전쟁은 그랜트 장군과 리 장군의 협상으로 막을 내리게 되었다. 리 장군은 마지막 협상장에 가면서 그랜트 장군이 자신을 총살시킬 수도 있다고 생각했다. 남군 총사령관으로 떳떳한 최후를 맞이하기 위해 리 장군은 최고의 군복을 갖춰 입었다.

그러나 그랜트 장군이 내건 협상조건은 관대했다. 남군들은 모두 그냥 고향으로 돌아가라는 것이었다. 전쟁 포로 이야기는 입에 올리지도 않고 굶주린 남군 패잔병에게 2만 5천 명분의 식량까지 제공해주었다. 이에 감격한 것은 리 장군만이 아니었다. 5년이 넘는 내전으로 적개심에 불타던 남부 전체에서 북군에 대한 원한이 스러졌다. 그랜트 장군의 위대한 관용정신 덕분에 남북전쟁의 상처가 빨리 아물

수 있었다.

그랜트 장군은 남북전쟁에서 승리했을 뿐 아니라 미연방을 하나로 뭉치게 했다. 그 덕에 미국은 그 뒤 통일국가로서 노예해방과 민주화·근대화 작업을 통해 오늘의 강대국으로 비약할 수 있었다. 1866년 미국 역사상 최초로 대장 계급을 단 그랜트는 1868년 당시로선 최연소인 46세의 나이로 미국 18대 대통령에 당선되어 8년 동안 미국의 재건을 이끌었다.

전쟁의 승리, 금융시스템

링컨을 승리로 이끈 1등 공신은 그린백과 국채였다. 북부는 전쟁 초기에 정부권인 그린백을 직접 발행해 연패의 늪에서 벗어났다. 이후 전세가 다시 기울었지만 국채투자 붐을 일으켜 국채 발행에 성공했다. 그리고 북부는 소득세를 도입해 전비를 충당해 나갔고 결국 승리를 거머쥐었다. 그래서 북부의 승리는 금융시스템과 재정수입의 승리이기도 했다.

미국은 건국 초기부터 지방분권제의 뿌리가 깊은 나라이다. 그것은 금융에도 예외가 아니었다. 식민지 시대와 건국초기 지방 곳곳에 은행들이 있었다. 지방은행들은 연방정부가 아닌 주정부 통제 아래 금은복본위제하의 은화로 거래하며 지방경제를 주도했고, 각 은행들이 금융증서나 지폐를 발행했다. 당시 미국의 통화시스템은 초대 재무장관 해밀턴이 결정한 금은복본위제도였다. 이것은 금과 은을 동시에 화폐발행을 위한 지불준비금으로 삼는 제도다.

4년에 걸친 참혹한 전쟁에 참전자 수는 국민의 10%에 해당하는 6백만 명이었다. 전사자만도 62만 명에 이르렀고 부상자 수는 이루 헤아릴 수조차 없었다. 막대한 재산은 전쟁통에 잿더미로 변했다. 그러나 이런 비극적인 전쟁을 치르고서도 물가 인상은 2배에 그쳤다. 북군에 의해 전비조달 통화인 '그린백'이 1861년부터 1863년 사이에 45억 달러어치나 발행되었는데도 말이다. 이것은 요즘 가치로 450억 달러가 넘는 돈이다.

제이 쿡의 활약

문제는 그린백을 그렇게 많이 찍어냈는데도 정부는 돈이 모자랐다는 것이다. 해결책으로 링컨은 국채를 발행했다. 연 7.3%라는 좋은 조건으로 발행했지만 팔리지 않았다. 그때 이를 해결해 준 사람이 재무장관 체이스가 도움을 요청한 제이 쿡이다. 쿡은 누구도 생각해내지 못한 액면 분할과 일반 공모를 선보였다. 1천 달러인 국채를 50달러짜리로 쪼갰다.

쿡은 기적을 일으켰다. 주식이나 채권이라고는 들어보지도 못한 서민들에게 전쟁 채권을 팔았다. 그는 미국 중산층 가정의 문을 처음으로 두드렸으며, 시민의 애국심에 호소하는 비정통적 방법을 사용했다. 그의 구상은 판매원 2천 5백 명이 전국 가가호호 방문하여 개별적으로 투자를 호소하는 것이다. 그는 1천 8백 개가 넘는 신문을 통해 채권을 광고했다.

쿡이 고용한 판매원들은 '국채 매입은 애국이자 횡재하는 지름길'이라는 신문기사와 전단지를 가지고 전국을 누볐다. 덕분에 채권 투자 붐이 일고 5억 달러 어치의 국채가 모두 팔려 나갔다. 은행 증권사 등 전문 투자가들의 전유물이었던 채권 투자는 이렇게 해서 대중화의 첫발을 내딛었다.

그는 놀라울 정도로 지략이 풍부하고 낙관적이었다. 1864년까지 모든 전쟁 채권이 그의 회사를 거쳐 판매되었다. 1년 뒤 전쟁 말기에 쿡은 전쟁 채권을 추가로 6억 달러 판매했다. 신문에서는 그를 '나라를 구한 사람'이라고 칭송했다. 전쟁 뒤에도 쿡은 같은 방법으로 8억 3천만 달러어치 국채를 팔아 갑부로 떠올랐다.

남북전쟁의 진정한 승리자는 '자본'이었다. "적어도 우리는 전쟁터에서 패하지는 않았다. 우리 군대를 거꾸러뜨린 것은 다름 아닌 제이 쿡이다." 남북전쟁이 끝난 뒤 어느 남군 장군은 이렇게 한탄했다고 한다.

국채 판매방식에 대한 쿡의 혁신은 남북전쟁의 승패를 갈랐을 뿐 아니라 미국 경제에 지대한 영향을 남겼다. 경제사학자인 존 스틸 고든은 《부의 제국》이란 책에서 '연방 국민의 5%를 일종의 소자본가로 변모시키고, 침대 매트리스 밑에서 죽어있던 자본을 해방시켜 생산적으로 소비될 수 있게 만들었다.'고 평가했다.

남부의 통화 붕괴

남군의 화폐 남발은 더 심했다. 물경 170억 달러어치의 불환지폐를 찍어냈다. 북부의 그린백은 금 대비 50센트의 가치를 유지한 반면 남부의 그레이백은 그 가치가 1센트에 불과했다. 전쟁 기간 북부 물가는 60% 오르는 데 그친 반면 남부 물가는 4,000%나 올랐다. 남부는 전쟁터에서 무너지기 전에 초인플레이션으로 내부에서 무너져 내렸다.

경제사가들은 남군의 패배를 과도한 화폐와 국채 발행, 그리고 무리한 징병제도에 원인이 있다고 진단할 정도였다. 남부는 북부에 비해 인구면에서도 4:1로 불리하자 백인남성 80% 이상을 징집했고 이 가운데 3분의 1이 전쟁 중 죽었다.

링컨 대통령 암살당하다

비록 전시기간이긴 했지만 정부의 일방적인 화폐발행으로 발권력을 제한당해 위축되었던 금융재벌들의 반발이 극심했다. 전쟁 기간 중 천문학적인 돈을 벌 것으로 기대했던 국제금융재벌들의 기대가 링컨 대통령에 의하여 무산되었을 뿐 아니라, 링컨 대통령은 "남부 정부가 전쟁 중 진 빚은 모두 무효"라고 선포했다.

금융재벌들은 승리한 북부로부터도 돈을 벌지 못했고 패배한 남부로부터도 엄청난 손실을 감당해야 했다. 그 무렵 남부 농민들은 농산물 가격 안정을 위해 자유로운 화폐발행을 원했다. 농민을 앞세운

은행가들은 연방정부가 쥐고 있는 화폐 주조권을 자유화하거나 화폐발행을 크게 늘리라고 압박했다. 더 나아가 전후복구와 국가재건을 위해 막대한 자금이 필요한 연방정부를 상대로 국제금융 자본가들은 지금의 연준과 비슷한 금융카르텔의 창설과 자신들의 참여를 요구했다.

그러나 전쟁기간 동안 그들이 취했던 태도에 대해 불만을 품고 있던 링컨 대통령은 그들의 제의를 거부했다. 그리고 링컨 대통령은 전쟁 후에도 그린백의 유통량을 계속 늘려나가려 했다. 이로 인해 링컨이 암살당했다고 보는 견해도 있다. 다른 한편으로는 북군의 승리가 확정되자 남부연합 대통령 데이비스와 국무장관 벤저민이 서명한 링컨 살해명령서가 발령되어 링컨이 암살당했다는 의견도 있다.

링컨은 재선되어 두 번째 임기를 시작한 지 41일 만인 1865년 4월 14일, 닷새 전 남군의 리 장군이 마침내 투항했다는 승리의 소식을 접했다. 기쁨에 들뜬 링컨은 워싱턴의 포드 극장에서 공연을 감상하는 중이었다.

암살범이 경호원이 없는 대통령 전용석에 잠입해 대통령의 뒷머리를 쏘았다. 링컨은 이튿날 새벽 사망했다. 링컨을 저격한 범인은 '존 윌크스 부스'라는 유명한 배우였다. 그는 4월 26일 도주하던 중 총에 맞아 사망했다고 기록되어 있다.

그의 마차 안에서는 깨알 같은 글씨로 쓴 편지와 '유다 벤저민'의 개인물품이 발견되었다. 유다 벤저민은 유대인으로 당시 남부연합의 국무장관이었다. 그는 전직 변호사로 남부 금융의 실권자였다. 이 사건 이후 벤저민은 영국으로 도피해 영국 여왕의 자문관이 되었다.

알래스카, 지상 최고의 냉장고에서 천혜의 땅이 되다

이어 미국은 1867년 러시아로부터 알래스카를 720만 달러에 사들였다. 러시아가 미국에 알래스카를 판 이유는 당시 러시아가 재정적으로 어렵기도 했지만 영국이 알래스카를 강제로 빼앗을지도 모른다는 생각 때문이었다. 따라서 러시아의 알렉산드르 2세는 이 영토를 미국에 팔기로 결정했다.

그러나 알래스카를 사라는 제안이 들어왔을 때 미국 의원들의 투표 결과는 대부분 반대였다. 당시 윌리엄 수어드 재무장관은 의원들

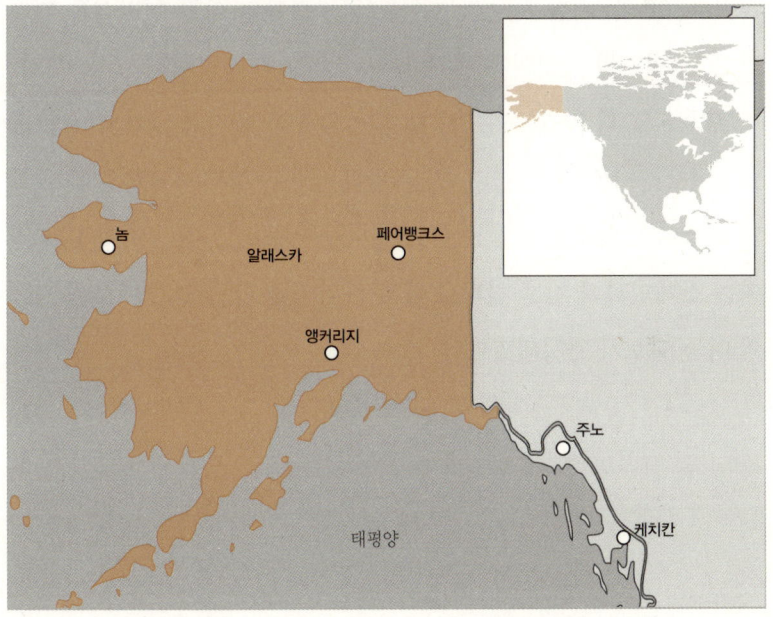

∷ 미국이 러시아로부터 사들인 알래스카. 당시에는 '지상 최대의 냉장고를 샀다.'는 비아냥을 들어야 했다.

● 《화폐전쟁》, 쑹훙빙, 램덤하우스코리아, 2008년 7월

에게 "여러분, 나는 눈 덮인 알래스카를 보고 그 땅을 사자고 하는 것이 아닙니다. 나는 그 안에 감추어진 무한한 보고(寶庫)를 사자는 것입니다."라고 설득했다.

결국 미국은 1867년 3월 30일, 미화 720만 달러에 알래스카를 사들였다. 그것도 현금은 20만 달러만 지급하고 나머지 7백만 달러는 러시아가 진 무역 빚에서 탕감하였다. 미국이 러시아로부터 매입한 알래스카는 153만 제곱킬로미터로 한반도 면적의 7배쯤 된다. 그 큰 땅덩어리를 에이커당 3센트씩 쳐서 사들인 것이다.

이를 두고 미국인들은 '지상 최대의 냉장고를 사들였다.'고 비아냥거렸다. 알래스카를 사들인 스워드 국무장관의 가장 어리석은 거래라고 '스워드의 어리석은 행위'(seward folly)라고 불렀다.

그러나 그 뒤 알래스카에서 엄청난 금광과 유전이 발견되었다. 삼림과 수산자원도 풍부했다. 지금 알래스카 주정부는 주민들에게 매년 개발이익 일부를 연금 형식으로 나누어주고 있다. 그리고 1898년에는 스페인과의 전쟁 결과로 괌과 하와이를 합병했다. 이로써 지금의 미국 영토가 완성되었다.

THE
DOLLAR
STORY

미국의
산업혁명

8

미국, 규격화와 표준화로 세계 최대의 공업 생산국이 되다

규격화와 표준화가 이룬 자동화

'규격화와 표준화'는 세계 역사를 크게 바꾸어 놓을 만큼 위력적이었다. 진시황이 중국을 최초로 통일할 수 있었던 힘도 바로 이 '규격화와 표준화'였다. 미국을 세계 최대 공업 생산국으로 만든 힘도 '규격화와 표준화'였다.

미국 산업의 성과가 처음 세계에 알려진 계기는 1851년 대영박람회였다. 미국은 운송비용과 전시비용 때문에 처음에는 참가를 주저했으나, 출품된 여러 기계류와 콜트 연발권총 같은 기계류는 세계적인 주목을 끌었다. 유럽인들이 놀란 미국 기계류의 중요한 점은 '자동화'였다. 이는 제품의 규격화와 부품의 표준화가 이미 도입되었음을 뜻했다.

사무엘 콜트는 1831년 연발권총 리볼버 생산 공장을 건설하여 최초로 5천 정을 생산했다. 이후 공장에 전문공구와 기계를 공정별로 재설계하여 본격적인 일관생산체계를 확립했다. 이렇게 하여 부품 호환식으로 일괄 생산된 각종 무기가 대영박람회에 전시되었다.

이후 20세기 초 헨리 포드는 기계를 자동이송라인으로 재조직하여 공장자동화를 완벽하게 구현했다. 여기서 현대 산업사회의 주역인 포디즘(Fordism)을 탄생시킨다. 유대인을 지독히 혐오했던 헨리 포드는 후에 반유대 운동의 선구자가 된다.

베서머 제강법의 출현으로 덕을 본 미국

세계 기술사에서 큰 획을 그은 기술의 하나가 바로 '베서머 제강법'이다. 앤드루 카네기가 철강왕으로 등극할 수 있었던 것도 바로 이 기술 덕분이었다.

1855년 신형대포를 개발하던 영국의 헨리 베서머는 대형포탄 발사에 견딜 만한 포신용 강철을 만들던 중 새로운 강철 제련법을 알아냈다. 용해된 선철에 공기를 불어넣어 불순물을 제거해 강철을 만드는 새로운 방법이었다. 이는 현대제강법의 기초가 되는 큰 발견으로 세계의 산업 역사를 새로 쓰게 만들었다.

베서머 제강법은 국가경쟁력도 갈랐다. 베서머의 조국인 영국에서는 기존업자들의 견제로 설비교체가 제대로 이뤄지지 않았다. 반면 오히려 산업화 후발주자였던 미국과 독일은 재빨리 신기술을 받아들여 제조업 중심국가로 떠올랐다. 이는 미국을 세계 최대 공업국으

:: 피츠버그역 광장 분수의 베서머 전로

로 우뚝 세운 일등 공신이었다. 자본주의의 상징인 맨해튼의 마천루 역시 베서머 제강법의 산물이다.

쇳물(선철)을 주철로 만들고 다시 연철로 녹인 후 탄소를 섞어 며칠 동안 가열해야 얻을 수 있었던 소량의 강철이 이제는 대량으로 쏟아져 나왔다. 선철에서 바로 강철을 뽑아내 가격도 이전과는 비교할 수 없을 만큼 싸졌다. 코크스로 가열되던 시간이 6분의 1로 줄어들어 톤당 50~60파운드에 판매되었던 강철이 톤당 7파운드에 생산되었다. 새로운 제강법의 발명으로 유럽의 연간 강철 생산량은 25만 톤에서 1천만 톤으로 급증했다. 1만 톤에 불과했던 미국의 생산량은 7백만 톤을 넘어섰다.

미국 산업혁명, 철강과 철도 중심으로 일어나

그 뒤 미국 산업혁명은 철강과 철도산업을 중심으로 전개되었다. 유럽보다 몇 십 년 늦기는 했지만 풍부한 자원과 노동력 그리고 기술혁명 덕분에 미국의 산업혁명은 보다 규모가 크고 사회 전반에 끼친 영향 또한 지대했다.

　가장 중요한 것은 값싼 노동력의 유입이었다. 제조업의 흐름은 인건비가 싼 나라로 흐르게 되어 있다. 19세기 초만 해도 미국의 공업기반은 보잘 것 없었는데 가장 큰 이유는 노동력 부족 때문이었다. 그런데 1830년을 전후해 흉년에 허덕이던 아일랜드 사람들이 일 년에 수십만 명씩 신대륙으로 건너왔다. 이들은 대부분 북부 공장지대로 몰려들어 일자리를 구했다. 공장주들은 이들을 이용해 임금을 낮추고 근로시간을 늘려 상품을 싼 값에 대량으로 생산했다.

　운송수단의 발전도 중요한 요인이었다. 1807년 풀턴이 증기선을 만들어내면서 남부 농산물과 북부 공산품을 싼 값에 대량으로 수송했다. 허드슨강과 포토맥강 그리고 오대호에는 곳곳에 대규모 운하가 건설되었다. 1825년에 완성된 5백 킬로미터가 넘는 초대형 이리 운하는 오대호에서 뉴욕까지 물품 운송비용을 10분의 1로 떨어뜨렸다. 그 결과 운하 주위에는 대규모 공장들이 들어서고 버팔로, 시라큐스, 로체스터 등 운하 주변의 도시들이 생겨나 크게 번성했다.

　특히 베서머 제강법의 보급으로 강철의 대량생산은 세상을 바꿨다. 우선 철도산업이 활성화되어 운하를 제치고 주된 운송수단으로 자리 잡았다. 그리고 선박과 무기의 발달 속도가 빨라졌으며 고층건물이 선보였다. 큰 강이나 계곡도 철제 교량으로 넘는 시대가 열렸다. 한마디로 산업혁명을 통해 미국은 농업국가에서 공업국가로 비약했다. 그리고 이 모든 것들은 자본시장이 발달하여 자금조달이 용이했기 때문에 가능할 수 있었다.

　당시 미국은 동부의 공업을 바탕으로 상업이 발전하였다. 특히 철강, 화학 등 분야에서 새로운 기술과 혁신이 이루어져 산업이 크게 발전하자 뉴욕과 필라델피아를 중심으로 상업과 무역업 그리고 금융업이 발달했다. 그리고 그 중심에 유대인이 있었다. 남북전쟁 때까지 뉴욕에는 4만 명의 유대인 사회가 형성되었고, 필라델피아 또한 이에 버금가는 크기였다. 당시 뉴욕과 필라델피아는 금융 중심지를 차지하기 위해 치열하게 경쟁하고 있었다.

미국, 남북전쟁 후 세계 최대 공업국으로

1861년 링컨이 미국 대통령에 당선되자 남부 7개 주가 미합중국 탈퇴를 선언하고 남부연합국을 설립했다. 이들은 스스로 헌법을 만들고 토머스 제퍼슨을 대통령으로 내세웠다. 그러자 링컨은 취임식에서, "나는 노예제를 방해할 생각은 없다. 다만 이 문제로 국가 조직이 붕괴하고 조국의 이익과 역사적 사명, 희망이 사라지는 것이 문제다. 나는 미합중국을 보호하고 수호하고 보존할 것이다."라고 선포했다. 이로써 미국은 남북전쟁으로 치달았다.

남북전쟁은 미국 경제를 크게 발전시켰다. 새로운 발명과 기술혁신이 이어지면서 대대적인 변화가 일어났다. 미국에서 철도는 1839년 4천 8백 킬로미터에서 1860년 4만 8천 킬로미터로 열 배 증가했고 이는 국내 수송비를 크게 떨어뜨렸다. 그럼에도 1862년 남북전쟁이 발발하자 군대 수송과 보급을 위해 더 많은 철도가 필요했다.

그리고 군대의 교신을 위해 수천 마일의 전신이 가설되었다. 새로 건설된 대규모 공장들은 신기술을 활용해 밤낮을 가리지 않고 대량 생산을 계속했다. 석탄, 증기, 철의 3대 동력은 미국을 공업국으로 바꾸어 놓았다.

축음기를 비롯하여 전구, 전화, 타자기 등이 발명되었고 마차를 대신한 운송수단으로 자동차가 등장하였다. 철도 노선이 무서운 속도로 서부를 비롯한 미국 대륙 전체를 연결하고 있었다. 펜실베이니아에서는 세계 최초의 상업유전이 개발되었고, 애팔래치아 산맥에서는 엄청난 양의 석탄이 발견되었다. 피츠버그에서도 양질의 철광이 개발되었다. 특히 1850년대 캘리포니아에서 금광과 유전을 찾아 나선 이들이 서부를 향해 꼬리에 꼬리를 물고 이어졌다.

남북전쟁이 끝나자 미국은 비로소 한 덩어리가 되어 산업진흥에 매진했다. 산업화의 단초는 전쟁으로 마련된 일면도 있었다. 그동안 지역대결 때문에 지지부진했던 사업이 일단 남부가 의회에서 탈퇴하자 공화당만 남은 의회는 친기업적 법을 우후죽순처럼 만들어 경제가 눈부시게 발전했다. 예컨대, 대륙횡단철도 수립을 위해 철로를 1마일 놓은 회사에 사방 1마일의 땅을 주어 건설재원으로 쓰도록 한 '철도법', 국유지를 주에 불하해서 주립대학을 세울 재원을 마련한 '모린법', 텅텅 빈 서부 지역에 주민유치를 위해서 개척자에게 거의 무상으로 160에이커(약 20만 평)의 땅을 부여한 '홈스테드법', 노예를 해방한 '수정헌법 13조' 등이다.

미국은 남북전쟁으로 철도와 철강 등 기간산업이 급속도로 발전하였으며, 국민국가의 틀도 급속히 갖추었다. 입법부는 전쟁 기간 동안 부지런히 국가건설을 위해 법적 근거를 마련했다. 미국은 1880년대 들어 최신 설비와 자동화의 힘으로 공업생산량이 영국을 앞서기 시작했다.

　미국은 영토가 늘어나고 공업이 발전하자 노동력이 필요하여 이민을 적극적으로 받아들였다. 1885년에 이르러 미국 인구는 6천만 명에 달하였고 풍부한 노동력을 바탕으로 세계 산업생산의 29%를 차지하며 세계 최대 공업국으로 변모했다. 이렇게 전쟁이 끝나고 본격적인 산업화가 진행되면서 미국의 경제규모는 대영제국을 추월하여 세계 경제의 중심축이 대서양을 건넜다. 영국의 역사학자 아놀드 토인비가 이야기한 '문명 서진설'이 본격적으로 시작된 것이다.

철도 시대의 개막과
유럽 자본의 힘

대륙횡단철도 노선에 대한 제안들

1849년의 캘리포니아 골드러시는 서부 개척시대를 여는 계기가 되어 미국 경제사에 많은 영향을 미쳤다. 뒤이은 태평양 연안으로의 대량 이주는 북아메리카 대륙을 가로지르는 더 빠른 교통수단이 필요했다. 미시시피강과 태평양 사이의 광대한 지역은 지나가는 데 몇 달이 걸리는 황무지였다. 이 육로 여정은 너무나 험난해서 많은 사람들은 배를 타고 남미의 남단을 돌아 여행하는 길을 택했다. 육로에 비해 거의 8배나 되는 먼 거리였다. 당시 유일한 대안은 철도였고 전쟁이 격화일로에 있던 1862년 링컨 대통령은 역사적인 대륙횡단철도 건설사업에 서명했다. 본격적 공사는 전쟁이 끝난 1865년에 시작되었다.

철도건설은 1830년대부터 시작은 되었으나 실제 남북전쟁 이전에는 자본조달 문제로 진척이 더뎠다. 정부와 의회는 철도건설을 촉진하기 위해 1850~1860년대에 '유니온 퍼시픽', '센트럴 퍼시픽', '노덩 퍼시픽' 같은 철도회사에 뉴잉글랜드 지방과 뉴욕 주 펜실베이니아 주를 합친 만큼인 1억 5천 8백만 에이커의 땅을 넘겨 주었다. 남북전쟁 기간 중인 1862년에는 홈스테드법, 곧 자영농지법이 서부에 도입되어 5년간 서부 개척에 종사했던 사람에게 약 160에이커의 토지를 무상으로 주기로 함으로써 서부개척을 촉진시켰다.

대륙횡단철도에 대한 제안도 많았다. 시카고에서 퍼겟 사운드로 가는 노선이 고려되었고, 오마하에서 샌프란시스코로 직접 평원을 가로지르는 중부노선도 제안되었다. 남부 파벌들은 다른 노선보다 온화한 날씨를 들어 텍사스, 애리조나, 뉴멕시코를 통과하는 남부노선을 주장했다. 당시 대륙횡단철도 노선을 둘러싸고 중부노선과 남부노선 사이에 찬반 의견이 팽팽히 대립했다.

포니 익스프레스, 중부노선의 타당성을 입증하다

중부노선을 지지하는 자본가들이 노선의 타당성을 증명하기 위해 일을 꾸몄다.

'사람 구함 : 깡마르고 죽음의 위험도 불사할 만큼 강인한 18세 이하의 승마 도사. 고아 우대.'

1860년 봄 미국 신문에 실린 살벌한 구인광고에 소년들이 밀려들었다. 이유는 돈이었다. 12시간 노동으로 잘해야 1달러를 받던 시절에 주급 25달러가 걸렸다.

소년 기수들을 고용한 회사는 '포니 익스프레스'(Pony Express) 사였다. 미국 동부와 서부를 오가는 특급우편물 운송망을 구축하겠다는 명분 아래 북부와 중부의 자본가들이 공동출자한 회사다. 명분 뒤에는 철도유치 경쟁이 숨어 있었다. 곧 건설될 대륙횡단철도가 겨울철 폭설을 피하려면 남부를 통과해야 한다는 주장에 맞서 중부노선의 타당성을 입증하기 위한 방편으로 내세운 게 포니 익스프레스다.

포니 익스프레스는 분명한 성과를 거두었다. 1860년 4월 3일에 미주리를 출발한 우편물이 3천 2백 킬로미터 떨어진 캘리포니아에 도달하기까지 소요시간은 열흘 남짓으로, 남부 통과 역마차보다 보름이나 빨랐다. 링컨 대통령의 취임 연설문을 전할 때는 7일 17시간이라는 기록을 세웠다. 소년 기수들이 20킬로미터 간격으로 설치된 역마다 말을 갈아타고 밤낮없이 달린 결과다. 이로써 중부노선으로 결정되었다.●

그 뒤 우편마차는 동서개발에 중요한 연결수단이 되었다. 우편마차의 이동로와 안전성 확보를 위해 연방정부가 인디언과 협상을 하여 우편마차는 약탈하지 않는다는 합의를 했다. 인디언은 우편마차와 일반 마차를 구분하기 어렵기 때문에 우편마차는 붉은색을 칠해 식별할 수 있도록 했다. 이후 우체통이 붉은색이 되었다.

● 《99%의 롤 모델 – 오늘의 부족한 1%를 채우는 역사》, 권홍우, 인물과사상사, 2010년 2월

수많은 희생 위에 건설된 대륙횡단철도

남북전쟁 중인 1862년 7월 1일, 아브라함 링컨 대통령은 대륙횡단철도 건설을 위한 '태평양 철도부설령'(Pacific Railroad Act)에 서명했다. 그 직후 미국 정부는 새로운 철도건설을 위한 돈과 땅을 확보해 대륙횡단철도를 건설했다. 이때 서쪽에서는 새크러멘토를 출발지로 한 '센트럴퍼시픽' 회사가, 동쪽에서는 오마하 지역에서부터 '유니언퍼시픽' 회사가 각각 철도건설을 맡았다.

미국 산업화 시대의 본격적인 시작은 서부개척과 철도건설로부터 시작되었다. 철도의 원활한 운영을 위해 표준화 작업도 전개되었다. 미국은 궤간 규격을 4피트 8.5인치로 통일하고, 전국을 4개 구역으로 나누어 표준 시각을 정했다. 이런 점에 비추어 19세기는 철도의 시대라 할 수 있다.

전쟁이 끝난 뒤 1865년부터 다시 철도건설이 본격적으로 재개되었다. 그러나 서부에서 출발한 센트럴퍼시픽 회사는 얼마가지 않아 철도건설에 치명적인 상황에 빠진다. 회사가 일을 하기 위해서는 5천 명의 값싼 노동자가 필요했으나, 당시 센트럴퍼시픽 회사는 6백 명의 노동자밖에 확보하지 못했다. 엎친 데 덮친 격으로 철도건설 작업이 불과 50마일 정도 진척된 후 로키산맥을 만나게 된다. 거대한 로키산맥을 어떻게 뚫고 지나갈 것인지 대책을 세워야 했다.

누군가가 노동자 비용이 적게 드는 중국인 노동자를 고용하면 철도건설 일을 완수해낼 것이라고 제안했다. 이후 중국인들이 고용되었다. 처음에는 허드렛일만 하던 수준에서 마지막에는 높은 기술력과 위험부담이 요구되는 일을 맡아 처리하는 철도건설의 주역이 되었다.

하지만 인디언의 땅을 철도공사용으로 무상몰수하면서 인디언과 미국 정부의 폭력 충돌이 일어났다. 또한 대륙을 하나로 잇기 위한 건설 사업에 수만 명의 이주노동자들이 동원되었다. 서부지역에는 일거리를 찾아 미국을 찾은 1만 여 명의 중국인들이, 동부지역에는 이민 후발주자로 들어온 3천여 명의 아일랜드출신 노동자들이 가혹한 노동조건 속에서 일했다. 두 공사장 모두 흑인노예 폐지 방침에 따라 흑인들은 고용하지 않았다. 다이너마이트가 발명되기 전이라 니트로글리세린 등을 이용해 폭파작업을 하다 보니 인명피해가 심했다. 게다가 산사태·눈사태 등 재해로 많은 사람들이 희생되었다. 이 과정에서 남북전쟁에서 희생된 전사자 수와 맞먹는 수의 노동자들이 사막과 얼음산에서 죽었다. 특히 중국과 인도 노동자들의 희생이 컸다.

마침내 1869년 5월 10일, 서쪽과 동쪽 양쪽에서 시작한 두 철로의 기관차들이 유타의 프로몬토리에서 만났다. 이렇게 대서양과 태평양을 잇는 첫 대륙횡단철도는 6년의 공사를 거쳐 1869년 완공되었다. 캘리포니아 주 세크라멘토에서 네브래스카 주 오마하를 잇는 길이 2,826킬로미터의 철도다.

처음 대륙을 횡단한 열차는 장작을 지펴서 증기 터빈을 돌리는 방식으로 움직였다. 그런데 얼마 안 가 장작보다 화력이 좋은 석탄을 동력으로 사용하게 되었다. 철도의 발달은 사람과 물건의 이동을 쉽고 빠르게 해 주어서 미국의 공업 발전을 앞당기는 커다란 계기가 되

∷ 철도의 탄생은 미국 경제사를 뒤바꾸었다.

었다. 대륙횡단열차로 도시들이 생겨났다.

그 뒤 철도사업은 각종 부가가치를 낳는 고수익사업으로 급신장했다. 대륙횡단철도는 미국 경제사에 큰 획을 그은 대역사였다. '미국은 철도의 아들이다.'라고 부를 만큼 철도는 광활한 미국대륙을 하나로 통합하고 황무지를 개척하여 오늘날 미국을 탄생시키는 모태가 되었다. 그간 대륙횡단을 위해서는 배로 남미 남단의 마젤란해협을 돌아 머나먼 바닷길을 항해하거나, 마차로 몇 달씩 험난한 대륙을 횡단해야 했다. 이것이 며칠로 줄어든 것이다. 이는 철도가 곧 돈방석에 올라앉았음을 뜻했다.

미국 산업화의 중요한 자금줄, 유럽 자본

19세기 중반에 들어서며 미국의 산업은 크게 성장했다. 1840년 미국 제조업의 매출액은 4억 8천만 달러였지만 1860년에는 20억 달러로 급속히 늘어난다. 뉴잉글랜드와 대서양 연안 중부지역에 전체 공장의 50%가 집중되었다. 미국은 농업과 공업이 동시에 산업화했으며, 이 과정이 영국과 달리 별도의 혁명적 단계 없이 진행되었다.

독립전쟁에서 남북전쟁으로 이어지는 미국의 격동기에 유럽의 자본은 미국의 산업화에 중요한 자금줄 역할을 했다. 그러한 유럽은행 가운데서도 자금지원을 주도한 것이 바로 로스차일드 가문이었다. 이런 의미에서 미국 개척사는 국제 은행가들과 독립을 추구하는 미국 행정부 사이의 줄다리기 과정이었다. 이후 미국은 독립 당시 인구 3백만 명의 나라에서 불과 2백 년 만에 인구 2억 명의 대국으로 성장했다.

THE DOLLAR STORY

패권국 미국과 달러의 세계지배

2부

유대인의 본격 이주와
미국의 산업화

1

유럽의 장기불황, 유대인들의 미국 이주가 급격히 늘어나다

　19세기는 유럽의 세기였다. 산업혁명으로 효율적 생산양식과 철도와 증기선 등 새로운 교통수단이 탄생했고, 각 대륙의 물자는 철도와 증기선을 통해 유럽으로 몰려들었다. 이에 힘입어 유럽 인구는 19세기 한 세기에 1억 9천만 명에서 4억 2천만 명으로 늘어났다. 이렇게 인구가 늘어나고 장기불황이 지속되자 4천 1백만 명이 증기선을 타고 세계 각지로 이주했다. 1820년 이후 1백년 동안 3천 6백만 명이 북미로, 360만 명이 남미로, 그리고 2백만 명이 호주로 향했다.

　당시 유대인 인구도 급격하게 늘어났다. 세계 유대인 인구도 1880년 750만 명이 1914년에는 1천 3백만 명 그리고 1940년대 이후에는 1천 8백만 명으로 늘어났다. 한창 상승기에 있던 미국은 일손이 부족해지자 유럽에서 박해받고 있는 유대인들에게 이민의 문을 활짝 열어 주었다. 유대인의 본격적인 이주가 시작된 것은 1840년부터 1885년 사이로, 독일계 유대인 약 30만 명이 이주해 왔다. 그들은 당시 약

5백만 명에 이르는 대규모 독일인 이민 행렬에 끼어 자유의 땅 미국을 찾아온 것이다. 독일과 아일랜드 등에 기근이 들어 많은 사람이 미국으로 이주했기 때문이다.

아일랜드 이민의 태반은 주로 대서양 연안 대도시에 정착하여 미숙련 노동자가 되었으며, 독일 이민은 중서부로 들어가 농민이 되었다. 이때 독일인들이 대거 입국해 지금도 미국은 독일계가 가장 많은 인구 비중을 보이고 있다. 2010년 기준 독일계 미국인이 약 5천만 명으로 미국 인구의 17.1%를 차지한다. 이후 러시아와 동부유럽에서 유대인 박해가 시작되자 대규모 미국행 유대인 이민행렬이 진행되었다.

미국 내 개혁유대교의 득세

중세 이래로 유럽의 유대인들은 게토 등 유대인 밀집지역에 살면서 장사할 때 이외에는 주변과 격리되어 살아 왔다. 그런데 18세기 때부터 독일 유대인들 가운데 은행가와 공장주 등으로 성공한 이들이 나오면서 자연스럽게 주변 사회와 접촉이 잦아졌다. 그 결과 멘델스존 같은 유대인 계몽철학자가 나타났다. 그는 조상 전래의 유대교 신앙과 계몽사상의 융합을 시도했다. 그 뒤 독일에서는 유대교를 당시 사회 조류에 적응시키려는 개혁운동이 계속되었다.

1840년대에 독일 유대인들이 대거 미국으로 이주해 기존 유대교 개혁자들과 합세하였다. 1880년 미국 유대교 2백 개 회당 거의 전부가 개혁유대교로 기울었다. 이때 제이콥 시프, 쿤 롭, 골드만삭스 등 독일계 유대인들이 미국에 건너와 금융계에 터를 잡았다. 이렇게 유대인들이 본격적으로 유입되자 유대인의 권익 옹호를 위한 활동이 훨씬 적극적으로 전개되었다. '약속 받은 자손'이라는 단체가 1843년에 최초로 탄생하여 오늘날에는 3천 개가 넘는 유대인 단체가 존재한다.

유럽 내 반유대주의 고조

유럽에서는 1873년부터 6년 동안의 끔찍한 경기침체 이후 1890년대까지 장기간 계속된 불황으로 생활고에 시달리는 서민들 사이에서 반유대주의가 극에 달했다. 교황조차 유대인의 경제적 독점을 맹렬히 비난했다. 1898년 교황 레오 13세의 이야기를 들어보자.

"한편에는 재력으로 세력을 키워가는 부류가 있다. 그들은 모든 노동력과 상행위에 대한 권한을 쥐고 있으며, 그들의 이익과 목적을 위해 모든 물자의 공급을 조작하고 있다. 그들의 권세는 정부를 능가한다. 다시 말해 정부가 그들의 손아귀에서 움직이고 있다는 뜻이다. 그래서 다른 한편에는 도움이 필요하며 고통 받고 지친 거대한 무리가 있다. 여러 차례에 걸쳐 교회로부터 저주 받은 날강도 같은 고리대금업자들, 그들은 명색만 바꾸어 악착스럽고 극악스럽게 죄스런 행위를 아직도 계속 저지르고 있다. …(중략). 그리하여 극소수의 사람들이 대부분의 가난한 인류에게 멍에를 씌워 노예보다 약간 나은 정도의 대우를 하고 있다. 이것이 현실이다."

러시아와 동구 학살 피해 유대인 260만 명 미국으로 탈출

그 무렵 경기침체는 단기간에 최대의 인구이동을 유발시켰다. 공황 이후 1880년부터 1914년 사이 35년 동안에만 1천 5백만 명의 유럽 인이 미국 이민 길에 올랐다. 이는 유럽 대륙 인구의 5분의 1이었다. 이때 전 세계 저축액의 3분의 1 이상이 미국으로 옮겨갔다.

한편 19세기 말 러시아에서는 알렉산더 2세가 유대인이 연루된 과격 비밀조직인 '인민 의지파'의 폭탄테러로 암살당했다. 이로 인해 러시아가 발칵 뒤집혔다. 러시아는 유대인들의 소유재산을 몰수하고 추방했다. 더 나아가 러시아와 동유럽에서 폭도들이 남아 있는 유대인을 학살하기 시작했다. 이를 피해 동유럽권을 포함한 유럽 내 유대인 약 260만 명이 미국으로 탈출했다. 이들이 오늘날 미국 유대인의 주류인 '아쉬케나지'들이다. 이베리아반도 출신 유대인 '세파르디'와 구별된다.

알렉산더 3세는 그의 아버지 알렉산더 2세를 기려 그가 흘린 피의 흔적 위에 '예수 부활 성당'을 지었다. 사람들은 이를 '피의 사원'이라 부른다. 현재에도 사원 내부에는 그의 피로 얼룩져

:: 피의 사원, 상트페테르부르크

있는 난간과 도로가 있어 당시의 상황을 생생하게 말해주고 있다.

이렇게 러시아와 동구권에서의 학살을 피해 유대인들이 미국으로 몰려오자 미국 동북부의 유대인은 1877년에 17만 5천 명이던 것이 1900년이 넘어서자 1백만 명을 돌파했다. 이전 20년간 미국의 총 인구가 1.5배 증가한 데 반해 유대인 인구는 4.4배나 증가했다. 이들은 주로 동유럽에서 넘어왔다. 1910년 미국 내 유대인 인구는 280만 명에 달했으며 1927년에는 동북부 유대인만 4백만 명에 이르렀다.

유대계 자본과 인력이
미국 산업화를 이끌다

뉴욕을 비약적으로 성장시킨 이리운하

오늘날의 뉴욕을 만든 힘은 두 가지다. 하나는 이리운하이며 또 하나는 유대인이다. 뉴욕상공회의소를 주도하던 유대인들이 주축이 되어 제안한 것이 여러 개 있었는데 그 중에 하나가 이리운하였다. 이리운하(Erie Canal)는 나이아가라 폭포 인근 이리호에서 뉴욕 항구를 연결하는 운하로, 1817년에 착공되어 1825년에 완공되었다. 대규모 유럽 자본의 참여로 공사계획 기간을 2년이나 단축할 수 있었다.

세간의 반대를 무릅쓰고 당시 뉴욕 주지사였던 다윗 클린턴이 추진한 총연장 580킬로미터, 폭 12미터 규모의 운하였다. 당시에 변변한 기술도 없이 거의 맨손으로 이러한 운하를 팠다는 것은 실로 대단한 일이었다. 이는 후에 파나마운하를 건설하는 원동력이 된다.

운하는 이리호 연안 버펄로에서 모호크 계곡을 거쳐 올버니에 이르러 허드슨강과 연결되었다. 이로써 오대호와 대서양 사이의 배편을 가능케 했다. 통행 가능한 선박의 배수량은 75톤이었다. 버펄로에서 운하로 뉴욕 시까지 가는 화물의 속도가 마차보다 훨씬 빨랐다. 육로로 황무지를 가로지르는 데 32일이 걸리던 버펄로~올버니 간 거리는 운하가 개통되면서 8일로 줄었다. 운임도 육로로 갈 때 톤당 1백 달러였던 것이 운하를 이용하면 10달러에 불과했다. 운송비 부담이 사라지자 중서부 곡물이 동부 해안지역과 유럽시장으로 빠르게 진출했다. 반대로 공산품들은 동부에서 서부로 운항되었다. 이를 계기로 물류비용과 시간이 대폭 단축되어 뉴욕이 폭발적으로 성장할 수 있었다.

휴런호와 이리호 사이는 몇 개의 작은 호수와 강으로 연결되어 있어 배가 그대로 다닐 수 있다. 이리운하가 개통되어 오대호를 통해 서부 여러 주와 연결된 뉴욕 시는 배후에 곡창지대를 갖게 되어 세계적인 곡물수출 항구이자 무역중심지로 발돋움했다. 5대호 연안의 대도시 시카고도 운하의 덕을 톡톡히 보았다.

이리운하가 미국 중부와 대서양을 연결하자 운하를 따라 이민자들이 마을을 건설했다. 그래서 뉴욕 주의 큰 도시는 대부분 운하 곁에 있다. 알바니, 스키넥테디,

∷ 바지선을 끄는 노새와 마부의 모습

유티카, 시라큐스, 코닥과 제록스의 도시 로체스터, 미국 10대 도시 안에 들었던 버펄로 등이 모두 운하 때문에 생겨난 도시들이었다.

앞의 그림은 이 무렵 이리운하의 한 장면이다. 고도가 150미터 높아지는 곳에는 82개의 수문이 필요했다. 이곳의 운하는 이렇게 노새나 말이 끌었다. 채찍을 든 마부가 노새 세 필을 끌고 가고 있다. 자세히 보면 노새와 운하에 떠 있는 배가 밧줄로 연결돼 있다. 말 1마리가 최대 4마력의 힘을 낸다고 하니, 당시 운하를 오갔던 바지선들은 12마력 정도의 엔진을 장착한 셈이었다. 그럼에도 운하의 운송능력은 대단했다.

이리운하의 성공에 자극되어 각 주마다 운하건설 붐이 일었다. 1840년까지 총길이 5천 킬로미터에 달하는 많은 운하들이 건설되었다. 경제는 호황을 맞았고 이는 철도가 등장할 수 있는 발판이 되었다.

운하 때문에 필라델피아, 볼티모어 같은 항구는 물동량을 빼앗겨 타격을 입었다. 이들은 운하와 철도를 연계하는 복합운송체제를 만들어 뉴욕과 대항했는데 정작 운하의 경쟁은 뉴욕 내부에서부터 시작되었다. 바로 철도다. 그림을 보면 운하와 철도가 나란히 달리고 있다. 1831년부터 건설되기 시작한 철도는 먼저 승객을 빼앗아갔다. 하지만 20년이 지난 1852년에도 운하는 기차보다 13배나 많은 화물을 운송했다.

운하와 철도 덕분에 북동부가 상공업의 중심지로

운하와 철도 덕분에 북부는 교통망이 전국으로 확대되어 본격적으로 상공업 시대가 열리게 되었다. 대규모 공장들이 지어지고 일자리를 찾아 전국에서 사람들이 몰려들었다. 1820년대에 12만 명 규모였던 뉴욕 인구가 1860년대에는 1백만 명을 넘어섰다. 당시 뉴욕의 늘어나는 인구 가운데 3분의 1은 유대인이었다.

1820년까지만 해도 미국 내 유대인 수는 4천 명 정도였으나, 이 기간에 유대인 이민이 홍수를 이루었다. 1840년에는 1만 5천 명, 남북전쟁 직전에는 15만 명의 유대인이 살고 있었다. 특히 1840년부터 1885년 사이 독일에서 30만 명의 유대인이 건너왔다. 독일계 유대인들은 유럽의 산업혁명을 체험한 세대이기 때문에 대부분 농촌으로 가지 않고 뉴욕에 주저앉아 상공업 분야와 무역업에 진출했다.

유대인들은 무역업과 더불어 금융업에서 두각을 나타냈다. 그 무렵 프랑크푸르트 출신 로스차일드 가문은 이미 유럽 주요 5개국에서 국제금융의 절대강자가 되어 있었다. 이때 뉴욕으로 이민 온 셀리그먼 가문, 발부르그 가문, 쿤 롭 가문, 골드만삭스 가문 등 독일계 유대인들이 미국 금융계의 시조가 된다. 이들 가운데 일부는 로스차일드 가문의 후원으로 유럽에서 미국으로 들어오는 산업자본의 파이프라인 역할을 했다.

그리고 나머지 독일계 유대인들 대부분은 봉제업에 종사했고 일부는 행상으로 시작하여 점차 규모를 늘리고 상품을 다양화하여 백화점 유통업으로 진출했다. 이렇듯 19세기 말까지 미국 내 유대인 대다수는 독일계였다. 이들 대다수가 유대교 분파 가운데서도 현대의 변화를 인정하는 진보성향의 개혁파에 속했다.

그 무렵 새로 밀려든 독일계 유대인들은 가난했지만 착실하며 근면했다. 대부분 행상으로 시작해 곧 점포를 차리거나 조그마한 상업을 시작했다. 그들은 이리운하를 따라 올버니, 시러큐스, 버펄로, 로체스터에 진출했다. 그리고 범위를 넓혀 시카고, 디트로이트, 클리블랜드, 밀워키에도 정착했다. 한동안은 신시내티가 뉴욕에 이은 두 번째로 큰 유대인 공동체였다.

이후 세인트루이스, 미니애폴리스, 루이빌, 뉴올리언스도 유대인들의 중심지가 되었다. 1840년대의 골드러시 때에는 약 1만 명의 유대인이 캘리포니아로 갔다. 남북전쟁 때까지 뉴욕에는 4만 명의 유대인 사회가 탄생했고, 필라델피아는 이에 버금가는 크기가 되었다.

당시 뉴욕은 인구 급증보다는 항구로서의 성장이 인상적이었다. 1800년대 미국의 해외무역 물동량의 9%를 처리하던 뉴욕이 1860년대에는 62%를 처리하게 되었다. 이 물동량의 대부분을 유대 무역상들이 처리했다. 명실공히 뉴욕은 미국 경제의 중심도시이자 최대 항구가 되었다.

이 기간에 전 세계에서 가장 규모가 큰 유대교회 임마누엘 성전이 1845년에 맨해튼 5번가에 건립되었다. 이는 상징적인 의미가 크다. 경제사에서 보면 가장 큰 시너고그가 있는 곳이 언제나 세계에서 가장 번영했다.

후에 이리운하는 너비 45미터, 깊이 3.6미터로 확장되어 2천 2백 톤에 달하는 바지선을 수용할 수 있게 되었다. 이렇게 이리운하를 현대적으로 바꿔 계승한 뉴욕 주 바지운하(Barge Canal)는 오늘날에도 미국에서 가장 큰 내륙수로 체계로 지금은 화물운송과 함께 유람선 운항으로도 각광을 받고 있다.

유대인 교육의 중심지 필라델피아

그 무렵 뉴욕 못지않게 유대인 커뮤니티가 성장한 곳이 필라델피아였다. 필라델피아는 뉴욕에 이어 1790~1800년 미국의 수도였으며 19세기 초에는 미국에서 가장 큰 도시였다. 금융산업도 뉴욕과 자웅을 겨루었다. 후에 미국 동부에서 석유 생산량이 가장 많아 정유 산업과 더불어 모든 종류의 제조업이 발달했다. 또한 델라웨어 강변에는 80킬로미터에 걸친 항만시설이 갖추어져 활발한 무역항이기도 하다.

필라델피아는 유대 교육의 중심지였다. 그곳에는 대단한 랍비 아이작 리저(1806~1868년)가 있었다. 그는 유대인 가운데 처음으로 히브리어 성서를 영어로 번역했는데, 이것은 히브리어를 모르는 유대인 젊은이들의 신앙생활에 큰 도움이 되었다. 또한 그는 아슈케나지계와 스파르디계 기도서의 영어 번역도 완성했다. 그뿐만 아니라. 그는 유대계 신문으로서는 처음으로 성공한 〈디 옥시덴트〉를 1843년에 창간했다. 그리고 최초의 아메리카-유대 출판협회를 창설했으며, 미국계 유대인을 위한 학교용 교과서를 대량으로 출판했다.

서부개척 시대 홈스테이드법과 랜드런

|

미국 독립이 미국인에게 미친 가장 큰 변화는 토지를 소유하게 된 것이다. 독립 이전에는 영국 정부가 그것을 인정하지 않았다. 모든 토지가 영국 국왕의 소유물이었기 때문이다. 독립 후 1785년에 공유지 조례를 제정해 서북부의 국유지를 1에이커(1,224평) 당 1달러에 판매했다. 최소 단위는 640에이커였다.

1862년에는 링컨 대통령이 '자작농 창설법'(Homestead Act)을 제정해 성인 가장들에게 160에이커의 토지를 무상으로 지급하였다. 개인들이 토지를 사유하게 되자 토지 개량 투자가 늘어나 토지를 효율적으로 이용하여 농업생산력이 높아졌다.

그 뒤에도 미국은 서부개척을 독려하기 위해 방대한 땅을 싼 값에 개척자들에게 불하했다. 1889년 3월 22일 정오, 출발신호인 총성이 울리자 5만 명의 사람들이 출발선을 뛰어나갔다. 사람들이 내달린 이유는 미개척지 땅에 먼저 깃발을 꽂는 사람에게 1인당 160에이커 한도 내에서 공짜나 다름없는 가격으로 땅을 불하해 주겠다고 했기 때문이다. 이렇게 신호에 따라 내달린 것을 '랜드런'이라 불렀다. 홈스테이드법 첫 실행 대상 지역은 오클라호마 주 일대 188만여 에이커로 1만 2천여 가구가 땅을 얻었다. 랜드런에 참가한 사람들은 가구당 약 160에이커를 소유하게 된 셈이다.

160에이커는 약 20만 평이다. 우리로 치면 쌀 2천 4백 가마를 소출로 얻을 수 있는 농지규모였다. 누구나 2천 석꾼이 될 수 있었다는 이야기다. 이러한 랜드런은 20세기 초까지 이어지며 남한 면적의 33배

규모의 땅을 2백만 명에게 나누어 줬다. 말 그대로 미국은 기회의 땅이었다.

유대인, 할부판매제도와 통신판매제도를 도입하다

이 때에는 이주가 빈번해 대장간 같은 가게는 마을에 자리 잡지 못했다. 도구 등 공산품은 떠돌이 행상을 통해 농촌지역에 공급됐다. 이 과정에서 유대인들에 의해 할부판매제도가 도입되어 대량판매의 길을 열었다. 개척민들이 대량으로 서부로 이동하고 숲을 개간하면서 도끼와 삽 등 단순하지만 필수적인 도구에 대한 대량 수요가 생겨나 비교적 장기간 지속되었다. 먼 거리에 산재한 이 수요를 통신판매제도를 도입하여 판매에 연결시킨 사람들이 유대인들이었다.

19세기 중반에 들어서며 미국의 산업은 크게 성장했다. 1840년 미국 제조업의 매출액은 4억 8천만 달러였지만 1860년이 되면 20억 달러로 늘어난다. 대서양 연안 북동부 지역에 전체 공장의 50%가 집중되었다.

그 무렵 유대인 행상들이 만들어 낸 통신판매회사가 온 미국에 산재해 있었다. 이 가운데 한 회사가 진일보하여 나중에 '시어스로벅'(Sears Roebuck) 백화점이 된다. 메이시스와 시어스로벅의 창업주는 유대인이 아니지만 회사를 성장시킨 실질적인 주역은 유대인이었다.

● 《부의 역사》, 권홍우, 인물과사상사, 2008년 6월

피터 드러커는 "시어스로벅을 키운 것은 창업자인 시어스가 아니라 로젠월드"라고 단언했다.

유통업의 대부, 시어스로벅의 로젠월드

리처드 시어스가 광고 물량전으로 흠 있는 물품을 속칭 '땡처리'하여 반짝 재미를 본 뒤 주춤거릴 때였다. 시어스는 재기 넘치는 의류판매업자였던 줄리어스 로젠월드에 반해 그를 파트너로 영입했다. 1895년에 로젠월드는 시어스와 공동창업자였던 로벅의 지분을 인수하여 경영에 합류하면서 혁신적인 판매·경영관리 기법을 도입했다.

그는 농부 개개인의 구매력은 낮더라도 노동인구의 절반을 차지하는 농부집단의 구매력은 엄청날 것이라는 데 착안했다. 그의 무기는 다섯 가지 혁신으로, '체계적인 상품계획, 우편주문 카탈로그 제작, 무조건 환불, 자체공장 설립, 기능별 조직구성' 등이었다. 이때부터 미국 백화점업계의 '무조건 환불정책'이 자리 잡았다.

혁신의 결과는 놀라웠다. 75만 달러에 머물던 매출이 5천만 달러로 뛰었다. 시어스의 우편주문 카탈로그는 성경 다음으로 많이 보급된 책자라는 말까지 나왔다. 매주 한 번씩 우편으로 배달되는 카탈로그는 전화번호부 크기에 20만 종에 이르는 상품이 담겨 있었다. 이러한 카탈로그는 일반상점 물품의 무려 1천 배에 이르는 것으로서, 가격 또한 상당히 저렴했다. 게다가 산골벽지까지 무료로 배달되었다.

∷ 시어스의 홍보 카탈로그

　1905년 시어스로벅은 또한 '바이러스 마케팅'의 최초 사례의 하나인 편지를 발송했다. 아이오와 주에 거주하는 우량고객들을 대상으로 카탈로그를 보내주고 싶은 사람 24명을 추천해 줄 수 있는지 물어보는 편지였다. 이를 받은 우량고객들이 24명의 추천자 명단을 알려주면, 그들에게 카탈로그를 보냈다. 새로 카탈로그를 받은 사람이 주문을 할 경우 소개해 준 우량고객들은 스토브나 자전거, 재봉틀 등을 선물로 받을 수 있었다.

　이 아이디어는 크게 성공했다. 그 뒤 폭주하는 주문량 덕분에 그들은 창고와 사무용 빌딩을 따로 세워야 했다. 1906년에 개장한 빌딩(Sears Tower)은 대지와 건평이 8만 4천 평에 이르는 대규모였다. 1909년 시어스가 물러나고 로젠월드가 사장이 되었다. 그 뒤 시어스로벅은 1980년대에 케이마트가 총 매상고에서 앞지를 때까지 오랫동안 미국 최대 유통업체였다. 로젠월드가 '미국 유통업의 아버지'로 기억되는 이유이다.

● 〈오늘의 경제소사〉, 권홍우 편집위원 등, 서울경제신문

러시아 박해로 20세기 전후 유대인 이민 폭발적 증가

1800년대에 뉴욕의 유대인 이민자들 가운데에는 큰 부자도 많이 나왔지만 대다수가 이스트사이드 저지대 셋방에서 봉제업에 종사했다. 처음 미국에 이민 온 유대인 대부분은 뉴욕에 자리 잡고 하나같이 3D업종의 일을 했다. 당시 유대인 봉급 근로자의 3분의 2가 봉제업 분야에 취직하여 새벽부터 밤늦게까지 일하고 남자는 6달러, 여자는 3달러에서 5달러를 받았다. 장사를 하는 사람도 자본이 없다보니 잡화나 인조보석 등 싸구려 제품 행상이 대부분이었다.

이 기간에 유대인 이민이 또 한 번 홍수를 이루었다. 남북전쟁이 시작된 1860년대부터 1914년 제1차 세계대전 직전까지 약 50년 동안 미국은 유럽 각국에 대해 이민의 문을 활짝 열어 놓았다. 이때 러시아, 동유럽, 중부 유럽에서 6백만 명이 미국으로 건너왔다. 당시 이들 이민자의 절반 가까이인 260만 명이 박해를 피해 이민 길에 오른 유대인이었다.

1881년 유대인이 포함되어 있는 한 과격한 단체에 의해 자행된 러시아 황제 암살 사건 이후 유대인 박해로 인해 동구 유대인 다수가 신대륙으로 이주하게 된다. 1881년부터 1892년 사이의 12년 동안에 미국에 도착한 유대인은 연평균 1만 9천 명이었다. 이후 갈수록 거세진 박해로 유대인 피난 행렬은 기하급수적으로 늘어난다. 1892년부터 1903년의 12년 동안에는 연평균 3만 7천 명으로 뛰어 오른다. 그리고 1903년부터 1차 세계대전 직전인 1914년의 12년 동안에는 연평균 7만 6천 명이 되었다.

유대인, 뉴욕의 의류산업 장악

이렇게 1880년 이후에만 2백만 명의 동유럽 출신 유대인들이 맨해튼의 이스트사이드 남쪽지역에 집단적으로 정착했다. 독일계 유대인은 교육수준이 높은 중산층이 많았지만, 러시아와 동구 유대인은 못 배우고 가난한 사람들이 대부분이었다. 이들은 범죄에 빠지는 경우도 많아 당시 유대계 마피아가 막강해 이탈리아 마피아와 자웅을 겨루었다. 이로써 유대인에 대한 인식이 나빠지게 된다.

한편 그들은 봉제업, 수공업자, 숙련공, 소상인 그리고 가게점원으로 이민생활을 시작했다. 당시 유대인 노동자의 60% 이상이 의류업계에 종사했는데, 이들은 노동집약산업인 의류업계를 떠받치는 기반이 되었다. 이들이 점차 성장하여 1888년에는 뉴욕 의류상회 240개 거의를 소유하게 되었다. 1890년 무렵에는 뉴욕 의류공장의 95%를 유대인이 장악했다. 의류산업의 생산과 유통을 모두 장악한 것이다.

당시 이스트사이드 저지대에는 1910년까지 54만 명의 유대인이 몰려 살고 있었다. 특히 유대인 사회의 심장부격인 텐스워드(Tenth Ward) 지역은 47개 블록에 약 1천 2백 개의 셋집이 있었다. 여기에 살면서 일하는 인구가 7만 5천 명이었다. 작은 방 하나에서 12명이 모여 일주일에 70시간씩 일했다. 그리고 이들 중 상당수는 스스로 창업하여 공장 주인들이 되었다.

1913년에는 약 1만 7천 개 공장에서 31만 명을 고용하는 유대인 의류산업이 뉴욕 최대 산업이었다. 20세기 초까지 철강, 석유와 함께 미국의 3대 산업으로 불리던 의류산업 종사자의 태반이 유대인이었다.

독일계 유대인과 러시아계 유대인의 갈등과 화합

260여만 명의 동구권 유대인 피난민은 기존 30만 명의 독일계 유대인하고는 거의 공통점이 없었다. 독일계 유대인은 제대로 배운데다 개혁파이고 재력이 있으며, 무엇보다 미국인으로서의 마음가짐을 갖고 있었다. 그래서 맞아들이는 측으로서는 새로운 피난민들에게 신경이 쓰였다. 이들은 독일계 유대인들과 달리 정통파 유대교도로 유대교 전통과 음식규정을 엄격히 지켰다.

독일계 유대인과 러시아계 유대인은 처음에는 갈등을 겪었다. 독일계 유대인은 주로 맨해튼 북부에서 살았고, 러시아계는 남부 저지대에 살았다. 하지만 독일계 유대인들은 율법이 가르치는 대로 동족을 보살피려 동유럽 유대인을 환영하고 흡수하기 위해 전력을 다했다. 그들은 같은 아슈케나지이고 같은 언어인 이디쉬어를 쓰는 같은 뿌리의 민족이었기에 점차 화합한다. 아슈케나지는 스페인계 유대인 스파르디와 대칭되는 개념이다. 이디쉬어란 아슈케나지 유대인들이 만들어낸 언어로, 히브리어에 독일어·러시아어·폴란드어가 합성된 말이다.

동유럽에서 온 유대인들은 힘들고 비천한 일을 하면서도 존엄성을 잃지 않으려 노력했다. 유대계 이민이 이스트사이드에 머문 기간은 평균 15년이었다. 그들은 돈을 벌면 맨해튼 북쪽 할렘으로 이사했다. 당시 할렘은 비교적 유복한 독일계 유대인들이 살고 있는 지역이었다. 그리고 돈을 벌어 다시 브롱크스와 워싱턴 하이츠 등 인근 고급지역으로 퍼져 나갔다. 곧 각종 사업에서 성공하는 인물들이 쏟아져 나왔다. 그들이 오늘날 미국 유대인의 주류층을 이루고 있다.

유대인, 처음으로 '기성복' 대량생산 시스템 만들어

유대인들이 의류산업을 주도하면서 새로운 생산 시스템이 선보였다. 이전까지 주문 가내생산(home made) 위주였던 의류제품이 상품을 만들어 놓고 파는 '기성복'(ready made) 시스템으로 대체되었다. 이는 대량생산의 기틀을 마련했다. 유대인 윌리엄과 이다 조젠탈 부부가 1923년 최초로 현대식 브래지어를 만들어 대량생산에 들어갔다.

시간이 지남에 따라 유대인들이 다른 분야로 많이 진출하면서 의류산업의 생산 부문에서 유대인들이 차지하는 비중은 점점 낮아졌다. 1920년대에는 50%, 20세기 중반에는 30% 아래로까지 떨어졌다. 그러나 창조적 감각이 탁월한 유대인들은 생산보다 돈이 되는 디자인 쪽으로 방향을 바꿔 나갔다. '랄프 로렌'을 비롯해 그들의 후손들이 훗날 뉴욕 패션계를 주름 잡는다.

패션계를 장악한 유대인들

미국 최대의 패션 브랜드 '폴로'를 비롯해 '캘빈 클레인, 게스, 조다쉬, 앤 클레인, 도나 카란, DKNY, 토미 힐피저, 케네스 콜, 리즈 클레이본, 아버크롬비&피치, 빅토리아 시크릿, 존스 뉴욕, 나인웨스트'

등 수많은 유명 브랜드들이 유대인들의 손으로 만들어졌다. 유대인들의 성공비결은 유대인 특유의 고유정신인 '남과 다름'을 추구하는 역발상이었다.

갭(GAP)의 창업주인 도날드 피셔도 유대인이고 니만마르커스 삭스 피브스 등 주요 백화점들의 패션 디렉터들도 대부분 유대인들이다.●

유대계 자본이 미국의 산업화를 돕다

당시 대규모 철도사업 등의 산업자본은 대부분 유대계 자본이었다. 주로 벨몬트나 제이피 모건을 통해 흘러들어 온 로스차일드가의 자본이거나 미국 채권을 유럽에서 팔아 마련한 자본이었다. 그 뒤 독일계 금융인들이 미국에 건너와 자리 잡는 경우가 많았다.

1820년대부터 1870년대까지는 독일에서 유대인들이 몰려왔다. 독일에서 1848년 일어난 3월 혁명의 패배로 탈출한 사람들이 많았다. 이들은 새로운 곳을 개척하기 시작했다. 대부분 가난한 이민자들은 뉴욕의 봉제업에 종사했지만 일부 부유한 금융자본가들은 면화, 금광, 철도, 토지 등에 투자했다. 그리고 당시에는 마치 유곽처럼 취급받던 월스트리트에도 본격적으로 진출했다.

독일계 유대인은 모국 독일과 유럽 각지의 유대계 자본과의 연결고리 곧 중개인으로 활약했다. 철도 투자가 자본 조달수단으로 부각되

● 〈유대인 이야기, 리바이스에서 랄프 로렌까지〉, 육동인 기자, 뷰티타임스, 2004년 10월 13일

면서 독일계 유대인들의 위상은 비약적으로 높아졌다. 미국 내 주요 기업들에게 자금을 조달하면서 독일계 유대인이 지배한 투자은행은 그 후 오랫동안 미국 은행업계를 양분하는 하나의 세력이 되었다.

독일계 유대 금융가들은 미국에 오자마자 유럽의 로스차일드계와 손잡고 거물 노릇을 한 사람들도 있지만 밑바닥에서 출발해 자수성가한 사람들도 많았다. 일례로 골드만삭스의 창업자인 마커스 골드만은 이 시기 대표적인 성공 표본이었다.

∷ 마커스 골드만(오른쪽)과 사위 새뮤얼 삭스(왼쪽)

그는 1848년 필라델피아에 도착해 2년간 행상을 한 뒤 의복점을 열어 돈을 모았다. 이후 기업채권 장사를 기반으로 1869년에 만든 골드만삭스는 현재 세계 최대 자산운용사로 성장했다. 독일계 유대인은 백화점에도 진출했다. 현재 미국의 유명백화점인 브루밍데일, 니만마커스, 파이린즈 등은 독일계 유대인들이 세운 소매상점에서부터 시작되었다.

유대인, 백화점을 고안하다

유대인 행상들은 돈이 좀 모이자 다품종 만물상 식으로 여러 물건을 차에 싣고 다니며 팔았다. 당시로서는 획기적인 일이었다. 그간 전문품목 행상들만 보아오다가 온갖 종류의 상품을 접하는 고객들의 입장에서는 이보다 더 편할 수가 없었다. 유대인들의 소규모 행상사업은 대규모로 커져 갔다. 그리고 규모가 커지자 한 군데에 점포를 열고 여러 종류의 물건을 갖춘 잡화점을 운영하는 사람들이 나타나기 시작하였다. 돌아다니던 만물상을 한 곳에 펼쳐 놓고 팔기 시작한 것이다.

1850년 무렵부터 근대적인 백화점으로 발전되기 바로 전의 단계인 상품의 종류를 칸막이 형태로 구분한 업태(departmentized store)들이 출현했다. 이들은 원래 직물잡화점(dry goods store)이었다. 경쟁이 격화되고 고급화 및 품목 다양화를 추구하면서 이들이 백화점으로의 길을 걷게 된다. 그들의 지향은 풀 라인의 상품 구성과 원스톱 쇼핑이었다. 한마디로 고객중심 경영이었다.

미국이 자본주의의 발흥기를 거쳐 성장기로 진입하던 이 시기는 대륙횡단철도나 우편제도 등 각종 사회간접자본이 확충되던 시기였다. 이처럼 도시화가 급속히 진전되어 공공 교통수단과 적극적인 대중광고의 발달은 백화점의 출현을 가능하게 했다. 이때 가장 먼저 생긴 백화점이 1858년에 창업하여 뉴욕에 세계 최대의 점포를 보유한 메이시 백화점(R. H. Macy & co.)이다.

1868년 독일계 유대인 카우프만은 오랫동안 행상을 하다가 마침내 피츠버그에 엠포리엄 백화점을 세웠다. 유대인 상인들은 미국의 주요 도시마다 대표적인 백화점을 하나씩 열었다. 매그닌은 샌프란시스코에, 파일린즈는 보스턴에, 김블즈는 밀워키에, 메이시스와 알트만스는 뉴욕에 각각 본점을 두었다.

그 뒤 뉴욕에서 작은 상점으로 시작하여 거대한 백화점을 이룬 유대인들이 많이 나왔다. 바이에른 출신의 벤저민 블루밍데일 일가는 1872년에 직물잡화점을 열었는데, 1888년이 되자 이스트사이드의 백화점에서 종업원 1천 명을 거느리게 되었다. 알트만 형제의 백화점 종업원은 무려 1천 6백 명이었다.

백화점의 발달과 번영은 1900년부터 1920년 사이에 이루어졌다. 뱀버거, 니먼 마커스 등 유대인 대형 백화점들은 미국 전역에 걸친 유통망을 갖추었다. 유대인 형제 이지도르와 네이션 스트라우스는 메이시 백화점을 인수하였다. 이 밖에도 스턴 브루클린의 아브라함 앤스트라우스와 짐벨, 슈테른 등 대부분의 백화점들이 유대인 소유였다. 제조업에서 유통업으로 진화한 것이다.

뉴욕, 미국의 관문이 되다

1886년 10월 28일, 1년 동안의 조립 끝에 높이 46미터의 '자유의 여신상'이 뉴욕 항 초입 리버티 섬에서 제막되었다. 프랑스는 미국 독립전쟁 당시 미국 편에 서서 전쟁을 치렀다. 프랑스의 도움을 얻은 미국은 영국과의 힘겨운 전쟁을 승리로 이끌고 독립을 맞이하게 되었다.

미국이 독립선언 1백주년을 맞자 프랑스는 이를 축하하기 위해 민간 차원에서 선물을 준비했다. 그것이 바로 '자유의 여신상'이다. 유럽 대륙에서 미국으로 건너오는 유대인에게 뉴욕은 자유의 여신이 반겨주는 말 그대로 자유의 땅이었다.

1900년대 뉴욕에는 이디시어를 사용하는 유대인만 1백만 명이 살았다. 이들을 위해 이디시어로 발행되는 신문만 해도 4종에 60만 부나 되었다. 얼마 지나지 않아 유대인들은 영문으로 발행되는 신문들도 장악해 버렸다. 아서 옥스는 〈뉴욕타임스〉를 경영했으며, 도로시 쉬프와 데이비드 슈테른은 〈뉴욕포스트〉를 운영했다. 때맞추어 대형 유대인 출판사들이 많이 나타났다.

뉴욕의 유대인 인구는 1908년에 맨해튼과 브루클린에만 각각 60만 명이었다. 당시 브롱스 인구의 38%가 유대인이었고 뉴욕은 29%였다. 거의 세 명 가운데 한 명이 유대인이었다. 뉴욕 유대인들은 1915년 140만 명으로 늘어났다. 1880년에 25만 명 정도였던 미국 전체의 유대인 수는 40년 뒤인 1920년에는 450만 명으로 18배나 증가했다. 같은 해 뉴욕의 유대인은 164만 명으로 늘어나 뉴욕은 이미 세계 최대의 유대인 도시가 되었다. 불어난 뉴욕의 유대인들은 유럽 각국에 퍼져 있는 유대인 커뮤니티와의 무역을 크게 늘렸다. 교역 물동량이 증가하면서 뉴욕은 미국의 관문이 되었다.

마천루의 등장

뉴욕의 인구가 늘어나자 점차 공간이 협소해졌다. 이를 해결하기 위해 나온 것이 고층건물이었다. 고층건물의 역사를 살펴보면 19세기 중반까지는 4층 건물이 최고였다. 그러다 19세기 말에 이르러 산업노동자들이 도시로 몰려들자 도시 공간은 급속하게 모자랐다.

마천루 탄생의 일등공신은 엘리베이터였다. 1853년 엘리사 오티스는 뉴욕에서 열린 국제박람회에 안전장치가 설치된 엘리베이터를 출품했다. 1861년에 그는 오티스엘리베이터 회사를 설립하지만 안타깝게도 엘리베이터가 세상을 바꾸는 모습을 보지 못한 채 빚만 지고 세상을 뜨고 만다. 하지만 그의 사후 오티스 사의 엘리베이터는 발전을 거듭하여, 1873년에는 미국 전역의 호텔과 백화점 등에 2천여 대가 설치되어 이용된다.

이후 맨해튼에 높은 건물이 하나둘 들어서기 시작했다. 그것은 상업이 발달하고 무역이 늘어나자 유대인이 세운 은행과 보험회사 건물들이었다. 이것이 오늘날 마천루의 효시다. 당시 건축된 맨해튼 대형 빌딩의 대부분이 유대인 소유였다. 이렇듯 뉴욕은 한마디로 유대인들이 주축이 되어 만든 도시다. 미국 동북부의 유대인은 1877년에 17만 5천 명이던 것이 50년 뒤인 1927년에는 4백만 명에 이른다. 유대인 인구 증가에 비례하여 마천루의 높이는 더 커져갔다.

1930년에 준공된 77층 크라이슬러 빌딩을 필두로, 이듬해에는 102층 엠파이어스테이트 빌딩이 들어섰다. 한 가지 놀라운 것은, 102층짜리 빌딩을 1년 45일 만에 완공했다는 사실이다. 요즈음도 10

층짜리 건물을 지으려면 2년은 족히 걸린다는데, 이 빌딩은 일주일에 평균 4, 5층씩 올렸다는 이야기다. 1931년 4월 30일 저녁 엠파이어스테이트빌딩의 6천 4백 개 창문은 환하게 불을 밝혔다. 그리하여 수용인원 1만 8천 명, 분당 360미터 속도로 오르내리는 엘리베이터 65대를 가진 초고층 빌딩이 태어났다.

유대인 부동산 재벌의 탄생

이 틈에 유대인 건설업체와 부동산 재벌들이 탄생했다. 루이스 호로비츠는 뉴욕 맨해튼에 울워스 빌딩, 크라이슬러 빌딩, 월도프아스토리아 호텔 등 여러 개의 초고층 빌딩을 건설하여 부동산업계의 거물로 두각을 나타냈다.

실제로 유대인 거부들 절반 이상이 재산을 부동산이나 건설업을 통해 모은 것으로 알려졌다. 1980년대까지 〈포브스〉가 발표하는 부자들의 재산순위에 들어 있는 유대인 자산가 상위 15명 가운데 절반 가량인 6명에서 8명은 늘 부동산 사업가들이었다. 하얏트호텔 체인 등 전 세계에 1백 개 이상의 호텔을 소유하고 있는 시카고의 마몬그룹을 소유한 로버트 프리츠커와 토머스 프리츠커 형제도 유대인이다. 이외에도 주택건설회사 카프만앤브로드의 엘리 브로드, 캘리포니아 부동산 재벌인 도널드 브렌 등이 언제나 상위에 포진되어 있었다. 어바인 컴퍼니의 소유주 도널드 블랜은 2013년 기준으로도 재산 140억 달러로 미국의 27대 부호이다.

사무엘 프레이크 일가는 6층짜리 서민용 아파트를 뉴욕 시에 5만 7천 가구, 뉴욕 이외의 지역에 3만 가구 등 모두 8만 7천 가구를 갖고 있는 것으로 유명하다. 이 정도라면 우리나라 신도시 일산의 가구 수와 비슷하다. 그는 아파트뿐 아니라 대형 상업용 빌딩, 대학 건물, 콘서트홀, 미술관 등 다양한 건물들을 지었다.

특유의 창의력을 부동산시장에 접목시킨 유대인이 또 있다. 윌리엄 레빗은 도시 인근에 대규모 주택단지를 만들어 '근교'(Suburbia)라는 단어를 처음으로 만들어 냈다. 그는 1947년에서 1951년 사이에 뉴욕 롱아일랜드와 펜실베이니아에 수만 가구의 타운하우스 형태의 똑같은 집을 선보이며 '레빗타운'이라 이름 붙였다. 이 밖에도 유대인 부동산 재벌은 너무 많아 일일이 거론할 수 없을 정도다. 에드워드 사피로라는 작가는 미국 사회의 유대인을 '부동산 귀족들'이라고 불렀다.

그러다 보니 이제 미국 부동산시장은 유대인의 텃밭이 되어 버렸다. 미국에서 상업용이나 주거용 부동산이 가장 많은 뉴욕 매트로 지역의 경우, 1만여 명에 이르는 부동산 개발업자 가운데 유대인이 무려 40%에 달한다. 더욱 놀랄 만한 것은 맨해튼 등 뉴욕 지역의 값비싼 대형 빌딩의 소유자 가운데에서 유대인이 무려 80%를 차지한다는 비공식 통계까지 있다. 맨해튼 마천루는 대부분 유대인 소유인 셈이다.

THE
DOLLAR
STORY

미국의
패권주의

2

미국, 마침내 영국을 넘어서다

한 나라의 통화 가치는 그 나라의 국력과 비례한다. 이런 의미에서 미국의 힘이 외부로 분출하기 시작하는 20세기 미국의 패권주의는 시사하는 바가 크다. 이때부터 달러는 세계 기축통화로서 위상을 갖기 시작했다. 또한 산업 역시 비약적으로 발전했다.

격동의 1860년대

1860년대 미국은 격동의 시대였다. 중요 산업의 기틀이 이때 잡혔다. 특히 전쟁은 산업과 금융 활동을 활성화시키는 힘이 있었다. 1861년 남북전쟁이 시작되었고 같은 해 제이피 모건이 뉴욕에 모건상사를 설립해 모건 금융왕국이 본격적으로 시작되었다. 1863년에는 철강왕 카네기의 키스톤 교량회사가 설립되었고 1865년에 남북전쟁이 끝난 후 링컨이 암살당한다. 이후 전쟁 중이라 중단되었던 철도건설과 이를 뒷받침하는 철강산업이 비약적으로 발전했다.

한편 1865년 클라크앤록펠러 사가 해체되고 록펠러가 본격적으로 정유사업을 장악해 록펠러의 두 번째 정유회사 스탠더드워크스가 설립되었다. 이듬해 대서양횡단 해저전신이 완성되어 금융업을 비롯한 정보산업이 눈부시게 발전하기 시작한다. 1867년에는 밴더빌트가 뉴욕센트럴 철도를 인수해 철도왕에 오르고 카네기가 유니온 제철소를 설립했다. 마침내 1869년 대륙횡단철도가 완성되어 미국에 물류혁명이 일어난다. 이 시대를 보면 특히 유대인들의 활약이 눈부시다는 것을 알 수 있다.

미국이 영국을 추월하다

남북전쟁이 끝나고 본격적인 산업화와 서부개척이 진행되면서 미국의 경제규모는 대영제국을 추월하기 시작해 1880년대에 공업생산은 세계 최대가 되었다. 이로써 세계 경제의 중심축이 대서양을 건너 서쪽으로 넘어갔다.

사실 미국은 태어날 때부터 제국이었다. 인디언을 쫓아내고 학살하면서 영토 확장을 한 것 자체가 제국의 행동이었다. 미국은 다양한 수단으로 인디언들의 땅을 빼앗아 백인들에게 넘겨줬다. 서부개척이 한창이던 1800년대 초, 원주민 가운데 체로키족은 문명 부족이었다. 독자적인 대의제를 갖춘 정부도 있었다. 체로키족의 지도자는 수도 워싱턴으로 가서 대대로 살아온 땅에서 지낼 수 있도록 대법원에 청원을 넣어, 소유권 판결을 받기도 했다. 하지만 미국은 이들을 강제로 이동시켜 2만여 명의 체로키족을 죽음으로 몰아넣었다.

영국은 1860년대까지만 해도 세계 철강생산과 공업제품 교역의 반을 차지하며 팍스 브리타니아를 유지했었다. 그러나 그 뒤 20년이 채 안 되어 미국에 추월당했다. 그만큼 이 시기에 미국의 산업화가 맹렬했다는 이야기다. 그 뒤에도 19세기 말 즈음, 영국은 약 1%의 경제성장에 머문 반면 1890년대의 제2차 산업혁명기에 미국, 독일, 프랑스, 일본 등은 1.5~2%의 성장을 계속했다. 특히 미국과 독일이 전기, 화학, 철강 산업에서 비약적으로 발전했다.

동양에 눈 돌리다, 셔먼호 사건과 신미양요

당시 미국이 해외시장 개척에 처음으로 눈을 돌린 곳은 공교롭게도 동양이었다. 산업혁명을 이룬 서양은 19세기 중반부터 상품시장과 원료 공급지를 찾아 동아시아를 침략하기 시작했다. 아편전쟁(1840), 남경조약(1842), 페리의 일본원정(1853), 미일화친조약(1854)은 동아시아를 서구의 체제에 강제로 편입시킨 사건들이다. 서구열강의 침략이 가속화되는 상황에서 조선 연안에도 서양 선박이 출몰하기 시작했다.

그 무렵 미국이 해외 통상에 적극적이라 쇄국정책을 고수하던 조선과 마찰이 있었다. 1866년 고종 3년 미국 상선 제너럴셔먼호가 조선에 통상을 요구하다 거절당했다. 당시 셔먼호는 비단 · 유리그릇 · 천리경 · 자명종 등의 상품을 싣고 8월 20일 대동강을 거슬러 평양에 들어왔다.

셔먼호가 평양 경내에 정박하자 평안도 관찰사 박규수는 사람을 보내 평양에 온 목적을 물었다. 그들은 항해 목적이 상거래뿐임을 강조하며, 그들이 가져온 비단 · 자명종 등과 조선의 쌀 · 사금 · 홍삼 · 호랑이 가죽 등과의 교역을 제의했다. 그러나 관찰사는 통상이 국법으로 금지되어 있음을 이유로 그들에게 즉시 출국할 것을 요구했다.

조선 측의 경고에도 셔먼호는 만경대까지 올라와 그들의 행동을 제지하던 중국군을 붙잡아 감금하였다. 사태가 이에 이르자 평양성 관민은 크게 격분하여 강변으로 몰려들었고, 셔먼호는 총과 대포를 쏘아 사태가 악화되었다. 셔먼호의 무모한 행동에 대해 강변의 군민은 돌팔매 · 활 · 소총으로 맞서 대항했다.

당시 계속된 비로 강의 수위가 높아졌다가 평상시 수위로 돌아가자 셔먼호는 양각도 모래톱에 걸려 움직일 수 없게 되었다. 그러자 불안에 휩싸인 셔먼호의 승무원들은 대포를 발사해 평양 사람 7명이 죽고 5명이 다쳤다.

조선군은 작은 배들에 장작과 볏짚을 실어 불을 피워 셔먼호로 떠내려 보냈다. 화공이었다. 박규수는 이때 포격을 가한 뒤 대동강 물에 식용유를 풀고 불을 붙여 셔먼호를 불태워 격침시켰다. 승무원 23명 대부분이 불에 타 죽거나 물에 빠져 죽었다. 이것이 조정에 전해지자 박규수는 대원군의 각별한 총애를 얻게 되었다. 박규수는 열하일기를 쓴 연암 박지원의 손자다.

흥선대원군은 이 사건으로 자신을 얻었다. 이에 힘입어 같은 해 음력 9월에 프랑스 함대의 침략도 물리쳤다. 이 사건이 병인양요다. 병인양요는 대원군이 프랑스 선교사 9명을 포함해 8천 명이 넘는 천주교도들을 학살하자 이에 항의해 프랑스함대가 강화도를 침범했으나 패배하여 철수한 사건이다. 이를 계기로 대원군은 쇄국정책을 더 한층 강화했다.

그 무렵 미국은 포경산업에 열을 올리고 있었다. 그들은 통상보다는 동해에서 고래잡이 하는 미국 배의 유사시 대피처와 식품공급이 더 필요했다. 동해는 고대로부터 고래잡이로 유명한 곳이다. 당시 석유가 발견되기 전이라 고래는 아주 유용하게 쓰였다. 고래기름이 등불기름으로 사용되어 집안과 밤길을 밝혀 주었다. 또한 기계의 윤활유로 사용되었으며 고래수염은 여자 치마를 부풀게 하는 재료로 사용되어 포경산업은 중요한 산업이었다. 실제 미국 고래잡이배가 세 번이나 동해안에 표류하여 이때마다 배를 청나라로 호송하는 친절을 베풀었다.

당시 팽창주의 정책을 추진한 미국은 셔먼호 사건을 계기로 조선을 응징하고 강제 통상을 계획하고 있었다. 그리고 1866년에 병인양요를 일으켰던 프랑스에게 공동원정군을 편성해 조선을 침공하자고 제의했다. 그러나 당시 프랑스는 프로이센과의 전쟁을 준비하고 있을 때라 거절했다. 1868년에는 셔먼호 사건 진상을 규명하려 미군 함대 2척이 서해안에 왔으나 우리 정부는 회답도 주지 않고 돌려보냈다.*

---

* 〈미국의 독립과 영토 확장〉, 작성자 수위

결국 미국은 셔먼호 사건에 대한 응징과 통상관계 수립을 목적으로 1871년 조선을 침략했다. 아시아함대 사령관 J.로저스는 함재대포 85문의 군함 5척에 해군과 육군 1,230명을 싣고 함포사격과 수륙양면 공격으로 강화도의 초지진, 덕진진을 점령하고 광성보에 성조기를 게양했다.

광성보를 빼앗겼다는 소식이 전해지자 대원군은 자구책을 강구하면 프랑스함대의 경우와 마찬가지로 미국함대도 퇴각할 것이라 생각했다. 그는 '양이(洋夷)를 매국지율(賣國之律)로 다스리겠다.'는 내용의 교서를 발표하고, 전국 중요 도회지에 척화비를 세웠다.

이러한 조선 측의 반응은 패전한 조선이 당연히 교섭에 응할 것으로 예상했던 미국 측에게는 의외로 받아들여졌다. 이에 미국 측은 다시 교섭을 요구했으나, 조선정부가 응하지 않자 대규모 군사행동을 감행하지 않고는 목적을 달성하기 힘들다고 판단했다. 그러나 로저스는 당시 대규모 침략전쟁을 감행할 수 있는 병력이 없었다. 또한 대규모 군사행동은 본국으로부터 받은 훈령 외의 일이었다. 그는 결국 철수하기로 결정했다.

그리하여 5월 15일 조선에 공문을 보내 외교교섭단의 접견을 거절하는 것은 불법이라고 전하고 장차 미국 국민이 조난되었을 경우에 구조·보호해달라고 요청한 후 청으로 돌아갔다. 이 소식이 전해지자 조선 사람들은 환호성을 올리며 의기충천했다. 이후 배타의식이 더욱 강화되어 쇄국 태도는 더욱 견고해졌다.

금과 은의 다툼

 그 무렵 세계는 오랫동안 화폐로 통용되던 금과 은이 서로 다투고 있었다. 사실 근대사회까지 은을 기준으로 삼는 문명권이 일반적이었다. 19세기까지 동양과 서아시아, 남아메리카, 독일, 네덜란드, 스칸디나비아 국가들이 은본위제를 시행했다.
 이 같은 금과 은의 경쟁에서 금이 결정적인 승자가 된 때는 1859년 미국 네바다에서 대규모 은광이 발견되면서부터다. 은의 가치가 급격히 떨어졌기 때문이다. 이로써 두 금속 사이의 균형이 무너져 은본위제 퇴출을 가져오는 동기가 되었다.
 그런데 이보다 약간 앞서 대규모 금광도 발견되었지만 그때 금은 은과는 다른 효과를 냈다. 1850년을 전후해 캘리포니아와 오스트레일리아에서 금광이 발견되어 금 가격이 하락했다. 하지만 금광 발견으로 금본위제가 위축된 게 아니라 오히려 프랑스, 벨기에 등에서 금은양본위제가 막을 내리고 금본위제가 시행된 것이다.

금은양본위제는 금과 은의 가격비를 고정시켜 화폐를 발행하는 것이다. 따라서 자국에서의 가격비와 국제 금은 시세가 비슷해야 유지된다. 그러나 대규모 금광 발견으로 국제시장에서 은의 가치가 상대적으로 높게 평가되면서 은은 해외로 유출되고 국내엔 금만 유통되어 자연스레 금본위제로 전환된 것이다. 이에 따라 프랑스·벨기에·스위스·이탈리아 등 이른바 프랑권 국가들이 1870년대 금본위제로 이행하게 된다.

1873년의 범죄

당시 세계의 금은 로스차일드 가문의 손아귀에 있었다. 영국의 네이선 로스차일드가 세계의 금 시세를 정했다. 이를 이용해 로스차일드는 금광개발에 열을 올리며 세계의 금을 독점적으로 공급하여 큰돈을 벌고 있었다. 그로서는 금본위제를 쓰는 나라가 많아져야 금의 수요가 늘어 금값을 더 받을 수 있었다. 로스차일드는 미국 내 대리인 벨몬트와 셀리그먼을 시켜 미국이 금본위제로 회귀하도록 압력을 넣었다.

1866년 미국은 금본위제 회귀를 위해 '긴축법안'을 통과시키고 유통 중인 달러를 회수해 금화로 환전해주며 금본위제를 부활하려 했다. 이로써 통화 유통량은 1866년 18억 달러에서 10년 후 6억 달러로 줄어들었다. 그리고 1871년 은본위제를 고수하던 독일 역시 금본위제로 이행하면서 금 대세론은 굳어지게 된다.

미국에서도 캘리포니아 등에서 대량의 금광과 네바다 등에서 대량의 은광이 발견되었다. 금이 많이 생산되는 주는 금본위제를, 은이 많이 나는 주는 은본위제를 주장했다. 이것이 정치문제로 비화되어 서로 첨예하게 대립했다.

그러나 세계적인 대세를 따라 1873년 미국도 은화를 폐지하는 '화폐주조법'을 통과시켜 금본위제를 채택했다. 여기에는 은의 사용을 폐지하고 단일 금본위제를 주장하는 로스차일드의 압박도 작용한 것으로 보인다. 그러나 이게 패착이었다. 이 때 금은양본위제를 선택했더라면 공황을 피할 수 있었다는 의견이 지배적이다. 그런 의미에서 금화를 법정통화로 정한 의회 결정을 '1873년의 범죄'라 불렀다.

1873년 대불황, 20여 년간 지속되다

19세기 중엽부터 철도와 철강산업에 경쟁적인 과다투자로 세계 경기는 과열로 치닫는다. 19세기 중후반의 세계 경제는 일명 '팍스 브리타니카' 체제로 불린다. 이는 1830년부터 1870년까지 40년 동안 영국 중심의 국제경제체제를 말한다. 영국의 산업혁명과 더불어 세계 공업시장과 원료시장이 급속히 확대되었다.

문제는 '팍스 브리타니카' 체제가 끝나가는 1870년 즈음해서 나타났다. 파리·비엔나·베를린 등 유럽 각국의 수도와 큰 도시들에서 황제들은 경쟁적으로 대형건축물과 주택건설을 위한 모기지 발행 대출기관들을 지원했다. 모기지 얻기가 쉬워지자 건설 붐이 일어났고, 당연히 땅값이 치솟기 시작했다. 건설업자들은 건설 예정지인 땅이나 건설 중인 집을 담보로 더 많은 은행 돈을 빌렸다.

그러나 경제여건은 그다지 좋지 않았다. 특히 유럽과 러시아의 밀 수출업자들은 그들보다 훨씬 싼 가격으로 파는 새로운 경쟁자를 맞이했다. 바로 미국 농산물이었다. 그들은 곡물 엘리베이터와 컨베이어 벨트를 사용하여 엄청나게 큰 증기선에 열차 수십 대 분량의 밀을 한꺼번에 수출했다. 규모의 경제로 수출가격이 경쟁국보다 쌀 수밖에 없었다. 밀의 최대 수입국이었던 영국은 1871년에 저렴한 미국으로 수입처를 바꿨다.

이로써 당시 가장 중요한 곡물인 밀값이 폭락해 1873년 유럽경제가 붕괴되기 시작했다. 유럽인들은 미국을 상업적 침략자라고 비난했다. 새로운 산업 강국, 미국이 유럽의 무역과 생활방식을 위협하는 초강대국으로 등장한 것이다.

미국의 그랜트 대통령 역시 철도건설에 심혈을 기울이자 철도채권과 주식들이 인기를 끌었다. 이때 증권거래소가 틀을 갖추게 된다. 철도회사 주식들이 얼마나 인기를 모았던지 유럽의 자금이 다 몰려들었다.

그러나 이러한 버블 뒤에는 항상 공황이 따르게 마련이었다. 은행들이 무너지면서 어느 기관이 모기지 위기에 연루되어 있는지 불확실했기 때문에 자본 수출국 영국 은행들은 자본을 무차별적으로 거둬들였다. 그러자 은행 간에 돈 빌리는 비용 곧 콜금리가 엄청나게 치솟았다. 신용경색이 온 것이다. 예나 제나 모기지 대출로부터 시작되는 신용위기는 패턴이 똑같았다. 불행히도 역사는 반복된다.

신용위기는 그 해 가을 미국을 강타했다. 영국 은행들이 미국의 철도산업에 투자했던 11억 달러를 일시에 거둬들였기 때문이다. 시중에 돈이 말라 버렸고, 과열로 치달았던 철도회사들이 가장 먼저 쓰러졌다. 유력한 철도 금융가인 제이 굴드가 채무를 변제하지 못하고 부도가 나자, 9월에 주식시장은 붕괴되었다. 그 뒤 3년 동안 수백 개의 은행들이 문을 닫았다.

1873년 공황은 선진자본주의 국가들에서 거의 동시에 발생했다. 금본위제 회귀로 인한 유동성 부족이 결정적 이유였다. 대불황은 종래의 불황과 다른 몇 가지 특징이 있었다. 먼저 유례를 찾을 수 없도록 불황 기간이 길었다. 1890년대 중엽까지 20여 년간 지속된 장기간의 불황국면이 이어졌다. 그래서 이를 '대불황'이라 부른다.

그리고 영국에서 시작된 대불황의 두드러진 특징은 장기간에 걸친 지독한 디플레이션이었다. 대불황이 시작될 당시의 도매물가를 100으로 보았을 때 대불황이 끝나가는 1890연대 중반에는 68로 떨어졌다. 대불황 직전에 각국의 산업투자가 급증했지만 늘어나는 실물경제를 화폐경제가 뒷받침해주지 못했다. 그러자 각국의 산업생산은 급속하게 감소하고, 기업도산, 실업, 장기침체가 뒤를 이었다.

그린백 정당 창립

남북전쟁이 끝나고 나서 미국 농업은 장장 30년간의 불황기로 진입했다. 농민들은 1874년 그랜트 대통령이 물가앙등을 잡기 위한 재정긴축과 통화환수로 농산물 가격이 절반으로 급락하자, 이에 맞서 그린백 정당을 창설했다. 아예 화폐발행 증가를 당의 정강으로 삼았다. 정부에 그 화폐 공급량을 늘려 농산물 가격을 끌어 올리라고 요구했다. 그린백당은 일부 노동자 단체들을 끌어들였고 1873년 화폐주조법 이후에는 은 광산주들과 연합해 강력한 저항에 나섰다.

세를 불린 그린백당은 대선에는 실패했으나 1878년에는 하원 의석 21석을 차지하는 기염을 토했다. 결론적으로 비록 통화확대는 못했어도 통화환수는 막았다. 그린백은 회수문제로 전후 20여 년 동안 격렬한 정치적 논쟁 끝에 결국 1878년 의회가 미제액 3억 5천만 달러를 통화로 인정해 이의 항구적 유통을 결정했다. 그리하여 폐기 예정이었던 그린백 지폐는 20세기 후반까지 법정통화로 쓰였다.

그린백당 창당 이후 정당지도는 복잡해졌다. 금본위제를 반대하고 풍부한 은을 토대로 하는 금은양본위제에 찬성하는 농민들은 은을 상징하는 실버당을 만들었다. 그리고 여기에 찬성하는 공화당원들은 실버공화당을, 그리고 민주당원 일부는 실버민주당을 만드는 등 19세기 후반 정치권의 화두는 은과 화폐제도였다. 이후 선거는 통화시스템과 화폐제도가 선거쟁점이 되었다.

금은양본위제, 블랜드-앨리슨법

1873년 대불황 이후 은행도산과 금융공황이 계속되어 경제를 불안하게 만들자 1878년 2월 28일 미국 의회가 블랜드-앨리슨법을 통과시켰다. 골자는 보조화폐로서 은을 부활시킨 것이다. 재무부가 매월

2백만에서 4백만 달러어치의 은을 매입해 금화와 1:16의 비율로 교환되는 은전을 주조한다는 내용을 담았다.

법 제정에는 우여곡절이 많았다. 금융과 국제무역·제조업의 중심지인 북동부와 농업·광산업이 주력인 서부·남부 간의 해묵은 갈등이 '금과 은의 대결구도'로 표출되었기 때문이다.

북동부는 '금본위제도 시행이 인플레이션을 억제하고 국제적 신용도를 높이는 첩경'이라며 1873년 화폐주조법을 개정하여 은화주조를 중단시켰다. 이에 남부와 서부의 농부와 광산업자들은 즉각 반발하고 나섰다. 농산물 가격 상승을 초래하는 인플레이션을 축복이라고 여겼던 농부들은 은화 공급확대를 강령으로 삼는 정당까지 만들었다. 이 와중에 1881년 취임한 20대 가필드 대통령은 당시 공화당 강경파의 리더였고 화폐시스템이 극소수에 의해 통제되는 것을 반대했다. 그는 몇 개월 지나지 않아 또 한 사람의 정신병 환자에게 암살당한다.

갈등은 금은양본위제 블랜드-앨리슨법이라는 절충점을 낳았다. 그리고 1890년에는 은 구매를 대폭 늘리는 법까지 마련되었다. 그러나 문제는 '악화가 양화를 구축한다'는 그레셤의 법칙이 현실화되었다는 점이다. 공급확대로 은 가치가 떨어졌음에도 금화와의 교환비율이 고정된 탓에 금이 가치축적 수단으로 여겨져 장롱 속으로 사라져갔다.

금융자본주의 시대가
열리다

금융자본주의 시작, '도금시대'

미국의 재벌들에게 1873년 이후 4년의 공황기는 오히려 황금시기였다. 모건, 카네기, 맥코믹, 록펠러 등은 보유 자본금이 충분해 전혀 문제가 없었다. 그러나 외부 자본에 의존하던 작은 회사들에게는 가혹한 상황이었다. 보유 자본이 말라버리면서 그들 기업도 같이 말라갔다. 모건을 비롯한 카네기와 록펠러는 이러한 경쟁업체들을 헐값에 사들였다. 금융자본이 산업자본을 지배하면서 문어발식 확장을 거듭해 나갔다.

미국은 재벌들에 의한 산업집중, 이른바 '도금시대'(The Gilded Age)가 시작되었다. 도금시대란 소설가이자 유머 작가인 마크 트웨인이 그의 작품명으로 처음 쓴 말로, 도금처럼 겉과 속이 다르다는 데서 유래하였다. 그는 《도금시대》에서 워싱턴 DC와 당대의 지도적

인물 여럿을 조롱했다. 특히 그는 유대인을 강하게 비판했다.

19세기 말과 20세기 초 미국 사회는 그야말로 황금으로 도금한 시대였다. 급속한 공업화와 도시화로 산업자본이 독점 이득을 누리면서 신흥 부호들이 엄청난 부를 축재했다. 당시에는 소득세도 없었기 때문에 버는 대로 부를 축적했다.

:: 마크 트웨인. 작품 《도금시대》를 통해 워싱턴 DC와 당대의 지도자들을 조롱했다.

양지가 있으면 음지가 있는 법이다. 도금시대의 이면에 비쳐진 그림자는 참혹했다. 독점자본가의 무자비한 노동착취로 인해 이민자와 농민들은 도시빈민으로 전락했다. 사회개혁 운동이 싹튼 것도 이때였다. 공황이 깊어짐에 따라 일반 미국인들의 고통도 심해졌다. 1873년부터 1877년 4년 사이에 많은 공장과 가게들이 문을 닫자 수만 명의 노동자들은 떠돌이 신세가 되었다. 실업자들은 보스턴, 시카고, 뉴욕에서 공공근로 일자리를 요구하며 데모를 벌였다. 미국 역사에서 가장 격렬한 파업들이 이 시기에 일어났다. 1877년에는 전국적인 철도 파업이 뒤따랐다.

세계 금융의 중심이 유럽에서 미국으로

1873년 공황의 교훈은, 월가 은행들이 쓰러지면서 실물경제도 마비

되었다는 것이다. 그것도 아주 장기간 지속되었다. 미국과 유럽의 은행 재건이 질질 끌면서 광범위한 실업을 낳았다. 노동조합들이 번성했지만 기는 법 위에 나는 법을 배운 록펠러와 같은 재벌들에 의해 파괴되었다. 공황 후의 승자는 상당한 현금을 보유한 재벌들이었다. 결국 1873년 공황으로 세계 금융의 중심이 유럽에서 미국으로 옮겨졌다.

유럽의 상황은 더 고달팠다. 공황 직전에 각국의 산업투자가 급증하였고 임금도 덩달아 뛰어올랐다. 그러나 곧이어 공황기에 각국의 산업생산은 급속하게 감소하고, 기업도산 · 실업 · 장기침체가 뒤를 이었다. 많은 정치가들은 위기의 원인을 외국은행과 유대인 탓으로 돌렸다. 특히 민족주의 정치 지도자들은 실직한 수만 명에게 어필하는 반유대주의를 외쳤다. 러시아를 비롯한 동유럽지역에서 크고 작은 유대인 학살이 1880년대에 뒤따랐다. 1873년 공황은 이렇게 선진 자본주의 국가군에서 동시에 발생하여 1890년대 중엽까지 장기간의 불황 국면이 이어졌다.

공황의 두 얼굴, 기업들의 체질이 강화되다

그 가운데서도 1882~1885년 사이에 일어난 공황을 1884년 철도공황이라 한다. 유럽의 금보유고가 고갈되어 뉴욕 국립은행은 재무부의 묵인 아래 미제공채의 나머지 투자를 정지했다. 더 큰 위기는 뉴욕어음교환소가 파산 리스크를 떠안고 은행을 구제하면서부터였다.

그럼에도 그랜드앤워드투자회사, 뉴욕해양은행, 피츠버그팬은행 등을 포함한 1만여 개의 중소기업이 파산했다. 이때 미국 최대 산업인 철도회사들의 주식가격이 폭락하며 많은 회사들이 줄줄이 도산하기 시작했다. 게다가 은행들의 파산으로 산업 활동둔화, 실업증대, 임금하락 현상이 나타났다. 이 속에서도 카네기그룹은 헐값에 경쟁사 공장을 사들임으로써 확대됐다.

:: 1884년 5월 14일 아침 혼란 속의 월스트리트 장면, 〈하퍼스 위클리〉 신문 그림

19세기 마지막 25년 동안 미국 철도회사의 절반인 7백 개 사가 문을 닫았다. 극심한 공황에서도 미국 자본주의는 두 가지 반사이익을 누렸다. 첫째는 체질강화다. 한계기업이 정리되면서 기업 경쟁력이 강해졌다. 둘째는 산업자본의 자국화였다. 유럽 투자자들이 보유 주식을 헐값에 내던지는 바람에 35%에 이르던 외국자본의 철도산업 지분이 10%로 줄었다. 유럽인들은 수익을 한 푼도 못 건진 채 광대한 미국 철도망만 건설해준 꼴이 돼버렸다. 공황이 마무리되던 1880년대 중엽부터 유럽 자본은 다시 들어와 미국인들의 주머니를 불려줬다.

금이 또 다시 늘어나다

시대의 어려움을 또 다시 구해준 것은 금이었다. 1887년 스코틀랜드의 화학자 3명이 시안화법을 개발했다. 분말의 광석을 시안화물 용액에 담근 다음 고체들을 걸러내고 아연 가루를 넣어 금과 은을 회수하는 방법을 찾아낸 것이다. 이 방법으로 낮은 등급의 금광석에서도 금을 추출해낼 수 있게 되었다. 이로 인해 남아공이 캘리포니아보다 더 큰 금 생산지로 자리 잡아 세계 최대의 금 공급국이 되었다. 이것이 세계 주요국들이 금본위제를 계속 실시하게 된 원인이었다.

팽창정책을 정강으로 채택하여 압승하다

미국은 1890년대에 들어 자국의 산업자본이 성장하자 제국주의에 참가해 해외영토 팽창을 추구하기 시작했다. 기실 그 이전에도 해외진출은 있었다. 미국인이 진출하고 있는 하와이는 1875년에 제3국이 이 지역을 합병할 수 없다는 조약을 맺었다. 이어 1878년에는 태평양 무역의 중계요지인 사모아군도 내에 해군기지를 설치할 수 있는 권리를 확보했다. 동양에서는 1882년에 중국의 알선으로 조선과 우호통상조약을 맺는 데 성공했다. 그러나 이러한 성과는 유럽열강의 제국주의 진출에 비하면 보잘 것 없었다.

미국도 1880년대 말에 해외진출에 대한 종래의 소극적인 정책을 비판하고, 적극적인 정책으로의 전환을 모색하게 되었다. 팽창 요구에 대해 지식인들과 정치가들도 열열이 옹호했다. 정치가 핸리 로지와 함께 해군력의 필요성을 강하게 주장한 사람은 알프래드 머핸이었다. 그는 1886년에 해군대학에서 행한 연설에서 영국이 대제국으로 발전하게 된 원인을 분석하여 그 바탕이 무역에 있다는 것을 지적하고, 상선대의 무역을 보호하려면 대해군이 필요하다고 주장했다. 미국은 1890년대에 해병대를 창설한다. 해양 전투에 대한 준비였다.

머헨은 이어 1897년에 저서를 통해 카리브해를 세력범위로 해야 하며, 태평양의 제해권을 잡고 극동에 있어서의 미국의 입장을 강화해야 한다고 주장했다. 당시 이러한 머헨의 이론은 해외진출을 갈망하는 팽창주의자들에게 이론적인 근거를 제공했다. 이로써 팽창주의자들은 파나마운하 건설, 캐나다 합병, 태평양진출 정책을 주장했다. 공화당은 1896년 선거에서 그 정책을 정강으로 채택하여 압승했다.

미국, 1898년 '미서전쟁'으로 태평양시대를 열다

1898년에 일어난 미서전쟁은 미국이 제국주의로 진입하는 결정적 계기가 된다. 이미 1853년에 미국은 마드리드 주재 미국 공사를 통해 1억 5천만 달러에 쿠바 매입 의사를 타진했으나 스페인의 강한 반발만 불러일으켰다.

이러한 역사적 배경을 갖고 있는 미서전쟁은 1895년 쿠바의 스페인에 대한 독립전쟁이 장기화되면서 1898년 미국이 개입해 일어났다. 쿠바인의 반란은 1868년과 1878년에도 있었으나, 당시는 미국이

후원하지 않아 실패로 끝났다. 그러나 1890년대에 접어들자 정세는 크게 변했다.

첫째, 미국인의 쿠바에 대한 경제적 관심이 높아져서 쿠바의 설탕 생산에 타격을 주는 일은 많은 미국 투자가에게 손실이었다. 둘째, 미국에서 1840년대에 일어났던 '명백한 천명'(天命)이라는 생각이 다시 일어났다. 미개발지역에 미국 문화를 나누어 주는 것은 하느님으로부터 미국인에게 주어진 사명이라고 생각했던 것이다. 스페인의 압정에 시달리는 쿠바인을 도와야 한다는 분위기가 강하게 미국인 사이에 퍼졌다.

1895년에 일어난 쿠바의 반란에 미국은 거주미국인 보호를 명분으로 최신 군함을 쿠바에 파견했다. 이때 많은 의용병이 쿠바로 향했고, 뉴욕에 본거지를 둔 쿠바인 혁명단체가 발매한 공채도 잘 팔렸다. 해외진출에 반대한 미국인들조차 쿠바의 해방 자체에는 찬성했으며, 쿠바에 재산을 둔 미국인은 그 보호를 요구했다. 클리블랜드 대통령은 불간섭 방침을 견지했으나, 매킨리는 1896년에 실시되는 대통령선거의 공약으로서 쿠바의 독립을 내세웠다.

쿠바에 파견된 군함 메인호가 1898년 2월 아바나 항에서 갑자기 수수께끼의 폭발과 함께 침몰한 사건이 발생하여 여론은 급격히 전쟁으로 기울어졌다. 이에 따라 4월 11일 대통령은 대스페인 개전요청 교서를 의회에 보내고, 20일 의회가 선전포고를 하였다. 의회가 전쟁을 결의하자 정식 선전포고도 하기 전에 홍콩에 있던 미 극동함대는 먼저 필리핀으로 진격하여 양국은 전쟁상태에 들어갔다. 미국은 마닐라만·산티아고 등 여러 곳에서 승리를 거두어 전쟁은 불과

1백일 만에 끝났다.

　12월 10일 파리조약이 체결되어 쿠바는 독립하고, 푸에르토리코·괌은 미국에 할양되었으며 필리핀은 2천만 달러에 미국으로 팔렸다. 스페인과 전쟁 중이던 1898년에 하와이는 미국에 합병되었다. 당시 하와이 인구 중 3분의 2는 일본인 이민자였다. 이로써 미국의 태평양 시대가 개막되었다. 미국은 이를 기려 윌리엄 매킨리 25대 대통령을 5백 달러 지폐에 넣어 자축했다.●

:: 5백 달러에 새겨진 윌리엄 매킨리 25대 대통령

쿠바, 카리브해의 미국 거점이 되다

쿠바는 카리브해의 미국 거점이 되었다. 미서전쟁 이후 1901년에 미국은 쿠바의 독립을 인정했지만 쿠바 헌법에 미국의 개입권, 해군기지 건설을 인정하는 수정조항을 추가시켜 거대한 관타나모 기지를

● 《하룻밤에 읽는 세계사2》, 미야자키 마사카츠, 랜덤하우스코리아, 2011년 3월

건설했다. 쿠바를 사실상의 보호국으로 삼은 것이다. 이후 관타나모 기지는 1백여 년이 지난 오늘날까지도 미국이 점령하고 있다.

우리에게도 관타나모는 낯선 지명이 아니다. 이유는 학생 때 누구나 한 번은 들어본 노래 〈관타나메라〉가 바로 '관타나모의 여인'이란 뜻의 노래이기 때문이다.

:: 관타나모 기지

1953년 몬카다 병영을 공격한 피델 카스트로가 감옥에서 풀려나와 멕시코로 망명한 뒤 현지에서 쿠바혁명 단체를 조직해 훈련시켰다. 이때 합류한 사람이 아르헨티나 의사 체 게바라였다. 두 사람은 1956년에 80여 명의 혁명가들과 함께 쿠바로 진격했다.

하지만 82명 대부분이 사살되고 말았다. 절망적인 상황에서 피델 카스트로는 체 게바라, 라울 카스트로, 카밀로 시엔푸에고스 등과 함께 산악지대로 숨어들어 게릴라 부대를 꾸려 힘을 길렀다. 1959년 1월 8일 마침내 카스트로 군대는 시민들의 환영 속에 아바나에 입성했다. 20세기 아메리카 대륙에서 처음으로 사회주의 혁명이 성공했다.

미국은 소련과 손잡고 있는 카스트로를 무력으로 굴복시킬 수는 없었다. 그래서 그를 권좌에서 끌어내리기 위해 생각해 낸 것이 쿠바 경제를 초토화시키기 위한 쿠바 페소화의 위조지폐 살포였다. 이 작전은 베트남 침공 때도 사용되었다. 북베트남의 화폐 동(dong)을 대량 위조하여 살포했다. 하지만 두 번 모두 성공하지 못했다. 최근에는 거꾸로 미국에 비우호적인 국가들이 위조달러를 찍어 미국 경제에 피해를 끼치고 있다. 양적으로는 콜롬비아 마약상들이 가장 많은 위조달러를 발행하고 있으나 슈퍼노트라 불리는 정교한 위폐는 북한이 의심받고 있다.

오래전부터 쿠바의 카스트로는 미국에게 관타나모 기지의 철수를 요구했다. 그는 미국의 관타나모 점령이 쿠바영토를 무단 점거한 주권침해 행위라고 주장했다. 그러나 미국은 이를 거부하고 있다. 원래의 협정에 따라 미국은 매년 기지 임대료로 협정 당시 기준 2천 달러에 해당하는 금화를 지불하게 되어 있다. 그래서 미국은 해마다 쿠바 정부에 임대료를 내나, 쿠바 정부는 항의표시로 수납을 거부하고 있다.

1990년대 중반부터 아이티와 쿠바 난민 수천 명이 수용된 적이 있는 이 기지가 근래에는 테러용의자 수용소로 이용되고 있다. 9·11 테러 이후 부시정권이 테러와의 전쟁을 선포하면서 테러용의자를 법원의 동의 없이 체포, 구금할 수 있는 수용소로 활용한 것이다. 관타나모 기지는 인권의 사각지대로 호되게 국제적인 비판을 받았다. 결국 오바마 대통령은 관타나모 해군기지 내에 위치한 수용소를 폐쇄하라는 행정명령을 발령했다. 현재는 철조망과 선인장으로 둘러싸인 27킬로미터 접경선을 사이에 두고 양국군이 대치하고 있다.

● 《달러의 비밀》, 크레이크 카민, 따뜻한손, 2009년 9월

미국, 1902년 파나마를 콜롬비아로부터 떼어내다

1901년 25대 매킨리 대통령이 암살된 후 부통령이었던 시어도어 루스벨트가 42세의 최연소 나이로 대통령에 취임했다. 그는 젊은 대통령답게 패기가 있었다. 대통령에 취임한 그는 우선적으로 정부가 국민을 위해 무엇인가를 하고 있다는 신뢰감을 심어 주었다. 안으로는 독점규제, 밖으로는 제국으로의 기틀을 마련해 고립주의 정책을 폐기하고 팽창주의를 택했다.

파나마운하 건설은 이미 1896년에 공화당 정강정책이었다. 방법을 찾는 일만 남았다. 1898년 미서전쟁을 통해 카리브해 일대의 패권과 필리핀 점령을 통해 태평양 전진기지를 확보한 미국은 태평양과 대서양을 관통할 수 있는 최단거리 해로가 시급했다. 대서양에서 태평양으로 항해하기 위해서는 장장 1만 5천 킬로미터 이상을 돌아가야 했기 때문이다.

처음 파나마운하 건설을 시작한 것은 프랑스의 페르디낭드 드 레세프였다. 하지만 공사는 여러 가지 악재들로 인해 10년의 작업과 14억 프랑(2억 8천 7백만 달러)이라는 거액을 투자하고 2만 명의 희생자를 낸 뒤 중단되었다.

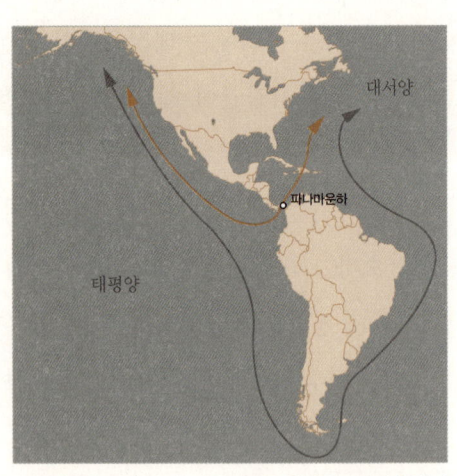

:: 태평양과 대서양 간 이동 거리를 획기적으로 단축한 파나마운하

중미 운하건설이 미국의 국가적 사업으로 등장한 것은 매킨리 대통령 시절이었으나 그가 암살되자 시어도어 루스벨트 대통령에게 인계되었다. 미국 정부는 파나마운하의 건설권을 얻어내기 위한 콜롬비아와의 교섭이 난항을 거듭하자 몰래 파나마 지역의 독립운동을 선동해 이를 지원했다. 그리고 미국 군함의 위협 하에 파나마 지역을 콜롬비아로부터 독립시켜 1902년 파나마 공화국을 탄생시켰다.

이로써 미국은 파나마와 운하건설을 위한 조약을 체결하고, 운하 양측 폭 각 8킬로미터의 '운하지대'가 설치되어 파나마 영토 중 5%를 할양받았다. 미국은 파나마에게 일시불로 1천만 달러를 주고 매년 운하사용료로 25만 달러씩 주기로 했다. 이 지역은 형식적으로는 파나마령이지만 운하의 관리는 물론 사법권까지 행사하여 실질적으로 운하지대는 미국영토와 같았다.

운하건설은 1904년 5월에 재개되었다. 종래 큰 장애였던 말라리아와 황열병에 대한 철저한 방역대책 덕분에 난공사를 극복하여 파나마운하는 1914년 8월 1차 세계대전이 발발하던 달에 개통되었다. 선박이 뉴욕에서 파나마운하로 샌프란시스코까지 항해하는 데 거리가 9천 5백 킬로미터 정도인데, 기존 방식대로 혼 곶으로 우회하면 거리가 그 두 배가 넘는 2만 2천 5백 킬로미터에 달한다. 이로써 대서양과 태평양이 단거리로 연결되어 미국은 군사적으로나 경제적으로 큰 이익을 얻게 되었다. 미국의 파나마운하 관리는 2000년 1월 1일 파나마로 이양되었다.

먼로주의와 중남미 문제, 감히 미국의 뒷마당을 넘보다니

먼로주의란 1823년 미국의 제5대 대통령 J.먼로가 의회에 제출한 연두교서에서 밝힌 외교방침으로, 한마디로 미국도 유럽 일에 간섭을 안할테니 유럽도 미국 일에 간섭하지 말라는 일종의 불가침조약 같은 것이었다.

미국은 1867년에 멕시코에 침투한 프랑스 세력을 먼로주의의 명분하에 물리친 바 있다. 그것은 먼로 독트린 선언 이후 미국이 라틴 아메리카에 특수한 이해를 가지고 있다고 생각했기 때문이다. 중남미를 미국의 뒷마당으로 인식한 것이다. 1902년에 베네수엘라는 영국과 독일로부터 많은 차관을 얻어 왔다. 그러나 차관상환이 제대로 이루어지지 않자 두 나라는 베네수엘라의 항구들을 포격하고 세관을 접수했다. 그러자 미국은 독일과 영국이 먼로주의를 위반했다하여 베네수엘라를 지원했다.

동양에서 열강의 각축, '3국간섭'과 조선의 명성황후

그 무렵 동양에선 러시아와 일본 간 세력다툼이 있었다. 일본은 메이지 유신 이후 서양의 사상과 기술을 받아들여 짧은 시간에 근대화된 산업국가로 탈바꿈했다. 일본은 열강과 같은 세력으로 인정받기를 바랐다.

러시아는 동쪽에 대한 야망이 있었다. 러시아는 1890년대에 주변

나라들을 흡수하면서 중앙아시아는 물론 아프가니스탄까지 영토를 확장했다. 러시아 제국은 폴란드에서 캄차카 반도까지 뻗어 있었다. 러시아는 블라디보스톡에 이르는 시베리아 횡단철도를 놓으면서 이 지역에서 영향력을 굳히려 했다.

청일전쟁에서 일본이 승리하고 1895년 4월 시모노세키조약이 체결되었다. 청나라는 조선에 대한 종주권을 포기하고 대만과 요동(랴오둥)반도를 일본에 양도했다. 요동반도에는 여순항이 포함되어 있었다. 그런데 조약 내용을 본 러시아, 프랑스, 독일 3국은 일본에 할양하도록 되어 있는 요동반도를 청국에 반환하도록 일본 정부에 강력히 요청했다. 이른바 '3국간섭'이었다. 일본은 마침내 랴오둥반도를 청국에 반환하고, '3국 정부의 우호적인 권고대로 요동반도의 점령을 포기한다.'는 각서를 3국 정부에 전달했다.

반환 조약은 1895년 11월 8일 청일 양국 간에 체결되고 대신 일본은 청국으로부터 4천 5백만 원의 보상금을 받았다. 이 반환은 청일전쟁에 승리하여 한껏 고무되어 있던 일본 국민들에게 커다란 충격이었다. 그것만이 아니었다. 이 사건으로 일본은 국가적 체면도 국민적 자신감도 잃었다. 무엇보다도 외국에 대한 권위를 잃었다. 그런 현상은 즉각 대외관계에 심각한 영향을 미쳤다.

그런 변화가 가장 빠르게 드러난 곳이 바로 조선에서였다. 실질적인 권력자인 명성황후가 러시아의 위력을 새삼 실감해 적극적인 '인아거일책'(引俄拒日策)을 추진했다. 이는 러시아를 동원해 일본을 몰아낸다는 계획이었다. 친러파가 내각에 중용되고 고종은 "작년 6월(갑오경장)이래 칙령이나 재가사항은 짐의 의사에서 비롯된 것이 아니다. 그러므로 이를 취소한다."고 선언했다. 이어 앞으로는 자신이 매일 대신들과 접촉하여 정사를 심의 결정하고 친재한 다음에야 실행토록 할 것이라는 조칙을 발표했다. 이 조처는 왕권회복과 일본지배의 거부를 뜻했다. 이것이 명성황후 시해사건의 단초였다.

유럽열강들도 청국 분할을 요구했다. 독일은 1898년 자오저우만에 상륙했다. 프랑스, 영국 등도 앞다투어 군대를 파견해 조차지를 요구했다. 러시아는 만주 철도부설권을 획득하고 요동(랴오뚱)반도의 조차를 요구했다.

러시아와 일본의 격돌, 러일전쟁

1897년 12월, 러시아 함대가 처음 요동반도 여순항에 모습을 나타냈다. 이로부터 3개월 뒤 중국과 러시아 사이에 협정이 맺어져 러시아는 여순항과 대련만을 조차했다. 러시아로서는 부동항을 얻는 것이 중요했다. 1년 후에는 이를 확고하게 하기 위해 러시아가 하얼빈에서 심양을 경유해 여순항에 이르는 철도를 놓기 시작했다. 대련과 여순역이 화재로 소실되자, 러시아는 의화단으로부터 철도를 보호한다는 구실로 아예 만주를 점령했다.

이 무렵 일본은 러시아·중국과 보호협정을 맺은 조선을 빼앗으려 했다. 이토 히로부미는 러시아와 협상을 시작했다. 그는 일본이 러시아군을 몰아내기엔 약하다고 생각해 러시아의 만주에 대한 권한을 인정하는 대신 일본의 한반도에 대한 권한을 인정할 것을 제안했다.

이에 대해 러시아는 만주에 대한 독점권과 한반도의 북위 39도 이북에 대한 중립지역 설정, 한반도의 군사적 이용 불가를 주장했다. 협상 과정에서 일본은 러시아를 견제하던 영국과 1902년 영일동맹을 맺었다. 이는 군사동맹으로 '러시아가 일본과 전쟁을 벌이는 동안 러시아와 동맹을 맺는 나라가 있으면, 영국이 일본의 편으로 참전할 수 있다.'는 내용이었다. 자신감을 얻은 일본은 전쟁 준비에 들어갔다.

　일본은 1904년 2월 4일부로 협상 중지를 선언하고 마산과 원산 등에 일본군을 상륙시켰다. 결국 전쟁은 터졌다. 그리고 열강들의 예상과 달리 일본이 승리했다. 전쟁을 치른 뒷심은 결국 돈이었다. 특히 전함 등 전비가 많이 들어가는 해전이 그랬다.

　후일 밝혀지지만 러일전쟁에서 일본을 도운 것은 유대자본이었다. 러시아가 20세기 전후 유대인을 대량 학살하자 미국 유대 자본이 러시아를 응징한 것이었다.

| The Dollar Story PLUS |

러·일전쟁에서 일본을 지원한 유대인 제이콥(야곱) 시프

1903년 일본과 러시아는 한국과 만주에 대한 통치권을 놓고 수차례 외교 협상을 가졌으나 원만한 타결책을 찾지 못했다. 이로 인해 1903년 가을부터 극동에는 전운이 감돌기 시작했다. 영국 보험회사 로이드 사는 전쟁 발발 가능성이 높은 극동지역으로 항해하는 선박의 보험료를 두 배로 인상하는 조치를 취했다.

1904년 2월 6일, 일본 함대들이 출항했다. 2월 8일 오후 인천에 정박 중이던 러시아 함대를 격침시키고 일부는 한반도에 상륙해 육로로 북진했다. 일본 함대

:: 러일전쟁 상황도

는 러시아 극동함대사령부가 있는 여순항으로 직진해 공격을 개시했다. 이것이 러·일전쟁의 시작이다. 한반도를 거쳐 북상하던 일본 지상군은 압록강 전투에서 승리하여 만주로의 진입로를 뚫었다. 일본이 강대국 러시아와 전쟁을 한다는 것 자체가 무리라고 관측했던 서방 세계는 일본의 연전연승에 깜짝 놀랐다.

일본은 1904년 2월 10일에야 러시아에 대해 선전포고했다. 하지만 일본은 그 이전 2월 8일에 선전포고도 없이 여순항에 있는 러시아의 극동함대, 제물포항의 두 척의 러시아 전함을 공격했다. 러시아 차르 니콜라스 2세는 일본의 공격 소식에 아연실색했다. 그는 일본이 선전포고도 없이 전쟁을 걸어 오리라고는 상상도 못했고, 장관들도 일본이 전쟁을 선택하지 않을 것이라 여겼기 때문이다. 러시아는 일본과의 전투가 있은 지 8일 후 정식으로 전쟁을 선포했다.

유대 금융계의 대일본 전비 지원

전쟁에는 돈이 필요하다. 러·일 전쟁 발발 당시 일본이 사용한 전비는 17억 3천만 엔으로 집계되었다. 청·일 전쟁보다 8.5배가 많고, 1903년 일본 국민총생산액 2억 6천만 엔의 6.6년 치 규모였다. 일본 정부는 전쟁자금을 국내와 해외에서의 국채 발행과 조세로 충당했다. 국내차용 7억 3천만 엔, 해외차용 6억 9천만 엔, 조세수입이 2억 5천만 엔으로 전비의 약 40%가 해외차용이었다.

당시 열강 대열에 끼지 못한 일본이 어떻게 국제 금융시장에서 돈을 빌릴 수 있었을까? 러·일 전쟁 기간 중 해외자금의 조달임무는 일본 중앙은행이 맡았다. 책임자는 다카하시 부총재로 그는 러·일 전쟁이 발발한 지 두 달 후인 1904년 4월 말, 국제 금융기관들의 일본에 대한 평가를 들어보고 외자도입의 기회를 모색하라는 정부의 밀명을 띠고 국제금융의 중심지 영국 런던으로 갔다.

영국은 일본과 동맹관계를 맺고 있는 우방국이었다. 런던에서 국채 발행을 통해 자금을 조달한 경험이 있는 다카하시 부총재는 런던 금융가에 지인들이 많았다. 다카하시 부총재가 만난 영국 금융계의 친구들은 러시아와 전쟁에 돌입한 일본에 대한 지지가 대단했다. 하지만 이들은 일본 정부가 계획한 자금조달 계획에는 흔쾌히 응하지 못했다. 전쟁이라는 위험한 상황 속에서 리스크를 떠안으려 하지 않았던 것이다. 이들은 다카하시 부총재에게 '미국계 은행을 끌어 들여라', '소액의 재무부 단기채권 발행으로 시작해 보라' 등의 대안을 제시했다. 다카하시는 런던의 한 금융기관을 찾아가 일본 정부가 지시한 1천만 파운드 국채 발행에 대한 자금조달을 협의했다. 영국 금융기관은 1천만 파운드 가운데 5백만 파운드는 즉시 발행하고, 나머지 5백만 파운드는 다음 기회로 미루자는 조건을 제시했다. 한꺼번에 1천만 파운드의 국채 발행을 원하고 있던 일본 정부는 순차적 발행 조건을 선뜻 수용하지 못했다.

이 무렵 다카하시 부총재는 런던의 친구가 초대한 만찬장에서 우연히 유대인이자 미국 금융인인 제이콥 시프와 나란히 앉았다. 다카하시와 제이콥 시프의 운명적인 만남은 이렇게 시작되었다. 제이콥 시프는 미국 투자금융회사인 쿤-롭 사의 최고경영자였다. 그는 20세기 초 미국에서 대규모 철도공사 자금조달에 중요한 역할을 했고, 자선사업가로서 크게 활동 중이었다.

유대인과의 운명적 만남

제이콥 시프는 일본이 시작한 러·일 전쟁에 큰 관심을 가졌다. 다카하시 부총재는 그에게 전황을 상세하게 설명하고 자신의 영국 방문 목적과 국채 발행의 어려움을 토로했다. 다음날, 다카하시는 런던 금융기관으로부터 일본 정부가 희망하는 국채 1천만 파운드 중 절반을 미국 금융기관에서 인수할 의사를 밝혔다는 연락을 받았다. 전날 만찬장에서 만난 제이콥 시프가 즉각적인 조치를 취한 것이었다.

제이콥 시프의 일본 국채 인수는 커다란 모험이었다. 당시 일본과 러시아는 압록강에서 치열한 전투를 벌이고 있었는데, 어느 쪽이 승리할지는 아무도 알 수 없었다. 다카하시는 국채 발행에 도움을 준 제이콥에게 감사의 뜻을 표시했다. 하지만 제이콥의 회사와 그에 대한 구체적인 정보를 가지고 있지 않았기 때문에 본국에 바로 보고하지는 않았다. 일본의 1차 전쟁 국채 1천만 파운드는 1904년 5

월 11일, 일본 정부와 영국 금융기관 그리고 미국의 쿤-롭 사의 합의 아래 런던과 뉴욕에서 같은 날 동시에 발행되었다. 금리는 연 6%였다.

일본은 미국과 영국에서의 성공적인 국채 발행을 통해 외자를 도입할 수 있었을 뿐만 아니라, 우방국의 물질적인 지원이 확인되었다는 점에서 전쟁 중인 일본 군대와 일본 국민들의 사기 진작에 큰 도움이 되었다.

일본군이 러시아를 상대로 압록강 전투에서 승리를 거둔 후, 일본 정부는 총 규모 1천 2백만 파운드의 두 번째 국채 발행에 나섰다. 그러나 압록강 전투 승리 직후인데도 불구하고 국제 금융계는 일본의 2차 국채 발행에 미온적인 태도를 보였다. 일본 해군이 러시아 극동함대의 주력기지인 여순항을 신속하게 점령하지 못함에 따라 일본의 승전 전망이 불투명하다고 판단했기 때문이다. 다카하시의 영국 친구들과 제이콥 시프는 시간을 두고 기다려 보자고 했다.

제이콥 시프는 러·일 전쟁에서 일본의 승리가 러시아 왕정 전복에 크게 기여할 것이라고 믿었다. 이런 관점에서 그는 일본을 최대한 지원한다는 입장이었다. 그의 이러한 생각은 일본이 2차 국채 발행을 추진하고 있던 시기에, 그가 다카하시에게 보낸 전문의 한 문구에서도 엿볼 수 있다. "우리는 이번에도 일본 정부를 지원하고자 합니다. 그 길이 이번 전쟁을 조기 종식시키는 길이라고 믿기 때문입니다."

제이콥 시프는 러시아의 차르 체제가 러시아내 유대인들을 핍박하는 데 대해 굉장히 비판적이었다. 러시아 차르 체제는 부정부패한 왕정을 전복하려는 혁명 세력을 무마하기 위한 하나의 방책으로 19세기 말부터 유대인들에 대한 억압을 의도적으로 강화하는 정책을 취하고 있었다.

러시아의 유대인 학살

1882년에는 유대인들의 거주지를 제한하는 법을 제정하여 북부 발트 해와 남부 흑해 사이의 땅 안에서만 살도록 했다. 정부의 반유대인 억압 조치는 일반 국민들에게 반유대주의를 자극하는 계기가 되었다. 매년 부활절마다 유대인들이 기독교인 소년을 잡아가서 그들의 종교의식을 위해 살해했다는 식의 소문이 퍼지면서 유대인들에 대한 러시아 정교도들의 적개심을 불러일으켰다. 그 결과는 곳곳에서 대학살을 유발시켰다. 대표적인 학살이 1903년 4월 6일, 현재 몰도바의 수도인 키시네프에서 발생했다. 러시아 정교에서 가장 중요한 행사인 부활절 휴일 동안 발생한 대학살로 유대인 49명이 사망하고, 424명이 부상했으며, 7백 가구의 유대인 가정과 6백여 개 상점이 파괴되었다. 그럼에도 불구하고 러시아 왕정과 치안당국은 현지인들의 대 유대인 학살과 방화, 파괴를 관망하거나 미온적인 조치를 취했다. 이로 말미암아 폭력 사태가 더욱 확산되었다는 점에 유대인들은 분노했다.

미국 유대인 사회에서 지도적 위치에 있던 제이콥 시프는 율법의 가르침에 따라 러시아 유대인들을 구해야 한다는 책임감을 가지고 있었다. 그는 1890년대부터 프롤레타리아 혁명이 일어난 1917년까지 동족 유대인을 핍박한 러시아 차르와 전쟁을 벌였다. 그는 러시아 유대인들의 해방을 위해 자신의 부와 정치적 역량을 활용했다. 그의 네트워크는 프랑크푸르트에 사는 형제에서부터 런던의 금융업 친구들, 그리고 러시아 정보원에서부터 영국·프랑스·독일 내 유대인 조직의 근무자에 이르기까지 폭넓었다. 이 같은 국제적인 협력 채널을 동원하여 제이콥 시프는 러시아 유대인들의 사정에 관한 모든 뉴스의 중심이 되었다. 그는 상황에 따라 어떤 때는 로비스트로서, 또 어떤 때는 외교관 혹은 기부자로서 활동하며 동유럽 유대인들을 해방시킨 전사로서 세계적인 명성을 얻었다.

그와 그의 친구들은 대학살의 희생자들을 지원하고, 전 세계에 흩어져 있는 유대인들을 돕기 위한 미국 유대인위원회(AJC) 창설에 주도적인 역할을 했다. 제이콥 시프의 주도 아래 미국 유대인위원회는 1906년에 창설되었다. 이 위원회는 미국 내 뿐만 아니라 전 세계 유대인들이 핍박의 고통에서 벗어나 시민권을 인정받고, 종교 활동의 권리를 갖는 데 노력했다. 미국 유대인위원회는 동유럽 유태인들이 미국으로 이민 올 수 있도록 문호 개방 조치를 취했다. 이어 미국 유대인들의 러시아 입국 비자 발급 거부를 문제 삼아 미국과 러시아 간의 통상조약 폐기를 촉구했다. 유대인들의 로비 활동 덕분으로 80년간 지속되어 온 미국과 러시아의 통상조약은 1913년 1월 1일자로 폐기되었다.

제이콥 시프가 다카하시를 처음 만난 것은 바로 이 무렵이었다. 여러 가지 어려움 속에서 제이콥 시프의 쿤-롭 사와 그의 협력 금융기관들은 1차 일본국채 발행 때와 마찬가지로 영국 금융기관들과 협력했다. 이들은 일본 정부와의 협의를 거쳐 1904년 11월 14일 연 6%의 금리로 1천 2백만 파운드의 일본 국채를 뉴욕과 런던에서 동시 발행했다.

만주전선은 시간이 갈수록 일본에 유리했다. 1905년 1월, 일본해군은 러시아 극동함대 본부 여순항을 점령했다. 일본육군 역시 만주 곳곳의 전투장에서 우세를 보였다. 일본의 연전연승을 전 세계는 경이로운 눈으로 지켜보았다. 이러한 분위기는 일본 정부가 계획하고 있는 3차 국채 발행에 긍정적인 영향을 미칠 것으로 전망되었다.

일본 정부는 그동안 발행한 두 차례의 국채에서 금리가 높다는 점이 다소 불만이었다. 일본 정부는 다카하시 부총재에게 전쟁에서 승리하고 있는 상황을 고려하고 신규 국채 발행시 금리를 현실화하도록 지시했다. 다카하시는 런던으로 가는 길에 먼저 뉴욕에 들렀다. 1905년 3월 7일, 그는 제이콥 시프를 만났다. 일본의 승리에 크게 고무된 제이콥 시프는 일본 정부가 희망하는 국채 발행액과 금리 현실화에 대해 걱정하지 말라고 하면서, 그가 직접 영국 금융기관들과 협의를 하겠다고 했다. 영국인들도 일본의 전쟁 승리에 고무되어 있었기 때문에 일본의 3차 국채 발행은 거액이었지만 금리는 4분의 1이 인하된 수준이었다.

제이콥 시프의 원격 지원과 영국 금융인들의 우호적인 태도에 힘입어 다카하시가 런던에 도착한 지 닷새째 되는 1905년 3월 28일, 3천만 파운드의 일본 국채가 금리 4.5%로 발행되었다. 종전대로 절반은 영국 금융기관이, 나머지 절반은 미국 금융기관에서 인수했다. 당시 화폐 가치 기준으로 볼 때, 3천만 파운드는 러시아 극동함대의 모든 자산 가치에 해당하는 엄청난 금액이었다. 이 같은 일본의 대규모 국채 발행으로 국제 금융시장의 여신 사정이 크게 경색되기도 했다고 한다.

전비가 바닥나다

1905년 6월경, 루스벨트 미국 대통령이 러·일 전쟁을 종식시킬 평화협상을 중재하고 나섰다. 이 무렵 일본 정부는 미국에 체류하고 있던 다카하시에게 또다시 대규모 국채를 조달할 것을 지시했다. 네 번째 국채 발행이었다. 미국에서 제이콥 시프를 만난 다카하시는 런던 금융계에 협조를 요청하는 전문을 보냈다. 그러나 반응이 좋지 않았다. 영국 금융기관이 꺼리는 이유는 세 가지였다.

첫째, 3천만 파운드의 국채가 발행된 지 얼마 되지 않았기 때문에 시기적으로 좋지 않다는 것, 둘째, 이미 발행된 국채 중 영국 금융기관에 갚아야 할 돈이 완전히 상환되지 않았다는 것, 셋째, 러시아가 비록 전투에서는 매번 패배했지만 그들의 무력을 결코 과소평가할 수 없으며 일본과 끝까지 전쟁을 치르겠다는 러시아 중앙 정치세력의 목소리가 강했기 때문이었다. 실제로 러시아는 전쟁을 계속 끌면 일본의 금고가 바닥나서 결국 일본이 손을 들 것이라는 생각을 가지고 있었던 것 같았다. 전쟁 자금 조달은 일본이나 러시아 모두에게 국가적 현안이었다. 일본으로서는 국제 금융시장으로부터 거액의 자금을 확보해야만 러시아가 일본의 자금력을 얕보지 않고 조기 종전에 응할 것으로 전망하고 있었다.

이러한 전략에서 추진하는 네 번째 대규모 해외 국채가 성공적으로 발행되고 러·일 전쟁이 평화협정으로 종전될 경우, 차입 외자를 전후 경제복구에 활용하겠다는 것이 일본 정부의 계산이었다. 이 같은 일본 정부의 계획을 들은 제이콥 시프는 다카하시에게 미국에서 적극적으로 지원하겠다는 확약을 주었다. 그는 참여를 기피하는 영국 금융기관을 대신하여 독일 금융기관을 활용하는 방안을 강구했다.

제이콥 시프의 사위는 독일인이었다. 사위 집안은 독일 함부르크 소재 바르부르그 은행의 소유주였다. 제이콥 시프는 이 은행을 주간사로 하여 미국 금융기관이 참여하는 방식의 국채 발행 추진 계획을 세웠다. 이 안에 대해 다카하시는 처음엔 망설였다고 한다. 오랫동안 영국 금융기관들과 일해 왔는데, 네 번째 국채 발행에서 동맹국인 영국을 배제한다는 것이 마음에 걸렸다는 것이다. 다카하시는 1905년 7월 2일 런던으로 건너가서 국채 발행 금융기관 대표자들을 초청하여 일본 정부의 계획을 설명했다. 결국 런던 금융인들도 참여하기로 합의가 되었다. 그 결과 일본은 1905년 7월 11일, 연 4.5%의 금리로 미국·영국·독일이 각각 1천만 파운드를 인수하는 형식으로 총 3천만 파운드의 4차 국채를 성공적으로 발행했다.

일본이 강대국 러시아를 상대로 벌인 전쟁에서 연전연승하는 가운데 국제 금융시장으로부터 계속 상상을 초월하는 금액의 외자를 도입한 반면, 러시아는 국제 금융시장은 물론, 국내에서도 국채 발행이 불가능한 상태에 처해 있었다. 1년 반의 전쟁을 치르면서 러시아 국고는 이미 바닥난 상태였고, 자금 조달을 위한 현실적인 방법은 지폐를 계속 찍어내는 길밖에 없었다. 전쟁을 장기화할 경우, 일본이 재정 파탄으로 평화협상을 제의해야 할 것이라는 러시아 측의 기대는 일본의 4차에 걸친 막대한 외자 조달로 물거품이 되었다. 러시아와 일본은 결국 종전을 위한 평화협상 테이블에 나왔다. 여러 차례의 전투에서 승리한 일본은 여유로운 외자 보유와 외화 조달을 지원해 준 서방국가들의 외교적 지지를 등에 업고 유리한 입장에서 러시아와 평화협정을 맺게 되었다.

제이콥 시프는 독일 태생 미국 금융인

제이콥 시프는 1847년 독일 프랑크푸르트에서 태어났다. 그는 일반학교 교육을 받은 후 14세의 나이에 회사 수습사원으로 일했다. 4년이 지난 1865년, 그는 미국으로 이민 가 뉴욕에서 중계업을 시작했다. 2년 뒤에는 미국 금융인 버치와 합작으로 버치-시프사를 세웠고, 1870년 미국 시민으로 귀화했다.

제이콥은 1872년에 회사를 해체하고 독일로 되돌아가 함부르크에서 잠시 일한 뒤 부친의 사망과 함께 프랑크푸르트로 이동했다. 1874년 뉴욕 투자회사 쿤-롭 사에 입사한 제이콥은 1875년부터 미국의 증권들을 유럽 시장에 처분하는 임무를 맡았다. 같은 해 제이콥은 쿤-롭 사의 최고 책임자인 솔로몬 롭의 딸과 결혼했다. 이들 부부는 딸과 아들을 두었는데, 이 딸이 후에 함부르크 금융 가문인 펠릭스 바르부르그와 혼인했다. 사위 펠릭스 역시 쿤-롭 사에서 일했다. 1885년 솔로몬 롭의 사망과 함께 제이콥 시프가 쿤-롭 사의 경영을 맡게 되었다. 그는 미국 동부의 철도, 특히 펜실베이니아 철도와 루이스빌과 내슈빌선(線)에 대한 투자에 큰 관심을 두었고, 그 후 그의 관심은 극동으로 옮겨갔다.

1800년대 마지막 4반세기 동안 서방 열강들은 일본과 중국에 대해 큰 관심을 가지고 있었다. 일본은 청일전쟁(1894~1895)에서 승리한 이후 극동의 열강으로 부상했다. 미국은 극동의 경제적 이권에 개입하기 위해 개방정책을 표방하는 한편, 극동에서의 미국 존재를 강화시키기 위한 방책의 일환으로 자국 은행들의 현지 투자를 장려했다.

제이콥 시프의 쿤-롭 사는 미국 정부의 제국주의 정책과 무관하게 러·일전쟁 기간 중 일본에 엄청난 금액의 자금을 지원하는 매우 야심적이고 공세적인 해외투자에 착수했다. 그는 러시아의 반유대주의 정책에 반대하여 일본 편을 들게 되었지만, 일본 국채 인수는 자신의 금융 수익을 약속해 주는 비즈니스이기도 했다.

제이콥을 비롯한 미국 금융인들이 러·일 전쟁 기간 중 총 4회, 그리고 종전 후 한 차례 등 모두 5회에 걸쳐 일본에 지원한 자금은 총 1억 9천 6백만 달러로 요즘 가치로는 2백억 달러 이상이었다. 쿤-롭 사의 대일본 자금 지원은 일본이 러·일 전쟁에서 승리하는 요인이 되었을 뿐 아니라 제이콥 본인에게도 중요한 승리였다. 국제 금융시장에서의 그의 활약은 그가 경영을 맡고 있는 쿤-롭 사로 하여금 당시 미국 최대 금융기관인 제이피 모건보다도 더 큰 위력을 발휘하게 만들었다. 제이콥 시프의 대일본 지원은 일본인들에게 오랫동안 우호적으로 기억되기도 했지만 일본인들에게 반유대주의를 불러일으키는 계기도 되었다. 러·일 전쟁 이후에도 제이콥은 자신의 비즈니스와 반러시아 감정으로 인하여 계속 일본을 지원했다.

제이콥 시프의 일본 방문

1906년 2월22일 제이콥 시프는 승전국 일본을 방문하기 위해 뉴욕을 출발했다.

그는 기차를 타고 태평양 횡단 여객선을 타기 위해 샌프란시스코에 도착했다. 그의 일행은 집을 떠난 지 한 달이 조금 지난 3월 25일 일본 요코하마항에 내렸다. 그는 한 달 가량 일본에 머물렀다. 제이콥 시프는 일본 체류기간 중 일본인들로부터 받은 환대를 일기장에 자세하게 기록했다. 미국 유대인 신문에서는 그의 일본 방문을 '개선장군'이라고 표현하기도 했다.

3월 28일, 제이콥 시프는 외국인으로는 처음으로 일왕의 초청을 받고 황궁을 방문했다. 일왕은 제이콥에게 '일본의 국가 운명이 걸려 있던 러시아와의 전쟁 기간 중 일본을 위해 적극적으로 지원해 주었다는 말을 들었다.'고 하면서 '직접 만나 감사를 표하게 되어 기쁘다.'고 말했다고 한다. 이 자리에서 일왕은 그에게 일본이 외국인에게 주는 최고의 훈장을 수여하고, 주요 대신들과 함께 오찬을 했다. 제이콥은 자신의 일이 과대평가되고 있다고 말하고, 자신과 국제 금융계 친구들이 일본을 지원한 것은 일본이 올바르다는 것을 믿었기 때문이라고 대답했다. 그는 자신이 한 일에 대해 일왕으로부터 두 번씩이나 훈장을 받았을 뿐만 아니라 일왕이 그를 직접 접견해 준 데 대해 영광스럽게 생각한다고 말했다.

일본 재무대신의 감사말

다음은 제이콥 시프의 일기장에 기록된 일본 재무대신 사카다니의 만찬사다. 이 만찬은 1906년 3월 28일에 있었다.

"우리는 제이콥 시프 씨와 비록 어제 저녁에서야 첫 대면의 기회를 가졌지만, 우리의 우정은 전쟁 발발과 함께 시작되었습니다. 1904년 봄, 전쟁에 사용할 외자 도입의 필요성을 인식한 우리 정부는 일본중앙은행 부총재 다카하시를 런던으로 보내 외국 자본가들과 대부문제를 협의케 했습니다. 그러나 전쟁의 향방이 모든 사람들의 눈에는 막연하고 암담했습니다. 우리가 기대했던 시점에 대규모 외자 도입은 큰 어려움에 직면했었습니다. 바로 그때 우리 금융 에이전트가 미국 최대 금융가 중의 한 명인 훌륭한 친구를 발견했고, 그의 세계적인 커넥션이 영국 금융기관들로 하여금 그와 함께 우리의 전쟁 국채 발행을 수행토록 해주었습니다. 바로 그분이 오늘 저녁 만찬의 주빈입니다. 시프 씨가 다카하시와의 짧은 대화에서 우리가 필요했던 금액의 절반을 지원해 줌으로써 첫 번째 국채 발행액 1천만 파운드를 확보할 수 있었습니다. 이 같은 호의는 2차와 3차, 그리고 특히 전쟁이냐 평화협상이냐 하는 갈림길에 놓여 있던 시기의 4차 국채 발행 시에도 변함이 없었습니다. 최근에는 지난 겨울 5차 국채 발행을 위해 물심양면으로 적극적인 노력을 아끼지 않았습니다. 제1차에서부터 제5차에 이르기까지 시프 씨가 우리의 국채를 인수한 금액은 모두 3,925만 파운드에 달합니다."

제이콥 시프의 한국 방문

일본에서 한 달 이상을 보낸 제이콥 시프 일행은 1906년 5월 초에 한국을 방문했다. 그가 맨 처음 밟았던 한국 땅은 일본이 러시아 함대를 격침시킨 인천항이었다. 그는 일기에서 한국 도착 첫날을 이렇게 기록했다.

"우리가 탄 증기선이 인천항에 들어서자 승객과 화물을 운반하려고 몰려드는 한국의 돛배들이 배 주위에 가득 찼다. 배가 부두에 도착하자마자 일본인 시장이 갑판으로 올라와 우리를 맞이했다. 서울로 가는 기차를 타기 전 한 시간 동안 시가지를 구경했다. 제물포 시가지는 근대화되어 있지 않았다. 한국인 외에 중국인과 일본인도 많이 살고 있었다.

우리가 처음 보는 한국인들은 긴 흰 코트를 입고 케이크 접시 같은 형태로 머리 꼭대기에 얹어놓은 괴상한 모자들을 쓰고 있어서 이상하게 보였다. 여자들은 흰색 또는 초록색 치마를 입고 있었고 머리 위와 얼굴을 가려 다른 사람들이 그들을 좀처럼 알아볼 수 없게 하고 다녔다. 여성들이 모두 얼굴을 가리고 다니는 것으로 보아 매우 가정적인 사람들인 것으로 생각되었다.

제물포로부터 서울까지 깔린 27마일의 경인선을 타고 서울에 도착하니 미국 총영사, 일본 외무성의 미국인 고문, 한국 정부의 일본인 재정고문, 그리고 이토 통감의 대리인이 마중 나와 있었다. 우리는 호텔에 짐을 풀고 시내를 산보했는데, 거리의 풍경이 무척 이색적이었다. 그러나 시가지는 형언할 수 없을 정도로 더러웠다."

제이콥 시프의 한국 도착은 당시 황성신문에도 보도되었다. 그 주요 내용은 이렇다. "미국 부호 시후(시프) 씨가 5월 3일 인천에 도착하여 서울로 향했다. 4일 밤에는 통감 관저에서 공식 만찬에 참가하고, 5일에는 우리 황실의 창덕궁 만찬에 참가하며 6일에는 미국 총영사의 오찬에 참석한 후 7일경 여순으로 떠난다."

한국 방문을 끝낸 제이콥 시프 일행은 다시 동경으로 가서 일본 정부 주최의 공식 이별 만찬을 가진 후 태평양을 건너 미국으로 되돌아갔다. 이 방문을 통해 제이콥은 일본이 한국과 만주에 대한 통제력을 강화하고 나아가 중국을 지배하겠다는 의지를 갖고 있음을 파악했다. 그는 일본이 날로 공격적인 국가가 되어 가고 있음을 실감했다고 한다.

제이콥 시프는 팽창주의자 일본을 이용, 중국 비즈니스를 도모하려 했다. 그는 중국을 또 다른 투자 유망지역으로 보고 있었다. 중국에 대한 일본의 점령이 필요하다면 그럴 수 있다는 것이 그의 생각이었다. 그 당시 그는 만주 남부철도의 부분적 관할권을 확보하려고 시도했으나 성공하지 못했다. 일본에 대한 그의 우호적인 태도는 1910년 일본이 러시아와 동맹관계를 맺을 때 일시적으로 중단되었다. 제이콥 시프는 1920년 9월25일 뉴욕에서 사망했다.

제이콥 시프의 행적을 면밀하게 추적해왔던 강영수 전 KOTRA 텔아비브 무역관 차장은 다음과 같이 말하고 있다.

"국제 금융시장에서 영향력을 행사한 유대 금융인들의 행적을 추적하던 중, 20세기 초 뉴욕에 근거를 두고 있던 제이콥 시프가 러·일전쟁 때 일본에 자금 지원을 했다는 구절을 책에서 읽은 적이 있었다. 그 내용이 궁금하여 기회가 닿는 대로 자료를 찾아보았다. 2001년 뉴욕에 있는 컬럼비아 대학교 도서관에서 그가 1906년 일본과 한국을 방문한 후 발간한 기행문을 발견했다. 그가 직접 서명하여 컬럼비아 대학에 기증한 원본이었다. 시프가 한국을 방문했다기에 그 사실을 확인하기 위해 서울 여의도 국회도서관에서 황성신문의 필름을 확인하여 관련기사도 발견하게 되었다.

이와 함께 러·일전쟁 당시 상황과 포그롬(대학살)에 관한 자료를 추가로 입수하여 미국 유대인 금융가가 러·일전쟁에서 어떤 역할을 했는지를 추적할 수 있게 되었다. 유대인과 관련된 러·일 전쟁은 흥미로운 역사적 가정을 낳게 해주었다. 즉, 1903년 러시아 키시네프에서 유대인들이 현지인들에게 학살과 테러를 당하지 않았더라면, 제이콥 시프가 높은 리스크를 안고 국제 금융시장에서 일본에 대한 자금 조달을 주선하지 않았을 것이다. 우크라이나 지역에서의 인종차별 사태가 결과적으로 러·일전쟁의 향방에 영향을 미친 셈이다. 러·일전쟁은 한반도와 우리 민족의 운명에도 영향을 끼친 큰 사건이었다. 제이콥 시프의 사례를 통해 일본인들은 국제 금융시장에서 유대인들의 위력을 눈으로 확인하게 되었다. 유대인들이 세계 금융과 경제를 좌지우지하는 무서운 사람들이라는 인식을 심어 주었다."●

● 〈러·일전쟁 100년 쇄신 발굴〉, 강영수, 월간조선, 2004년 3월호

제이콥 시프, 러시아 혁명 지원

러일전쟁 당시 사실 은밀한 전쟁은 러시아 내부에서 있었다. 제이콥 시프를 위시한 미국 유대 금융가들은 유대인 레온 트로츠키를 지원해 혁명을 일으키게 했다. 이로써 1904년 러일 전쟁이 시작될 때 러시아 내부에서는 혁명이 동시에 시작된다. 아무튼 내우외환의 소용돌이 속에서 일본에게 흠씬 두들겨 맞아 망신살이 뻗친 러시아는 결국 1917년 3월, 혁명으로 로마노프 왕조가 무너지게 된다. 3백 년 동안 탄탄한 권력을 유지해왔던 왕조가 결국 돈의 힘에 무너지게 된 것이다.

볼셰비키 혁명을 성공적으로 도운 제이콥 시프는 그로부터 3년 후에 죽지만 새로 구성된 러시아 정부는 그에 대한 고마움을 표시하기 위해 쿤롭 은행에 6억 루블을 예치하기도 했다.

시어도어 루스벨트의 외교정책에 당한 조선

당시 세계의 세력균형은 변하고 있었다. 그동안 두 세기 동안 바다를 지배해온 영국은 독일과 러시아의 남하정책으로 도전받고 있었다. 이제는 혼자서 바다를 지킬 수 없었고, 결국 미국에게 협조해 달라고 손을 내밀었다. 이에 따라 미국은 독립전쟁 후 벌어졌던 영국과의 거리를 좁히면서 1880년대에는 우방이 됐다.

● 〈로스차일드, 화폐 그리고 대공황〉, 샤프슈터 박문환 팀장, 와우TV

러시아는 아시아에서도 남진을 추진했다. 이것을 막으려고 영국은 일본을 끌어들여 영-미-일 네트워크의 동맹관계가 세워졌다. 그럼에도 루스벨트는 한편으로 영국과 러시아의 세력 모두를 아시아에서 견제하려 했다. 여기에서 우리나라 운명을 좌우했던 '카츠라-태프트 밀약'이 조성된다.

:: 테프트(왼쪽)와 카츠라

미일 간의 '카츠라-태프트 밀약'은 1904년 시어도어 루스벨트 재임 시 조인됐다. "나는 일본이 조선을 손에 넣는 것을 보고 싶다." 시어도어 루스벨트가 부통령 후보 시절 친구에게 보낸 편지의 한 대목이다. 루스벨트의 일본 사랑은 점점 더해간다. "동양의 발전은 일본의 사명이다. 일본의 승리는 세계의 행복이다." 러일전쟁 직전 한 말이다.

시어도어 루스벨트는 백인 우월주의자였지만 단 하나의 예외가 일본이었다. 유색인종 가운데 일본인만 유일하게 앵글로색슨 같은 문명인이라 간주했다. 미국은 일본을 후원함으로써 러시아와 중국을 견제하려 했다. 루스벨트 대통령은 포츠담 회담을 주선하려고 윌리엄 하워드 테프트 미 육군 장관을 일본에 보내어 카츠라 수상과 협상케 했다. 1904년 7월 29일 카츠라는 태프트를 만나 양국 간의 문제를 논의하는 자리에서 일본은 미국의 하와이와 필리핀 지배를, 미국은 일본의 조선 지배를 묵인한다는 내용의 비밀각서에 합의한다.

루스벨트는 조선이 야만상태를 벗어날 수 있는 유일한 희망은 '좀 더 선진화된 일본에게서 배우는 것'이라고 믿었다. 태프트는 초대 필리핀 총독과 육군 장관을 거쳐 루스벨트에 이어 대통령을 지냈다. 이런 외교적 시각에서 루스벨트는 러일전쟁을 종결하는 평화회담을 포츠머스에서 주선해 노벨평화상을 받았다.

러일전쟁 전후 처리로 포츠머스 강화조약이 열린다는 정보를 듣자 고종의 측근이자 친미파인 민영환·한규설은 공화주의 운동을 하다 5년 동안 수감되었던 이승만을 석방해 미국에 밀사로 보냈다. 루스벨트 대통령을 만나 한국의 독립에 대한 미국의 지원을 호소하라는 명이었다. 조미수호통상조약에는 양국이 외국과의 어려운 시기에 서로 돕는다는 구절이 있기 때문이었다.

이승만은 시어도어 루스벨트를 만났다. 루스벨트는 친절히 맞아주며 주미한국공사로 하여금 미국 국무부를 통해 공식적으로 포츠머스 회담에 청원서를 상정하도록 촉구했다. 그러면 중국의 청원서와 함께 강화회의에 상정될 것이라 했다. 그러나 주미공사 김윤정은 이승만에게 한 약속을 배반하고 청원서를 올리지 않았다.

미국이 부강해지던 1870년대를 기점으로 세계는 제국주의로 접어들고 있었다. 이것은 1820년대부터 기차와 기선이 교통혁명을 이루자 세계 각국의 상선과 군함이 강력한 추진력을 갖춘 증기선으로 바뀐 데 원인이 있었다.

서구열강은 항로를 확보하기 위해 세계 곳곳에 연료를 쌓아두는 저탄장이 필요했고, 이를 위해 혈안이 됐다. 제3국 영토를 비집고 들어가는 것은 물론 쓸 만한 무인도는 모두 활용하는 무한경쟁시대를 열었다. 이런 항로 선점경쟁과 더불어 제국주의는 원료공급과 시장 확보를 위한 식민지 획득경쟁으로 확장됐다.

1870년대부터는 후진국에 자본과 설비를 투자하는 금융자본주의로 치달았다. 하버드 대학에서 역사공부를 하면서 세계사의 흐름을 파악한 루스벨트는 미국도 서구열강에 뒤지지 않으려면 제국주의로 가야 한다고 믿었다. 러시아는 1904년 러일전쟁 패배로 공산주의 혁명이 진행되었다. 일본은 승전으로 한국 지배권을 획득하고, 만주 진출이 결정되었으나 미국과 대립이 시작되었다.•

러일전쟁에서 일본의 승리로 한반도는 일제수탈의 시기로 접어든다. 일제는 1905년 무력을 동반한 을사조약으로 대한제국의 외교권을 침탈했다. 이어 1910년 8월 29일 한일합방 조약이 맺어지면서 대한제국은 일본 제국으로 편입되어 조선총독부에 의해 1945년까지 35년간의 일본 식민지배를 받았다.

중남미는 미국의 뒷마당

이미 미국은 1901년에 쿠바에 관타나모 해군기지를 건설하고, 1903

• 〈시어도어 루스벨트 대통령〉, 김형인 한국외대 연구교수, 월간조선, 2006년 10월호

년에 파나마를 콜롬비아에서 떼어내어 운하를 판 경험이 있었다. 그 뒤 태프트정권은 1912년 니카라과에 해병대를 보내 친미 혁명파를 돕는다. 이후 수립된 친미정권으로부터 그 나라 재정을 미국의 관리 하에 두는 조약을 체결했다. 미국은 1933년까지 니카라과에 해병대를 주둔시켜 사실상 미국의 보호령을 만들었다.

　미국은 이웃 멕시코에 투자를 많이 했다. 1911년도에 멕시코 석유자원의 절반 이상, 철도의 3분의 2 이상, 광산의 4분의 3을 점유했다. 이런 상황에서 멕시코에 반동적인 후에르타 군사정권이 들어서자 미국이 가만 있을 리 없었다. 윌슨 대통령은 후에르타 정권의 승인을 거부했다.

　급기야 1914년 4월 21일 미 해군이 우에르타 정부군에 공급될 무기를 적재한 독일 선박을 나포한다는 명목으로 멕시코의 베라크루스항을 점령했다. 그리고 입헌주의자 카란자를 내세워 새로운 정부를 세웠다. 그러나 반미주의자이며 빈민대중의 지지를 받고 있는 판쵸 빌라가 반란을 일으켰다. 미국의 보수 세력들은 멕시코에 대한 응징을 요구했으나 윌슨 행정부는 1차 세계대전에 참전하기 위해 1917년에 철수했다. 그 외에도 윌슨은 1915년 아이티에 군대를 파견해 친미정권을 수립했으며 이듬해에는 도미니카에 군대를 파견해 군정을 실시했다. 아이로니컬하게도 이러한 윌슨이 민족자결주의를 제창하며 '14개조 평화원칙'을 발표했고 1919년에는 노벨평화상까지 받았다. 아마 남의 나라를 잘 다스린 공로인 것 같다. 이후에도 미국의 뒷마당 관리는 지속되었다.

1차 세계대전 후
미국이 세계 1위의 해외투자국가로

제국주의 전쟁, 1차 세계대전

1차 세계대전은 1914년부터 1918년까지 영국·프랑스·러시아 등의 연합국과 독일·오스트리아 등의 동맹국 양 진영 사이에 벌어진 제국주의 전쟁이다. 제국주의란 정치경제적 지배권을 다른 민족의 영토로 확대시키려는 국가정책을 일컫는다.

오스트리아 황제계승자 페르디난트 부부가 세르비아계에 의해 보스니아 수도 사라예보에서 암살되자, 오스트리아는 세르비아계를 무력으로 타도하려 했다. 그러자 러시아는 범슬라브주의를 내걸고 세르비아를 지원하기 위해 7월 30일 총동원령을 내렸다. 그 결과 오스트리아와 동맹관계인 독일도 자동적으로 러시아와 전투를 시작하지 않을 수 없었다. 또한 독일은 러시아 동맹국인 프랑스와도 싸워야 했다. 영국은 처음에는 중립을 표방했다. 그러나 독일이 중립국인 벨기

:: 황제승계자 페르디난트 부부 암살을 계기로 1차 세계대전이 발발되었다.

에를 침범한 것을 이유로 독일과 전쟁을 시작했다.

이 전쟁은 역사상 최초의 총력전이었다. 나폴레옹 전쟁을 별개로 하면 19세기 유럽 전쟁은 국민 생활에 별로 영향을 미치지 않은 형태로 수행되었다. 그러나 1차 세계대전은 많은 나라들이 참가했을 뿐 아니라 국민생활에도 지대한 영향을 끼쳤다. 전선이 병사에 국한되지 않고 후방 국민까지 전쟁에 동원된 역사상 최초의 총력전이었다.

게다가 독가스, 전차, 비행기 등의 신무기가 투입된 것도 이 전쟁의 두드러진 특징이다. 때문에 전사자 수도 그때까지의 전쟁과는 비교되지 않을 만큼 많았다. 독일과 러시아 전사자가 대략 각각 170만 명으로 가장 많았으며, 프랑스가 136만, 오스트리아가 120만, 영국이 90만, 미국은 12만 6천여 명이었다. 이 전쟁에 참가한 국가는 25개국이었다.

유럽전쟁에서 세계대전으로
|

대전이 일어난 초기 단계에서는 전쟁이 유럽지역에 국한되어 있었다. 그러다가 세계전쟁으로 확대된 것은 1917년 4월 6일 미국이 독일에 선전포고를 한 뒤였다. 미국 참전 직전에 러시아에서는 혁명이 일어나 로마노프 왕조가 무너졌다.

1917년은 세계사 전반에 걸쳐서 커다란 전환점이 되는 해였다. 러시아에서는 3월 혁명에 이어 11월 혁명으로 독일과의 즉시 강화를 바랐던 레닌이 정권을 쥐게 되었다. 그리고 1918년 3월 러시아가 독일 측에 굴복했으나 세계대전 자체는 그 해 11월 독일 측 패배로 끝났다. 독일 측 패전에 결정적 작용을 한 것은 미국의 참전이었다. 독일의 무제한 잠수함 작전으로 인한 민간상선에 대한 무차별 공격은 미국의 참전을 불러들였다. 하여튼 표면상의 이유는 그랬다. 결국 유럽전쟁으로 시작된 전쟁은 세계대전으로 확대되었다. 그리고 미국이 가세한 연합군 측이 승리하여 1918년 11월 11일 파리 교외에서 휴전조약이 조인됨으로써 막을 내렸다.

미국은 1차 세계대전에 왜 참전했나?
|

연합국은 1917년 절망적 상황에 빠져들었다. 독일은 승리가 눈앞에 보이는 듯 했다. 그러나 1917년 4월 지금까지 중립을 고수해온 미국이 독일에 선전포고를 하며 전쟁개입을 선언했다. 이것이 연합국에

는 천만다행한 일이었으며 독일에게는 다잡은 고기를 놓친 비극이었다.

　1차 세계대전 당시 미국은 참전 명분을 찾기가 어려웠다. 미국 역사 교과서에는 민간여객선 루시타니아호의 피격 및 침몰이 참전원인이었다고 기술하고 있다. 그러나 아일랜드 해안에서 격침당한 루시타니아호는 미국 국적선이 아니라 영국 배였으며 1,192명의 사망자 중 미국인은 124명이었다. 그나마 피격 사건은 참전하기 2년 전인 1915년 5월에 일어났다. 무엇보다도 피격 당시에는 참전과 관련한 고려와 여론이 없었다. 이후 미국은 2차 세계대전에도 참전하며 '세계 경찰'의 역할을 자임하게 된다. 누가 요구하거나 시키지도 않았는데 말이다.

　미국의 1차 세계대전 참전 이유는 크게 두 가지였다. 당시 뿜어 나오기 시작한 중동 석유가 그 하나요, 제이피 모건 등 군산복합체의 참전 종용이 다른 하나였다. 미국은 석유를 놓고 다투는 열강들의 모습을 보며 마음이 바빠졌다. 중동을 유럽 열강들에게 고스란히 넘겨줄 수는 없었기 때문이다. 또 전쟁특수로 형성된 황금시장을 미국의 산업 부흥에 연계시킬 필요가 있었다. 연합국 측의 각종 물품구매는 예상보다 훨씬 컸기 때문이다.

종전을 앞당긴 스페인 독감, 수천만 명의 인명을 앗아가
|
　1차 세계대전 종전을 앞당긴 것은 다름 아닌 1918년에 창궐한 스페

인 독감이었다. 한국에서도 740만 명이 감염되고 이중 14만 명이 사망했다. 당시 이 치명적인 독감은 격전지를 중심으로 빠르게 번져 나갔다. 수많은 젊은이들이 밀집해 있는 군부대의 막사는 바이러스가 확산되기에 더없이 좋은 환경을 제공했던 것이다.

영국, 프랑스, 독일을 휩쓴 독감은 스페인을 초토화시키고 북아메리카와 아시아까지 확산되었다. 특히 알래스카와 캐나다를 비롯한 북아메리카 대부분의 지역은 죽음의 땅이 되고 말았다. 이른 바 '1918년의 대재앙'이라 불리는 스페인 독감은 전 세계적으로 수 천만 명의 인명을 앗아갔다. 1차 세계대전에서 약 8백만 명, 2차 세계대전에서 약 1천 5백만 명의 군인이 사망한 것으로 추정된다. 독감의 위력은 두 차례의 세계대전을 모두 합한 것보다, 심지어는 핵폭탄보다도 강력했다.

미국, 경제력에서도 힘의 우위를 과시하다

1차 세계대전 뒤 미국은 영국을 제치고 세계 1위의 해외투자국가로 올라선다. 황금의 1920년대를 지나 1930년대 대공황이 한창 진행될 무렵 미국보다는 유럽이 경제적으로 더 힘들었다. 또한 대공황의 늪에서 빠져 나오기 위해 세계 각국이 꾀한 다양한 수요창출 정책은 생각보다 그 성과가 미흡했다.

유럽은 금본위제에 기반한 통화 붕괴를 막아보기 위해 영국 주도로 1933년 6월 런던통화회의를 개최하기로 했다. 그 직전 1933년 4월에 미국은 아예 금값을 올리면서 금본위제에서 전격 탈퇴했다. 당시 미국도 대공황 중이라 유럽을 도와 줄 여력이 없었지만, 실업률이 25%까지 치솟은 미국으로선 국제 경쟁력 회복을 위해 달러가치 절하가 절실한 형편이었다. 이로써 미국은 결과적으로 경쟁상대국들을 외환위기로 몰아넣어 유럽의 경제복구를 사실상 방해한 셈이 되었다.

이러한 결과, 미국이 일거에 힘의 우위를 차지하였다. 대공황 와중에 국제연맹 가맹국 66개국이 모여 런던에서 열린 '통화 및 경제문제 국제회의'는 이렇게 실패로 끝났다. 유럽은 분노했고 대공황은 길게 이어졌다.

미국 근대 산업사는
재벌의 역사

3

세계 경제의 축,
대서양을 건너다

　미국의 산업사는 재벌의 역사다. 또한 제조업 부흥과 동시에 금융 자본주의가 태동한 역사이기도 하다. 제이피 모건과 록펠러가 양분하다시피 한 미국의 산업사를 들여다보자.

　산업혁명은 철도와 철강산업을 중심으로 전개되었다. 특히 1855년 영국의 베서머 제강법의 보급이 기폭제였다. 선철로부터 강철을 생산하는 일관 연속작업공정이 이루어져 급속한 산업구조 변화가 있었다. 1860년대 이래 세계 철강산업 자본투자가 급증해 철도 붐이 일면서 1870년까지 세계 철도 총연장 길이는 6만 2천 마일이었으나 그 뒤 급속히 증가해 1900년에는 26만 2천 마일로 4배 이상 늘어났다.

　당시 미국도 동부를 중심으로 발전했다. 특히 철강 화학 등 분야에서 새로운 기술혁신이 이루어져 산업이 크게 발전했다. 또 뉴욕과 필라델피아를 중심으로 상업과 무역업 그리고 금융업이 발달했다. 그 중심에 유대인이 있었다.

제이피 모건의 등장

미국의 산업과 자본주의의 태동

뉴욕을 중심으로 동부에 정착한 유대인들은 세계 각국의 유대인 커뮤니티를 파트너로 하여 대규모 무역업을 주도하여 큰 자본을 축적했다. 이러한 자본 축적은 곧 금융산업을 태동시켰다. 이로써 맨해튼에 제조업과 무역업을 지원하는 금융산업이 월가를 중심으로 빠르게 자리 잡아갔다.

흔히 "제이피 모건의 지난 170년사를 알면 미국 금융과 경제의 모든 것을 알 수 있다"고 한다. 제이피 모건이야말로 미국 금융계를 지배해온 최고 실력자였다. 금융뿐 아니라 철도·철강·통신·영화산업 등 실물경제도 장악한 실세였다. 한 마

:: 제이피 모건

디로 그는 미국 근대산업사 그 자체였다.

제이피 모건은 창업주 존 피어폰트 모건(J. Pierpont Morgan : 이하 제이피 모건)의 약자다. 1837년 코네티컷 주에서 태어났으며 그의 선조 몰겐스턴이 유대인이다. 하지만 그는 개신교를 믿었다. '이스라엘 귀환법'에 따르면 조부모 중 유대인이 있거나 유대교로 개종한 사람은 모두 유대인으로 간주된다. 따라서 이 법에 의하면 제이피 모건은 유대인이다. 하지만 유대인의 혈통일지라도 유대교를 믿지 않으면 유대인으로 분류하지 않기도 한다.

그러나 많은 사람들은 모건을 유대인 범주에 넣는다. 유대인이란 말은 대체로 종교적인 의미에서는 유대교를 신봉하는 사람, 민족적인 의미에서는 유대 민족의 피를 타고 태어난 사람을 가리킨다. 근대 유럽에서부터 유대인의 정의는 종종 그들 자신이 아니라 반유대주의자에 의해 내려지곤 했다. 이러니 현실적으로 누가 유대인인가를 결정하는 것은 용이하지 않다.

그의 할아버지와 아버지는 직물공장과 면화 브로커를 하며 '애트나생명'이라는 보험업과 부동산 투자로 상당한 부를 모았다. 제이피 모건의 할아버지 조지프 모건은 6백여 채의 건물을 잿더미로 만든 1835년의 월스트리트 대화재 덕분에 오히려 성장의 계기를 잡았다.

당시 조지프는 애트나(Aetna)라는 작은 보험회사의 대주주였다. 그런데 이때 대화재가 발생했다. 약관에 따라 배상금을 모두 지불하면 보험회사는 망할 판이었다. 놀란 다른 주주들은 하나둘씩 주식을 빼달라고 요구했다. 심사숙고한 모건은 자신의 신용과 명예가 돈보다 더 중요하다고 생각하고 자신의 집까지 팔아 다른 주주들이 내놓은 주식들을 저가에 인수했다. 그리고 화재배상금 전액도 지불했다. 약속 곧 계약을 목숨보다도 중히 여기는 유대인다운 행동이었다. 그러자 애트나의 명성이 높아졌고, 그 뒤 월스트리트에서 신뢰받는 보험회사로 성장했다. 더구나 이때 확보한 지분 가치는 세 배 이상 높아졌다. 그의 아들 주니어스 스펜서 모건은 보스턴에서 가장 큰 무역회사를 운영하며 유럽에 직물을 수출했다.

:: 조지 피바디(왼쪽)와 주니어스 스펜서 모건

1838년 미국인 조지 피바디는 런던에 한 상업은행을 열었다. 1854년에 제이피 모건의 아버지인 주니어스 스펜서 모건은 직물수출보다 금융업의 수익성이 더 좋다는 걸 깨닫고 금융업으로 눈길을 돌렸다. 때마침 후계자를 찾던 피바디를 만나 런던에 본점을 둔 피바디은행의 동업자가 되었다. 따라서 제이피 모건이 국제 금융업자로 성장한 역사는 조지 피보디가 주니어스 모건을 공동경영자로 영입한 1854년부터 시작된다.

당시 세계금융의 중심지는 'The City'라고 불리는 런던의 금융특구였다. 스펜서 모건은 영국인들의 금융제국에 파고든 것이다. 그리고 피바디은행은 영국 내 유일한 미국은행이라는 이점을 이용해 당시 후진적이었던 미국 금융시장에 영국의 선진금융문화를 적용시켜 금융계를 장악하기 시작한다. 그 무렵 미국의 주정부들은 더 시티에서 자금을 조달해 철도, 운하, 도로 등을 건설했다. 당시 피바디 은행은 미국 주정부채권을 영국 투자가들에게 판매하기 위해 설립한 상업은행이었다.

피바디은행은 당시 유행하던 큰 고객을 상대로 한 고급금융을 다루었다. 이것이 오늘날 투자은행의 전신이다. 한편 조지 피바디는 로스차일드 은행의 홍보대리인이기도 했다. 피바디는 10년 뒤 약속과 달리 자본금을 빼고 철수했다. 주니어스 스펜서 모건은 피바디은행을 인수해 제이에스모건(주니어스 스펜서 모건)상사로 이름을 바꾸었다. 그리고 당시 세계 최대의 은행인 로스차일드의 파트너가 되었다.

피바디는 은퇴 후 미국 최초의 음악대학인 피바디를 세워 미국 굴지의 학교로 키웠다. 현재는 존스홉킨스 대학에 병합되어 존스홉킨스 음악대학이 되었다.

:: 미국 최초의 음악대학 피바디

영국으로 떠나기 전 스펜서 모건은 아들을 얻었다. 어린 존 피어폰트 모건은 보스턴 하트포트, 스위스의 베베이, 독일 괴팅겐대학을 거치며 글로벌화된 인재로 자라났다. 특히 괴팅겐대학 시절에는 교수가 수학 전공을 권할 정도로 수학적 재능이 탁월했다. 학업을 마친 뒤 뉴욕으로 돌아와 아버지 회사의 대리법인에서 회계원으로 일했다. 특히 주니어스 모건은 아들 제이피 모건이 미국 금융계에서 일하는 데 필요한 이론교육과 실습을 시켰고, 나중에는 무엇보다도 중요한 자본을 대주었다.

제이피 모건은 외동아들로 자라면서 국제적 금융 감각과 아버지에게서 물려받은 경제적 도덕성이라는 두 가지 가르침을 얻었다. 아버지는 두 가지를 강조했다. 첫 번째 가르침은 '투기적 거래는 피하라'였다. 한 번은 사업성이 불확실한 선박회사 주식 다섯 주를 샀다는 이유로 눈물이 쏙 빠지게 혼을 냈다. 두 번째 가르침은 '신뢰를 쌓으라'였다. 그는 평생 아버지의 가르침을 잊지 않았다. 측근들에게 "신뢰는 돈이 아니라 평소의 태도와 명성을 바탕으로 형성된다."며 "투기적 성격의 소유자에게는 다른 사람들이 돈을 맡기지 않는다."고 강조했다.

제이피 모건, 뉴욕에 투자은행 설립

금융계에 진출한 제이피 모건은 1861년 남북전쟁이 일어나자 본능적으로 돈 냄새를 맡았다. 그는 이듬해 자기 회사를 만들어 독립했다. 투자은행 제이피모건상사(JP Morgan & Co.)를 독자적으로 설립한 것이다. 그리고 런던에 있는 부친 은행인 주니어스스펜서모건상사(J.S. Morgan & Co.)에서 인수한 유럽 채권과 증권을 뉴욕에서 팔았다. 그 뒤 모건은 30년 넘게 은행을 경영하면서 영국과 미국 사이의 중요한 연결고리 역할을 했다.

그는 독일 유학 당시 배웠던 수학적 지식을 금융에 접목시켰는데, 남북전쟁으로 촉발된 초호황 국면을 활용해 순식간에 엄청난 성공을 이루었다. 1864년에 겨우 스물일곱 살이었던 모건은 당시로서는 천문학적인 금액인 5만 3,286달러에 이르는 세전소득을 올려 월스트리트의 영파워로 성장했다.

제이피 모건, 남북전쟁 중 최고 재력가로 부상

남북전쟁이 발발한 때가 모건 나이 24세였다. 제이피 모건은 전쟁기간 동안 북군이 폐기처분하는 낡은 카빈 소총 5천 정을 뉴욕에서 한 정에 3.5달러에 사 약간의 손을 본 다음 달 세인트루이스의 남군에 22달러에 파는 거래에 뒷돈을 댔다. 1만 7천 5백 달러의 헐값으로 사서 그 다음 달 고스란히 11만 달러로 되판 것이다.

그는 게티스버그 전투 이후 영장을 받았지만 당시 여느 부자들처럼 3백 달러를 주고 사람을 사서 대신 보냈다. 그리고 금을 매집해 가격을 끌어올리는 수법으로 16만 달러를 순식간에 벌기도 했다. 지금 우리 돈으로 2천억 원이 넘는 액수다. 전쟁기간 동안 이런 종류의 사업은 계속되었다. 전쟁이 계속되고 가속화될수록 군사물자의 수요는 기하급수적으로 늘어났다. 모건은 전세에 따라 남군과 북군에 번갈아가며 투자하여 하룻밤 사이에도 수십만 달러씩 돈을 긁어모았다. 군수산업과 금융산업이 융합한 위력이었다. 이런 의미에서 그는 미국 군산복합체의 원조인 셈이다.

주니어스 모건은 자신의 은행인 주니어스스펜서모건상사를 남북전쟁기간 중인 1864년에 27세인 아들 제이피 모건에게 물려주었다. 제이피 모건은 전쟁 과정에서 축적한 엄청난 부에 더해 아버지한테 물려받은 은행까지 제이피모건상사에 합병시켜 오늘날과 같은 대형 투자은행의 토대를 구축했다.

남북전쟁에서 북군의 승리는 북부 공업지역 신흥부르주아지의 승리이자 자본주의의 승리이기도 했다. 남북전쟁을 거치면서 통합국가와 시장체제를 갖추게 된 미국의 자본주의는 본격적인 발전의 길로 들어섰다. 4년간의 전쟁이 끝나자 모건은 미국 최고의 재력가로 떠올랐다. 이로써 미국의 자본주의를 주도하는 제이피 모건 시대가 본격 개막했다.

미국 최초의 군산복합체, 모건-듀퐁의 공조
|

그러나 모건은 남북전쟁 중 격발사고가 잦은 불량 총기류와 새로 배급받은 후 반나절도 행군하지 않아 밑창이 떨어지는 불량 군화 등을 비싼 값에 납품해 장관이 경질되는 등 커다란 사회적 물의를 빚었다.

이로 인해 전쟁이 끝난 뒤에는 국회의 진상조사까지 받았다. 의회가 "충성을 가장해 국가의 불행을 치부와 향락의 기회로 삼는 자는 반역자보다 더 나쁘다."며 제이피 모건과 몇 사람의 횡령자를 수사했지만 그는 개의치 않았다.

당시 모건이 군수사업을 하면서 만난 사람이 듀퐁 대령이었다. 이 인연이 훗날 군수산업복합체인 '모건-록펠러-듀퐁' 군수재벌의 시작이었다. 미국 역사상 최초의 '군산복합체'의 등장이었다. 듀퐁은 프랑스계 유대인이었다. 훗날 듀퐁 대령은 모건의 지원으로 세계적인 군수 화학업체인 '듀퐁'의 창업주가 되었다. 듀퐁은 그 뒤 모건과 함께 제너럴 모터스(GM)의 주식을 공유하는가 하면, 1차 세계대전과 2차 세계대전 때 모건과 손잡고 대량의 무기를 공급하는 등 모건과 충실한 동반자 관계를 이어갔다. 이들의 인연은 이렇게 시작되어 아들 잭 모건으로 이어지면서 후대에도 더욱 활발하게 지속되었다.

주니어스 모건, 전쟁채권에 승부 걸다

그 무렵 주니어스 모건은 런던에 본거지를 두고, 미국의 대륙간 횡단 철도건설에 필요한 자금을 유럽시장에서 조달하는 채권 중개사업을 하며 많은 돈을 벌었다. 그 뒤 주니어스 모건은 로스차일드와 베어링이 차지하고 있던 유럽 채권시장에 중개업이 아닌 자기 자본을 직접 투자하여 뛰어들었으나 보잘 것 없는 자본의 한계를 절감하게 된다.

1870년 프로이센-프랑스 전쟁이 발발하자 그는 큰 리스크에도 불구하고 신디케이트를 구성해 프랑스가 발행한 1천만 파운드의 채권, 즉 5천만 달러어치를 공동으로 사들였다. 그리고 이들 채권을 시장에 대량으로 유통시켰다. 지금이야 정부가 발행한 국채는 부도 위험이 없는 안전자산으로 인식되지만, 당시 전시 국채는 매우 위험한 투자수단이었다. 러시아의 경우, 볼셰비키 혁명정부가 이전 정부의 국채에 대해 갚을 의무가 없음을 선언함으로써 휴지로 만들어버린 적도 있었다.

강력한 비스마르크의 프로이센에 프랑스가 패배하자 위기가 현실화되었다. 그가 산 채권 가격이 폭락한 것이다. 그러자 그는 오히려 전쟁채권에 승부를 걸었다. 이번에는 시장에서 폭락한 채권을 사 들였다. 그 뒤 모두의 예상과 달리 프랑스가 채무를 이행했다. 이렇게 프랑스인의 자존심을 믿고 막대한 프랑스 국채를 인수한 주니어스 모건의 모험이 성공함으로써 주니어스 모건은 150만 파운드라는 큰 돈을 벌었다. 그리고 채권전문가로 인정받으며 더 시티의 큰손으로 떠올라 모건 제국의 시작을 연다.

모건, 로스차일드와 손잡고 1869년 노던증권 설립

1866년 대서양 해저케이블이 완성되었다. 이로써 월스트리트와 런던 간의 거리는 더욱 좁아졌다. 특히 로이터 통신 등 통신사의 발달은 월스트리트의 성장에 큰 기여를 했다. 당시 미국은 만성적인 자본 부족에 시달리고 있었다. 통신의 발달로 영국 자본이 미국으로 몰려들 수 있는 계기가 마련되었다. 월스트리트 금융인들은 자신들의 신용으로 정부 채권을 인수해 런던에서 유통시키는 등 해외진출이 활발해졌다.

제이피 모건도 영국 자본이 절실했다. 그는 32세 때인 1869년 필라델피아의 금융업자 드렉셀과 같이 런던에 건너가 로스차일드 가문과 협력 방안을 논의했다. 모건가는 피바디와 로스차일드 가문의 그간 관계를 그대로 물려받았을 뿐 아니라 협력관계를 더욱 강화했다. 합의 결과, 모건은 로스차일드상사의 미국 지부회사인 노던증권을 설립했다.

:: 네이선 로스차일드

이로써 모건은 세계최대 금융재벌인 로스차일드 가문의 자금을 대규모로 활용할 수 있는 기반을 구축했다. 모건으로서는 대단한 기회를 잡은 것이다. 실제 모건은 이를 계기로 거대한 자본력을 바탕으로 공격적인 인수합병에 돌입하게 된다. 또한 로스차일드 입장에서는 벨몬트와 셀리그먼 등 대리인을 통하지 않고도 공식적으로 미국 산업과 금융에 투자하는 길이 열렸다.

1869년은 미국의 대륙횡단철도가 완성되는 해이기도 했다. 당시 남북전쟁 이후 미국은 철도건설 붐이 지나쳐 무분별한 철도의 확장과 투기는 언제 터져버릴지 모를 거품경제를 가져왔다. 같은 해 모건은 철도분쟁에 본격적으로 뛰어들었다. 이때를 기점으로 노던증권은 로스차일드의 자금력을 활용해 이들 철도회사들의 주식을 사들여

지주회사가 된다.

　로스차일드가는 프랑크푸르트 시절 자기 집에 살았던 랍비의 손자 제이콥 시프를 뉴욕으로 보내 미국 총책을 맡겼다. 그 뒤 제이콥 시프의 지휘 아래 제이피 모건이 철강업의 앤드루 카네기, 철도산업의 해리먼, 석유산업의 록펠러에게 자금을 대주었다. 이후 로스차일드 가문과 모건 가문은 서로 상대방 은행에 파견 근무하면서 상대국 금융시장에 관해 배우는 것을 관례화했다. 훗날 네이션 로스차일드의 손자 빅터 로스차일드는 가문의 관례에 따라 미국 제이피모건은행에서 한 동안 일하면서 월가를 익혔다.

제이피 모건, 해외금융에 눈 돌려 네트워크 구축

모건은 해외채권에 눈을 돌려 1868년 파리 증권사인 드렉셀아르제상사(Drexel, Harjes & Co.)가 필라델피아에 설립되자 1871년에 동업자가 되었다. 그리고 같은 해 뉴욕 시에 드렉셀모건 사를 세우고 파리에 드렉셀하제스 사를 개설했다. 이로써 글로벌 네트워크를 넓혀갔다. 드렉셀은 국공채 사업 이외에도 업무 영역 또한 넓혀 철도건설 · 광산개발 · 도시부동산 등을 취급했다.

　사실 여기에는 아버지 주니어스 모건의 배려가 있었다. 그는 지나치게 모험적인 아들의 성향을 고려해 아들을 제어해 줄 파트너로 경험 많은 노장 드렉셀을 주선해 합작회사를 설립토록 한 것이다. 그 뒤 드렉셀모건은 채권시장에 공격적으로 진입하고 그 바닥의 최강자로 등극하게 된다. 1870년대 공황시기임에도 수익이 매년 50만 달러 선을 유지할 정도였다.

이 시기 세계 금융의 중심지였던 런던과의 커넥션이 월스트리트와 모건에게 중요한 의미를 가지고 있었다. 그리고 드렉셀 가문과의 파트너십 합작으로 필라델피아, 파리, 스위스 등지로 비즈니스를 확장할 수 있었다. 이로써 금융제국 모건의 기본 네트워크인 뉴욕(제이피 모건)-런던(제이에스 모건)-필라델피아(드렉셀은행)-파리(모건하예스) 구도가 확립되어 한 세기 이상 유지된다. 모건에게는 세계적 금융가로서의 명성을 가져다주었다.

이 은행은 1873년 월가와 브로드웨이가 만나는 모퉁이로 이사하는데 이 자리는 '더 코너'라 불리면서 금융시장의 명소로 떠오른다. 월스트리트 23번지 더 코너는 전 세계가 접근해 자본을 조달하고 싶어하는 월스트리트 수문장이었다.

:: 1867년 브로드웨이 코너에서 바라본 월스트리트

같은 해 검은 목요일로 기록되는 9월 18일 제이쿡은행이 파산하면서 공황이 발생했다. 이때 제이피 모건은 1백만 달러를 번다. 이후 자선사업가이기도 한 드렉셀은 1891년 펜실베이니아에 드렉셀연구소와 드렉셀대학을 세운다. 그리고 드렉셀모건은행은 1893년 '제이피모건'은행이 된다. 드렉셀이 유럽 휴양지에서 죽고 같은 해 드렉셀 2세마저 인생을 즐기며 살기로 결심했기 때문이다.

1차 철도버블과 1873년 공황

대륙횡단철도는 빠른 시간에 큰 변화를 가져왔다. 전쟁이 끝나자 산업이 번창했는데 특히 군수품 생산이 북부산업을 한 단계 끌어올려 북부에 강한 경제력과 정치력이 형성되었다. 땅에 매장된 철, 석탄, 석유, 금, 은 등 방대한 천연자원 또한 활발히 채굴되었다. 1869년 대륙횡단철도 이후 철길을 따라 세워진 전신주로 2년 만인 1871년 대륙 내 전신이 실용화되었다. 이로써 산업계는 원료·시장·통신에 쉽게 접근할 수 있었다. 또한 밀려드는 이주자들로 값싼 노동력이 계속 제공되었다.

이러한 급격한 변화의 뒤에는 명암이 있는 법이다. 남북전쟁 후 미국은 철도산업에서 첫 번째 버블을 경험한다. 1868년부터 1873년 사이에 영국을 중심으로 한 유럽 자본이 대거 들어와 철도건설에만 11억 달러가 투자되었다. 그 뒤 과잉건설로 경쟁이 치열해지면서 철도회사들의 수익성이 악화되었다. 더구나 유럽에서 1873년 초에 불황이 엄습했다.

제이 쿡의 파산

남북전쟁 때 전시채권 중개 수수료로 2천만 달러를 벌어들인 제이 쿡은 대륙횡단철도인 '노던퍼시픽철도'에 과다한 투자를 해 1873년 파산하고 만다. 그 해 9월 18일 제이쿡은행의 파산은 유럽의 은행 부도와 맞물려 심각한 경제위기를 불러 왔다. 제이 쿡과 같은 거부가 채권 이자를 지급하지 못하고 디폴트를 선언하자 놀란 유럽 자본은 삽시간에 빠져 나갔다. 19세기에 벌써 핫머니가 있었던 셈이다. 이를 계기로 세계는 대불황에 돌입하게 되는데, 이를 1873년 공황이라 부른다.

연말까지 5천여 개의 기업이 문을 닫았다. 뉴욕증권거래소 출범 이후 처음으로 열흘 동안 휴장한 가운데 증권사 57곳이 망했다. 유럽에도 영향을 미쳐 전 세계가 동시에 수렁에 빠져 들었다. 붐(boom) 뒤에는 파열(burst)이 따르기 마련이다.

로스차일드, 미국을 돕다

이때 미국을 도운 사람이 영국의 로스차일드였다. 로스차일드는 1874년 가을 뉴욕의 유대계 은행 가문인 요셉 셀리그먼과 손잡고 5천 5백만 달러의 미국 국채를 인수했다. 꽉 막힌 미국의 금융경색을 풀어 주기 위해서였다. 이후 모건그룹은 뉴욕 제1국민은행과 함께 2천 5백만 달러의 국채를 인수했다. 이렇게 로스차일드가는 뉴욕 월스트리트 은행 가문들과 함께 총 2억 6천 7백만 달러의 미국 국채를 인수하여 미국 금융시장이 안정을 찾게 도와주었다. 당시로서는 시중 유동성의 절반에 가까운 대단한 금액이었다.

하지만 여기에는 이유가 있었다. 당시 세계의 금은 로스차일드의 영향력 아래 있었다. 로스차일드가 금 시세를 정할 때였다. 로스차일드는 금광 개발에 열을 올리며 금으로 많은 이익을 올리고 있었다. 로스차일드는 미국 내 대리인 벨몬트와 셸리그먼을 앞세워 남북전쟁이 끝난 후 미국이 그린백 지폐를 폐지하고 금본위제로 회귀하도록 영향력을 행사했다. 1866년 미국은 '긴축법안'을 통과시켜 유통 중인 모든 달러를 회수해 금화로 환전해 주고 금본위제를 부활하려고 시도했다. 이로써 통화 유통량은 1866년 18억 달러에서 10년 후 6억 달러로 줄어들었다. 이렇게 시중에 유동성이 크게 줄어든 게 기실 공황의 주요 원인이었다. 그렇기 때문에 금본위제를 시도하려는 미국이 유동성 부족으로 심하게 흔들리는 것을 두고 볼 수만은 없었던 것이다.

이후 1893년, 1907년, 1929년 공황 때마다 주가 조작이 판쳤다. 공매도(公賣渡)도 기승을 부렸다. 공매도란 말 그대로 '없는 걸 판다'란 뜻이다. 주가가 떨어질 걸 예상해 주식을 빌려다 팔고 떨어지면 다시 사서 갚는 방식이다. 이미 1830년대에 월스트리트 최초로 공매도를 도입한 투기꾼 제이콥 리틀 덕분에 빛을 발했다.[●]

이 과정에서 금융자본이나 대형 기업들은 불황에 견디다 못해 쓰러지는 기업들을 헐값에 사들였고, 이로써 문어발식 기업 운영과 자본집중이 심화되어 재벌이 생겨났다. 그들에게 공황은 또 한 번의 축복이었다.

모건, 최초로 금융공학을 개발해 큰돈을 거머쥐다

그 무렵 모건은 철도회사의 부실을 철저히 분석한 후 독일 유학 당시 습득한 수학적 지식을 활용해 일명 모건화(Morganization) 기법을 창안했고, 이를 금융업에 적용해 큰돈을 벌었다. 월가 최초의 금융공학인 셈이다.

　모건이 처음으로 자신의 역량을 발휘한 분야는 철도다. 모건은 철도건설 자금을 대기 위해 유럽 투자자들을 대상으로 채권을 발행했다. 그리고 이를 통해 철도산업에 대한 영향력도 확대했다. 버블이 꺼지면서 철도주가가 폭락하자 그는 1875년에 앨라배마와 조지아 주에 있던 여러 철도노선을 사들였고, 인수와 동시에 새로운 경영진을 투입해 구조조정을 단행했다. 당시 철도왕은 뉴욕 주변 철도의 대부분을 소유하고 있던 밴더빌트였다.

● 현대에는 주식을 빌려다 파는 것은 '대주제도'라 하며 없는 주식을 파는 걸 '공매도'라 한다. 우리나라에서는 대주제도는 인정하나 개인에게 공매도는 허용치 않고 있다.

선박왕 밴더빌트

밴더빌트가의 사람들은 모두 성과 같은 대저택을 소유하며 부자 가문으로 군림해 왔다. 윌리암 밴더빌트의 경우 저택에 1백 대의 차고를 짓고 20명의 운전사와 정비사를 둔 것으로 유명하다. 일가가 대부호가 된 초석을 마련한 인물은 그의 아버지 코넬리어스 밴더빌트다. 그는 미국 근대 경제사를

:: '제독'으로 불렸던 선박왕 밴더빌트

연 첫 번째 거물이었다. 그의 통찰력은 물류혁명을 일으킨 선박의 가치를 알아보는 혜안으로부터 시작되었다.

코넬리어스 밴더빌트는 1794년 뉴욕의 가난한 유대인 농가에서 태어났다. 그의 4대조 할아버지는 스페인에서 네덜란드를 거쳐 뉴욕으로 이민 온 세파라디계 1세대 유대인이었다. 그러나 가난은 밴더빌트에게까지 이어졌다. 11살 때부터 일당 25센트를 받으며 연락선에서 일을 시작한 그는, 열여섯 살 때 그간의 저축과 부모에게서 빌린 돈을 합쳐 1백 달러짜리 자기 배를 마련해 선주가 되었다. 결정적인 기회를 잡은 것은 1821년 영국과의 전쟁이었다. 영국 해군의 봉쇄선을 뚫고 미국군에게 군수물자를 보급해 부를 쌓았다.

허드슨강 최대의 범선업자로 성장한 스물세 살 무렵, 그는 해운업의 미래는 범선이 아니라 증기선에 있다고 보았다. 그는 범선을 처분하고 남의 밑으로 들어갔다. 증기선 운영을 익히기 위해 증기선 고용

선장을 자처한 것이다. 그는 경쟁업체들을 이기려면 가격경쟁력이 탁월해야 된다고 생각했고, 초저가 운임으로 승객을 싹쓸이 했다. 뉴욕과 필라델피아 간의 운임을 경쟁자보다 75%나 싸게 받아 해운사업을 독점한 것이다. 증기선을 개발한 로버트 풀턴도 이때 밴더빌트에게 밀려 망한 뒤 재기하지 못했다.

그는 독립하여 40대 중반에 증기선 1백 척을 소유한 최대 선박회사로 성장해 미국에서 종업원을 가장 많이 고용했다. 1849년에는 캘리포니아 '골드러시'로 남미에서 동부로 몰려드는 노동자들을 값싸게 운송하기 위해 남들이 생각하기 힘든 특별노선을 개발했다. 니카라과 육로와 샌프란시스코를 연결, 파나마운하를 통과하는 경쟁자들보다 6백 마일의 여행거리와 이틀간의 여행기간을 단축시켜 경쟁자들을 제압했다. 이때는 연간 1백만 달러씩 벌어들였다. 그는 대양 항해용 대형 증기선 66척도 소유하여 해운업계를 지배했다.

68세에 선박왕에서 철도왕으로 변신하다

제독으로 불렸던 선박왕 밴더빌트는 예순여덟 살 때 또 한 번 대용단을 내린다. 사업을 전면 바꾸기로 한 것이다. 그는 배를 모두 처분하고 철도 주식을 사들였다. 이제 배의 시대는 가고 속도 빠른 철도시대가 오고 있다고 판단한 것이다. 앞으로 미국의 미래는 선박이 아닌 철도에 달려있다고 보았다. 그는 철도선을 신설하는 것보다 기존철도 회사를 구입하는 사업전략을 택했다.

그가 사들인 뉴욕 철도에는 다리가 하나 있었다. 그는 다른 철도업체는 이 다리를 사용하지 못하게 함으로써 뉴욕행발 철도를 독점했다. 이렇게 하여 주식을 사들인 지 10년 만에 뉴욕주변 철도는 대부분 그의 소유로 변했다. 결국 미국 전체 철도의 40%를 사들여 철도왕이 되었다.

물타기 등장과 외부감사

밴더빌트가 철도주식을 대거 매집하자 철도주식 붐이 일면서 버블로 연결된다. 그 과정에 미국 철도가 증권판에 남긴 또 다른 흔적이 바로 '물타기'(Watering)다. 물타기란 경영자들이 추가로 자본금을 거둬들이지 않고 주식 수를 늘려 한 주당 자산이나 장부 가치를 떨어뜨리는 행위를 말한다. 미국 이리철도 재무책임자인 대니얼 드루는 1860년대 밴더빌트의 주식 매집에 대응하기 위해 판사들을 매수해 신주 10만 주를 발행해 시장에 풀었다. 추가 자본금납입은 없었다. 이게 물타기의 시초였다. 이 통에 이리 철도를 적대적 M&A하려고 7백만 달러 곧 오늘날 가치로 10억 달러를 투자해 매집에 나섰던 밴더빌트는 낭패를 보아야 했다.

요즘 규모가 일정 수준 되는 모든 회사는 외부감사를 받아야 한다. 이 외부감사는 미국 철도회사의 방만한 경영 때문에 비롯됐다. 미국 철도 투자자들은 1870년 이후 철도회사들이 줄줄이 파산하는 바람에 돈을 날리기 일쑤였다. 철도 자체가 거대한 네트워크여서 외부 투자자가 경영상황을 점검하기도 사실상 불가능했다. 투자자들의 불만이 채권과 주식을 중개한 투자은행과 증권사에 집중됐다. 결국 그들은 1890년대 철도회사들에게 외부 회계사의 감사를 받도록 요구했다.

막대한 자금을 조달해야 했던 철도회사 경영진으로선 거역할 수 없는 요구였다. 하지만 회계사가 경영진과 짜고 엉터리 감사를 하는 경우가 발생하자 뉴욕 주가 1896년 법을 제정해 시험에 합격한 사람에게 면허를 주기 시작했다. 공인회계사(CPA)의 시작이다.●

모건, 철도업계 경영에 참여하다

이때 제이피 모건은 투자은행가로서 세계적 명성을 얻는다. 직접적인 계기는 1877년의 철도왕 밴더빌트의 사망이다. 당시로서는 최고 액수인 1억 5백만 달러의 유산을 아들인 윌리엄 밴더빌트에게 남기고 세상을 떠난 것이다. 1880년 미국 전체 국립은행의 총 예금액이 8억 3천 4백만 달러였는데 그 10% 이상을 밴더빌트가 보유한 셈이었다.

뉴욕 센트럴철도 주식의 87%를 소유하게 된 아들은 자산구조 다양화를 시도한다. 하지만 엄청난 주식을 한꺼번에 처분한다는 것은 주가하락은 물론 시장 붕괴를 가져올 것이 분명했다. 때문에 월스트리트 금융인에게는 버거운 과업이었다. 하지만 모건은 그 일을 맡아 아주 좋은 가격인 주당 120달러에 당시로서는 천문학적인 물량인

● 〈다우지수·워크아웃·물타기… 철도 산업서 등장〉, 강남규 기자, 중앙선데이, 2009년 11월 8일

15만 주를 월스트리트가 아닌 런던시장에서 성공적으로 팔았다. 이로써 모건은 1879년 밴더빌트에게 1천 8백만 달러나 되는 막대한 자금을 조달해 주었다. 이후 모건과 밴더빌트는 긴밀한 관계를 유지하며 주요사업의 파트너가 되곤 한다.

그는 매각에만 성공한 게 아니라 우호적인 영국 투자가들에게 주식을 넘겨 자신이 뉴욕 센트럴철도 이사로 선임되는 수완을 발휘했다. 모건은 1870년대 기업 이사회에 참여하여 자신이 단순히 자금을 지원하는 은행가 이상의 존재임을 세상에 알렸는데, 이는 미국 은행가들이 기업의 이사회에 진입하는 효시가 된다. 또한 모건의 이사회 참여는 특정기업에 대한 영향력 증대와 타 은행들의 개입을 사전에 방지하는 효과를 가져왔다. 이를 '관계금융'(Relationship Banking)이라 불렀다. 이 관계금융은 20세기에 일반적인 관행으로 자리잡게 된다.

그는 되살린 철도회사들이 더 이상 자산을 탕진하지 못하도록 또 다른 장치를 강구했다. 기존 주주들의 의결권을 자신이 지명한 사람들에게 위임하도록 하는 '의결권 신탁'(Voting Trust)을 강제한 것이다. 은행가가 필요한 자금을 지원한 대가로 의결권을 일정기간 동안 빼앗아 오는 이러한 거래는 철도산업이 위기를 맞으면서 광범위하게 이루어진다. 의결권 신탁이 본격화되면서 투자은행은 회사경영에 직접 관여하는 막강한 실체로 바뀐다.

모건, 철도산업 혁신에 뛰어들다

철도산업과 관계를 구축한 모건은 밴더빌트가 실패했던 필생의 과업, 곧 뒤죽박죽인 철도산업의 혁신과 투명화에 착수했다. 철도산업은 50년간 무계획적으로 발전하여 혼돈 그 자체였다. 잡동사니처럼 널려 있는 지선망들을 연결해 간선망을 구축하는 바람에 철도의 구조가 난삽하기 이를 데 없었다. 상당수 회사가 경쟁사와 중복된 철로를 갖고 요금경쟁, 중복투자에 시달리며 부실경영을 하고 있었다. 사정이 이렇다 보니 미국 경제가 호황을 누리고 있던 1880년대조차 철도회사 수익은 급감하는 추세였다. 그나마 덩치가 큰 회사인 뉴욕 센트럴과 펜실베이니아 철도마저도 상대 지역에 철로를 보유하고 있어 치열한 요금경쟁을 벌어야 했다. 모건은 두 회사 경영진을 자신의 요트에 초대하여 합의안을 도출해 낸다. 구역을 정리해 준 것이다.

극적인 합의로 모건의 명성은 월스트리트뿐 아니라 철도업계에까지 자자해졌다. 그는 거물 플레이어로 급성장해 기업의 M&A 등 수익성 높은 사업들이 모건은행에 집중되었다. 당시 철도산업은 곧 미국 산업 전체를 의미하다시피 했다.

모건, 2백 개 철도회사를 9개로 정리하다

그러다 다시 1880년대에 철도건설 붐이 일었다. 대륙횡단철도를 완성한 유니온퍼시픽과 센트럴퍼시픽 두 회사는 철도를 1마일씩 놓을 때마다 무려 20평방 마일의 땅을 무상으로 받았다. 정부는 1억 5천 8백만 에이커의 땅을 철도회사에 무상으로 주었고, 저리대출로 특혜융자가 이루어져 미국의 철도 길이는 1880년 이후 10년 동안에 15만 킬로미터에서 26만 킬로미터로 늘어났다.

모건은 2백여 개나 난립하던 철도회사들을 상대로 끊임없이 인수합병을 단행했다. 철도사업은 대규모 투자가 필요해 모건은 유럽으로부터 자금을 받아 투자했다. 모건은 정계와의 인맥을 활용해 당시의 철도왕 에드워드 헤리슨으로부터 철도운영권을 헐값에 인수했다. 그가 철도로 큰돈을 벌자 많은 사람들이 철도건설에 투자했고, 많은 노선의 철도가 추가로 건설되었다. 철도연장의 급격한 증가는 철과 석탄의 생산을 부추겼고, 이것은 다시 제철·제강산업을 발전시켰다.

모건은 자신이 인수해 유통시킨 철도회사 채권과 주식이 부실화되자 투자자의 의결권 위임을 받아 직접 철도회사 경영에 뛰어들었다. 위임받은 의결권으로 이사회를 장악한 그는 자산과 부실을 실사하고, 경영진의 능력을 평가했다. 그 결과를 바탕으로 살아날 가능성이 있는 철도회사 채권의 만기를 연장해 주거나 이자를 깎아 줬다. 여차하면 채권을 주식으로 바꾸는 출자전환도 단행해 이자비용을 줄여 철도회사 소생을 도왔다. 워크아웃을 단행한 것이다. 당시 사람들은 이를 모거니제이션(Morganization)이라 불렀다.

결과적으로 그는 치열한 경쟁 속에 난립했던 철도산업의 파국을 면하게 했다. 1880년대 제이피 모건은 당초 2백여 개가 넘게 난립했던 철도회사들을 9개 대기업으로 합병하는 주도적 역할을 했다.

철도주식을 토대로 다우지수 선보이다

월스트리트저널을 창간한 찰스 다우가 1884년 다우존스지수를 개발했다. 뉴욕증시를 한눈에 보여주기 위해서였다. 다우지수 출범 당시 처음 선보인 것은 9개 철도회사를 포함해 11개 기업의 주가를 평균한 것이었다. 이는 사실상 철도주 평균주가나 다름없었다. 이렇듯 미국 산업의 주축은 철도로부터 시작되었다.

19세기의 마지막 20년 동안 모건은 볼티모어철도, 오하이오철도, 체사피크철도, 이리철도의 구조조정을 전담했다. 자연스럽게 철도업계에서 가장 영향력 있는 인물로 부상했다. 1890년에 미국의 철도회사가 벌어들인 돈은 연방정부 세입의 두 배 반에 해당하는 10억 달러에 달했다. 그 결과 1890년에 이르러 모건의 철도재산은 30억 달러로 부풀어 미국 4대 철도업자 가운데 하나로 급부상했다.

모건, 정보를 장악하다

그는 이를 기반으로 윌리엄 밴더빌트와 힘을 합쳐 미국 굴지의 전신회사 '웨스턴유니언' 사를 집어 삼키는 데 성공했다. 당시 이 회사는 전보와 송금업무를 독점적으로 운영하고 있다. 각 역을 따라 설치된 전신소는 정보를 주고받는 중심지였다.

철도 주변에 세워진 전신주를 통해 전해온 정보의 판매나 이용은 곧 돈을 의미했다. 이를 간파한 모건은 철도업체에 이어 결국 웨스턴

유니언을 손에 넣은 것이다. 이로써 전신을 장악하여 누구보다도 빠른 정보를 접하게 되어 철도사업에 뛰어든 본래의 목적을 달성했다.

당시 미국을 급속도로 발전시킨 건 철도와 더불어 전보였다. 광활한 미 대륙에서 철도는 상품과 인력과 자본을 싸고 빠르게 이동하게 해주어 물류가 발달하고, 전보의 발명은 정보 전달을 빠르게 해주었다. 지금의 인터넷에 비견될 만한 정보통신산업의 효시인 것이다.

글로벌 금융위기 와중인 2009년 11월 투자의 귀재 워런 버핏은 벌팅턴노던산타페 철도회사를 거금 440억 달러를 들여 전격 인수했다. 아직도 미국 철도는 큰 잠재 가능성을 갖고 있다고 본 것이다.

유럽 자금이 미국을 번창시키다

과거 한 세기 동안 강력한 소비의 본거지이자 투자 대상국이 미국이었다. 이 기간 동안 유럽 자본의 투자핵심은 미국 투자였다. 1890년대 이미 유럽계 투자자들은 미국의 철도주식을 대거 보유했다. 예를 들면 뉴욕중앙철도 주식 3분의 1, 펜실베이니아철도 주식 절반 이상, 그리고 일리노이즈중앙철도 주식 3분의 2를 보유하고 있었다.

이렇듯 영농국가였던 미국을 산업국가로 변화시켰던 가장 큰 힘은 유럽자금이었다. 특히 산업혁명에 공헌했던 엄청난 자금이 회수되어 미국에 투자되었다. 이 자금이 운하를 건설하고 공장을 짓고 철도를 건설하면서 미국 대륙을 단일경제권으로 끌어올린 것이다.

이러한 발전과 맞물려 도시들도 번창했다. 1700년대 후반 1백만 명이 안 되던 도시인구가 1840년에는 1천 1백만 명으로 늘어났다. 1860년에는 뉴욕 인구만 1백만 명으로 증가했다. 대륙 각지에 공업도시가 건설되어 힘차게 자본주의를 발전시켜 나갔다.

1893년 2차 철도버블

철도건설이 과잉공급되어 1893년에 버블 붕괴를 맞는다. 1894년 결국 철로 사업자의 4분의 1이 도산했다. 그렇다고 이미 건설된 철로들을 걷을 수도 없는 노릇이었다. 하지만 지난 자본주의 역사를 되돌아보면 버블이 형성되지 않은 때는 거의 없었다. 버블이 생기고 터지는 과정을 거치면서 경제는 발전해 왔다.

   이러한 거품도 산업계에는 효자노릇을 했다. 화물 운송비용이 낮아져 철로는 가장 중요한 사회간접자본이 되었다. 유통업체 시어스 리벅, 프록터앤드갬블(P&G), 코카콜라 같은 기업들이 철로를 활용해 전국적으로 기업망을 확대할 수 있던 것도 철도거품 덕이었다.

| The Dollar Story PLUS |

코카콜라 이야기

19세기 말 미국의 철도 투기로 덕본 것은 물류산업이었다. 그 가운데서도 대표적인 기업이 코카콜라였다. 코카콜라는 1886년 애틀랜타의 약제사 존 펨버튼이 발명했다. 그는 코카나무 잎에서 추출한 코카인과 콜라나무 열매에서 추출한 카페인을 섞어 새로운 음료를 만들었는데, 원료가 코카와 콜라였기에 '코카콜라'라고 이름 붙였다. 카페인에 기초한 이 음료는 자양강장제로 홍보되어 큰 성공을 거두었다.

:: 콜라나무 열매

존 펨버튼은 생전에 이 음료의 성장 가능성을 제대로 알지 못했다. 그는 1888년 세상을 떠날 때까지 여러 파트너들에게 사업지분을 쪼개 팔았는데, 그 중 한 사람이 아사 캔들러였다. 탁월한 사업 감각을 갖고 있던 캔들러는 1892년에 2천 3백 달러에 코카콜라 소유권을 획득해 코카콜라 사를 설립했다. 장부계원인 프랭크 로빈슨이 음료의 이름을 필기체로 날려 쓴 것이 오늘날 코카콜라 상표가 되었다.

그 뒤 코카나무 잎이 마약으로 분류되면서 1905년부터 코카인은 넣지 않았다. 대신 소비자들을 붙잡을 대안이 필요했다. 같은 해 이 회사는 콜라를 담을 새로운 병을 현상모집했다. 조건은 ① 모양이 예쁠 것 ② 물에 젖어도 미끄러지지 않을 것 ③ 보기보다 양이 적게 들어갈 것이었고 상금은 최하 1백만 달러, 최고 1천만 달러였다.

병 공장 직원인 '루드'라는 18세 청년이 조건에 맞는 병을 만들려고 노력했다. 어느 날 '주디'라는 여자 친구가 찾아왔는데 그녀가 입고 있던 통이 좁고 긴 주름치마가 루드의 눈에 띄었다. 주름치마는 그녀의 아름답게 드러난 엉덩이 곡선과 조화를 이루고 있었다. '잠깐! 주디, 그대로 서 있어!' 루드는 재빨리 그녀의 주름치마를 스케치했다. 3가지 조건을 다 갖춘 코카콜라의 트레이드마크인 여체 모양의 주름 잡힌 병이 탄생된 순간이었다. 그의 손에는 6백만 달러가 주어졌는데 당시 요리사가 받는 주급이 5달러, 가정부는 하루 1달러였다고 하니 지금 시세로 대충 2천억 원의 엄청난 거금이었다.

:: 여체 모양의 코카콜라 병과 로고

코카콜라는 1946년 청량음료 '환타' 인수를 시작으로 1960년 감귤류 음료분야로도 진출했고, 1982년에는 콜럼비아 영화사를 매입했다. 1985년 '펩시콜라'의 등장으로 매출이 부진해지자 시장점유율 회복을 위해 코카콜라 성분의 비밀제조법을 약간 변경시켰는데 100년 전통의 맛이 변하자 항의가 빗발쳤다. 이에 옛 제조법으로 만든 콜라를 '코카콜라 클래식'이라는 상표를 다시금 시장에 내놓았다.

모건, 유대인 에디슨과 손잡고 GE를 탄생시키다

포경선으로 힘들게 잡아 만든 고래기름에 이어 록펠러의 등유와 가스등이 세상의 밤을 밝힐 때였다. 이 등유와 가스등을 대체할 새로운 에너지인 전기가 탄생을 준비하며 꿈틀대고 있었다.

에디슨은 1878년 여름에 가스등을 대체할 전기등에 대한 연구에 몰두하고 있었다. 강렬한 아크 불빛을 등으로 사용할 수 있는지 실행 가능성을 실험한 것이다. 기본적인 문제는 등이 지나치게 가열되어 깨지지 않도록 하는 것이었다. 에디슨은 이 문제를 해결할 수 있다고 생각했다. 그는 안전하고 값싼 전등을 발명하겠다고 공식적으로 발표했다.

모건이 이런 기회를 놓칠 리 만무했다. 그는 본능적으로 사업 가능성을 직감했다. 그는 에디슨에게 합작회사 설립을 제의했다. 사실 백열등 문제는 50년 이상 많은 발명가들을 절망시켰다. 그러나 에디슨의 과거경력을 본 모건과 밴더빌트 등 투자가들은 에디슨에게 회사를 차려주고 3만 달러를 연구개발비로 지불했다. 당시로서는 큰돈이었다. 오늘날 세계 최대기업 제너럴일렉트릭은 모건과 에디슨이 1878년에 설립한 '에디슨전기회사'가 그 모태다.

그 이전에 실험을 위해 파리 콩코드광장의 가로등으로 설치된 것

:: 유대인이었던 에디슨은 모건의 투자를 받아 역사에 남는 발명가가 되었다.

은 아크등이었다. 그러나 아크등은 너무 빨리 타 버렸기 때문에 비실용적이었다. 이 문제는 필라멘트가 타지 않도록 용기나 유리구 안에 산소 없이 집어넣는 방법을 고안하여 해결되었다.

이 문제를 해결한 사람이 바로 에디슨이었다. 1879년 10월 21일, 그는 40시간 동안 빛나는 탄소필라멘트 전등의 연구결과를 직접 실험해 보였다. 약속대로 백열등을 발명한 것이다. 에디슨이 전구를 발명하자 전기의 가치가 날로 높아갔다.

모건이 추가로 30만 달러를 투자하여 이 가운데 25만 달러 상당의 주식으로 에디슨의 백열전구 특허권을 샀다. 1880년 말에는 1천 5백 시간을 견디는 16와트 전등을 시장에 내놓았다. 세기적 발명품 전등 덕분에 미리 대주주의 자리를 차지하고 있던 모건은 돈방석 위에 앉게 되었다.

모건과 에디슨, 세계 최초의 발전소를 뉴욕에 세우다

에디슨은 전구뿐 아니라 소형발전기까지 만들어 세계 최초로 모건의 집을 전등으로 밝혀주었다. 모건은 이러한 전기를 세상사람 모두가 혜택을 받을 수 있게 대형 발전소를 만들도록 에디슨을 독려했다. 먼저 뉴욕 전체 가정에 전기의 놀라운 혜택을 알려 주고자 했다. 이러한 모건의 의지와 자금력으로, 에디슨은 뉴욕 펄스트리트에 헌 건물을 사들여 발전소를 만들기 시작했다. 마침내 1882년 9월 4일 석탄을 이용한 증기기관으로 운전되는 '중앙화력발전소'를 세웠다. 이 발전소는 2백 마력 발전기 6대와 증기기관 6기를 갖추고 있었다. 이것이 세계 최초의 상업발전소이다.

석탄을 이용한 최초의 화력발전소는 인류사에 또 하나의 획기적인 전환점이었다. 전기의 대량생산이 시작된 것이다. 이로써 1882년 9월 4일 오후 3시 모건은행 사무실에 중앙화력발전소에서 송전되어 온 전기로 전등을 밝혔다. 그 뒤 전기는 거의 빛과 같은 속도로 전 세계로 퍼져 나갔다.

우리나라 경우에도 1887년 봄, 경복궁 향원정 옆에 설치된 동력발전기에 의해 최초의 전등불이 밝혀지면서 이 땅에 전기의 사용이 시작되었다. 에디슨 밑에서 일했던 니콜라 테슬라에 의해 1891년에 송전력이 뛰어난 교류발전기가 개발되어 우리나라에도 1899년 5월 동대문에 화력발전소가 세워졌다.

GE(General Electric)의 탄생

모건은 또 벨이 발명하고 에디슨이 실용화시킨 전화사업에도 재빨리 손을 대 에디슨 전기회사를 1889년에 종합 전기회사인 '에디슨제너럴일렉트릭회사'로 이름을 바꾸었다. 에디슨GE는 국내기업들의 잇단 주문으로 사업을 확장했다. 하지만 과다한 투자로 1890년 350만 달러의 빚을 지게 됐다.

모건은 경쟁 전구회사인 탐슨-휴스톤 사와 협상을 벌여 두 회사의 자산 가치 3천 3백만 달러보다 훨씬 많은 5천만 달러를 투자해 두 회사를 합병했다. 세계 최대 전기회사인 GE(General Electric)는 이렇게 탄생했다. GE는 다우지수의 초창기 멤버로 현재까지 유일하게 남아 있는 회사다. 모건은 평생 동안 1천여 개의 발명품을 쏟아낸 에디슨을 활용해 부를 불려나갔다. 모건은 세계 최초의 벤처캐피털리스트였던 셈이다.

인류는 전기에 관한 한 유대인의 덕을 보았다

인류는 전기에 관한 한 유대인의 덕을 톡톡히 보고 있다. 낮을 밝히는 빛은 하느님이 창조했지만, 밤을 밝히는 빛은 유대인들이 만든 것이다. 전등과 발전소가 에디슨에 의하여 발명되었다면 이를 실용화하여 전기를 대량 공급하기 시작한 것은 모건의 자본력이었다.

수력발전소는 화력보다 조금 늦은 1892년에 선보였다. 나이아가라 폭포에 세계 최초의 수력발전소가 건설되어 19세기 말부터 미국의 주요 도시들은 조명의 혜택을 누렸다. 이로써 도시는 한결 안전한 곳이 되었다.

제이피 모건, 미국 원탁그룹회의 설립

1891년 2월 로스차일드 가문과 영국의 은행가들이 모여 '원탁회의그룹'(Roundtable group)을 설립했다. 미국에서도 금융자본가들이 이에 상응하는 조직을 만들었다. 이때 앞장선 장본인이 모건이었다. 미국의 원탁회의그룹은 1921년 '외교협회'(Council on Foreign Relations)로 이름을 바꿨다. 외교협회 초대회장 존 데이비스는 모건의 개인 변호사였다. 영국의 원탁회의그룹도 그 전해에 이름을 '왕립국제문제연구소'로 개명했다.

나중에 왕립국제문제연구소는 금융자본가를 주축으로 빌더버그 비밀회의를 발족시킨다. 첫 회의가 1954년 네덜란드 오스터비크 마을에 있는 빌더버그 호텔에서 개최되어 이후에도 이 비밀회의를 빌더버그 회의라 불렀다. 빌더버그 회의는 세계 유수의 금융가, 기업인, 정치인 그리고 주요 왕실이 함께 하는 비밀모임이다. 초청된 인사들은 매년 한 차례 주말을 끼고 유럽이나 미국의 최고급 호텔에서 비공개로 모여 국제정세와 경제문제를 논의하는 회의이다. 이미 공공연하게 알려져 있는 이 회의의 참가자 면면을 보면 유대계가 주도하고 있다는 인상을 강하게 받는다. 2013년 빌더버그 회의는 약 140명이 참가한 가운데 런던 북서부 와포드그로브 호텔에서 6월에 열렸다.

우리가 잘 아는 다보스포럼(세계경제포럼)도 유대인이 만들었다. 빌더버그 회의가 베일에 싸인 비공개적인 회의라면 다보스포럼은 공개적인 경제포럼이다. 1981년부터 매년 스위스의 휴양도시 다보스에서 시대적 조류에 대한 토론을 통해 시대 여론을 주도하고 있다. 1938년 독일 태생의 유대인 클라우스 슈바브 하버드대 교수가 1971년 비영리재단으로 창설했다.

● 《화폐전쟁》, 쑹훙빙, 랜덤하우스코리아, 2008년 7월

모건, 뉴욕타임스 통해 언론을 지배하다

19세기 중엽에 이르자 비대해진 산업자본은 여론을 의식하게 되었다. 따라서 언론의 산업기구화가 나타나기 시작하였다. 1896년 당시 파산 지경에 빠졌던 뉴욕타임스를 모건의 자금지원으로 독일계 유대인 아돌프 옥스가 인수한 것이 유대인의 대형 언론사 접수의 첫걸음이다.

옥스는 이른바 황색언론에 혐오감을 갖고 뉴욕타임스를 정통 정론지로 키운다. 1898년에 그는 모건의 자금력을 바탕으로 신문가격을 내리자 판매부수가 세 배로 늘어났다. 이로써 뉴욕타임스는 일약 권위 있는 신문으로 성장한다.

또 금융가의 지원을 받아 윤전기 등 신문시설을 최고 수준으로 바꾸는가 하면 신문을 찍고 난 시설을 교양서적의 출판에도 활용했다. 그는 에이피(AP)통신사에도 관여했고, 세상을 떠날 때까지 신문의 고급화에만 전력하였다. 이로써 뉴욕타임스는 오늘날 자타가 공인하는 세계 최대의 신문이 되었다. 오늘날에도 뉴욕타임스에는 모건스탠리가 대주주로 참여하고 있다.

카네기철강

미국에서 억만장자 자본가가 나타난 것은 19세기 후반이다. 대표적인 사람이 철강왕이라고 불렸던 앤드루 카네기였다. 카네기는 스코틀랜드에서 태어나 미국으로 건너온 이민자 였다. 그는 전보 배달원 등을 하면서 돈을 모 았다. 1853년 펜실베이니아 철도회사에 취 직하게 된다. 1865년까지 이곳에서 창업주 토머스 스콧의 비서 겸 전신기사 자격으로 근무하는 동안, 장거리 여행자를 위한 장거 리 기차 침대차에 투자하면서 큰돈을 벌었

:: 이민자 출신으로 철강왕이 된 앤드루 카네기

다. 얼마 후 구입한 농장에서 막대한 석유가 터져 벼락부자가 된다.

그에게는 미래를 내다보는 눈이 있었다. 스콧의 제의로 미시시피 강에 거대한 다리 건설 프로젝트를 진행하면서 '키스톤 브리지'라는 회사를 만들었다. 거대한 다리가 하중을 이겨내려면 밑에 시멘트 받침목이 촘촘히 들어서야 하는데 그러면 다리 밑으로 큰 배들이 통과하기 힘들었다. 다리가 적은 숫자의 받침목으로 견디려면 인장 강도가 높은 강철 빔으로 만들어져야 했다. 카네기는 여기서 강철의 중요성에 눈을 뜨게 된다.

그는 철강이 산업의 씨앗임을 간파했다. 그리고 효과적으로 투자자를 모으는 재능도 있었다. 그는 부자들을 설득해서 돈을 모아 제철공장을 세웠다. 카네기가 세운 제철공장은 빠르게 성장했다. 그의 강철은 다리 건설, 철로 건설, 마천루 건설, 선박 건조 등 다방면에 쓰이며 미국의 전 산업을 한 단계 업그레이드시켰다. 회사를 세운 지 20년 만에 카네기는 미국의 제철산업을 지배하는 기업가로 성장했다. 그는 대담한 기업가였다. 자신의 공장에서 만든 철제품을 빨리 운송하기 위해 카네기 공장 전용철도를 건설했다.

특히 록펠러의 수법과 마찬가지로 당시 다른 거부들의 축재 방법은 독점과 노동탄압이었다. 석탄 채광부터 운송과 생산까지 수직계열화하여 독점을 통해 산업 지배력을 높였다. 거기에 노동자들의 임금을 무자비하게 깎아 버리고 이에 항의하는 노동자들을 수단 방법을 가리지 않고 탄압하며 철강 가격을 제멋대로 정하는 등 횡포가 엄청났다.

일일 12시간 노동을 6일 동안 계속해서 철강 생산을 해온 노동자들의 피로와 부당한 대우, 열악한 환경, 동료들의 산재와 죽음 등이 화근이 되어 1892년 노동자들이 공장 주위에 바리케이드를 치고 농성을 시작했다. 이를 전복하려는 구사대와 총격전이 벌어져 9명이 사망하는 참극도 일어났다. 그가 부를 축적하는 과정에는 문제가 있었다. 당시 미국 산업계의 전체적인 분위기가 그랬다. 하지만 훗날 이를 사회에 환원하는 데는 아름다운 길을 걸었다.

제이피 모건, 카네기철강을 거저 손에 넣다

1901년 매킨리 대통령이 암살당한 후 부통령이던 42세의 시어도어 루스벨트가 최연소 대통령으로 취임했다. 젊은 강성 대통령이 등장한 것이다.

그 무렵 금융, 철도, 전신, 전기산업 등 주요 산업들을 차례로 장악한 모건은 산업계를 계속 주도하기 위해서는 철강산업에 뛰어들어야 한다고 판단했다. 그는 환갑이 넘은 나이에 페더럴제철 등 철강회사들을 설립했지만 그것만으로는 양이 차지 않았다. 그는 미국 최대의 카네기철강에 눈독을 들였다. 당시 월스트리트에서는 아무도 가능하리라 생각지 않았던 회사들 사이의 합병이 엄청난 가격에 성사되었다.

카네기 사무실에 불쑥 나타난 모건은 말없이 수표를 한 장 내밀었다. 당시 철도화차 20대 분량의 금괴 값에 해당하는 천문학적인 금액인 5억 달러를 카네기에게 제시한 것이다. 담력 큰 카네기도 자기 눈과 귀를 의심했다. 결국 카네기철강의 주인이 바뀌었다.

1901년 인수가 마무리되자 철도산업에서 인수합병을 주도했던 모건의 주특기가 나타났다. 그는 그가 소유하고 있던 3개의 철강회사 페더럴제강, 내셔널제강, 아메리카제강 등과 카네기철강을 합병시켜 '유에스(U.S.)스틸'이라는 미국 최대의 철강 공룡을 만들어 순식간에 철강업계를 장악했다. 유에스스틸의 경우 공장 8백 개에 자본금 7억 2천만 달러였다. 한마디로 거대한 독과점 트러스트였다.

그 뒤 기업을 공개하여 주식을 공모했다. 카네기로부터 1주당 38달러로 계산하여 산 주가가 무려 55달러에 불티나게 팔려 나갔다. 게다가 4개 회사의 합병으로 주식 수가 많이 불어나 있었다. 모건은 기업공개를 통해 미국 연간 예산보다도 더 많은 6억 8천만 달러를 며칠 만에 벌었다. 이는 전무후무한 수익이었다.

결론적으로 자기 돈 한 푼 들이지 않고 미국 최대의 철강회사를 거저 손에 넣은 것은 물론, 가외로 1억 8천만 달러를 더 번 것이다. 이는 모건이 당시 제조업과 금융업을 같이 영위하면서 터득한 비즈니스와 금융을 연계할 줄 아는 감각의 결과였다. 그는 자본주의의 금융기법, 곧 돈의 논리를 꿰뚫고 있었다.

유에스스틸 기업공개로 뉴욕증시가 런던증시 앞질러

당시 유에스스틸은 자본금 14억 달러로, 그 무렵 미국의 1년 예산 5억 2천 5백만 달러보다 2.7배나 많았다. 이러한 공룡기업의 대규모 기업공개를 계기로 단박에 뉴욕증시가 규모면에서 런던증시를 앞서 나가기 시작했다.

1920년대에는 뉴욕증권거래소 시가총액의 60%를 유에스스틸이 차지했다. 당시 다우지수가 20개 기업으로 구성되어 있었는데, 유에스스틸이 나머지 모두를 합한 것보다 더 컸다. 이는 미국의 주력산업이 철도산업에서 철강산업으로 이동했음을 뜻했다.

모건은 시대의 흐름을 꿰뚫어보는 통찰력과 함께 이를 돈과 연결시키는 추진력이 탁월했다. 모건은 인수합병의 귀재였고, 월스트리트의 자산가로서 그의 명성은 더욱 높아졌다.

카네기의 두 번째 인생, 자선사업

철강회사를 판 앤드루 카네기는 그 뒤 자기의 전 재산을 사회에 환원하며 사회사업가의 길을 걸었다. 특히 교육과 문화사업에 전념했다. 그는 사람이란 일생을 2기로 나누어, 전기에는 부를 축적하고 후기에는 그 부를 사회복지를 위해 써야 한다는 신념을 갖고 있었다. 1902년 1월 29일 당시로서는 천문학적 액수인 2천 5백만 달러를 기부하여 공공도서관 건립을 지원하는 워싱턴카네기협회를 설립했다.

카네기는 사회를 위한 부의 환원을 숭고한 이상이라며, 미국 전역에 2천 5백여 곳의 도서관을 지어 헌납했다. 카네기가 설립한 도서관에서 책을 읽으며 많은 이민자들이 아메리칸드림을 꿈꾸었고, 실제로 그 꿈을 이루었다. 카네기는 그밖에도 카네기회관, 카네기공과대학, 카네기교육진흥재단 등 교육·문화 분야에 3억 달러 이상을 기증했다. 그는 12개 종합대학, 12개 단과대학과 연구소를 지어 사회에 기증했으며, 교회도 5천 개 가까이 지었다.

그는 은퇴 후 카네기공과대학을 현재의 카네기멜론대학으로 키워냈다. 그는 돈 자체에 목적을 둔 삶이 아닌, 돈은 사회 발전을 위한 수단이라는 나눔의 가치관을 실천을 통해 보여주었다. 곧 그에게 돈은 목적이 아닌 수단이었다.

카네기는 이를 잊어버리지 않으려고 33세이던 추운 겨울 어느 날 스스로에게 각서를 썼다. 그가 썼던 각서의 일부분을 소개하면 이렇다.

"인간은 우상을 갖고 있음에 틀림없다. 부의 축적은 가장 나쁜 종류의 우상숭배 가운데 하나다. 그 어떤 우상도 돈에 대한 숭배만큼 인간을 타락시키는 것은 없다. 나는 내가 관계하고 있는 일이면 그 무엇이든 전력투구해야 하며, 그 과정에서 특히 나의 정신적 삶을 고양시키는 일에 주의를 기울여야 한다. 사업에 대한 생각에만 지나치게 집착하면, 이는 영원히 회복이 불가능할 정도로 나 스스로를 타락시킬 것임에 틀림없다…."

이것은 여느 기업가에게서는 볼 수 없는 특이한 행동으로, 부를 축적하는 과정에서 생기는 인간적인 갈등과 양심을 잃지 않으려는 그의 고뇌를 엿볼 수 있다.

그의 명언 가운데 "부자가 되어서 부자로 죽는 것은 불명예다."라는 말이 있다. 실제 그는 당시 그의 재산 5억 달러를 후손들에게 물려주지 않고 모두 사회에 환원했다. 당시 미국 1년 예산에 버금가는 돈이었다. 현재 국제사법재판소의 건물인 평화궁도 지어 기증했다. 그는 지금도 미국의 살아있는 신화이며 영웅이다.

시어도어, 모건의 노던증권을 독점금지법으로 기소

미국은 급격한 산업화로 노동문제, 도시문제, 농민문제가 불거졌다. 그러나 이전의 농촌사회의 잣대로서는 풀기 어려운 숙제여서 미국에는 '혁신주의'라는 개혁의 바람이 분다. 또한 지나친 자유방임은 부의 편중을 심화해서 개인이 자유경쟁의 시장에서 불리하게 되었고, 미국의 국시라고 할 자유경쟁과 기회균등의 논리를 저해했다. 시어도어 루스벨트는 정부가 국민들 편에 서서 경제에 개입해야 한다고 믿었다.

그는 독점기업 규제에 나서 개혁의 포문을 열었다. 대통령에 취임한 뒤 당시 모건이 몇몇 철도 재벌들과 함께 노던증권을 중심으로 강력한 철도 트러스트를 조직하려한다는 '정보'를 입수했다. 노던증권은 모건이 1869년에 로스차일드 가문과 손잡고 만든 금융회사로 모

건의 기업인수합병의 자금원이었
다. 한마디로 노던증권은 20세기
들어 무대 뒤로 얼굴을 감춘 로스
차일드 가문의 미국 내 파이프라인
의 하나였다. 이 정보는 당시 2대
핵심적 독과점 산업군이었던 철도
산업과 금융산업의 융합으로 초대
형 트러스트가 탄생될 것을 의미했

:: 미국의 26대 대통령 시어도어 루스벨트.
독점기업 규제로 모건과 대립각을 세웠다.

다. 모건은 당시 무자비하게 문어발식 기업합병을 추진하고 있던 터
였다. 국민들과 언론에서는 노던증권의 공룡화를 우려하는 목소리가
높았다.

이에 루스벨트는 이 문제를 모건과 논의해보려고 그를 백악관으
로 불렀다. 그러나 모건은 대통령의 호출에 응하지 않았다. 화가 난
루스벨트는 법무장관을 시켜 10여 년 전에 제정되었지만 유명무실
하게 된 셔먼독점금지법에 의해 모건을 기소했다. 1902년 2월 모건
의 노던증권은 독점금지법 위반으로 제소되었다.

이런 일을 대통령이 하리라고는 상상하지 못했던 국민들은 환호
했다. 국민들은 드디어 정부와 대통령이 국민의 편에 서서 대기업을
규제하려 한다는 의지를 보았다. 노던증권은 셔먼독점금지법에 따라
강제 해산당해 분리되었다. 그 뒤 7년 동안 43개 독점기업을 제소했
던 시어도어 루스벨트는 '트러스트 파괴자'라는 별명을 얻게 된다.

그러나 루스벨트가 독점기업을 모조리 파괴한 것은 아니었다. 그
는 공익을 위해서 정부가 기업의 중재자가 되어야 된다고 믿었을 뿐

현대사회에서 독점은 피할 수 없다는 것을 인식하고 있었다. 단지 사회에 해악이 되는 나쁜 독점을 분쇄하려한 것이었다.

모건의 왕성한 식욕, AT&T도 인수하다

그러나 이러한 사회적 환경과 독점금지법도 모건의 왕성한 식욕을 막을 수는 없었다. 1902년 모건은 매케믹 농작기계사와 디어링 농작기계사 등을 합병해 인터내셔널하베스터를 출범시켜 미국 농작기계 시장의 80%를 장악했다.

당시 세계에서 가장 큰 전신회사였던 모건의 웨스턴유니언은 그레이엄 벨의 '벨 텔레폰'이 제안한 전화 기술이전 계약을 거부한다. 전화가 처음 발명됐을 때만 해도 처음에는 별로 인정을 받지 못했다. 그러다 나중에 웨스턴유니언은 에디슨이 한층 개량시킨 탄소전화기로 전화사업을 시작한다. 당시 웨스턴유니언은 이미 40만 킬로미터에 달하는 전신망이 있어 이를 기반으로 전화사업을 독점해 가기 시작했다.

웨스턴유니언의 독점적인 시장점유율과, 우후죽순처럼 생겨난 경쟁 전화회사들로 인해 벨 텔레폰은 큰 위협을 느껴 특허권 침해소송을 냈다. 1879년 벨 텔레폰이 승소해 웨스턴유니언은 전화 특허기술을 잃고 전화기 사업에 막대한 타격을 입었다. 반면 벨 텔레폰은 미국 최대 전화 사업체로 부상한다. 이후 벨 텔레폰이 발전한 게 바로 AT&T(American Telephone & Telegraph)다.

1900년 들어 AT&T의 특허권이 대부분 만료되자 6천여 개의 지역 전화회사들이 우후죽순처럼 생겨났다. 이때 제이피 모건이 등장해 1907년 AT&T 지분을 사들여 자신의 웨스턴유니언과 합병했는데, 이때 벨과 에디슨은 제외되었다. 비정하지만 발명가들은 흔적도 없이 사라지고 자본가가 득세한 것이다.

이후 모건은 지방 전화회사들을 인수 합병해 전국적인 독점체제를 이루었다. 당시 전화는 여성 교환원들이 연결시켜 주었는데 통화량이 폭발적으로 늘어 이대로 가다가는 모든 미국 여성이 교환원으로 일해도 모자랄 지경이었다. 이때 발명된 것이 AT&T의 자동교환 시스템이었다. 이로써 AT&T는 통신시장의 80% 이상을 독점했다.

모건, 미국과 유럽을 아우르는 금융제국을 건설하다

미국이 1900년대 초 파나마운하를 건설할 수 있게 돈을 융통시켜 준 것도 제이피 모건이었다. 운하는 1914년 완성되었는데 당시 그의 연봉은 5백만 달러에 달했다. 오늘날의 가치로 환산하면 30억 달러가 넘는 거액이다.

1910년 모건 나이 73세 때 런던에 투자은행 모건그렌펠을 설립했다. 이 은행은 모건 조직의 영국 본부가 되었다. 이로써 종가집 '제이피모건은행'과 1935년 제이피모건의 증권 부문이 독립한 '모건스탠리', 그리고 런던법인 '모건그렌펠' 세 회사를 아우르는 모건 금융제국이 완성되었다.

이 3개 회사를 지칭하는 통칭 '모건하우스'의 역사는 20세기 금융의 역사를 집약하고 있다고 해도 과언이 아니다. 모건 가문은 피바디은행이 런던에 세워졌던 1838년부터 지금까지 세계 금융시장의 양대 축인 뉴욕 '월가'와 런던 '더시티'의 현장 한가운데 있었다.

은행과 증권업을 분리하는 금융독점규제법 등장

레닌에 의하면 1904년 미국에서는 전체 기업의 1%에 해당하는 1백만 달러 이상의 생산고를 가진 대기업들이 전체 노동자의 25% 이상을 고용해 총생산량의 38%를 생산했다. 5년밖에 지나지 않은 1909년의 숫자를 보면 이들의 지배력은 노동자들의 30%를 차지하고 생산량의 44%를 차지할 만큼 급속하게 증가했다. 그 뒤에도 재벌의 공룡화는 가속화되어 1929년 대공황이 끝난 후에는 미국 산업계를 제이피 모건과 록펠러가 양분하다시피 했다. 이러한 분위기에서 싹튼게 반독점 규제이다.

제이피 모건 가문은 금융계는 물론 당시 미국의 최대산업이었던 철강산업의 70%, 철도산업의 3분의 1을 장악했다. 그러던 모건가도 경제사범으로 몰려 고생했다. 월가의 금융황제 모건은 1912년 의회가 개최한 푸조 청문회에 불려나가 독점 폐해의 주범임을 인정해야 했다. 그의 아들 잭 모건도 대공황 직후 페코라 청문회에 불려가 주가조작에 개입한 혐의로 곤욕을 치렀다. 은행을 규제해야 한다는 여론이 들끓었다.

그 뒤 만들어진 '글래스-스티걸 법안'은 은행의 과도한 증권투자를 규제하기 위해 은행과 증권업을 분리하는 법안이다. 사실상 제이피모건을 분할하기 위한 법안이라고 해도 과언이 아니었다. 이 법에 따라 제이피모건은행은 증권업을 전문으로 하는 투자은행으로 '모건스탠리'를 새로 설립해야 했다.

1913년, 제이피 모건 잠들다

모건은 말년에 램브란트 · 다빈치 등 고가의 미술품을 수집하며 중동과 유럽 여행을 즐겼다. 1백년 전 이미 모건가는 정기적으로 이집트와 케냐로 이어지는 아프리카 루트를 통해 사파리 여행을 하면서 신성장 동력을 찾아 아이디어 개발시간을 가졌다. 미 연준이 설립되던 해인 1913년, 미국의 금융사 및 산업사와 궤적을 같이했던 전설적인 인물 존 피어스톤 모건이 이집트 여행 중 얻은 병이 악화되어, 요양 중이던 로마에서 76세의 나이로 사망했다. 그의 사후 소장미술품의 대부분은 뉴욕의 메트로폴리탄미술관에 기증되었다.

당시 다우 산업주 30종 가운데 9종이 모건 주였다. "기원전 4004년에 신이 세상을 창조하셨다. 그러나 서기 1901년이 되어 존 피어폰트 모건과 존 록펠러가 지구를 바꾸어 버렸다."는 말이 나올 정도였다.

그러나 당시 그가 보유한 기업군에 비해 남긴 유산이 너무 적었는데, 이 때문에 세간에는 분분한 이야기들이 많이 돌았다. 그의 소유로 알려진 재산 가운데 19%만이 그의 것이었다. 그가 실제 오너가 아니고 결국 로스차일드 가문의 대리인이 아니었느냐는 이야기다. 나머지 재산의 실제 소유주는 장막에 가려 보이지 않는 로스차일드 가문의 것으로 추정되었다.

잭 모건의 등장, 아버지의 우울증을 애정으로 감싸다

그 뒤를 이어 하버드대학 졸업 후 세계의 금융센터였던 런던 모건상사에서 금융수업을 받고 있던 존 피어폰트 모건 주니어, 곧 잭 모건이 급거 귀국해 제이피모건의 새 주인이 되었다. 그 외의 사업체들도 아들 잭 모건이 인수하였다.

원래 잭은 은행가보다는 의사가 되고 싶어 했다. 하지만 아버지가 모건하우스를 가문의 명예로 여기기 때문에 25살 때 은행가의 길로 들어섰다. 이후 20년 동안 아버지를 도와 옆에서 일을 하면서 이익을 위해서라면 남을 희생시키는 일도 서슴지 않았던 아버지가 심한 우울증에 시달리는 것을 목도했다. 돈이 많다고 행복한 것은 아니었던 모양이다. 그 후 다혈질의 아버지와 조용한 아들의 성격은 대조적이었다. 하지만 그는 자신이 아버지로부터 받은 것보다 더 많은 애정을 아버지에게 쏟았다.

존 피어폰트 모건이 사망한 반 년 뒤에 개인소득세가 도입되었다. 그러나 그 시점에는 이미 부동산왕 애스터, 철도왕 밴더빌트, 죽음의 상인 듀퐁, 곡물왕 카길, 철도왕 해리먼, 담배왕 듀크, 광산왕 구겐하임, 석유왕 멜런 등의 재벌이 모두 완성되어 있었다. 이들 대부분은 유대인들이었다.

1914년 1차 세계대전, 자본가에게 전쟁은 기회다

제이피 모건은 카리스마가 강한 인물로 번잡한 사교생활을 싫어했다. 생활도 검소한 편이었다. 그러나 아들 잭 모건은 그렇지 않았다. 그는 사려 깊었지만 되도록 낙천적인 성향을 가지려고 본인 스스로 노력했는데, 이는 아버지의 우울증을 지켜보면서 굳어진 생각이었다. 그는 연일 파티를 즐기는 등 사교생활을 좋아했다. 그리고 자기의 사교친구들 가운데 아이비리그 출신을 파트너로 끌어들여 경영에 참여시켰다. 잭 모건은 또 담보를 중시했던 선친과는 달리, 대출해 줄 때 신용과 성격을 중시했다.

잭 모건이 선친의 사업을 물려받은 다음해인 1914년, 그에게 도약의 계기가 왔다. 1차 세계대전이 일어난 것이다. 자본가에게 '위기는 곧 기회'였다. 잭 모건도 선친 못지않은 동물적 후각의 소유자였다. 그의 선친이 남북전쟁 과정에서 떼돈을 벌었듯 잭 모건도 1차 세계대전을 최대한 활용했다.

미국은 전쟁 초기에 직접 참전하지 않았다. 대신 후방기지로서 무기 공급을 맡았다. 영국 정부는 1915년 초 월가에서 가장 영향력 있는 제이피모건상사를 전시자금 조달 및 무기매입 대리인으로 지정했다.

때마침 미국의 연방준비은행이 정식으로 출범한 직후였다. 1915

년 1월 15일 연준을 대신해 모건상사와 영국 정부는 대규모 신용대출에 대해 협의했다. 대출협약 금액은 놀랍게도 30억 달러였다. 이 건으로 모건상사는 1%의 수수료를 받아 3천만 달러를 챙겼다. 5월에는 프랑스가 그 뒤를 따랐다. 프랑스와도 5억 달러의 대출협약이 이루어졌다.

잭 모건은 남북전쟁 때부터 무기 공급 사업을 같이했던 화학독점 기업 듀퐁과 손잡고, 미국 전역에 다이너마이트 공장을 세웠다. 그리고 화약류를 대량생산해 유럽에 공급했다. 유럽연합군이 대부분의 탄약을 미국에서 공급받은 까닭에, 듀퐁의 화약 생산량은 자그마치 전쟁 전의 26배로 늘어났다. 모건은 미국에서 이들 나라를 대신해 군수품과 기타 필요물품을 구매했다.

모건의 힘, 월가 패권시대 도래하다

당시 영국과 프랑스 등 연합국은 전쟁을 치르고 있었기 때문에 자체적으로 전쟁비용을 조달할 길이 없었다. 전시자금 조달을 책임진 잭 모건은 61개 채권 위탁판매상과 1천 5백 개 이상의 은행을 동원했다.

그는 15억 달러 이상의 '자유채권'이라 이름 붙여진 전시공채를 개발하고 할리우드의 찰리 채플린 등 유명 배우들을 선전요원으로 동원해 국내외에 매각했다. 모건이 평소 영화제작비를 공급해주던 까닭에 자신의 영향권 아래 놓여 있던 사람들이었다.

1차 세계대전 5년 동안 모건이 이런 식으로 조성해 연합군에 빌려

준 돈은 그리 많지 않았다. 그러나 모건은 영국 정부가 가지고 있었던 미국 채권을 들여와 월가에서 30억 달러가 넘는 거금에 팔아주었고, 이 과정에서 엄청난 수익을 올렸다. 이를 계기로 미국과 영국은 채무국 관계가 역전되었다. 연합국의 무기매입 대리인기도 했던 모건은 이 기간 중에 듀퐁 등에서 사들인 군수물자 30억 달러어치를 연합국에 공급했다.

전쟁과정에서 큰 이익을 올린 제이피모건상사는 전후 유럽 재건사업을 위해 총 1백억 달러 이상을 대출해 주었다. 그 뒤 전 세계를 상대로 미국을 대표하는 최고 공신력 있는 은행으로서 전시공채 등 위험성이 큰 정크 본드(투자적격 신용등급 이하의 채권) 판매중개에 적극 나섰다. 그러는 과정에 개발도상국이던 일본·이탈리아·벨기에 등에도 커다란 영향력을 행사할 수 있었다.

1차 세계대전을 계기로 미국은 눈부신 발전을 이루었다. 무역흑자 규모도 천문학적으로 늘어났다. 반면 유럽은 전쟁의 참화로 폐허가 되었다. 화급하게 재건에 필요한 자금을 빌려야 했고, 유럽 각국 정부와 지방정부 그리고 기업들이 월스트리트로 몰렸다. 그러나 영국은 전후 자본 부족으로 자본 유출을 못하도록 규제했다. 이로써 런던의 더 시티는 그 위상을 뉴욕에 넘겨주었다.●

● 〈J.P.모건의 1백 64년사〉, 박태견 기자, 프레시안, 2002년 7월 25일

모건상사, 15개 철도회사로 1천 개 넘는 기업 지배

1920년대에 들어서자 연방대법원이 정부가 제소한 유에스스틸의 해체를 기각했다. 그러자 다우지수는 1906년 이후 세 번째로 100선을 돌파하였다. 1925년 무렵 모건상사가 지배한 주요 15개 철도회사의 자산만도 85억 달러였다. 이 금액은 요즘 시가로 1조 달러가 넘는 엄청난 금액이었다. 하나의 철도회사 산하에 각기 수십 개의 회사가 문어발처럼 달려 있었다. 미국 내 발행 주식 가운데 47%가 철도회사 소유였고, 총 1천 개가 넘는 기업들이 모건상사의 지배를 받고 있었다. 따라서 실질적인 모건상사의 자산 총액은 여러 역사가들이 계산을 시도했지만 그 누구도 밝힐 수 없었다.

모건이 이룩한 가장 중요한 업적은 뉴욕을 세계 금융의 중심지로 확고하게 자리매김했다는 점이다. 그는 같은 유대계인 함부르크의 와버커 가문과, 런던의 로스차일드 가문에 이어 뉴욕의 월가에 모건 가문을 창설함으로써 세계 금융의 3대 축을 완성시켰다.

"그 분야의 1위나 적어도 2위가 되지 않으면 이익을 얻을 수 없다. 3위 이하는 소용없다." 잭 웰치의 이 말은 사실 20세기 초에 제이피 모건이 한 것이었다.

록펠러의 등장

소년 가장 록펠러

존 데이비슨 록펠러는 제이피 모건보다 두 살 아래다. 1839년 뉴욕에서 태어난 록펠러는 1853년 오하이오로 이사가 거기서 자랐다. 록펠러는 집안이 어려워 어렸을 때부터 장사를 해야 했다. 그는 칠면조를 키워 팔거나 사탕을 대량으로 사서 낱개로 팔아 이윤을 남기면서부터 돈에 눈을 뜨기 시작했다. 그는 어려서부터 일기 대신 장부를 썼다. 돈을 벌거나 쓰는 숫자가 하루하루의 반성이었던 셈이다.

1855년 15살 때 고등학교를 중퇴한 후 6개월짜리 비즈니스 코스

:: 록펠러

에 들어간 그는 3개월 만에 모든 과정을 마치고 곡물위탁판매회사의 경리사원 보조로 취직했다. 처음 3개월 동안 일하고 받은 돈은 50달러였으나 회사 측은 일 잘하는 그를 정식사원으로 채용하면서 임금을 월 25달러로 올려주었다.

록펠러는 그렇게 해서 번 돈 1천 달러와 아버지한테서 빌린 1천 달러를 합해 친구와 함께 19살 때 아예 곡물중개회사를 차렸다. 1861년 남북전쟁이 터지자 그는 북군에 소금과 돼지고기를 팔아 막대한 이득을 얻었다. 같은 해 조지 비셀이 펜실베이니아에서 석유시추에 성공한다.

원래 석유(石油)라는 이름은 바위틈에서 흘러나온 기름이라고 해서 붙여진 것이다. 영어 petroleum도 petra(돌)란 말과 oleum(기름)이란 라틴어 단어를 묶어 만든 말로 '돌에서 얻은 기름'이란 뜻이다. 이렇듯 예전에 석유는 바위틈에서 흘러나오거나 지표면에 간혹 자연 분출된 것들이 소량으로 시중에 나왔다. 그러나 처음에는 용도가 없이 간혹 약국에서 상처를 치료하는 데 바르는 연고로 쓰였다.

석유는 기원전부터 오랫동안 '역청'이란 이름으로 불리며 액체, 고체 또는 기체 등 다양한 모습으로 사람을 현혹시키는 마법의 물질이었다. 성서에 보면 역청이 노아의 방주에 방수용으로 쓰였다고 기록되어 있으며, 기원전 3천 년경 메소포타미아 지방의 수메르인은 이미 아스팔트를 재료로 조각상을 만들었고, 바빌로니아인도 아스팔트를 건축에 접착제로 사용한 기록이 남아 있다.

조지 비셀, 유전 개발에 성공하다

월가 변호사인 조지 비셀은 휴가 차 내려온 고향에서 석유 샘플을 본 순간 직감적으로 연료로서의 가능성을 알아차렸다. 그에게 '약국에서 의약품으로 팔리는 석유를 파내 조명용으로 쓰면 돈을 벌 수 있지 않을까?'하는 아이디어가 떠올랐다. 그리고 예일대학교 벤저민 실리먼 교수에게 석유 성분 분석 및 용도 조사를 의뢰했다. 그는 지하의 소금 광맥을 찾아내 뽑아 올리는 중국의 염정 굴착기술을 동원하면 석유도 찾을 수 있다고 믿었다. 1855년 4월, 보고서는 '석유는 다양한 물질로 분류될 수 있으며, 값싼 공정으로 램프에 사용할 수 있는 양질의 기름도 얻어낼 수 있다.'고 결론 내렸다.

그 뒤 비셀은 보고서를 들고 투자자들을 모집했고, 마침내 펜실베이니아 석유회사를 세우는 데 성공해 석유 시추 현장책임자로 에드윈 드레이크를 고용했다. 그리고 소금 광산 주변부터 찾아보도록 시켰다. 보통 석유가 솟아나는 곳은 염정 부근이었기 때문이다.

:: 1859년 석유 회사 기사인 에드윈 드레이크(오른쪽)는 최초로 유전개발에 성공했다.

드디어 1년간의 노력 끝에 1859년 펜실베이니아 주 타이터스빌에서 처음으로 석유가 나왔다. 드레이크가 기계굴착 방법으로 암반 밑 21미터까지 뚫어 유전개발에 성공한 것이다. 그가 타이터스빌에서 최초로 유전개발에 성공한 것은 그 지역이 전부터 오일크리크(Oil Creek : 석유가 흐르는 강)라고 불리는 데에서 착안한 것이다. 드레이크는 곧 펌프를 설치해 그날부터 매일 30배럴씩 원유를 퍼 올렸다. 비록 소량이었지만 당시 시장수요로 보아서는 충분한 양이었다. 석유는 배럴당 20달러로 날개 돋친 듯이 팔려 나갔다. 이것이 근대 석유산업의 시작이다.

록펠러, 석유의 가능성을 보다

이후 석유로 인해 세상의 많은 부분이 변한다. 우선 비싼 양초와 고래기름에 의존하던 조명이 등유로 바뀌었다. 물론 경제사에 있어서도 일대 전환점이었다. 드레이크의 성공을 계기로 석유에 대한 관심은 급속도로 확산되었다. 곧 석유발견 소식을 듣고 모려든 투기꾼들은 드레이크의 유정 근처에 굴착 탑들을 설치하고 구멍을 뚫기 시작했다. 타이터스빌은 노다지판으로 둔갑해 벼락부자들이 속출했다. 드레이크가 석유를 발견한 지 15개월 뒤인 1860년 말에는 약 75개의 유정이 원유를 뿜어냈다. 원유를 등유로 바꾸는 정제시설도 15개나 들어섰다.

사용처도 불분명한 석유개발에 수많은 사람이 몰렸던 이유는, 마침 꺼져 가는 골드러시 열풍을 대신할 황금의 기회가 석유라는 인식 때문이었다. 오일크리크 계곡의 산유량은 최초 연간 2천 배럴에서 10년 동안에 5백만 배럴로 크게 늘어났다. 19세기 말 텍사스가 등장하기까지 펜실베이니아 유전지대는 미국은 물론 전 세계에서 가장 큰 산유지역이었다. 이후 록펠러가 살던 오하이오 주를 비롯한 인근 주들이 석유산업 지대가 되었다. 록펠러는 남북전쟁(1861~1865) 중에 석유 수요가 급증하는 것을 보고 석유업계에 관심을 갖게 된다.

수십 미터의 지하 암반 속에서 솟구쳐 오르는 검은 액체가 수많은 백만장자를 탄생시켰다. 당연히 석유탐사와 채굴 붐이 불었다. 그 무렵 채굴업자들은 석유시추기술을 철도건설 현장에서 일하던 중국인들한테 배웠다. 옛날부터 중국인들은 소금을 얻기 위해 땅을 팠던 기술을 갖고 있었는데 당시 석유시추기술보다 훨씬 앞서 있었다.

중국의 시추기술이 석유시대를 열다

중국은 고대로부터 땅에서 소금을 파내 사용했다. 그들이 쓴 방법은 지하수를 이용하는 것이었다. 땅속을 깊이 파면 지하수가 나오고 더 깊이 파면 염수(鹽水)층이 나온다. 소금기 있는 지하수인 염수를 끌어내기 위해서는 지하 1킬로미터 이상을 파고 들어가야 했는데 이는 우물 파는 것과는 다른 고도의 시추술을 필요로 했다. 게다가 1.5킬로미터까지 파내려가는 것도 예사였다고 한다. 사람이 내려갈 수 없으니 정교한 기술이 필요했고 마침 제철업의 발달로 다양한 도구가 있어 가능했다.

이미 중국은 기원전 4세기경부터 이런 시추술로 염수를 끌어올린 뒤 이를 큰 솥에 끓여 소금을 만들었다. 더구나 중국인들은 그 과정에서 석유와 천연가스도 발견했다. 보통 염수층 밑에는 가스층과 유전이 있었다. 그래서 연료로 사용하고 대나무 파이프로 수십 킬로미터 떨어진 곳까지 이동시키기도 했다.

1800년대 초까지만 해도 미국에서 제염업자들이 염수를 찾다가 석유를 발견하기도 했는데 당시는 석유를 쓸데없는 방해물로 여겼다. 때문에 염수와 함께 갈색의 기름이 분출되면 기름이 수면에 뜨는 원리를 이용해 저수조의 상부에 모아두었다 근처의 강으로 흘려보냈다.

당시 중국에서 석유가 나오는 우물을 화정(火井)이라 하고 석유를 석칠(石漆)이라 불렀다. 요즘으로 치면 유전과 석유이며, 대나무 파이프는 송유관이다. 중국은 이 기술로 기원전부터 지하에서 소금과 석유를 파내 쓰고 있었다. 미국은 철도건설에 동원된 중국인 노동자들에게 이 시추기술을 배웠다.

등유, 가정의 밤을 밝히다

록펠러는 석유를 찾아내는 일보다는 앞으로 석유가 가져올 파급효과에 관심을 쏟았다. 석유는 채취한 그대로 등화에 사용했을 경우 매케한 연기와 함께 냄새가 나고 그다지 밝지도 않았다. 그러나 이를 증류 정제해 등유를 만들면 고래기름 못지않게 밝은 빛을 냈다.

그 뒤 텍사스 등 각 주에서 석유 생산이 이루어져 종래 석탄을 원료로 쓰던 정유공장들도 석유로 원료를 바꾸었다. 그리고 신규 정유

공장들도 속속 건립되었다. 클리블랜드, 피츠버그, 필라델피아, 뉴욕 및 텍사스 산유지가 정유 산업의 5대 밀집지역으로 떠올랐다.

처음에는 석유에서 램프용 등유가 제조되고 그 부산물로 양초를 만들 수 있는 파라핀납이 나왔다. 등유는 재래의 등화연료였던 고래기름·식물유·목랍(옻나무 열매 기름) 등에 비해 연기와 냄새가 적을 뿐 아니라 불빛이 밝아 곧바로 인기를 끌었다. 그 이전까지만 해도 거리의 가로등에 고래기름이 대량으로 사용되었다. 그래서 포경이 미국의 대표 산업이 된 것이었다. 한 번 출항하면 2년 동안은 돌아오지 않는 포경선에 물·채소·석탄 등을 공급하는 보급기지가 필요했다. 미국의 페리제독이 일본에 개국을 요청한 것도 포경선에 물품을 보급하기 위해서였다.

하지만 고래기름은 가격이 비쌌다. 게다가 고래의 남획으로 공급도 점차 줄어들었다. 그러는 동안 석탄을 증류해 조명용 가스를 생산해 냈으나 이는 주로 거리의 조명등에 사용되었고 가정용으로는 거의 쓰지 못했다. 가스관을 통해 공급되어 고정된 장소에서만 사용해야 할 뿐 아니라 연소시 소음과 열이 많이 발생해 폭발 위험성이 있었다.

하지만 석유에서 증류해 낸 등유는 달랐다. 가스와 달리 폭발위험도 없고, 소음도 없을 뿐 아니라 파이프를 설치할 필요도 없었다. 원하는 장소 어디든 이동할 수 있었다. 등유램프는 당시 센세이션을 일으켰다. 이후 정유회사들은 검은 액체를 정제해 주로 램프용 등유를 만들었다. 이로써 본격적인 '정유시대'를 가져왔다.

석유는 미국인들의 생활양식까지 바꾸었다. 해가 지면 잠자리에 들던 사람들이 등유램프 덕에 밤늦게까지 책을 읽거나 다른 일을 할 수 있었다. 초기 사업자들은 원유에서 등유만 추출하고 남은 액체를 찌꺼기라고 생각해 청소업체에게 돈을 주고 치우거나 몰래 내다버렸다. 중유나 휘발유의 가치를 깨닫게 된 것은 19세기 후반이다.

록펠러의 선택, 정유산업

록펠러는 당시 열병처럼 번지던 석유탐사의 흥분에 휩싸이는 대신 다른 미래를 그렸다. 그는 '진짜 돈'은 석유 채굴이 아니라 운송과 정유를 담당하는 중간상인임을 간파했다. 즉 록펠러의 선택은 정유 사업이었다. 그는 친구와 함께 차린 곡물중개회사를 계속하면서 1863년 오하이오 주 클리블랜드에 정유소를 설립했다. 당시 정제시설이란 건 뒷마당에 설치된 과학 실험실 정도의 규모였다. 그런데 이게 돈이 되었고 이후 번창해 주업이 되었다. 그 무렵 클리블랜드에만 20개의 정유회사들이 있었는데 모두 대박을 쳤다.

솟구쳐 오르는 검은 액체도 정제하지 않으면 끈적끈적한 구정물에 지나지 않았다. 그의 정유공장을 거쳐 검은 액체들은 전국으로 팔려 나갔다. 정유 사업이 돈

:: 석유정제(왼쪽)와 연료공급(오른쪽). 석유는 1859년부터 등유로 이용되기 시작했다.

이 되자 록펠러는 남동생들 윌리엄과 프랭클린 그리고 새뮤얼 엔드루스와 헨리 플래글러 같은 경험 많은 기업가들을 끌어들였다. 1867년에 이루어진 이들의 동업은 승승장구했다. 훗날 막내 동생 프랭클린은 중도에 목장 경영자가 되어 두 형과 다른 길을 걸었다.

윌리엄 록펠러, 뉴욕에서 중요한 인맥을 쌓다

1866년 대서양횡단 해저전신이 완성된다. 이는 뉴욕증권거래소에 혁명적인 변화를 일으켰다. 정보가 즉각 교환되니 로스차일드 가문을 중심으로 한 영국 자본의 미국 투자가 활발해졌다. 뉴욕증권거래소 거래가 폭발적으로 늘어났다.

이를 지켜본 존 록펠러는 1866년 동생 윌리엄 록펠러를 뉴욕에 파견하여 '록펠러상회'를 설립토록 했다. 윌리엄의 임무는 정유회사에 융자해주거나 투자할 금융사 혹은 투자자를 찾는 일이었다.

:: 윌리엄 록펠러

이때 윌리엄은 뉴욕에서 중요한 인맥을 쌓게 된다. 그는 뉴욕에서 제이피 모건, 훗날 시티은행이 되는 뉴욕내셔널시티은행장 제임스 스틸먼, 철도왕 밴더빌트 등과 교류하며 금융가들과 인맥을 쌓았다. 이들이 록펠러가 석유왕으로 크는 데 결정적 도움을 주게 된다. 그 첫 번째가 이들로부터 투자를 이끌어내 1870년 스탠더드석유회사가 되었다.

물류비용이 관건, 철도회사와 승부를 보다

경쟁적인 유전개발로 석유가격이 폭락을 거듭했다. 유전을 갖고 있는 사람들은 무작정 석유를 캐내지 말고 생산량을 할당해 가격 폭락을 막자는 데 동의했다. 하지만 그 누구도 약속을 지키지 않았다. 유전을 갖고 있는 사람들이 난립해 있어 서로 힘을 모으기 힘든 데다, 조금이라도 석유 값이 오르는 기미가 보이면 너나없이 채굴량을 늘렸기 때문이다.

철도회사들은 석유수송이 일정하게 이루어지기를 바랬지만 석유 생산량이 들쑥날쑥해 유통량을 조절하기 힘들었다. 석유 채굴업자들의 치열한 경쟁 때문에 생산이 비조직적으로 이루어졌기 때문이다. 그래서 한 주는 정신없이 물량이 쏟아지다가, 다음 주에는 파리를 날리는 상황이 되풀이됐다. 수요가 불규칙한 이런 상황은 철도회사에게 그만큼 많은 비용을 요구했다.

록펠러는 정유 사업에서의 관건을 물류비용이라고 보았다. 경쟁자보다 물류비용에서 우위를 점하는 것이 사업 성공의 열쇠라고 확신한 것이다. 록펠러는 밴더빌트가 경영하는 철도회사에게 일정한 원유 수송량을 보장해주는 대신 운송료를 깎아달라는 협상을 벌인다. 운송료를 할인해준다면 운하를 통한 석유 수송을 중단하고 레이크 쇼어 철도회사에 매일 유조차량 60대 분량의 운송을 보장하겠다고 제의했다. 철도회사는 이 제안을 받아들인다.

60대 분량을 채우기 위해 M&A에 나서다

하지만 당시 록펠러의 정유 생산량은 30대 분량이었다. 그는 밴더빌트와의 약속을 지키기 위하여 주변 정유공장들을 대출을 얻어 사들이기 시작한다. 이를 통해 60대 분량의 정유를 억지로 맞추어 수송시킬 수 있었다. 이 과정에서 그는 취급 물량이 커야 수송단가도 낮추어 가격 경쟁력이 생기는 것을 절감하게 된다. 경쟁 업체보다 운송비가 적게 드니 판매량도 늘어나기 시작했다.

스탠더드오일 설립으로 정유업계 장악하다

록펠러는 거기에 만족하지 않았다. 철도회사와의 운송료 협상에서 유리한 고지를 차지하기 위해 주변 정유공장을 흡수 합병하는 전략을 짠다. 그 시작이 자신의 회사 이름을 바꾸는 것이었다. 이로써 1870년 1월 1일 '스탠더드오일'이라는 회사가 탄생했다. 오늘날 시세로 약 1천 1백만 달러에 해당하는 자본금 1백만 달러로 문을 열었다. 스탠더드오일은 정유 사업과 제조공장, 창고, 운송시설, 유조차 등 석유 관련 설비를 갖추고 미국 전체 정유시장에서 10%의 시장점유율을 차지하고 있었다.

스탠더드란 회사이름은 고객 지향적이었다. 당시 사람들은 등유에 불순물이 섞여 폭발이 일어나지 않을까 우려했는데, 자신들의 등유는 균질(스탠더드)한 품질이라는 것을 상징했다. 스탠더드오일은 미국 최초의 주식회사였고, 미국 최초로 중역회의 제도를 실시했다. 투자자들은 회사 부채에 책임을 지지 않는 주식회사에 거리낌 없이 투자했다.

독점을 향한 인수합병을 시작하다

록펠러는 석유산업에 투신한 뒤 기술개발은 물론 현장 밀착경영을 통해 원가절감 요소를 찾아냈다. 그런 방식으로 타사에 비해 경쟁우위를 확보한 뒤 철도운임협상으로 절대적인 우위를 확립했다. 그 뒤 존과 윌리엄 형제는 차례로 동료 정유업자들을 설득 내지 협박하여 담합 신디케이트를 조직했다. 그는 높아진 경쟁력을 바탕으로 당시 물류를 담당하는 핵심수단인 철도를 장악했다. 그리곤 경쟁자들을 압박해 들어갔다. 아예 경쟁을 회피하는 독점전략을 사용한 것이다.

이렇듯 설립한 지 얼마 안 되어 미국 최대의 정유회사가 되면서 록펠러는 자본력을 무기 삼아 전쟁하듯 경쟁기업들을 인수하거나 쓰러뜨려 나갔다. 자본주의 병폐 가운데 하나는 자본력이 커진 기업은 돈 되는 사업은 무엇이든지 집어 삼키고, 경쟁상대는 더 커지기 전에 박살내는 것이다.

록펠러도 마찬가지였다. 그는 유전과 정제시설을 싼값에 매입해 막대한 이익을 남기는 식으로 재산을 모으는 이른바 '금융 비즈니스'로 석유산업을 거의 송두리째 장악해 트러스트를 결성했다. 그 과정을 살펴보자.

록펠러는 시장 독점을 향한 자신의 꿈을 실천에 옮겼다. 그는 스탠더드오일의 귀찮은 경쟁자들을 인수 합병하거나 도태시키는 계획을 차근차근 진행했다. 그는 경쟁자들에게 경영권을 그에게 상납하고 주식을 배분받든가, 독자적으로 해 나가려다 파산하든가 둘 중의 하나를 선택하도록 강요했다.

록펠러는 가장 큰 경쟁업체부터 시작해서 차례로 교섭에 들어갔다. 경쟁자들과의 회동에서 록페러는 이 계획이 모두에게 이익이 될 것이라고 설명했다. 그는 사실 '규모의 경제'를 믿고 있었다. 그리고 덩치가 커야 철도협상도 더 수월하게 진척시킬 수 있었다. 이미 절대적인 우위를 누리고 있던 록펠러는 클리블랜드의 주요 은행 간부들에게 스탠더드오일의 주식을 일정액 양도함으로써 쐐기를 박았다. 독립을 지키려는 정유사들이 고독한 싸움에서 버틸 재정적 지원을 차단해 버린 것이다.

록펠러의 인수전은 전격적이었다. 1871년 12월에서 1872년 3월까지 그는 일명 '클리블랜드 대학살'로 알려진 기업 인수합병 전쟁을 치렀다. 뉴욕에서 15개, 필라델피아에서 12개, 피츠버그에서 22개, 석유지대에서 27개의 정유사를 인수했다. 그 중 6개 사는 단 이틀 만에 인수를 끝냈다. 전쟁이 끝나자 스탠더드오일만이 홀로 우뚝 서 있었다.

그는 그렇게 전쟁에서 승리를 거두었다. 찰스 다윈의 진화설은 동식물뿐 아니라 사업에도 그대로 적용되고 있었고, 록펠러는 이런 적자생존 세계에 꼭 맞는 사람이었다. 몇몇 회사들은 스탠더드오일의 독점에 휘말리지 않으려고 경쟁사를 매입했지만 결과적으로 오래

버티지 못하고 스탠더드오일에 인수돼 록펠러에게만 좋은 일을 해주고 말았다.*

록펠러, 송유관으로 승부하다

이 과정에 우여곡절도 있었다. 록펠러는 밴더빌트보다 더 싸게 오퍼한 토머스 스콧이 운영하는 펜실베이니아 철도로 정유 운송을 바꾸었다. 밴더빌트는 이러한 출혈 경쟁은 결국 철도회사들의 공멸을 초래한다고 보았다. 그는 스콧을 설득하여 철도회사들의 단합을 호소했다. 결국 철도회사들은 공동으로 정유 운송료를 대폭 올렸다. 록펠러는 이를 중대한 도전으로 받아들였다.

그는 고민 끝에 결단을 내렸다. 정유업계와 철도업계 간의 운명을 건 승부만이 남았다고 보았다. 그는 송유관을 깔아 철도를 아주 배제하는 극단적인 방법을 채택했다. 우선 미 동부를 송유관으로 연결했다. 결과는 록펠러의 승리였다.

최대 운송 화물을 잃어버린 철도는 주식 값이 폭락하기 시작했다. 철도회사 운영이 어려워지자 임금이 깎인 노동자들의 파업과 폭동이 잇달았다. 펜실베이니아 철도 차량기지와 철도 차량들이 방화되어 폐허가 되었다. 이로써 토머스 스콧은 다시 재기하지 못했다.

● 〈스탠더드오일의 탄생〉, 정혁준 블로그, http://blog.hani.co.kr/june/37837, 2011년 9월 28일

록펠러, 미국 최초의 트러스트를 결성하다

이렇게 해서 창업한 지 9년 만에 미국 전체 석유의 95%를 스탠더드 오일 회사가 정제할 수 있었다. 이것이 그 유명한 독과점 신디케이트의 효시이다. 모건이 철도왕 밴더빌트로부터 거대 철도회사를 넘겨받은 시점이었다. 당시 미국 산업계의 '사자' 제이피 모건에게 필적할 만한 거대한 구렁이 '아나콘다'가 나타난 셈이었다.

95%를 석권했다는 것은 실로 놀라운 독점력이었다. 1880년 미국 전체의 정유액 3천 5백만 달러 가운데 3천 3백만 달러를 장악해 1882년 미국 최초의 트러스트를 결성한 것이다.

석유업계를 바꾸어 놓은 철제탱커의 등장

대형회사가 아니었던 스탠더드오일이 그렇게 빠른 성장을 할 수 있었던 이면에는 숨은 스토리가 있다. 록펠러는 석유를 운반해 주는 '유니온탱커카' 회사를 가지고 있었는데, 이를 통해 회사를 확장했다. 미국에서 1800년대 후반까지는 석유를 주로 포도주 통으로 운반했다. 때문에 중간에 석유가 새거나 증발되어 없어지는 일이 흔했다.

이때 밀폐된 철제탱크를 처음 개발한 것이 바로 록펠러의 유니온탱커카 사였다. 이 회사로 인해 기존의 나무통으로 운반하던 다른 운송업체들이 모두 망했다. 곧이어 독점이 된 록펠러 운송회사가 운반 양을 줄여나가자 판매수단을 잃어버리게 된 대부분의 석유업체들이 파

:: 기존의 나무통 운송차를 대신한 철제 유니온 탱커카

산 직전에 이르렀다. 록펠러는 특히 1900년에서 1910년 사이에 이런 과정을 반복하면서 파산 직전에 이른 회사들을 거저줍다시피 했다.

록펠러는 독점에 대한 나름대로의 철학이 있었다. 스탠더드오일이 단단한 독점체제를 유지하는 동안 등유 가격은 80% 이상 인하되었고 품질혁신은 물론 산업 역시 비약적인 발전을 이루었다.

석유가 중요한 수출품이 되다

미국뿐 아니라 등유는 세계로 퍼져 나갔다. 석유가 중요한 수출품이 된 것이다. 1861년 12월 세계 최초로 범선 엘리자베드 왓츠호가 타이터스빌의 석유통을 싣고 런던으로 수출한 이래 프랑스, 독일, 스페인 등 유럽으로 수출했다. 원유에서 얻어진 등유가 등화용으로 우수하다는 것이 알려지면서 등유램프의 사용이 19세기 말 전 세계에 크게 보급되었다. 그러자 서부 펜실베이니아 전역에 석유 시추공들이 설치되어 갑자기 공급과잉이 되었다. 생산과잉으로 원유 값이 떨어져 배럴당 20달러였던 원유가격이 1달러 20센트까지 폭락해 많은 석유회사들이 파산했다.

생산과잉을 해결할 수 있는 길은 수출증대밖에 없었다. 1861년 석유수출이 시작된 뒤 1880년대에는 세계적인 수요증가에 힘입어 미국의 석유수출량이 국내생산량의 60%를 웃돌았다. 내수용보다 수출량이 앞선 것이다. 1882년에는 수출량이 816만 배럴로 전 세계 시장을 거의 독점했다. 1900년에는 세계의 등유 수요가 늘어나 미국의 석유수출이 3,140만 배럴로 늘어났다.

러시아가 세계 최대 산유국으로 부상하다

한편 석유가 돈이 되자 유럽과 러시아도 석유사업에 뛰어들었다. 1879년 러시아가 카스피해 부근 바쿠 유전을 개발하였다. 당시 이곳 유전의 매장량은 세계 최대 규모였다. 1880년대에 로스차일드, 루드비히, 선박왕 마커스 사무엘 등 유럽의 유대인들이 바쿠지역 유전개발 회사들을 앞다투어 설립했다. 이들의 대규모 투자로 1888년에는 러시아 석유생산이 미국의 생산량을 앞질렀다.

러시아 황제는 1873년 이후로 외국자본에 대해 바쿠지역을 포함한 코카서스 지방의 석유탐사를 인정하고 있었다. 당시 이 지역에는 스웨덴의 다이너마이트 발명가 노벨의 두 아들이 이권을 획득해 두고 있었는데, 자금 조달문제에 직면한 노벨형제가 프랑스의 로스차일드 은행을 이 사업에 끌어들여 러시아산 원유를 판매하기 시작했다. 이것이 얼마 후 록펠러의 독점과 부딪치게 되자 여기서 노벨형제와 로스차일드은행은 유럽시장에 대해 록펠러와 타협을 보았다. 유럽시장을 양자가 분할하기로 잠정합의한 것이다.

그러나 그 뒤에는 여러 강자들이 등장하면서 자유경쟁시대로 돌입하게 된다. 1890년대에는 인도네시아 석유를 개발하기 위해 네덜란드의 반 덴 베르흐 등이 '로얄더치'란 회사를 설립했다. 그들은 세계 석유시장을 놓고 스탠더드오일과 경쟁하면서 '로얄더치'는 물론 영국 사무엘의 '쉘'(Shell)도 세계적 규모의 거대 석유회사로 성장했다. 또 1897년에는 사무엘이 '쉘트레딩앤트랜스포트'를 설립해 보르네오에서 석유개발을 시작했다. 이들 두 회사는 1907년에 제휴하여 '로열더치쉘' 그룹을 이루었다.

그동안 등유는 주로 등화용으로 사용되어 왔으나 20세기에 들어서면서 등유의 용도가 난방용으로까지 확대되었다.

세계 최초로 유조선을 고안한 마커스 사무엘

나전칠기는 우리 고유의 대표상품이다. 그런데 한 유대인 소년이 나전칠기로 성공해 세계 경제사에 큰 획을 그었다.

동유럽의 유대인 박해로 영국으로 피난해 어려운 생활을 하던 유대인 일가가 있었다. 양친은 손수레에 잡화를 싣고 다니면서 행상으로 생계를 이어갔다. 이 집에는 11명의 아이가 있었다. 특히 열 번째

아들은 머리가 좋고 활력이 넘치는 아이였다. 하지만 학교 성적은 좋지 않았다.

그가 고등학교를 졸업하자 아버지는 아들에게 선물을 하나 주었다. 유대인들은 한 시기를 매듭 지을 때 반드시 선물을 하는 습관이 있다. 아버지의 축하 선물은 아시아로 가는 편도 배표 한 장이었다. 돌아오는 표는 없었다.

그러면서 아버지는 아들에게 두 가지 조건을 내세웠다. 안식일 전에 어머니를 안심시키기 위해 반드시 편지를 쓰라는 것과 아버지는 이제 늙었고, 또 10명의 형제자매가 있으니 집안 살림에 도움이 될 만한 일을 여행 중에 생각해 보라는 부탁이었다.

아들은 18세의 나이로 런던에서 혼자 배를 타고 일본 요코하마까지 갔다. 그때가 1871년이었다. 그의 재산이라곤 주머니에 있는 5파운드가 전부였다. 5파운드는 오늘날로 계산하면 10만 원 정도 되는 돈이다. 일본에 아는 사람도 없고 기거할 집도 없었다.

그는 '쇼난'이라는 해안에 도착해 빈 판잣집에 들어가서 며칠 지냈다. 거기에서 그는 이상한 것을 하나 보았다. 매일 일본 어부들이 바닷가의 개펄을 파서 조개를 캐고 있었다. 직접 손에 쥐고 보니까 굉장히 아름다운 조개였다. 그는 직감적으로 이런 조개를 가공해 단추나 담배 케이스를 만들면 아름다운 상품이 되지 않을까 하는 생각이 들었다. 그래서 자신도 열심히 조개를 캐기 시작했다.

그 뒤 그는 그의 아이디어대로 조개를 가공해 단추와 장식품을 만들어 영국으로 보냈다. 그의 아버지는 이걸 손수레에 싣고 다니며 팔았다. 당시 런던 사람들은 처음 보는 조개장식을 진기하게 여겨 날개 돋친 듯이 팔렸다. 얼마 후 아버지는 돈을 벌어 행상을 그만 두고 조그마한 가게를 열었다. 조개제품이 의복의 단추나 장신구로 사용되어 큰 유행을 일으켰다. 가게는 번창해 2층이 되고, 3층이 되었다.

그 뒤 런던 빈민가에 있던 점포를 부자동네로 옮겼다. 장사가 잘 되자 마커스는 일본에서 나전칠기 화장대를 비롯한 나전칠기제품을 대량으로 수출해 아버지는 이를 도매로 팔았다. 런던에서는 아버지의 사업이 날로 번성하고, 일본에서는 아들 사업이 번창했다. 이 청년의 이름이 '마커스 사무엘'로, 히브리어 이름은 '모르드카'였다. '모르드카'라는 이름은 에스더서에 등장하는 '모르드개'와 같은 이름이다.

:: 나전칠기 화장대

1876년에 사무엘은 요코하마에 사무엘 상회를 설립했다. 그 무렵 사업가들 사이에서 가장 큰 화제는 석유였다. 때마침 내연기관이 등장했고, 석유수요가 급증하고 있었다. 록펠러가 석유왕이 된 것도 이즈음이었다. 나전칠기 장사로 크게 성공한 사무엘도 당시 일본 석탄을 유럽으로 출하하고 있었다. 얼마 후 새로운 연료 즉 석유로 그의 관심이 옮겨졌다. 그는 1만 파운드를 자본금으로 새로운 계획을 세운다. 그 자신은 석유에 대한 지식이 없었다. 하지만 다른 사람들과 의논해 인도네시아에서 석유탐사를 시작했다. 직감이 맞았던지 석유를 채굴하게 되었다.

그런데 인도네시아는 더운 나라라 석유를 난방용으로 쓸 필요가 없었다. 또 어두워진 뒤에는 활동을 하지 않았기 때문에 석유를 팔 곳이 없었다. 그래서 그는 조개모양의 상표를 붙인 회사를 설립해 석유를 일본에 팔았다. 그 무렵 일본은 석유로 난방을 하고 조명을 밝히기 시작했다. 이 장사도 대성공을 거두었다.

그러나 인도네시아에서 일본까지 석유를 운반하는 게 쉽지 않았다. 처음에는 2갤런 깡통으로 운반했는데 원유를 운반하다 보면 선박이 더러워져서 운반 후에 배를 청소하고 씻어내는 일이 큰 문제였다. 또 화재 위험도 커서 선박회사들이 원유 운반을 꺼렸다. 또 운반비도 엄청나게 많이 들어갔다.

그래서 사무엘은 연구 끝에 세계 최초로 유조선을 고안하여 1891년 세계 최초의 유조선 선주가 되었다. 이 1호 유조선은 그 후속 유조선들과 마찬가지로 바다의 조개라는 뜻을 빌어 '뮤랙스'라고 명명됐다. 뮤랙스는 바다의 신 트리톤이 가졌던 조개다. 자기 소유의 유조선마다 일본에서 캐냈던 가리비 조개의 모양을 상표로 붙였다. 그 뒤 유조선 사업이 잘되어 '쉘운송회사'를 별도로 만들었다. 이때 그에게 선박왕이란 별칭이 붙었다.

그는 러시아 바쿠 유전에도 투자해 러시아 등유를 일본에 가져와 큰돈을 벌었다. 록펠러의 해외 독점이 무너지게 된 것도 러시아산 원

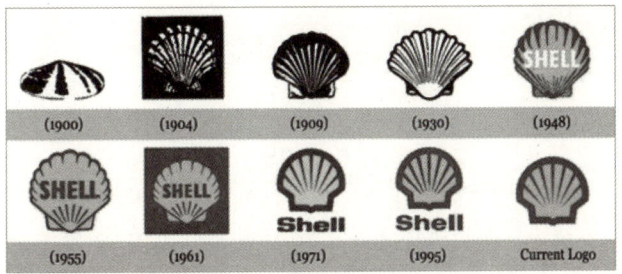
:: 셸(Shell) 석유회사의 조개모양 로고의 변천

유를 수에즈운하를 경유해 싱가포르와 방콕 그리고 도쿄로 수송하는 셸의 유조선이 생겼기 때문이다.

그의 사업이 성공할수록 영국인들은 유대인이 석유업계를 좌지우지하고 있다며 심하게 반발했다. 당시 영국 함대에 사무엘이 석유를 공급하고 있었는데 압력이 심하게 들어왔다. 어쩔 수 없이 석유회사를 팔 수 밖에 없었던 사무엘은 회사를 팔 때 조건을 하나 내세웠다. 그 조건은 비록 그의 자손이 소액주주일지라도 반드시 그의 혈육이 회사 간부가 될 것과 회사가 존속하는 한 조개모양의 상표를 사용해야 한다는 조건이었다.

이 조개 마크를 부친 석유회사가 바로 셸(Shell) 석유회사다. 지금도 일본과 서구에는 많은 셸 석유회사가 있다. 마커스 사무엘은 자신의 어려웠던 과거를 잊어버리지 않기 위해 항상 조개를 주워 상품으로 만들어 팔았던 그 시절을 삶의 거울로 삼으며 살았다. 그는 "나는 가난한 유대인 소년으로서 일본의 해안에서 혼자 조개를 줍던 과거를 결코 잊지 않습니다."라고 말하곤 했다.

가솔린과 중유의 시대로

원유를 증류하면 제일 먼저 나오는 게 석유가스(LPG)이고 그 다음이 휘발유, 등유, 경유, 중유 순이다. 이렇게 등유를 생산하면 처음에 나오는 석유가스는 하늘로 날아가 버리고 휘발유와 중질유분(重質溜分)이라 부르는 검고 끈적끈적한 제품이 부산물로 남았다. 이렇게 석유 부산물로 얻어지는 가솔린과 중유는 용도가 없어 처음에는 내다 버렸다.

록펠러는 등유 소비가 한계에 다다르자 이 부산물들의 용도를 찾아보기로 했다. 당시 휘발유는 휘발성이 너무 좋아 램프 기름으로는 위험했다. 불이 나거나 폭발의 위험이 높았다. 록펠러는 과학자들에게 휘발유를 활용할 수 있는 방법을 찾아 달라고 부탁했다. 그들은 휘발유가 석탄을 대신하여 증기기관을 돌리는 동력으로 사용 가능하다는 것을 알아냈다. 그 뒤 휘발유는 동력 기계를 움직이는 연료로 쓰였다.

그러다 1886년 칼 벤츠가 휘발유 자동차를 생산하기 시작하자 가솔린의 가치가 치솟았다. 그 뒤 가솔린과 등유의 위치가 바뀌었다. 게다가 1901년 텍사스에서 대규모 유전이 발굴되고 같은 해 '올즈모빌' 자동차가 생산되어 보급되기 시작했다.

이어 1903년 헨리 포드가 자동차회사를 설립하고, 라이트 형제가 비행에 성공함으로써 휘발유 시대가 도래했다. 특히 1908년 포드 자동차의 대량생산을 계기로 휘발유 사용이 극적으로 증가하면서 1911년에는 휘발유 소비가 등유를 앞질렀다. 처음에는 가치 없고 귀찮은 부산물이 가장 많이 팔리는 석유제품이 된 것이다. 이는 석유산업이 비약적으로 발전하는 계기가 되었다.

디젤엔진의 출현

한편 석탄자원이 빈약한 나라에서는 석탄 대신 등유의 부산물인 '중유'라고 하는 공짜와 다름없는 연료의 사용법을 연구했다. 또한 비중과 끓는점에 따라 등유 바로 다음에 얻어지는 경유(디젤)를 도시가스의 '증열용'(增熱用)으로 사용하는 방법을 연구했다. 이 기름을 오늘날에도 '가스오일'이라고 부르게 된 연유이다. '증열용'이란 혼합하여 가스의 열량을 높이는 용도란 뜻이다.

그로부터 얼마 뒤 1892년에 루돌프 디젤은 중질유를 분사해 작동하는 디젤엔진의 특허를 냈다. 디젤 이론은 사실 간단한 원리다. 공기를 압축하면 온도가 올라간다. 20배 정도 압축하면 불꽃의 도움 없이도 연료를 태울 수 있다. 이때 연료를 주입해 폭발을 일으켜 그 힘을 이용하는 것이다.

처음 디젤엔진은 동력장치로 발명되었다. 1910년경 이를 배에 올려 사용했다. 승용차에 처음 적용된 것은 1927년에 보쉬가 소형 연료 주입장치를 발명하면서 비로소 가능하게 되었다. 이로써 중질유 가운데 경유(디젤)가 자동차 연료로 사용되었다.

디젤은 값이 쌀 뿐 아니라 연비가 우수해 가솔린차와 비교하면 같은 연료량으로 훨씬 더 멀리 갈 수 있어 경제적이었다. 이같이 각종

용도의 석유제품이 값싸게 대량으로 생산되어 그것을 연료로 사용하는 기계 개발이 촉진되었다. 이에 따라 자동차·항공기·선박과 같은 거대산업이 탄생되는 계기가 되었다. 1912년에는 원유의 끓는점에 따라 휘발유, 등유, 경유, 중유를 차례로 생산해내는 최초의 현대식 정유공장이 미국에 세워졌다.

중유, 함선의 연료로 채택되다

그럼에도 당시는 여전히 증기기관 시대였다. 모든 배의 엔진도 증기기관이었다. 허나 증기기관은 매우 불편했다. 바로 석탄의 부피 때문이었다. 대기오염물질을 엄청나게 내뿜는 문제도 있지만 특히 군사적으로는 10킬로미터 거리에서도 육안으로 탐지되는 연기가 문제였다. 즉 군사적 관점에서 증기기관은 약점이 많았다.

 이럴 때 석탄을 석유로 바꿔 쓰자는 제안이 나왔다. 쉬운 일이었다. 증기기관은 물을 끓이면 되니 연료를 석유로 바꾸고 연소장치를 석유보일러로 바꾸면 그만이었다. 연기도 적게 나서 군사 전략상 최적이었다. 이때부터 석유의 전략적 가치가 인정되기 시작했다. 이런 이유로 석유의 지정학이 세계 전략의 핵심이 되었다.

 소련은 석탄이 귀해 가격이 비싼 반면, 중유 생산은 쉬웠기 때문에 1870년대에 이미 카스피해를 항해하는 선박에 중유보일러를 채용했다. 따라서 소련함대는 영국 등 주요 강대국의 해군보다 약 25년이나 앞서서 새로운 연료인 중유를 사용했다.

이에 위기감을 느낀 영국 해군은 19세기 말 군함의 연료를 석탄에서 석유로 전환하는 안을 처음으로 검토하기 시작했다. 신임 해군장관은 해군 연료에 중유를 채용함과 동시에 석유매장량 확보에 노력을 기울였다. 그것이 가시적인 성과로 나타난 것이 1913년에 해군장관이 된 윈스턴 처칠이 '앵글로 페르시안 석유'(후에 BP로 개칭)의 주식 과반수를 취득해 안정적인 석유 공급원을 확보한 것이다.

그 뒤 중유가 함선을 움직이는 연료로써 본격 채택된 것은 1차 세계대전 때였다. 이후 선박용, 공장연료, 디젤기관 등에 중유가 사용되면서부터 석유제품의 주역이 교체되었다. 이를 계기로 서양의 화석연료 주역은 석탄에서 석유로 바뀌었다. 특히 1·2차 세계대전을 사이에 두고 항공기의 연료로 고급가솔린의 중요성이 재인식되었다. 이때까지는 원유의 물리적인 분리만으로 제조되던 석유제품에 고도의 성상(性狀)이 요구되었다. 따라서 석유정제업에도 화학반응 공정이 채택되어 고급가솔린이 보급되기 시작했다.

중동 석유의 역사

19세기 석유 개발업자들이 중동의 석유매장을 확신하게 된 근거는 구약성서 '노아의 방주'와 '소돔과 고모라'에 나오는 '역청' 부분이었다. 기업들은 석유가 나올 것 같으면 세계 곳곳을 찾아다녔다. 영국 BP의 창립자 윌리엄 녹스 다시도 그 중 하나였다. 금광 개발로 큰돈을 거머쥔 그는 로이터 남작에게 페르시아 개발권을 인수해 유전개발에 돌입했다.

　BP는 무려 8년 동안 찾아 헤맸지만 어디에서도 경제성 있는 석유를 찾지 못했다. 1908년 1월 BP 본사는 페르시아 채굴 책임자 레널즈에게 철수준비를 지시했다. 그럼에도 레널즈는 최종 철수명령이 떨어질 때까지 쉬지 않고 채굴을 계속했다.

　그런 그에게 4개월 후 5월 26일 마침내 행운이 찾아왔다. 지금의 이란 자고로스 산맥 인근 슈레이만 지역에서 시커먼 석유가 솟구쳐 올랐다. 무려 15미터의 석유기둥을 뿜어내는 대규모 유전이었다. 영국은 흥분의 도가니가 되어 중동 석유개발 붐이 일어났다. 이때부터 세계 최대 매장량을 자랑하는 중동 석유의 역사가 개막된다.

　중동에서 석유가 나오자 처칠은 중동 장악이 세계 지배의 관건이 될 것으로 전망했다. 중동을 차지하면 이기고, 빼앗기면 진다는 의미였다. 영국이 수단과 방법을 가리지 않고 중동을 장악하려 했던 이유이다. 석유 한 방울 나지 않는 영국이 외국에 연료를 일방적으로 의존한다는 것은 국가적 존망이 달려 있는 문제였다.

　자국에서 석유가 나오지 않는 것은 적국 독일이나 오스트리아도 마찬가지였다. 1차 세계대전 중 중동을 둘러싼 한 판 전쟁이 불가피했다. 중동은 1914년 1차 세계대전부터 열강의 격전장이 된다. 신이 내린 축복이 이들에게는 재앙이었다. 중동은 당시 석유자원을 어떻게 사용하는지도 몰랐기 때문에 채굴 초기부터 석유자원은 미국과 유럽 석유메이저들의 소유가 되고 만다.

록펠러, 세계시장을 거머쥐다

록펠러는 미국 정유업계를 평정한 뒤 목표대로 세계시장을 차례차례 공략했다. 먼저 유럽과 중남미 시장에 손을 뻗기 위해 1882년 국제 독과점기업 '엑슨'을 만들었다. 1888년에는 엑슨이 영국에 '앵글로아메리칸오일컴퍼니'를 세웠다. 이는 뒤에 'Esso Petroleum Co.'이 되었다. 그리고 2년 뒤에는 독일 회사의 지분을 인수해 대주주가 되었고 이는 나중에 '에소'(Esso AG)가 된다. 1898년에는 캐나다의 대표적인 석유회사 '임페리얼오일'의 지배권을 획득했다. 이렇게 미국뿐 아니라 해외에도 유전과 정유소를 소유한 거대한 회사로 성장했다.

1938년 3월 사우디아라비아에서 록펠러의 캘리포니아 스탠더드오일 곧 '소칼'이 초대형 유전을 발견했다. 지금의 '셰브런'이다. 그 뒤에도 세계 시장 진출은 계속되어 세계 80개국 이상에서 사업 활동을 하면서 70개 이상의 정유시설을 운영했다. 그러다가 20세기 말 같은 스탠더드오일의 후예 기업 중 하나인 '모빌'을 흡수해 지금의 이름인 '엑슨모빌'로 재탄생했고, 로열더치쉘그룹을 누르고 세계 최대의 석유기업이 되었다.

2000년 들어서는 전 세계 석유사업에 관여하면서 거의 210억 배럴에 상당하는 석유를 비축하고 있으며, 정유시설에서는 매일 6백만 배럴 이상을 처리한다. 그리고 엑슨, 에소, 모빌의 브랜드를 통해 118개국 4만 5천 개의 주유소를 운영하고 있다.

세계 석유의 표준이 된 '서부 텍사스 원유 값'

록펠러는 독점에 대해 나름대로 분명한 철학을 가지고 있었다. 그는 모든 불필요한 경쟁이 사라지고 가격이 통일되면 더 좋은 서비스를 받을 수 있을 것으로 생각했다.

1892년 오하이오 최고 재판소가 트러스트의 해체를 명하자 1899년에는 뉴저지의 스탠더드오일로 지주회사를 옮겨 이전에 트러스트에 속해 있던 모든 자산과 주식을 넘겼다. 이렇게 주정부의 법망을 교묘히 피하자 이번에는 연방 대법원이 나섰다.

결국 1911년 대법원이 스탠더드오일이 반독점 법에 어긋난다고 판결한 이후 그의 회사는 모두 34개로 쪼개졌다. 판결이 내려질 무렵 스탠더드오일의 원유 정제시장 점유율은 78%, 유조차의 절반 이상을 보유했다. 심지어는 기선 78척, 범선 19척에 자체 해군까지 보유했다.

판결 후 두 달 보름 만에 스탠더드오일은 해체 계획을 내놓고 저지스탠더드오일(엑슨), 캘리포니아스탠더드오일(셰브런), 뉴욕스탠더드오일(모빌) 등 34개의 독립회사로 해체되었다.

그렇다면 34개로 갈라진 스탠더드오일은 쪼그라들었을까. 아니었다. 오히려 엑슨과 셰브런, 모빌 등 스탠더드오일에서 갈라져 나온 회사들은 국제적인 메이저로 성장했다. 해체 후 1년 만에 이들 주가는 대부분 두 배로 뛰었다. 덕분에 록펠러도 9억 달러 이상의 주가차익을 얻었다.

스탠더드오일이 여러 개로 쪼개지면서 독점에 대한 꿈이 사라지자 록펠러는 대신 외국회사들과 연대해 가격담합을 시작했다. 그들은 1911년부터 1975년 곧 오펙 이전까지 세계 석유가격을 하나로 단일화했다. 세계 석유회사들이 모두 '서부 텍사스 원유 값'에 자신들의 가격을 고정시켰다. 석유는 세계 어디서 사던 거의 같은 값이었다. 이것이 이른바 지금도 세계 석유가격의 기준 역할을 하는 서부텍사스유(WTI : West Texas Intermediate)다.

이는 세계 최대 선물거래소인 '뉴욕상품거래소'에 상장된 중심 유종이다. 영국 북해에서 생산되는 브렌트유, 중동에서 생산되는 두바이유와 함께 세계 3대 유종으로 꼽힌다. 통상 생산비가 높고 품질이 좋아 국제원유시장에서 가장 높은 가격을 형성한다.

록펠러, 문어발식 확장으로 사업 범위 넓혀

록펠러의 독점에 대한 꿈은 석유산업에 만족하지 않았다. 스탠더드오일은 다른 회사들의 주식을 지배하는 지주회사로 개편되어 체이스맨해튼은행, 선박, 철강, 석탄 등으로 사업 범위를 확대했다. 자본금 1억 1천만 달러, 연간 이윤 4천 5백만 달러, 록펠러의 재산은 2억 달러로 추정되었다. 이후 사업 확대에 따라 철광산·삼림 등을 지배하기 위해 제조·운송업 등 수십 개의 회사를 거느렸다. 그는 전 세계 지구상의 유전에 대한 독점적 지배에 표적을 두었다. 이후 그의 재산은 20억 달러에 이를 정도가 되었다.

그리하여 록펠러는 일찍이 38세에 미국 정유 산업의 95%, 세계 석유산업의 62%를 차지해 세계 제일의 부자가 되었다. 1919년에는 록펠러가 미국 최대 납세자였다. 소득세가 처음 공개된 것은 1925년으로, 존 록펠러 2세는 628만 달러, 자동차왕 헨리 포드는 260만 달러, 그 아들 에드셀 포드가 216만 달러의 세금을 납부했다. 현재 세계 최고 부자인 빌 게이츠와 화폐가치를 놓고 보면 록펠러의 3분의 1에 불과하다고 한다.

검은 황금을 장악한 7자매

엑슨과 모빌이 합병하기 이전에 세계 석유업계는 7개의 주요 석유회사들이 장악했는데 이들을 '메이저'라고 불렀다. 7개 회사라 '세븐시스터즈'라고도 했다. 미국의 엑슨, 모빌, 걸프, 세브론, 텍사코 5개사와 영국의 브리티시석유(BP) 그리고 영국-네덜란드 합작사 로열더치쉘 등 7개 사였다. 대규모 자본을 앞세워 석유의 생산·유통·정제·판매 등 유통망 전체를 장악한 회사였다.

세계 석유산업을 지배해 온 이들 7대 메이저는 서방 측 세계 원유 생산량의 68%를 기록한 바 있으며, 한때는 중동 석유생산 전체를 장악하기도 했다. 미국 메이저는 물론 유럽의 메이저들도 대부분 유대계 자본이라 한다. '로열더치쉘'은 로스차일드 가문이 대주주로 있는 석유회사다. 또한 페르시아 석유회사를 모체로 하는 영국계 'BP'에도 유대계 자본이 대거 참여하고 있다. 석유산업에 이들의 장악력은 계속 이어질 것이다.

어머니의 철저한 신앙 교육

록펠러는 어려서부터 홀어머니 밑에서 독실한 신앙을 갖고 자랐다. 비록 가난했지만 어머니는 아들의 신앙교육에는 철저했다. 어머니가 그를 무릎에 앉혀 놓고 머리에 손을 얹고 기도하면서 "하나님을 친아버지 이상으로 섬겨라. 주의 종을 기쁘게 하는 사람이 되어라. 오른쪽 주머니는 항상 십일조 주머니로 하여라. 아침에는 꼭 하나님의 말씀을 읽어라. 아침에 목표를 세우고 기도하라. 잠자리에 들기 전 하루를 반성하고 기도하라. 남을 도울 수 있으면 힘껏 도우라. 너는 일생동안 교회에 가면 뒷자리에 앉지 말고 앞자리에만 앉아라."고 당부하곤 했다. 그 뒤 그는 평생 어머니 말씀에 순종하여 독실한 기독교 신자로 십일조 곧 '수입의 10분의 1을 헌금'하는 원칙을 지켰다. 술·담배·여자를 멀리하는 금욕적 삶을 살았으며, 가족을 최우선시 했다.

바위를 뚫는 사람이라는 뜻의 록펠러(Rockefeller)란 성은 원래 독일계통의 성인 로겐펠더(Rogenfelder)를 미국식으로 부른 것이다. 로겐펠더는 동부 유럽에서는 흔한 유대인의 성이다. 록펠러의 어머니는 독일계 유대인으로 알려져 있다. 유대인 어머니들은 자녀들을 어릴 때부터 회당에 내보내며 정통적인 유대인 교육을 시키는 것으로 유명하지만 새로 이사 간 마을에 유대인 회당 시너고그가 없을 경우에는 주로 침례교회를 보냈다. 유대인들 사이에선 침례교회가 유대인의 성서인 구약을 잘 가르친다는 소문이 퍼져 있었기 때문이다. 록펠러의 경우도 마찬가지라고 한다.

록펠러는 침례교 신자여서 유대인으로 분류되지 않기도 한다. 유대인임을 판단하는 기준으로 보통 사용되는 이스라엘 귀환법 제4B조에는 유대인이란 '유대인 어머니에게서 난, 혹은 유대교로 개종한 사람 중에서 다른 종교에 속하지 않는 자'라고 정의해 놓고 있다. 이 정의에 의하면 록펠러는 유대인이다. 그의 어머니가 독일계 유대인으로 알려져 있기 때문이다. 록펠러도 모건과 마찬가지로 유대인 여부에 대한 논란이 많다.

하지만 1차 세계대전에서 패배한 독일이 베르사유조약으로 유전이 있는 모든 식민지를 잃었을 때, 히틀러는 이를 유대인의 공작이라고 공격했다. 바로 록펠러를 염두에 두고 한 말이다. 히틀러는 세계 석유시장을 지배하고 있는 유대인 록펠러가 독일을 압박하고 있다고 판단했다. 히틀러의 그런 판단은 나중에 6백만 명의 유대인을 학살하는 배경이기도 했다.

그의 성 록펠러와 관련한 이야기가 있다. 록펠러는 '레커펠로'라고도 불렸다. 이는 'Wreckafellow 곧 Wreck a fellow, 저 사람을 부서트려라.'는 뜻으로 그의 독점적 행태와 고압적인 태도를 조롱하는 별명이었다.

또한 록펠러가 유대계의 거물 로스차일드와 연결되어 있다는 주장도 있다. 일관되게 록펠러의 스탠더드오일 회사에 투자해 온 것은 현재의 시티은행의 전신인 내셔널시티은행이었다. 바로 이 은행의 유대인 오너인 모제 테일러는 로스차일드의 대리인이었다는 설이 있다. 로스차일드가 이 은행을 이용해 록펠러에게 자금을 지원했다는 이야기다. 유대계 투자은행인 쿤-롭 상회의 대표들도 로스차일드의 대리인들이었다 하는데, 마찬가지로 록펠러를 도왔다. 이렇게 유대계 금융 지원을 받아 성장한 것이 미국 석유의 90%를 지배하는 스탠더드오일 회사다.

57세부터 일선에서 은퇴하여 자선사업에 몰두

록펠러는 57세에 일선에서 은퇴해 자선사업에 몰두했다. 그가 자선사업을 결심하게 된 데는 계기가 있었다. 55세 때 그는 불치병으로 1년 이상 살지 못한다는 사형선고를 받았다. 그리고 마지막 검진을 받기 위해 휠체어를 타고 갈 때, 병원 로비에 걸린 액자의 글이 눈에 들어왔다. '주는 자가 받는 자보다 복이 있다.'

이 글을 보는 순간 마음속에 전율이 생기고 한없는 눈물이 흘러내렸다. 선한 기운이 온몸을 감싸는 가운데 그는 눈을 지그시 감고 생각에 잠겼다. 잠시 후 시끄러운 소리에 정신을 차리게 되었는데 입원비 문제로 다투는 소리였다. 병원 측은 병원비가 없어 입원이 안 된다 하고 환자 어머니는 울면서 입원을 애원하고 있었다.

록펠러는 곧 비서를 시켜 병원비를 지불하고 누가 지불했는지 모르게 했다. 얼마 후 은밀히 도운 소녀가 기적적으로 회복되자, 그 모습을 조용히 지켜보던 록펠러는 얼마나 기뻤던지 그의 자서전에 그 순간을 이렇게 표현했다. '나는 살면서 이렇게 행복한 삶이 있는지 몰랐다.' 그때 그는 나눔의 삶을 작정한다. 그와 동시에 신기하게 그의 병도 사라졌다. 그 뒤 그는 98세까지 살며 선한 일에 힘썼다. 나중

에 그는 회고한다. '인생 전반기 55년은 쫓기며 살았지만 후반기 43년은 행복하게 살았다.'

록펠러는 1911년까지 스탠더드 사장이라는 직책을 가지고 있었지만 57세였던 1896년부터는 중요한 일만 결정했을 뿐 경영일선에서 실질적으로는 물러났다. 이때부터 그가 치중한 일은 자선사업이었다. 그가 사실상 은퇴한 1896년에 그의 재산은 2억 달러였다. 그가 사업에서 물러났을 때 미국인들의 평균 수입은 주당 10달러였다. 1893~1901년 그의 회사 배당금은 2억 5천만 달러에 달했고 그 가운데 4분의 1이 그의 주머니로 들어갔다. 1913년에는 그의 재산이 무려 10억 달러로 불어났다. 자동차산업의 발달로 주가가 급등했기 때문이다.

그는 많은 전문가들의 도움을 받아가면서 자신의 재산을 필요한 곳에 적절하게 기부하기 시작했다. 그는 자서전에 '나는 모든 사람들이 정직하게 돈을 버는 것과 가능한 한 모든 것을 남에게 주는 것이 종교적인 의무라고 생각한다.'라고 적고 있다. '자선'을 중시하는 유대인의 종교관이 그대로 나타나는 대목이다. 유대교에서는 '기도, 회계, 자선'을 하느님과의 관계를 개선하는 3대 방법이라 가르친다. 자신이 소수인종으로 분류됐던 유대인인 만큼 록펠러는 흑인 등 소수계와 종교단체 지원을 가장 중시했다.

그는 1890년과 1892년 시카고대학 설립에 6천만 달러 이상을 기부하여 사실상 대학 설립자가 되었다. 1913년에 세운 유명한 록펠러재단은 병원, 교회, 학교 등 많은 문화사업과 자선사업을 시작했다. 그 외에도 일반 교육재단, 록펠러 의학연구소 등 셀 수 없을 정도의 사회복지재단과 연구재단을 설립했다. 록펠러는 역사상 의학에 가장 많은 공헌을 한 후원자였다. 그가 세운 록펠러 재단이 의학과 의료교육 및 공공보건 부문에 있어서 미국 최고의 후원단체였기 때문이다.

어떤 이에게는 탐욕스러운 기업의 창업자로, 다른 이에게는 인자한 자선사업가로, 미국 초기 자본주의의 상징인 존 데이비슨 록펠러는 너무나도 상반된 평가를 받는 인물이다. 록펠러가 언제나 논란의 대상이자 극단적 평가를 오갔던 이유는 가장 두드러지는 두 가지 특징 곧 사상 초유의 독점과 자선사업이라는 사뭇 상반된 업적 때문이었다. 이에 대한 록펠러의 대답은 의외로 간단하다. 그는 다만 '최대한 벌어 최대한 베푸는 것'을 자신의 사명으로 삼고 살았을 따름이었다.

그는 이렇게 '최대한 벌고 최대한 아껴 최대한 베푸는 것'을 통해 평생 5억 3천만 달러를 기부했다. 당시 미국 1년 예산이었다. 2015 회계연도 미국 예산이 3조 9천억 달러이니 이와 견주어 생각해 보면 참으로 큰돈임을 알 수 있다. 최대의 석유기업 스탠더드오일 트러스트와 거대한 기부재단을 통한 자선사업을 동시에 통솔한 그의 삶은 사람들에게 많은 이야기 거리를 남겨 놓았다.

미국 산업을 양분한
두 재벌

금융자본이 산업자본을 지배하다

커질대로 커진 모건과 록펠러는 미국 산업을 양분하다시피하며 치열한 영역전쟁을 치러 나갔다. 모건은 자신이 대주주로 있는 퍼스트내셔널뱅크를 통해, 록펠러는 내셔널시티뱅크를 통해 유망 기업들을 사들이며 문어발식 확장에 여념이 없었다.

이 과정에서 상대방 기업의 주식도 무차별적으로 사들였다. 그들은 금융·전기·철강을 비롯해 석유와 철도에 이르기까지 광기 어린 경쟁을 펼쳤다. 하지만 승부는 쉽게 끝나지 않아 금융자본의 산업지배가 끝 간 데 없이 진행되고 있었다. 이는 훗날 미국이 금산분리를 택하게 되는 계기가 된다. 참고로 우리나라는 산업자본의 금융지배를 두려워하는데 당시 미국은 반대로 금융자본이 산업자본을 지배했다.

1870년대 이후 양 가문의 경쟁 덕분에 미국의 산업구조는 종래의 경공업과 섬유산업 위주에서 철강·기계·석유 등 중화학공업 중심으로 바뀌어 갔다. 이것은 오로지 양 그룹의 치열한 경쟁이 가져다 준 결과였다. 경쟁을 통해 적자생존의 법칙에 따라 성장성 있는 산업만 살아남아 커지고 성장성 없는 한계산업은 퇴출당해 없어졌다. 시장기능에 의한 산업의 구조조정이었던 것이다. 자본주의는 냉혹한 면도 있지만 이러한 순기능도 있었다.

유대인 사무엘 곰퍼스, 미국노총(AFL) 결성

이렇듯 치열한 산업재편 과정에서 치일 수밖에 없는 계층이 노동자들이었다. 이들의 인간적인 삶에 대한 욕구는 노동조합 결성운동으로 치달았다. 유대인 자본가의 착취에 맞서 노조활동의 최선봉에 선 지도자도 유대인이었다. 담배제조 노동조합을 이끌던 유대인 사무엘 곰퍼스가 1886년 미국노동총연맹(AFL)을 창설했다. 1904년에는 175만 조합원을 거느린 미국의 대표 노동조직으로 발전했다.

당시 노동환경은 열악했다. 전 가족이 일해도 먹고 살기 힘들었다. 그러다 보니 학교에 가지 않고 노동을 강요당하는 아

:: 타임지에 실린 사무엘 곰퍼스. 1923년 10월 1일

이들이 많았다. 노동자와 경영자들은 극한 대립을 불사하며 사회 곳곳에서 폭력과 총성이 난무했다.

원래 19세기 말 미국 노조는 두 단체가 주도했다. 급진적이고 이념적 강성단체인 노동기사단(Knights of Labor)과 온건하고 현실적인 미국노동총연맹(AFL)이 그것이다. 노동기사단은 자본주의를 부정하고 새로운 사회를 건설하자는 이념으로 연쇄적인 파업을 이끌며 엄청난 세력을 떨쳤다. 그러나 정작 근로자의 고용과 생계를 돌보는 데는 소홀하여 점차 세력을 잃었다. 결국 설립 30년 만에 미국노동총연맹에 병합되어 소멸한다.

반면 미국노동총연맹은 처음에는 노동기사단에 밀려 미약하게 시작했다. 그러나 근로자의 실질적인 관심사항인 고용과 임금안정을 가장 큰 목표로 삼고 대립과 협력을 적절히 사용하는 정책을 펴서 꾸준히 성장했다. 그 결과 100년이 넘은 지금까지 미국 최대의 노동조합으로 남아 있다.

재벌들, 정부의 독점금지법안 무력화시켜

이 같은 사회 분위기에도 아랑곳하지 않고 모건과 록펠러는 끝없이 기업 사냥을 펼쳐 나갔다. 이제 법으로 다스리지 않으면 안 되겠다고 판단한 정부는 산업독점을 규제하는 법안을 만들어 1890년 반트러스트 법이 제정되었다. 일명 '셔먼독점금지법'이다.

1892년에 록펠러의 '오하이오스탠더드석유'의 해체가 오하이오의 주 재판소에 의해 선고되었다. 셔먼독점금지법 위반 판결을 받은 것이다. 그런데 미국은 주마다 법률이 다르다. 그러자 그는 지주회사를 법적으로 인정하고 있던 뉴저지 주에 지주회사 뉴저지스탠더드 석유회사를 만들어 이를 토대로 다시 트러스트를 결성했다. 그리고 더욱 독점을 넓혀 석유업계를 계속 지배했다. 미국뿐 아니라 해외에도 유전과 정유소를 늘려가며 거대한 회사로 성장했다.

이렇듯 자본가들이 새로운 트러스트를 결성해 정부에 맞섬으로써 독점금지법안은 사실상 휴지조각으로 변했고 노동조합은 다시 무력화되어 갔다.

시어도어(테오도르) 루스벨트의 등장

20세기 들어서 시어도어 루스벨트가 대통령이 되자 양상이 변했다. 1902년 루스벨트 대통령은 1890년 7월에 제정된 '셔먼독점금지법'을 부활시켰다. 셔먼독점금지법은 뉴욕을 중심으로 전 미국에서 경제독점 네트워크를 형성하던 제이피모건을 견제하고자 만들어진 것이다. 이 법은 미국 최초의 독점금지법이다. 금융과 상업 독점을 방지하는 것이 목적이다.

당시 시어도어 루스벨트는 이 법으로 미국 금융자본이 유럽의 거대금융자본조직과 카르텔을 형성하는 것을 저지하려고 했다. 유럽에서 제이피모건에게 유입되는 '로스차일드의 자본'을 차단하기 위한 것이었다. 또 셔먼독점금지법을 사용하여 대기업들이 무분별하게 비

대해지는 것을 견제함으로써 트러스트의 폐해를 막았다. '자본주의가 도를 넘어 거대기업의 횡포조차 감시, 관리하지 못하면 미국에도 사회주의가 뿌리를 내리게 된다.'는 것이 그의 지론이었다.

시어도어 루스벨트 치하에서 록펠러의 석유회사도 34개 사로 분해되었다. 그러나 이때도 록펠러는 타격을 입기는커녕 트러스트 해체라는 대사건으로 인해 월가에서 회사의 규모가 재인식되어 주가가 급등했다. 오히려 작게 분할된 새로운 스탠더드오일 주가가 30%나 치솟았다. 록펠러는 가만히 앉아서 자산을 30%나 불리는 횡재를 한 것이다. 그가 투자한 자동차 주가 역시 세 배나 뛰었다. 트러스트 해체 2년 뒤인 1913년 록펠러의 개인자산이 10억 달러에 이르렀다.

시어도어 루스벨트와 테디베어(곰 인형)

시어도어 루스벨트는 42세의 최연소 대통령으로 그의 애칭은 '테디'(Teddy)였는데 이 애칭은 누구나 좋아하는 곰 인형 '테디베어'의 어원이 되었다.

일화 중에 믿지 못할 사건도 있는데 1912년 공화당의 대통령 후보로 출마했을 때 밀워키에서 암살자의 총에 맞아 가슴에 피를 흘리는 상태에서도 연설을 계속하여 청중들을 경악케 했다. 그는 총을 맞고도 "여러분, 조용히 해주실 것을 부탁드립니다. 그리고 제 연설이 길어지더라도 이해해 주시기 바랍니다. 최선을 다해 연설하겠지만 보시다시피 제 몸에는 탄환이 한 발 들어 있습니다."라고 말한 후 무려 50분을 연설하고 병원으로 실려 갔다. 그는 연설도 잘해 인기가 많았다.

그는 성품이 자상해 미국시민에게 사랑받는 대통령이었지만 필리핀을 얻기 위하여 한국에 보여준 태도는 참으로 냉혹했다. 1905년 태프트 밀약 사건이 그것이다.

사우스다코타 주에 있는 러시모어 산 중턱에 미국의 대통령 중에 가장 위대한 워싱턴, 제퍼슨, 링컨과 함께 그의 거대한 두상이 있다.

> 1902년 루스벨트가 곰 사냥을 나갔다 아무 것도 잡지 못하자 민망한 수행원들은 생포한 새끼 곰을 구해와 사냥감으로 대용하려 했다. 이에 루스벨트가 정당하지 않는 처사라며 그 곰을 풀어준 것이 〈워싱턴포스트〉지의 정치 풍자삽화로 실렸는데 이 삽화가 인기를 얻었다.
> 여기에서 아이디어를 얻은 독일의 리하르트 슈타이프가 곰 인형에 '테디베어'라는 이름을 붙여 상업화했다. 1903년 독일 라이프치히 박람회에 곰 인형이 출품되었고, 미국의 한 무역회사가 수입하여 선풍적인 인기를 끌면서 테디베어는 세계적인 유명 캐릭터 상품이 되었다.

독점 지배구조의 정점, 국제 금융그룹

1910년대는 다방면에서 국제적인 카르텔이나 트러스트가 결성된 시기다. 카르텔은 각자 서로 경쟁관계에 있는 회사가 하나의 목적을 갖고 협정을 맺는 이른바 '기업연합'의 형태이다. 반면 트러스트는 아예 경쟁회사들을 하나의 거대기업으로 합병한다는 측면에서 카르텔보다 더 강력한 형태이다.

1910년대는 해상운송, 철도, 석유, 금융, 자동차, 광산, 철강, 전기, 전신, 화학분야 등 산업 전 분야에 걸쳐 카르텔이나 트러스트가 형성되었다. 카르텔이나 트러스트는 자본가들이 가장 선호하는 경쟁력 유지 방법이자 부를 창출하는 기법으로 분야별 1위의 기업에 의해서 주도되었다.

1900년대부터 1920년대까지는 가장 강력한 독점지배가 형성된 시기다. 시장독점 지배구조의 정점에는 영국의 로스차일드 그룹이나 미국의 모건그룹과 같은 거대한 투자금융회사가 있었다. 국제화

된 투자금융제국들에 의해 강력한 국제 카르텔이나 국제 트러스트가 만들어져 국가권력보다 힘의 우위를 점하는 세상이 되었다.

모건 전성기인 1919년부터 1928년 10년 동안에 덩치를 키우기 위한 금융업의 합병 바람이 불었다. 놀랍게도 1,358개 은행이 합병의 소용돌이에 휘말렸다.

한편 자회사로 증권회사를 설립하여 증권시장에도 적극 참여했다. 그러나 규제되지 않은 금융활동은 결국 1929년의 대공황을 낳았다. 1930년 4천 개의 은행이 합병하거나 도산했다. 이렇게 많은 금융업의 합병과 도산으로 은행들이 집중화, 거대화되었다.

재벌가에 장악된 미국 대통령 선거

당시 미국 대통령 선거에서는 이들 금융재벌 그룹의 도움이 있어야 당선될 수 있었다. 정치 후원금의 시조는 모건과 록펠러 그리고 카네기였다. 이들은 경쟁 관계로 첨예하게 각을 세우고 싸우면서도 정치 문제에 있어서만은 한데 뭉쳤다. 그들에게 우호적인 대선 후보자를 공동으로 지원키로 한 것이다. 따라서 당선된 뒤 자연히 대통령은 이들의 영향력 아래 놓일 수밖에 없었.

일례로 태프트 내각을 살펴보면 국무장관에는 카네기 회사의 고문변호사가, 재무장관에는 유에스(US)철강의 고문변호사가, 국방장관에는 모건철도의 고문변호사가, 상공장관에는 벨전화의 중역 등으로 짜여졌다. 마치 모건-록펠러 연합의 중역회의 같았다. 때문에 국가정책을 그들 마음대로 주무를 수 있었다.

대공황의 전조, 주식 열풍

1920년대의 번영을 가능하게 한 것은 기술혁신과 산업조직의 변모였다. 1920년 웨스팅하우스 방송국이 대통령 선거전을 중계함으로써 보급되기 시작한 라디오는 1920년대 중반에 전체 가정의 40%가 보유했다. 또한 이 시기의 기술혁신을 가장 극적으로 보여주는 것이 자동차의 대량보급이었다. 헨리 포드의 대량생산으로 자동차가 대중적으로 보급되기 시작한 것이다. 게다가 이는 강철, 기계, 유리, 고무, 전기, 석유산업, 건설업 등 관련 전후방 연관 산업들을 선도하였다.

이러한 발전으로 산업 조직이 변모했다. 자동차산업 이외에서도 규격부품 사용과 컨베이어벨트에 의한 대량생산이라는 새로운 생산방식이 출현했다. 이와 같은 생산방식에는 거대자본이 필요했기 때문에 기업 규모는 점점 커져갔다. 이렇듯 1920년대의 미국은 미증유의 번영을 구가하고 있었다.

1920년대 미국 경제와 증시는 마치 마주보고 춤을 추듯 상호 성장을 촉진했다. 하지만 이 시기의 증시는 경제성장 속도를 훨씬 웃돌았다. 미국 경제가 50% 성장하는 동안 다우존스지수는 무려 4배 이상 치솟았다.

미국 경제와 증시의 불균등 성장에는 그럴 만한 이유가 있었다. 계속되는 인수합병으로 미국 경제가 규모의 경제 이점을 향유하고 있었고, 전기의 확산으로 노동자들의 생산성이 이 시기에 43% 이상 급증했다. 규모의 경제와 생산성 증대가 낳은 이익은 사회 각 계층에 고루 분배되는 게 아니라, 주가에 과도하게 반영되어 주로 금융자본가와 증시 참여자들에게 돌아갔다. 금융자본주의의 폐단이었다.

이러한 형편은 1929년 세계에서 가장 풍요로운 이 나라에서 인구의 70%가 당시 최저생활비인 연간 2천 5백 달러에도 못 미치는 수입을 올린다는 사실로 알 수 있다. 대중의 소득증가 정체는 생산과 소비의 불균형을 크게 만들었다. 반면 소수 상류계급의 부의 집중은 더욱 심화되어 상위 5%가 소득의 3분의 1 이상을 차지했다.

게다가 상류층의 돈은 마땅한 투자처를 찾지 못해 증권시장으로 몰렸다. 이러한 주식 열풍은 호경기와 맞물려 주가를 천정부지로 치솟게 했다. 하지만 이러한 표면상의 번영에도 불구하고 미국 경제는 막다른 골목을 향해 가고 있었다. 자동차 판매대수, 주택 건설 등 실물경제가 1927년 이후 20~30%씩 꺾였음에도 주가는 계속 올라갔고, 1929년 9월 19일 절정에 달했다.

메이시스 백화점의 스트라우스, 할부판매 실시

1920년대 초반 할부구매는 일부 부유층들만 할 수 있는 특권이었다. 뉴욕 대형 백화점인 메이시스를 운영하고 있던 유대계 스트라우스 가문이 중산층을 대상으로 최초의 할부판매를 실시했다. 미래 소득을 대상으로 현재 수요를 창출한 유통업의 혁신으로, 유대인다운 발

:: 최초의 할부판매를 실시한 메이시스 백화점

상과 재기였다. 이 뒤에 할부판매는 널리 퍼져 1920년 중반에는 백화점의 고가품 가운데 대부분이 할부로 팔려 나갔다. 광고와 신용구매, 특히 할부판매 기법의 발달로 수요가 급증했다. 정찰제와 무조건 환불제 도입도 유대인 등의 작품이다. 이로써 농촌 지방에서 카탈로그를 보고 물건을 구매하는 다이렉트 메일 마케팅이 성행하였다.

대공황

미국 중산층의 소비가 실소득 이상으로 급속히 늘어났다. 이들 중산층들은 1차 세계대전 동안 전비 마련을 위해 공모한 '자유채권'에 참여한 적이 있어 자본주의 '금융의 맛'을 알고 있었고, 때문에 증권투자에 열을 올렸다. 1928년 여름 미국의 투자가들은 유럽에서 돈을 빼서 뉴욕증권시장에 투자했다. 뉴욕증시는 급격히 달아올랐다.

이러한 붐을 목격한 개인투자가들은 돈을 빌려서라도 주식을 매입하려는 유혹에 빠졌다. 심지어 할부구매와 비슷한 시기에 알게 된 마진론(주식담보대출) 매커니즘, 곧 레버리지를 활용한 차입투자까지 감행해 주가 상승을 부채질했다. 자기 돈 증거금 10%만 있으면 나머지 90%는 브로커에게 돈을 빌려 주식을 사는 셈이었다. 즉 1백 달러의 선금으로 주식 1천 달러어치를 살 수 있었다.

주식이 오르면 투자금 대비 큰 수익을 올릴 수 있는 구조지만 반대의 경우에는 원금 전부를 잃어버리는 것은 물론 빌린 돈도 갚지 못하는 사태에 직면하게 된다. 따라서 마진론은 자본잠식 시에는 24시간 이내에 갚아야 하는 조건이 있었다. 증시가 대세 상승세를 보일 때에는 일확천금이 어렵지 않게 보였다. 완연한 버블의 조짐이었다.

1929년 늦여름, 유럽에서는 미국의 투자자들이 빠져나감에 따라 주가가 떨어지고 불경기에 시달렸다. 그리하여 유럽의 경기침체는 미국에도 영향을 주었다. 미국의 국민총생산(GNP)은 1929년 1/4분기를 최고점으로 점차 감소하기 시작했다.

1929년 9월 초 금융인들의 오찬 모임에서 로저 뱁슨이 목청을 돋우었다. "파국이 눈앞에 왔습니다."

이 같은 발언이 퍼져 나가자 시장은 약세를 탔다. 급락세는 멈출 줄 몰랐다. 당대의 경제학자 어빙 피셔가 나서 "시장이 정신착란증을 일으켰을 뿐"이라며 뱁슨을 맹공했지만, 투자자들은 하나 둘 시장을 떠났다.

급기야 1929년 10월 24일 대폭락을 맞고 금융버블이 터졌다. 마진론을 쓴 투자자들은 순식간에 자본잠식 상태가 되어 24시간 이내에 빌린 자금을 갚아야 했다. 주식시장은 아수라장이 되었다. 대공황이 들이닥친 것이다. 24일 날 하루 영국의 재무장관 처칠이 관람석에서 지켜보는 가운데 주가가 12.6%나 급락했다.

이튿날 모건을 비롯한 대형 은행들이 조성키로 한 1억 3천만 달러가 시장을 안정시킬 것이라고 믿었지만 그렇지 못했다. 주가는 11.7% 폭락했다. 이틀 사이에 시가총액의 4분의 1이 날아갔다. 마진론을 쓴 투자자들은 대부분 파산했다. 그 해가 끝날 무렵 다우지수는 최고 351에서 238로 하락했다. 다우 30종목의 시가총액이 3분의 1로 줄어든 것이다. 그러나 이것은 시작에 불과했다. 1930년에는 더 하락하게 된다.

1929년 대공황 발생 직후 후버 대통령에겐 '공매도'(naked short selling)가 공공의 적이었다. 그는 당시 월가에서 주가 하락에 따른 위험 회피 수단으로 널리 퍼져 있던 공매도 관행을 문제 삼았다. "주가가 폭락하고 있는 순간에 보유하고 있지도 않은 주식을 팔아 막대한 수익을 챙기는 버러지 같은 제도"라고 말했다. 국민적 분노가 월스트리트로 향하는 순간, 의회도 발빠르게 반응했다. 1929년과 1940년 두 차례에 걸쳐 공매도를 사실상 금지하는 법이 시행됐다.

유에스스틸, 제너럴일렉트릭, AT&T 등 모건그룹 주가도 폭락했다. 모건그룹은 내수경제 침몰로 공황 발발 후 3년 동안 법인세를 납부하지 못할 정도로 큰 타격을 입었다.

주가는 1932년 6월까지 최악의 폭락을 거듭했다. 유에스스틸 주가는 1929년 9월 3일 262달러에서 1932년 22달러로 반에 반 토막 정도가 아닌 12분의 1토막이 되었다. 제너럴모터스는 73달러에서 8달러로, 투자은행들의 주가는 1백 달러에서 50센트 전후로 휴지조각이 되다시피 폭락했다.

> **휴지조각 된 은행주로 돈을 벌다**
>
> 이 때의 사례를 거울삼아 2008년 금융위기에서 돈을 번 사람도 있다. 금융위기가 닥치면 가장 많이 떨어지는 종목이 은행주다. 헤지펀드 '아팔루사 매니지먼트'의 데이비드 테퍼는 금융위기 여파로 급락했던 은행주를 대거 매입했다.
>
> 2009년 2월 미국 정부의 구제자금 투입으로 사실상 은행 국유화조치를 하는 것 아니냐는 의구심이 일던 시기에 그가 시티그룹 주식을 매입한 가격은 주당 79센트에 불과했다. 뱅크오브아메리카 주식은 3달러 72센트에 샀다. 고점 대비 50분의 1도 안 되는 수준이었다. 떨어지는 칼날을 바닥에서 온몸을 던져 잡은 것이다.
>
> 2009년 말 시티그룹의 주가가 3달러대로 뛰고, 뱅크오브아메리카가 15달러대에서 거래된 것을 감안하면 투자 수익률이 400%나 되는 셈이다. 2009년에 무려 28억 달러에 달하는 급여와 보너스를 챙겨 돈방석에 앉았다.

2년 10개월에 걸쳐 주가지수 10분의 1 토막 나

다우지수는 1929년 최고 381에서 1932년 41로 폭락에 폭락을 거듭했다. 3년 사이에 시가총액의 무려 89%가 증발해 버렸다. 2년 10개월 동안 거의 10분의 1 토막이 난 것이다. 공포가 공포를 잡아먹는 무서운 폭락이었다.

그리고 10여 년 동안 주가는 회복되지 않았다. 1930년대를 고작 150으로 마감했다. 경제학에 수학을 접목해 계량경제학을 발전시키고 국민소득 이론을 주창한 대 경제학자 어빙 피셔는 전 재산을 날렸다. 반면 뱁슨은 이후 활발한 사회활동을 벌였다.

이 과정에서 2만 5천 개였던 상업은행들이 5년 뒤 1만 4천 개로 줄어들었다. 전체 은행의 44%가 도산한 것이다. 이 와중에 예금을 보호받지 못한 많은 예금자들이 알거지가 되었고, 투자자들은 한 푼이라도 더 건지기 위하여 주식시장 앞에 장사진을 이루었다. 도산하지 않은 은행의 고객들은 앞 다투어 은행에서 예금을 빼내 장롱 속에 숨겨 두는 이른바 '현금퇴장'(Bank Run) 사태가 일어났다. 은행도 자신감을 완전히 상실해 기업과 개인에 대한 대출을 중단했다.

이 같은 대공황의 여파로 인해 제조업의 양대 축으로 고용효과가 가장 큰 건설업과 자동차 업계의 가동률이 50% 이하로 떨어지면서 노동자들이 대량 해고되었다. 노동자의 25%가 직장을 잃었다. 공황 전에는 260여만 명이던 실업자 수가 공황이 정점에 달했던 1933년에는 1천 3백만 명으로 급증했다. 미국 경제의 30%가 붕괴되었다.

미국에서 시작된 대공황은 전 세계로 퍼져 나갔다. 부유하고 산업이 발달한 나라일수록 불황은 더욱 심했다. 대공황에 영향을 받지 않은 유일한 나라는 소련이었다. 미국 경제는 2차 세계대전이 시작될 때까지 이때의 충격을 회복하지 못했다. 뒤집어 이야기하면 2차 세계대전이 공황에서 미국을 건져주었다.

재벌들, 헐값 기업인수로 막대한 이익 챙겨

원래 부자들은 대공황과 같은 비상시기를 놓치지 않는다. 위기를 이용해 더욱 많은 돈을 버는 법이다. 대공황 이후 역사상 유례없는 거대자본이 제이피 모건과 록펠러 가문으로 흘러들어갔다. 헐값에 기업들을 사들인 것이다. 이른바 공매도가 판을 쳤다. 그들은 소유한 은행과 증권회사를 동원해 주가 조작 등 불법투자로 기업들을 헐값에 인수하여 막대한 이익을 취했다.

미국의 남북전쟁 이후 1870년대부터 1920년대 대공황 직후까지의 사이를 '도금시대'(The Gilded Age)라 부른다. 독점재벌의 전성기였다. 모건·록펠러·밴더빌트 등 자본가들은 경쟁자를 꺾고, 노조 파괴를 위해 수단과 방법을 가리지 않았다. 모건은 상업은행과 투자은행을 같이 경영하며 제조업체들에 이사를 파견해서 지배했고, 불황기에 기업과 금융기관을 살리고 죽이는 힘을 행사했다.

당시 미국의 새로운 산업지도자들은 일반적으로 정직과 근면을 바탕으로 재산을 모은 사람들로 인식되지 않았다. 그들이 지배하고 있던 시대는 사실 '강도짓을 하는 귀족의 시대' 또는 마크 트웨인의 말처럼 '겉 다르고 속 다르다는 도금시대'로 묘사되었다.

제이피모건상사는 당시에는 기업이 아니라 판관(判官)이었다. 1930년대에는 전문가도 없었고 기업을 어떻게 평가해야 하는지의 여부도 몰랐던 시기였다. 경제학자들이 우후죽순으로 나오기는 했어도 이론들이 정립되지 못했다. 이 시기에 탄생한 제이피모건상사는 절대권력을 행사했다. 기업들의 목표가격도 추정이 아닌 결정이었다. 그냥 모건이 "이 주식의 가격은 얼마가 적정하다."고 결정하면 시장은 그렇게 움직였다. 그만큼 모건의 힘은 막강했다. 심지어는 모건 사장이 연방준비제도이사회(Fed) 의장을 동시에 수행할 정도로 권한이 하늘을 찔렀다.

다수 국민이 공황과 전쟁으로 고통 받는 과정에 나날이 통제 불능의 거대공룡이 되어 가는 제이피모건상사는 사회의 공적이 되었다. 권력을 얻은 대신 존경을 상실한 것이다. 대공황이 시작되면서 잭 모건 회장은 여러 차례 괴한의 습격을 받고 제이피모건 사옥에는 사제폭탄이 투척될 정도로 미국 최대 금융산업 복합재벌인 제이피모건상사에 대한 국민의 증오는 정점에 달했다.

:: 뒤집혀진 자동차들. 제이피모건에 대한 분노가 극에 달했다.

국민의 분노가 빗발치자 정치권이 나섰다. 제이피모건상사를 방치했다가는 체제위기까지 발생할 수 있다는 판단에서였다. 정치권은 제이피모건 견제를 본격화했다. 정부와 의회는 먼저 1933년에 글래스와 스티걸 의원이 공동 발의한 금융독점방지법인 '글래스-스티걸법'이라는 칸막이법을 제정해, 은행과 증권업이 서로 상대방의 영역에 침범하지 못하도록 겸업을 금지시켰다. 동시에 이미 겸업을 하고 있던 기존의 금융기관들을 강제 분리시켰다.

모건, 겸업금지 은행법으로 모건스탠리 증권사 설립

잭 모건은 1차대전과 1929년 대공황의 위기를 기회로 이용해 1930년대 초반에 모건그룹을 미국 상장기업 자산총액의 40%를 차지할 정도의 거대기업으로 키워 놓았다. 1933년 여수신 은행과 투자은행의 겸업을 금지하는 글래스-스티걸법은 사실상 무소불위의 권력기관이 되어 버린 모건그룹을 겨냥한 것이었다. 1935년 모건은 고심 끝에 여수신 전문은행, 곧 상업은행으로 남기로 결정하고, 모건스탠리라는 이름으로 새로운 투자은행을 설립했다. 잭 모건의 둘째 아들 헨리 모건과 초대 회장인 스탠리의 이름을 따서 만든 투자은행이다. 두 사람은 모두 제이피모건에서 일했다. 이 시기에 체이스맨해튼과 내셔널시티 등도 증권관련 자회사를 설립했다. 초거대 철강기업 유에스스틸, 세계 최대의 민간해운회사 인터내셔널머컨타일마린(IMM), 미국 농기계 시장의 85%를 장악하게 되는 인터내셔널하베스터 등 거대 트러스트가 모건의 손에서 탄생했다. 급기야 모건은행과 내셔널시티, 퍼스트내셔널은행 등 세 은행의 신디케이트까지 장악했다.

대공황 직후 제이피모건과 록펠러, 미국기업 양분

어느 정도 공황이 가라앉은 1930년대 중반 모건의 지배 아래로 들어온 기업으로는 자산규모가 1억 달러 이상이던 대형기업만 해도 42개 사였다. 제이피모건과 퍼스트내셔널뱅크 등 은행 14개, 생명보험회사 4개, 제너럴일렉트릭과 아메리카전신전화 같은 전기·전화·가스 등 공기업 8개, 철도회사 4개, 유에스스틸 등 자동차·철강제조업체 12개 사였다. 여기에 중견기업까지 합하면 모건 산하의 기업체 수는 440개 사였으며, 자산총액은 776억 달러에 달했다. 이는 미국 상장기업 2백 개 사의 자산총액 가운데 40%에 가까운 엄청난 액수였다. 이것은 실제로 대공황 직후 미국 상원에 제출된 모건가의 기업명세서에 의거한 내용이다. 록펠러가는 스탠더드오일, 체이스내셔널은행, 아나콘다제강 등 287개에 달했다. 그들의 자본금은 776억 달러 대 449억 달러로 7대 4 비중이었다.

이렇게 미국의 전 산업이 두 가문 손에 양분되어 있었다. 거대 유대계 자본이 뒤에 있었기에 가능한 일이었다. 더불어 정부 차원의 강력한 지원이 음으로 양으로 도왔다는 추정이다. 미국에서는 자본주의 태동과 거의 동시에 재벌이 탄생한 것이다.

4백여 초강력 유대인 상류사회 형성

또한 제이피모건에 의해 4백여 가족의 초강력 유대인 상류사회가 형성되었다. 그들이 미국 기업 부의 75%를 거머쥐었다. 미국이 영국을 제치고 산업과 금융에서 앞서 나갈 수 있었던 것은 이러한 거대 자본을 축적한 유대인 자본가들의 공로였다. 이들은 재력을 바탕으로 정계의 막후 실력자가 되었다.

이들에 의한 자본축적이 경제학 이론을 적용할 사이도 없이 한 세대 만에 압축적으로 이루어졌다. 미국은 1870년부터 불과 60년 만에 요술과 같이 세계 제1의 초강대국 기반을 구축하였다. 곧 오늘날의 미국 경제의 뿌리가 한 세대 만에 유대계 자본에 의하여 이루어진 것이다.•

당시 모건가의 기업규모가 록펠러가보다 훨씬 컸음에도 나중에 보면 록펠러의 재산이 훨씬 많다. 그에 견주어 보면 모건가의 재산은 많지 않은 정도가 아니라 초라한 편이었다. 그래서 사람들은 모건가 기업들의 실제 주인은 런던 로스차일드 가문이 아닌가 하는 의구심을 더더욱 떨치지 못했다.

제이피모건의 귀족 마케팅

미국의 100대 기업 가운데 96개 기업이 제이피모건의 고객이었다. 제이피모건이 고수한 전통 가운데 하나는, 요구불 예금계좌를 개설하기 위해서는 최저 잔액으로 1백만 달러를 요구하는 것이었다. 그

• 박태견, 프레시안, 2002년 7월 25일 / 박태견, 뷰스앤뉴스, 2008년 9월

래서 모건은행 수표는 세계 어디에서나 현금으로 인정되고 특별고객으로 취급되었다. 제이피모건의 계좌는 기업의 위상을 나타내고 개인인 경우에는 귀족의 신분증이나 마찬가지였다. 이러한 VIP 마케팅으로 모건은행 계좌를 갖고 싶어 하는 기업 임원들을 고객으로 끌어들이기가 수월했다. "모건은행의 창구 직원들은 1백만 달러를 지닌 고객에게만 웃어 준다."는 귀족 마케팅이었다.

이러한 귀족 마케팅은 글래스-스티걸법에 의해 제이피모건 사에서 증권 등 투자업무 부서를 '모건스탠리'라는 이름으로 강제 분리시켰기 때문에 나온 경영기법이었다. 모건스탠리를 강제분리하면서 제이피모건은 주식·채권 등 유가증권 투자를 전혀 할 수 없고, 여수신 업무 등 상업은행 영업만 해야 했다. 외형상 제이피모건의 일대위기였다.

그러나 제이피모건은 이 모든 제도적 제약을 가볍게 무력화시켰다. 제이피모건은 상업은행이 된 다음에도 다른 상업은행과는 달리 지점을 내지 않고 광고도 하지 않았다. 대신 정부와 은행, 대기업, 소수의 부유층 백인 고객만 상대하는 종전의 '귀족주의 영업전략'을 구사해 변함없는 금융파워를 과시했다. 제이피모건은 핵심고객에게는 자사 주식을 시세 이하로 살 수 있는 특혜를 부여하는 '제이피모건사 특권자 명부'를 만들어 고객을 관리해 나갔다. VIP 마케팅으로 투자은행 업무를 금지시킨 법을 무력화시키면서, 수면 밑에서 부를 계속 불려나갔다.

실제로 다른 상업은행들은 예대마진을 주 수입원으로 만족해야 했지만, 이와 달리 제이피모건은 수익 대부분을 정부와 대기업 및 은행에 대한 대규모 대출, 증권발행 주선, 외환이나 기타 금융상품의 거래업무 등에서 얻었다. 제이피모건은 법으로도 어찌할 수 없는 초법적 존재였다. 그도 그럴 것이 미국 정부는 전쟁채권 발행 등 생명선이 걸린 모든 업무를 제이피모건에 의존하고 있었다. 미국 대통령선거 때도 제이피모건의 눈치를 봐야 하는 처지였다.

제이피모건이 주도한 국제결재은행(BIS)

1차 세계대전을 계기로 월스트리트는 런던의 더시티를 누르고 세계 금융의 중심지로 발돋움했다. 미국은 채무국에서 채권국으로 변신했다. 제이피모건 또한 세계에서 가장 막강한 은행으로 떠오르면서 전무후무한 영향력을 행사했다. 1930년 5월 미국 · 영국 · 프랑스 · 이탈리아 · 독일 · 벨기에 등 6개국이 참여한 가운데 스위스 바젤에서 국제결제은행(BIS)이 설립되었다. 이 기구의 목적은 1차 세계대전의 패전국인 독일에게서 전쟁배상금을 받기 위한 것이었다. 그런데 국제결제은행 설립 구상을 내놓고 이를 조직한 막후세력이 다름 아닌 잭 모건이었다.

1차 세계대전 과정에서 자유채권 판매를 대행해 영국 · 프랑스의 전비 조달업무를 맡았던 잭 모건은 미국 대통령이던 후버와 함께 미국 측 협상대표로 직접 독일배상회의에 참석했다. 그는 여기서 패전국 독일에 큰 선심을 썼다. 독일이 배상금으로 지불해야 할 2260억 마르크를 1천억 마르크로 대폭 깎아주었다. 지불시한도 59년으로 늘려주는 등 전쟁 뒷마무리 협상을 깔끔히 매듭지었다. 독일은 잭 모건의 배려를 두고두고 고마워했다.

설립 목적인 배상협상이 끝난 뒤에도 국제결제은행은 그대로 스위스에 존속했다. 그 뒤 독일의 유럽 침공으로 2차 세계대전이 발발했다. 나치는 유럽 전역을 휩쓸었으나 단 한 곳 스위스만은 손대지 않았다. 이에 대해 제이피모건에 대한 독일의 감사 표시라는 이야기가 있다. 그 뒤 스위스는 세계의 블랙머니가 모여드는 중심지가 되었다. 지금도 8월과 10월을 제외하고 1년에 10회, 매달 첫째 주 일요일 저녁에 미국과 영국, 스위스, 독일, 이탈리아, 일본 6개국 중앙은행 총재들이 바젤에 모여 비밀회합을 갖고 있다고 한다. 그 외에도 필요할 경우 다른 나라 중앙은행 총재나 막후 실력자들도 불러들여 회합을 열고 있다. 바젤이 이처럼 지금까지 계속 국제금융계의 크렘린으로 군림하는 이유는 국제결제은행 막후에 모건 가문이 있기 때문이라는 견해가 있다.

모건 가문이 전면에 나서지 않고 이렇게 은막 뒤로 숨은 데에는 사연이 있다. 1930년 국제결제은행 설립 당시 제이피모건은 미국에서 수난을 당하고 있었다. 대공황에 분노한 군중은 금융·산업공룡인 제이피모건을 적대시했다. 잭 모건은 여러 차례 괴한들의 습격을 받았으며 제이피모건 사에는 폭탄이 투척되었다. 그 뒤 모건 가문은 더이상 표면에 나서는 것은 위험하다고 판단했다. 그들은 서둘러 베일을 치기 시작했다. 그 결과물이 바로 서방 중앙은행들의 최고의결기구인 국제결제은행이 아니냐는 해석이다.

전쟁이 한창이던 1943년 3월 12일 잭 모건이 숨을 거두었다. 그의 뒤를 이어 모건 3세인 주니어스 스펜서 모건이 등장했다. 주니어스는 이미 모건그룹의 자회사인 제너럴모터스와 유에스스틸의 이사를 거치면서 후계자 수업을 받은 상태였다. 하지만 그 뒤 국제 금융계에서 모건이라는 이름은 별로 눈에 띄지 않았다. 미국 산업계의 절반 이상을 장악했던 모건그룹이 로스차일드 가문처럼 노출을 피해 깊숙한 곳으로 숨었기 때문이다.

공황의 두려움으로 탄생한 연방준비제도이사회

4

제이피 모건의 활약

연준의 창립배경, 1893년 공황

모건이 단순한 투자가가 아니었다는 사실을 보여주는 유명한 일화가 있다. 사건은 금본위제가 공포되기 전인 1893년에서 1895년에 걸쳐 일어났다.

시중의 금 부족이 불황으로 이어졌다. 1893년에 일어난 은행공황은 미국이 처음 겪은 최악의 경기 불황이었다. 그러자 의회는 1893년 은 구매법을 폐지했으나 세기말까지 후유증에 시달렸다. 게다가 당시 과열된 철도건설 붐은 과잉공급을 부추겨 1893년에 버블 붕괴를 맞는다. 1894년 결국 철로 운영사업자의 4분의 1이 도산하는 지경에 이르렀다. 그 여파로 6개월 동안 8천 개가 넘는 기업과 156개의 철도회사, 4백 개의 은행이 문을 닫았다. 안 그래도 제 값을 못 받았던 농산물 가격은 더욱 폭락했다. 노동력의 20%인 1백만 명의 노동자가 일자리를 잃었고, 파업과 유혈 진압이 잇달았다.

유대 금융재벌, 제이피모건의 활약

불황이 닥치자 영국 투자가들이 제일 먼저 자본을 철수하기 시작했다. 미국은 곤경에 처했다. 주식시장이 폭락하고 은행이 문을 닫게 되자 미국 정부는 금괴를 비축하여 버티기로 결정한다. 금괴 비축의 마지노선은 1억 달러였다. 그러나 1895년 1월 마지노선은 깨지고 금괴는 5천 8백만 달러로 줄어들었다. 당시 절박했던 재무장관 존 칼리슬은 제이피모건에게 도움을 요청했다. 클리블랜드 대통령 시절이었다.

 금태환 요구가 빗발쳐 재무부가 보유한 금이 바닥나기 일보직전이었다. 1895년 2월 정부의 태환용 금 준비금이 10분의 1로 급감했다. 국가재정이 파산 직전까지 내몰려 한마디로 국가 비상사태가 야기된 것이다. 클리블랜드 대통령은 어찌할 바를 몰랐다. 이때 모건은 맨해튼에서 자가용 열차를 타고 워싱턴으로 내려갔다. 대통령을 만난 그는 비상수단을 써서라도 위기를 극복하겠다고 안심시켰다. 먼저 굵직굵직한 투자자들을 모아 국채인수 신디케이트를 만들고, 그들이 갖고 있는 금으로 국채를 사도록 하겠다고 말했다. 그는 대통령에게 자신이 책임지겠다고 말했다.

● 권홍우 편집위원, 서울경제신문

모건, 로스차일드와 손잡고 부도 위기의 미국을 구하다

그 뒤 모건은 어거스트 벨몬트와 런던 로스차일드가를 움직여 삼자 제휴로 신디케이트를 구성하여 금을 동원했다. 6천 5백만 달러어치의 금을 재무부에 공급해 일단 금본위제도를 안정시켰다. 이 가운데 반은 로스차일드 유럽은행에서 지원받았다. 제이피모건은행이 나서서 지금의 중앙은행 역할을 한 것이다. 이로써 정부공채를 인수하여 미국을 위기에서 구했다.

이 과정에서 모건은 국가적 영웅으로 떠올랐다. 제이피모건은행은 연리 3.75%로 정부공채를 인수했다. 모건은 그 뒤 유럽은행들과 함께 1천 6백만 달러의 이자수입을 챙겼다.

이렇게 하여 대통령마저 조종하게 된 모건 부자는 증권투자를 독점하다시피하며 금융 트러스트를 형성했다. 당시 록펠러의 석유 트러스트를 따라서 담배 트러스트, 소금 트러스트, 설탕 트러스트, 술 트러스트 등이 우후죽순으로 생기던 때였다. 그 와중에서 모건은 트러스트의 트러스트라 불리는 모건 금융제국을 이룩했다. 당시 미국은 벌써 산업자본주의에서 금융자본주의로 이동하기 시작한 것이다.

1895년 58세의 모건은 뉴욕, 필라델피아, 런던, 파리에 있는 4개 은행의 대주주가 되었다. 하지만 클리블랜드 대통령은 모건이 인수한 국채의 고금리 특혜 시비에 휘말렸고 이것이 정치문제화 되는 바람에 재선에 실패했다.

그 뒤 많은 사람들은 불황의 원인이 불충분한 화폐공급이라고 믿었다. 이 사건으로 미국인들은 중앙은행 제도를 깊이 있게 생각하게 되었다.

  1898년부터 미국 경제는 다시금 번영을 구가했다. 해외의 흉작으로 농산물 가격이 치솟아 농민들은 환호했다. 미국 기업은 또 한 번 호황의 팽창주기에 들어섰다. 번영과 금본위제는 긴밀하게 결합되어 있는 것처럼 보였다. 그 해 미국의 금 생산은 8년 전의 2.5배로 증가해 통화 공급량이 팽창했다. 1900년 미국이 금본위제도를 채택했을 때 은행 수는 3천 5백 개로 늘어났다.

1907년 공황, 자기 자본의 1백 배를 대출한 은행들

20세기 초 제이피모건은행의 영향력은 막강했다. 지배주주였던 제이피 모건은 뉴욕 월가에서 '주피터'라는 별명으로 불렸다. 로마신화에서 주피터는 신들의 신이라는 뜻이다. 백악관 화이트하우스에 견주어 모건하우스로 불릴 정도였다. 모건하우스는 미국 금융사의 거의 전부를 결정했다.

  연방준비제도이사회가 생기기 이전에 모건이 위기 때마다 미국의 중앙은행 역할을 해낸 사례는 유명하다. 당시 미국 전역에는 크고 작은 2만 5천여 개의 은행이 난립하고 있었다. 또한 통화와 신용의 유통량을 조절할 수 있는 중앙은행이나 은행의 건전성을 감독할 수 있는 금융 감독당국도 존재하지 않았다. 한마디로 경제가 위험한 상황에 처하더라도 사전에 경보를 울리거나 유동성을 조절할 수 없었다. 모든 대출이 담보대출이었지 신용대출이란 애당초 존재하지 않았다. 담보 없이 급전을 빌리려는 개인은 살인적인 고금리를 요구하는 전당포로 가야 했다. 또 오늘날과 같은 예금보호제도도 전혀 없었고, 증권 등에 대한 건전성 규제도 없었다.

금본위제하의 화폐라는 것은 고작 금을 쌓아두고 그에 대한 교환권의 의미만 가지고 있었기 때문에, 화폐량에 대한 조절능력이 애당초 없었다. 이런 상황에서 은행들은 대출에 대출을 해주게 되고, 급기야는 버블을 만들게 된다. 경기가 하강하자 자기 자본의 1백 배까지 레버리지가 실린 은행들은 이제 시한폭탄이었다.

특히 당시 새롭게 만들어진 투자신탁회사 트러스트 뱅크들이 금융패닉의 발단이 되었다. 경기침체로 주가가 폭락하자 고객 돈을 갖고 주식투자를 하던 투신사들이 무더기로 도산한 것이다. 이로부터 가파른 경기침체가 나타났다.

이런 불안한 경제 상황에서는 언제나 현금은 물론 금에 대한 수요가 폭증하기 마련이다. 이때에도 뉴욕 금시장에서는 금값이 폭등했고, 런던 금시장으로부터 뉴욕 금시장으로 대규모 금 유출사태가 발생했다.

가뜩이나 불안한 시장에 결정적인 찬물을 끼얹은 사람은 하인츠였다. 서부의 구리광산에서 돈을 모아 월가에 진출하여 증권사와 투신사를 사들인 하인츠가 주가조작 과정에서 자금난에 빠지자 시장 전체가 흔들렸다. 워싱턴과 캘리포니아·오클라호마 등 일부 주는 은행 영업까지 정지시켰다. 파리와 로마에서는 은행 창구에서 예금 인출 소동이 벌어지고 일부 이탈리아 은행이 파산을 맞기도 했다.

이 와중에도 금융패닉 직전에 주식을 처분하여 재산을 보존한 사람이 있었으니, 그가 바로 앤드루 카네기다. 그는 구두닦이 소년마저 있는 돈을 털어 주식을 샀다는 이야기를 듣고 곧바로 주식을 팔아치웠다. 경제학 이론을 잘 알았다기보다는 세상의 흐름을 읽을 줄 아는 시각이 있었던 것이다. 카네기는 아주 작은 정보만으로도 당시의 형국을 파악했다.

1907년 공황은 주식시장이 최고가를 기록한 1906년 9월부터 최저점을 통과한 1907년 11월까지 15개월 동안 지속되었다. 이 기간 동안 주가는 48% 하락했다. 반 토막이 난 것이다. 금융공황으로 인해 최소한 25개 은행과 17개 투자신탁회사가 파산했다. 겁에 질린 예금자와 투자자들이 은행과 투자신탁회사 앞에 장사진을 치는 예금인출 사태로 금융시스템은 붕괴 직전이었다.

제이피 모건, 구제금융 제공 등 중앙은행 역할

1907년 10월, 월가의 은행들이 집단 파산의 위기에 직면하자 모건은 급히 은행가들을 불러 모아 긴급 구제금융을 제공하여 위기를 넘겨주었다. 당시 미국엔 연준(FRB)이 없었던 시절이므로 모건은행이 중앙은행 역할을 했다. 당시 상황을 살펴보자.

1907년 10월 21일, 미국 월가는 구리광산 주가의 대폭락을 신호탄으로 순식간에 패닉 상태에 빠져들었다. 뉴욕증시는 이미 봄부터 구리, 철광, 철도 종목을 중심으로 투기 광풍에 휩싸여 있었다. 그런 와중에 시어도어 루스벨트 대통령의 통화긴축 발언은 시장에 찬물을 끼얹었다. 번쩍 정신이 든 투기자들은 앞 다투어 현장을 빠져 나가려 했다.

다우존스지수는 전년도에 비해 48%나 급락했다. 반 토막이 난 것이다. 연쇄 뱅크런(예금인출사태)으로 일주일 사이에 은행과 신탁회사 8개가 무너졌다. 증권사 50곳이 파산 직전으로 내몰렸다. '1907년의 공황'이 시작된 것이다.

당연히 예금자들이 은행과 투신사 앞에 장사진을 치는 인출사태가 벌어졌다. 뉴욕증권거래소(NYSE)조차 돈이 떨어져 주식거래를 중단해야 할 처지에 몰렸다. 돈 많은 갑부나 은행 소유자들은 비상대책회의를 갖고 "우리만이라도 은행에서 돈을 빼지 말자."고 결의했다. 그러나 회의가 끝난 뒤 한두 시간도 채 안 되어 서로 앞 다투어 돈을 빼내가는 극도의 혼란상이 연출되었다. 무능한 정부는 아무런 대책도 내놓지 못하고 허둥댔다.

그 절박한 위기에서 월가의 뱅커들이 구조를 요청한 사람은 미국 대통령도, 재무장관도 아니었다. 제이피모건 회장 존 피어폰트 모건이었다. 이 칠순 노인은 10월 22일 저녁 맨해튼호텔로 주요 금융인들을 불러 모았다. 워싱턴에서 재무장관도 달려왔다. 당시 모든 금융기관들은 자신들의 자금회수에만 여념 없었다. 기업이나 사람들도 금이나 현금 아니면 인수를 거부했다. 그래서 비정상적인 현금 결핍 상태가 계속되었다.

그는 먼저 은행들의 개인플레이를 금지시켰다. 다음으로 투신사와 영세은행의 구제계획을 내놓았다. 어려움에 처한 투신사와 영세은행들로 하여금 담보를 내놓게 하고, 그 대신 대형 은행들에게는 투신사에 대한 대출을 지시했다. 그리고 금융시장 안정을 위한 신디케이트를 구성하고, 시장이 안정될 때까지 자금을 무제한 쏟아 붓기로 결정했다. 그 자신이 파산 직전의 영세은행들에 2억 달러의 긴급자금을 수혈해 주었다. 동시에 정부에 압박을 가하여 국립은행과 거래은행에 대해 구제금융을 지원하도록 했다. 정부도 2천 5백만 달러의 구제금융자금을 내놓는 데 합의했다. 다음날 정부는 이를 발표했다.

그러나 24일에 또다시 주식시장이 중단될 위기에 놓였다. 증권거래소의 딜러와 증권사들은 평소 연리 6%의 조건으로 하루짜리 콜금리 자금을 써왔으나, 금융경색이 극심해지자 100% 금리로도 자금을 빌릴 수 없었다. 서로가 서로를 믿지 못하는 신용경색이 극에 달한 것이다. 절망을 넘어 극도의 공포가 시장을 휩쓸었다. 절체절명의 순간이었다.

그는 다시 금융인들을 불러 모아 은행과 주식시장을 단 1분이라도 중단시키거나 먼저 닫아서는 안 된다고 강조하였다. 모건은 무엇보다 먼저 신용경색을 푸는 것이 급선무라고 판단했다. 그는 자기 은행을 포함한 여러 은행에서 10% 금리 조건으로 긴급자금을 모아 제공함으로써 주식거래가 중단되는 사태를 막았다. 실세 금리를 파격적으로 끌어내린 것이다. 아무리 신용이 좋아도 100% 금리에도 돈을 빌릴 수 없었던 시기에 연리 10%짜리 자금을 공급해 주는 모건은 그야말로 신과 같은 존재가 되었다.

자금부족으로 영업중단 위기에 처한 뉴욕증권거래소에 대해서도 지원사격에 나섰다. 그러고는 더 나아가 2천 7백만 달러의 증시부양자금을 확보했다. 이 소식이 알려지자 증권거래소는 회생했다. 이후 금융시장도 조금씩 안정을 되찾았다.

그런데 1907년 공황은 1904년의 경제공황에서 겨우 벗어난 자본주의 국가들이 3년 만에 다시 맞은 공황이다. 일종의 '더블딥'을 강하게 맞은 것이다. 이러한 역사는 공황에서 벗어났다고 안심해서는 안 된다는 사실을 우리에게 일깨워 준다.

뉴욕 시 파산을 막아주다

공무원들에게 월급 줄 자금이 떨어진 뉴욕 시 정부도 모건에게 도움을 청했다. 뉴욕 시가 파산하면 금융시장에 나쁜 영향을 줄 것을 우려한 모건은 뉴욕 시 당국으로 하여금 연리 6%의 수익채권을 발행하게 하고, 이를 은행들이 사들이게 했다. 요샛말로 양적완화정책을 쓴 것이다.

이 밖에도 각각 이해관계가 다른 투신사들을 설득하여, 이들이 공동출자해 구제기금을 만들도록 하는 등 동분서주하며 일을 해결해 나갔다. 이처럼 모건이 정부를 대신해 한 달여 동안 불철주야로 금융계를 재조직해낸 결과, 11월 들어 파국 일보직전까지 갔던 금융위기가 비로소 진정되었다. 위기의 순간에 모건이 혼자 힘으로 중앙은행 구실을 해낸 것이다.

이로써 금융계에서 차지하는 모건의 영향력이 얼마나 절대적인가가 만천하에 입증되었다. 모건의 위상은 더욱 굳건해졌다. 당시 금융시장에서는 "하느님은 세상을 창조했고 모건은 그 세상을 재창조했다."는 말이 돌 정도였다. 모건 혼자 1907년 공황을 수습하며 오늘날 월가의 기초를 다진 것이다. 영웅은 난세에 만들어진다. 결국 금융황제의 막강한 지위와 권력은 시장의 공포와 비관 속에서 태어나게 된 것이다. 그 과정에서 모건은 '테네시석탄철강회사'를 손에 넣고, 루스벨트의 반독점 칼날도 비켜갔다. 시장의 파수꾼을 자처하면서 동시에 엄청난 이익도 챙겼다.

1907년 11월 15일에 지수는 바닥을 찍었다. 당시 최후의 부실 금융기관이던 월스트리트 최대 브로커인 무어앤쉴리가 구제된 그 시점이었다. 진보적인 정치인들은 월스트리트가 공황 이후의 재정비과정에서 돈을 벌기 위해 공황을 부추겼다고 주장했다. 경기침체는 이듬해 6월에야 마무리되었다. 하지만 다우지수는 2년 동안 90%나 급등했다.

이렇게 미국에 중앙은행이 없던 1913년 이전, 모건하우스는 사실상 미국의 중앙은행이나 다름없었다. 금유시장 패닉을 종식시켰고 금 유출로 무너질 위기에 몰린 미국 금본위제를 사수했으며 세 차례나 디폴트위기에 빠진 뉴욕 시를 구제했다.

이후 대부분의 미국인들은 은행제도의 개혁을 강력히 요구했다. 미국 국민들 사이에서 중앙은행기구를 만들어 건강한 은행제도를 확립하고 통화를 탄력적으로 공급해야 한다는 의견이 높아갔다.

안정에 대한 갈망이
중앙은행 탄생을 이끌어

연방제도준비이사회 탄생

금융위기는 1873, 1884, 1890, 1893, 1907년에도 발생했다. 은행의 줄도산이 사라질 줄 몰랐다. 이렇게 몇 차례의 공황과 재정 실패를 겪고 나자 미국은 절실하게 안정을 추구했다. 특히 1907년 금융공황은 사람들로 하여금 중앙은행의 필요성을 절감하게 했다.

이를 계기로 은행가들 사이에 강력한 중앙은행 곧 발권은행이 필요하다는 공감대가 형성되었다. 먼저 1907년 의회에 국가금융위원회가 신설되었다. 의회는 이 특별위원회에 은행의 모든 문제에 대한 대책을 세워 제시토록 하였다.

우선 위원장으로 넬슨 올드리치 상원의원을 선출하였다. 그는 미국에서 가장 부유한 은행 가문의 대표자였다. 훗날 그의 딸이 록펠러와 결혼하여 5명의 아들을 낳았는데, 이들이 록펠러 3세들이다. 그

가운데 둘째아들 넬슨이 뉴욕 주지사 4선을 거쳐 1974년에 부통령이 되었다. 넷째아들 윈스롭은 아칸소 주지사가 되었고, 다섯째아들 데이비드는 사실상 미국의 대외정책을 결정하는 외교문제협의회장과 체이스맨해튼은행의 회장을 역임했다. 은행가들로 구성된 위원회는 새로운 민간 중앙은행인 연방준비은행을 설립할 것을 협의하고 의회로 하여금 법안을 발의토록 준비하였다.

3년 후 1910년 11월 모건의 별장이 있는 조지아 주 연안의 휴양지 지킬 섬에서 비밀회의가 열렸다. 여기에 모인 사람은 모두 7명이었는데 기자들이 눈치 채자 이들은 오리사냥이라고 둘러댔다. 지킬 섬은 조지아 앞바다에 있는 제이피모건 소유의 땅이었다. 모임의 주최자는 넬슨 올드리치였다. 하지만 실제로 자리를 준비한 사람은 폴워버그라는 독일계 이민자였다. 그는 로스차일드가 남북전쟁 이후 미국 내의 주요 금융업체로 삼고 있던 쿤-롭의 공동 경영자이자 중앙은행 제도에 대한 가장 심도 깊은 전문가였다.

다른 참석자로는 당시 모건의 뱅커스트러스트 사 회장으로 있던 벤저민 스트롱, 제이피모건 사 사장 헨리 데이빗슨, 모건계 뉴욕 퍼스트내셔널 은행장 찰스 노턴, 하버드대학 교수출신 재무부 차관보 피아트 앤드루, 당시 뉴욕에서 가장 강력한 은행이었던 록펠러계 내셔널시티뱅크 프랭크 밴덜립 행장 등이었다. 밴덜립은 윌리엄 록펠러와 쿤-롭을 대표했다.

10일간의 회의 끝에 이 비밀회의에서 오늘날의 '연방준비법'이라고 하는 연방준비은행법 초안이 마련되었다. 대중에게는 1911년 1월 16일에 공개되었다. 재미있는 것은 법안을 입법부에서 만든 것이 아니라 유대인들이 주도하여 만들었다는 점이다. 주로 모건, 록펠러, 로스차일드 3대 금융가문이 주축이었다. 이 중에서도 로스차일드 가문의 대리인 폴 와버그가 주도했다.

이들은 중앙은행이 주는 부정적 이미지를 없애기 위해 연방준비시스템이라는 용어를 사용했다. 그리고 과거의 중앙은행이 20% 정부지분을 인정했던 데 비해 100% 민영으로 설계했다. 이들을 뒤에서 조종한 연방준비은행의 막후 추진자들 역시 유대계였다. 제이피 모건, 철도 재벌 제임스 힐, 퍼스트내셔널 조지 베이커는 모건그룹에 속하는 사람들이다. 그리고 J.D. 록펠러, 윌리엄 록펠러, 내셔널시티 제임스 스틸먼, 쿤-롭 사의 제이콥 시프는 록펠러 그룹으로 분류된다. 이들 7인이 진정한 막후 조정자들이라고 알려져 있다.

물론 이 법안은 곧장 상원에 회부되어 논의가 시작되었다. 한편 올드리치 상원의원은 금융위기 이후 "모건이 우리의 금융위기를 영원히 막아주지는 않을 것"이라며 국내 은행들이 재무부 지시에 따라 채권을 발행하여 현금부족을 막는 것을 골자로 하는 또 다른 법안을 제안해 통과시켰다.

1910년에는 시어도어 루스벨트 대통령이 몇몇 대기업에 대해 소송을 제기했다. 록펠러의 스탠더드오일과 듀크의 아메리칸타바코 담배회사가 독점 협의로 제소되었다. 1912년에는 푸조 청문회에 월스트리트의 일급 은행가들이 대중들 앞에 처음으로 모습을 드러냈다. 푸조 의원은 당시 하원 은행통화위원회 위원장이었다. 그가 지휘한 청문회는 몇몇 월스트리트와 금융계 인들이 부당하게 돈과 신용을 주물러왔다는 사실을 밝혀냈다. 그 결과 1913년 연방준비위원회제도법과 1914년 클레이튼 반독점법이 제정되는 계기가 된다.

미국 연방준비은행은 민간기구

의회는 연방준비위원회제도 법안을 5년여의 치열한 논쟁과 우여곡절을 거친 끝에 1913년 12월 크리스마스 이틀 전에 통과시켰다. 월가 금융세력들에게 적대적인 민주당과 공화당 의원들이 크리스마스 휴가를 떠난 틈을 이용하여 상하 양원에 기습 상정하여 처리한 것이다. 이로써 지금의 중앙집권적 형태의 연방준비국(지금의 연방준비제도이사회)이 탄생하였다.

법안이 상하원을 통과하는 순간 미국 월가와 영국 런던의 은행가

:: 워싱턴의 연방준비제도이사회 전경

는 대환호성을 질렀으며 크리스마스 최대 선물을 의회가 미국민들에게 안겨다 주었다고 신문은 대서특필했다. 그러나 《화폐전쟁》의 저자 쑹훙빙은 연방준비은행법이 의회에서 통과되던 날 찰스 린드버그의 연설을 다음과 같이 소개하고 있다.

"연방준비은행은 지구상에서 가장 큰 신용을 부여받았습니다. 대통령이 법안에 서명한 순간부터 금권이라는 보이지 않는 정부는 합법화될 것입니다… (중략)… 의회가 저지른 최대의 범죄는 바로 화폐체제 법안인 연방준비은행법입니다. 이 은행법의 통과는 우리 시대 가장 악랄한 입법 범죄입니다. 양당의 지도자들이 밀실에서 담합해 국민이 정부로부터 이익을 얻을 기회를 앗아간 것입니다."

이 법안이 통과되면서 미국은 비로소 연방준비제도이사회(FRB : Federal Reserve Board)를 비롯해 12개 연방은행을 주축으로 하는 중앙은행체제를 확립할 수 있었다. 일종의 은행 카르텔이 탄생한 것이다.

연준 초대 이사회 의장은 찰스 햄린이 임명되었다. 그리고 뉴욕 연방은행 총재에는 제이피모건의 오른팔인 벤저민 스트롱이 임명되었다. 그러나 연준의 실질적인 실력자는 독일계 유대인 폴 워버그 이사였다. 그가 처음부터 연준의 청사진을 그려냈고 또 그 설립을 앞장서서 주도하였다. 연준의 실질 내막과 운영 방법에 대해 그만큼 잘 알 수 있는 사람이 없었다. 그는 로스차일드의 후원으로 제이콥 시프가 운영하는 유대계 금융기관인 쿤-롭의 중역이자 제이콥 시프의 의동생이었다. 한마디로 로스차일드 가문의 심복이었다. 그는 12개 지역 연방은행총재들로 구성된 '연방자문위원회'가 실질적으로 연준 이사회를 콘트롤하도록 시스템을 설계해 놓았다.

:: 폴 워버그

무자본특수법인인 우리나라의 한국은행과는 달리 연준은 자본금이 있는 주식회사로 그 지분은 민간은행들이 나누어 갖고 있다. 세계 각국의 주요 유대계 은행들이 대주주라는 것이 통설이다. 워털루전쟁에서 한몫을 잡고 세계 금융시장의 대부분을 석권한 로스차일드 가문의 투자은행으로 알려진 골드만삭스나 런던과 베를린의 로스차일드은행, 그리고 석유재벌 록펠러 가문의 제이피모건체이스은행도 연준의 주요 주주다. 그 외에 파리의 라자르브라더스은행, 이탈리아의 이스라엘모세시프은행, 그리고 연준 창립위원장을 역임한 폴 워버그 가문의 바르부르크은행 등이 연준의 주요 주주로 알려져 있다. 신용위기를 시작하게 만들었던 리먼브라더스 역시 연준의 주요 주주였다.

제정러시아를 붕괴시킨 볼셰비키혁명이 끝나고 1917년 임시정부가 결성되는 데 2천만 달러를 지원했던 쿤-롭 은행도 연준의 주주다. 다행스럽게도 세계 기축통화인 달러를 주무하는 기관의 대주주는 세계 각국에 고르게 분산되어 있었다. 한 나라에 예속되지 않았던 달러화는 지금까지는 비교적 공정하게 기축통화로서 위치를 공고히 할 수 있었다.

연준의 조직은 미 전역을 보스턴, 필라델피아, 뉴욕, 클리블랜드, 리치먼드, 애틀랜타, 시카고, 세인트루이스, 미니애폴리스, 캔자스시티, 댈러스, 샌프란시스코 등 12개 지역으로 나누었다. 12개의 지역 준비은행은 산하에 다시 25개의 지점을 두고, 연방 은행법에 따른 약 1천 개의 주 법은행과 연계된 방대한 조직을 구성하게 되었다. 1914년 11월 16일 12개 지역 준비은행은 업무를 시작했다.

연준, 14년 단임 7명 이사로 구성

미국의 수도 워싱턴에 위치한 연준 본점에는 7명의 이사진을 선출해 여기서 추대된 대표 1명에게 관리책임을 맡겼다. 연준 본점에 있는 7명의 이사는 대통령이 지명하고 상원에서 인준하도록 되어 있다. 임기는 14년 단임이고, 일단 임명된 이사와 대표는 어느 누구도 해고할 수 없다. 이는 이사의 독립성을 보장하기 위해서다. 새 이사의 임명 터울은 2년이다. 창립 초기 이사진에는 미국 재무장관과 감사원장이 7명 이사에 속했다. 그러다 그나마도 민간이사로 교체되면서 연준은 미국 정부와는 완전 별개의 독립적인 기구가 되었다.

이렇게 탄생한 연준은 출범 당시부터 월스트리트의 대형 은행가와 중개인들의 그늘에서 벗어나지 못했다. 《화폐전쟁》의 쑹훙빙은 폴 워버그가 연준 초대 이사이지만 그를 배후에서 조종한 것은 런던에 있는 알프레드 로스차일드라고 주장했다. 그의 주장에 따르면 연방은행의 주인은 12개 지역 연방은행이다.

뉴욕 연방은행의 초기 지분형태 밝혀져

연방준비은행이 생기기 전에는 뉴욕의 은행가들이 뉴욕 지역의 일부분만 장악할 수 있었다. 그러나 이제는 국가 전체의 은행 준비금을 주관할 수 있게 되었다. 12개 지역 연방은행 가운데 가장 큰 뉴욕 연방은행의 초기 지분 형태가 밝혀졌다. 베일에 가려진 내막이 반세기에 걸친 추적 끝에 최초의 뉴욕 연방은행 영업허가증을 찾아낸 것이다.

주식 총수 20만여 주 가운데 록펠러와 쿤-롭 사의 뉴욕내셔널시티은행이 3만 주, 제이피모건의 퍼스트내셔널은행이 1만 5천 주, 폴 와버그의 뉴욕내셔널상업은행이 2만 1천 주, 로스차일드 가문이 이사로 있는 하노버은행이 1만 2천 주, 체이스은행이 6천 주, 케미컬은행이 6천 주 등이었다. 1955년에 뉴욕내셔널시티은행과 퍼스트내셔널시티은행의 합병으로 시티은행이 탄생했으므로 오늘날 시티은행이 뉴욕 연방은행의 최대주주이면서 사실상 주인이다. 이들은 모두 로스차일드가문 등 유대계 금융세력이다.

연준을 설립한 후 정부는 재무부의 정부 화폐를 회수하고 연준이 은행권을 발행하도록 하였다. 연방준비국은 국가가 보유한 금의 통제권을 넘겨받았으며, 금본위제 하에 연방준비 은행권을 발행하기 시작했다. 연준의 창설로 미국 연방은행이 은행인수어음(BA : Banker's Acceptance)을 할인할 수 있게 되었다. 즉 대규모 은행인수어음시장이 설립된 것이다.

이것을 통해 미국은 유럽에 상품을 수출할 수 있었고, 미국이 독일에 전쟁을 선언한 1917년 이전까지 전쟁자금을 간접적으로 지원했다. 이는 뉴욕 금융시장이 국제 금융시장으로 성장하는 계기가 되었다. 이때 미국에서는 은행이 우후죽순 격으로 늘어나, 1914년에 7천 5백 개였던 은행이 이듬해인 1915년에는 1만 4천 6백 개를 넘어섰다.

1819년 영국에서 시작된 금본위제도는 1차 세계대전 전까지 안정적으로 유지되었다. 그러나 1차 세계대전이 발발하면서 각국은 전비 조달을 위해서 통화를 증발하였으며, 금태환을 중지하고 금본위제에서 이탈하면서 전반기에는 변동환율제도로 운영된다.

1차 세계대전 때 미국은 영국과 프랑스에 많은 전쟁 물자를 팔고 그 대금으로 대량의 금을 받았다. 이때 연준은 민간은행에 유동성을 넉넉히 공급했는데, 유동성이 증가하자 1차 세계대전 동안 미국에서는 농산물과 부동산에 대한 대규모 투기가 일어났다. 그러나 전쟁 물자의 생산으로 활기를 띠던 경기가 전쟁이 끝나자 주저앉게 되었다. 생산이 감소할 무렵 새 달러가 쏟아져 나와 증가된 화폐량이 줄어든 상품의 양을 쫓기 시작하였다. 결국 1919년부터 이듬해에 걸쳐 대규모 인플레이션이 발생하였고, 1920년부터 2년 동안 불경기를 가져왔다. 1912년과 1927년 사이에 미국의 물가는 두 배로 뛰었다. 이로써 연준은 과도한 유동성 공급이 인플레이션을 부른다는 교훈을 얻게 된다.

통화 증발에 따라 극심한 인플레이션을 겪게 되면서 1919년 미국, 1935년 영국이 다시 금본위제로 복귀하게 된다. 그러나 1929년 세계 대공황으로 인해 각국은 경쟁적으로 자국 무역을 보호하기 위해 평가절하를 하기 시작했고, 또 다시 금본위제에서 이탈하게 된다.

대공황의 역사가 반복되다

5

과잉자본 때문에 발생한
1907년 공황

1907년 공황의 대규모 뱅크런

지난 4백여 년간의 역사를 분석해보면 경기침체는 매 4.75년마다 한 번씩 오고, 경제대공황은 67년마다 한 번씩 온다고 한다.

1907년 공황은 '과잉자본' 때문에 발생한 최초의 공황이었다. 과잉자본이란 필요 이상의 유동성 때문에 자산에 거품이 끼었다는 뜻이다. 그 무렵에는 통화와 신용의 유통량을 조절할 수 있는 중앙은행도 없었다. 금본위제라서 화폐량에 대한 조절능력이 애당초 없었다.

1907년 초에 산업생산지수는 최고치를 기록했다. 철도산업 호황에 이어 철강산업이 주력산업으로 크면서 철 등 각종 원자재가격이 폭등했다. 전형적인 경기과열로 치닫고 있었다. 앞서 말한 바와 같이 당시 미국 은행들은 자기자본비율이 1%에도 미치지 못할 정도 곧 자기자본의 1백 배 이상을 대출해 주고 있었다. 아마도 이것이 금융의 속성인 모양이다. '과다대출'로 인한 '과잉유동성'은 1907년, 1929년, 2007년 공황을 관통하는 공통의 키워드다. 한마디로 과도한 대출이 금융위기의 본질이었다. 특히 빚을 내 투자하는 무분별한 차입투자(leverage effect)가 문제였다.

과잉유동성은 결국 자산버블을 만들었다. 경기가 하강하자 자기자본의 1백 배 이상을 대출해 준 은행들은 시한폭탄이 되어 여기저기서 터졌다. 공황이 발생한 것이다. 맨 처음 철강산업이 직격탄을 맞고 나자, 주식시장이 폭락하기 시작했다. 1907년 당시 니커보커 투자신탁의 CEO였던 찰스. T. 바니는 구리 투기에 나섰다가 엄청난 손실을 보았다. 니커보커 투자신탁이 파산할 것이라는 소식이 시장에 퍼지자, 투자신탁에 재산을 맡겼던 1만 8천 여 명의 고객들이 은행에 달려들어 예금 인출을 요구했다. 이 인원은 미국 뱅크런 역사상 가장 많은 인원이었다. 겁에 질린 예금자와 투자자들의 예금인출 사태로 금융시스템은 붕괴 일보직전이었다. 이러한 혼란을 제이피 모건이 강력한 지도력을 발휘해 수습했다. 이로써 일단 금융 붕괴는 막았다.

1907년 1월부터 11월까지 철도관련 주식은 34%, 공업관련 주식은 40%가량 폭락했다. 이 기간에 수많은 기업들이 맥없이 파산했다. 1907년 공황은 주식시장이 최고가를 기록한 1906년 9월부터 15개월 동안 지속되었다. 이 기간 동안 주가는 48% 하락했다. 반 토막 난 것이다. 금융공황으로 인해 최소한 25개 은행과 17개 투자신탁회사가 파산했다.

더블딥을 강하게 맞은 1907년 공황

금융 패닉의 발단은 당시 새롭게 만들어진 투자신탁회사(트러스트 뱅크)들의 실패 때문이었다. 경기침체로 주가가 하락하자 고객 돈을 가지고 주식투자를 하던 투자신탁회사들이 무더기로 도산한 것이다. 이로부터 가파른 경기침체가 나타났다. 이는 다시 주요 산업에서 이윤율 저하로 연결되어 금융 압박이 생겼다. 이 때문에 주식과 상품 투매가 이어지면서 생산은 감소했다. 한마디로 악순환의 고리에 빠진 것이다.

10월이 되면서 몇몇 대기업들까지 도산하였다. 이어 이들에게 대규모 융자를 해 준 은행들에 예금인출사태가 쇄도하는가 싶더니, 급기야 금융공황으로 발전했다. 돈이 마른 은행들이 대출금을 회수하자 기업들은 줄지어 무너지고 실업은 급격히 증가했다. 이 와중에 8천 개의 회사가 도산했다. 결국 금융공황이 격렬한 산업공황으로 발전했다. 1907년부터 2년 동안에 파산한 신용기관이 312개, 파산한 기업이 2만 7천 4백 개였다.

1907년 공황은 1904년 공황 이후 3년 만에 더블딥을 강하게 맞은 것으로, 이때의 대규모 뱅크런에 대한 패닉은 1913년 연방준비제도 이사회의 설립으로 이어졌다.

1929년
대공황 전야

사회경제사가인 에릭 홉스봄은 《극단의 시대》에서 "경제 붕괴의 충격 곧 1929년 대공황을 이해하지 않고선 20세기 후반의 세계를 이해할 수 없다."고 썼다. 대공황은 단지 공포스러운 기억만은 아니다. 2008년 이후 최악의 금융위기를 겪고 있는 오늘날 대공황은 살아 있는 경제교과서다.

1차 세계대전 후의 호황기, 실업율이 중요한 바로미터가 되다

지나친 호황의 뒤끝이 공황이며, 이러한 역사는 계속해서 반복되고 있다. 1914년 유럽에서 1차 세계대전이 발발하자 미국은 군수물자 수출로 호황을 맞는다. 1차 세계대전은 최초의 총력전이었다. 군사비 지출이 국민생산에 차지하는 비중도 영국 38%, 독일 53%까지 올라갔다. 즉 거의 모든 자원이 전쟁에 동원되었다.

그 결과 군수품 수입 등으로 당시 유럽의 금이 미국으로 많이 흘러들어 왔다. 1차 세계대전 뒤에도 미국은 호황 가도를 달렸다. 그러다 미국은 1차 세계대전 이후로 늘어난 통화 공급을 줄이기 위해 1920년 금리를 인상했다. 인플레이션을 우려해 금리를 올리자 1920~1921년에 통화량이 줄어들면서 일시적인 경기후퇴를 겪는다. 실업률이 11.9%로 치솟았다. 당황한 미국 정부는 재정을 풀고 금리를 낮추어 사태를 수습했다. 경기가 살아나면서 2년 만에 실업률은 다시 3.2%로 안정되었다. 이때부터 실업률이 경기의 가장 중요한 바로미터가 되었다.

자동차와 전기의 발명이 생산성을 획기적으로 높이다

그 뒤 1920년대 미국은 라디오, 자동차 등이 대량생산으로 널리 보급되고 할리우드 영화산업도 급성장했다. 호황 분위기에 토지와 주식 투기 열풍도 일었다. 1920년대 중반 사상 최저였던 3.5%의 기준금리는 기업들의 투자 의욕을 일으켜 번영의 시대를 구가했다. 포드 자동차가 대량생산 시스템으로 쏟아내는 승용차가 도시는 물론 시골 구석구석까지 보급되었다. 1920년대 미국 자동차는 7백만 대에서 2천3백만 대로 폭증했다.

그리고 1879년경 에디슨과 테슬러가 발명한 전기가 미국의 생산성 향상에 본격적으로 기여하기 시작한 것은 40여 년 뒤인 1920년 대였다. 전기는 제조업의 생산성을 급격히 올려 주어 세계 제조업의 36%를 차지하던 미국의 비중은 42%로 급격히 높아졌다. 자그마치 2위인 영국의 4배였다.

생활수준도 크게 높아졌다. 1929년에는 1가구당 1대 꼴로 자동차가 보급되어 생활필수품으로 자리 잡았다. 그 무렵 투자의 가장 큰 대상이 철도를 대체한 자동차였다. 곳곳에 자동차 도로와 고속도로가 건설되었다. 당시 미국의 해외투자도 활발했다. 특히 독일에 대한 자본투자는 전후 복구와 산업 부흥을 이끌며 독일의 전쟁 배상금 지불을 가능케 했다.

1920년대 세계 경제는 1차 세계대전을 끝내고 전후복구특수로 새시대라고 불릴 정도의 번영을 구가했다. 그 무렵 유행했던 새로운 시대 이데올로기가 '새로운 패러다임'과 '안정된 경제'라는 말이었다. 어디서 많이 듣던 말이다. 바로 2008년 금융위기 이전에 우리가 들어왔던 신자유주의 이론은 이를 부활시킨 것이었다.

미국의 보호무역주의와 유동성 축소가 경제붕괴 불러

그 무렵 패권적 능력을 가지고 있었던 미국이 고립주의와 보호무역주의 같은 폐쇄적인 정책을 고집한 것이 국제경제 질서를 붕괴시킨 원인이 된다.

미국은 1920년대 후반부터 유럽에 대한 대출을 줄였다. 이는 세계 금융시장에 유동성 공급을 줄여 시장의 붕괴를 촉발했다. 1920년대 후반 미국에서는 호경기 끝자락에 주식거품이 일어났다. 연준은 과거의 교훈을 거울삼아 유동성 공급을 옥죄었다. 그러자 거품은 1929년 10월을 기해 무서운 속도로 꺼지면서 곳곳에서 은행들이 자금 압박을 견디다 못해 파산하기 시작했다. 놀란 연준이 이자율을 낮추고 유동성 공급을 늘리기 시작했을 때는 이미 모든 것이 늦었다. 은행에 돈은 풍성해졌지만 그 돈을 빌려 쓸 사업가가 없었다. 결국 전 세계에 대공황이 찾아왔다. 1930년에서 1933년 사이 약 1만 개 은행이 도산했다.

벤저민 스트롱, 공개시장 조작(Open Market Operation)

제이피모건그룹의 뱅커스트러스트 사 회장이자 1913년 연준 창립 멤버였던 벤저민 스트롱은 1928년까지 14년간이나 뉴욕연방은행 총재를 맡았다. 그는 12개 연방준비은행 지역은행에 분산되어 있던 권력을 뉴욕연방준비은행으로 집중시켰다.

∷ 벤저민 스트롱

그는 금본위제하에서 연방준비은행의 새로운 통화정책인 '공개시장조작'을 처음으로 실시한 사람이다. 그는 미국 경제를 살리기 위해서는 '금'이 더 이상 '신용'을 통제하는 요소가 아니라는 사실을 알았다. 여기서 신용이란 중앙은행이 정부채권을 사들이는 대신 통화를 공급한다는 뜻이다.

그 무렵 미국은 1차 세계대전에 시달리는 유럽에 대규모 자금 지원을 위해 대량의 채권을 발행했을 때였다. 이로 인해 채권이 시중 은행권을 흡수해 미국의 통화량이 급격히 줄어들었다.

그는 1923년에 경기후퇴를 막기 위해 통화량을 늘리는 게 급선무라고 판단했다. 뉴욕연준은 정부채권을 대량으로 사들였다. 공개시장 조작이 처음으로 시도된 것이다. 과거에는 통화를 공급하려면 그 근거가 되는 금이 있어야 했으나 금 없이 통화를 공급한 것이다.

그러자 중앙은행의 위력이 드러나기 시작했다. 미국의 국채 발행이 늘어나는 것에 비례해 연방준비은행도 놀라운 규모로 이를 사들이기 시작했다. 이때 풀려나간 은행권은 전쟁채권으로 초래된 통화긴축을 완화시키며 시중에 돈이 풍부해졌다.

그 대가로 시중 이자가 내리자 국채가격은 수직 상승했다. 연방준비은행이 전력 질주하던 1916~1920년 4년 동안 10억 달러어치 채권이 무려 25배가 오른 250억 달러를 기록했다. 모든 국채는 국민의 미래 납세를 담보로 하는 것이다. 전쟁통에 국민의 혈세로 은행가들에게 막대한 돈을 벌게 해준 꼴이었다.

저금리 기조, 유동성 증가로 이어져

그 무렵 미국의 저금리 기조는 유럽을 배려한 측면도 있었다. 당시 유럽 경제는 1차 세계대전의 상처에서 회복되지 못하고 있어 미국 연준의 벤저민 스트롱은 유럽 경제회복을 돕고자 했다. 1920년대 중반 미국은 경상수지 흑자국이라 금이 미국으로 유입되고 있었다. 때문에 유럽은 경제회복에 필수인 자본 부족에 시달렸다. 그래서 스트롱은 미국의 시장금리를 최대한 낮춰 유럽자본이 미국으로 들어오는 것을 막아야 했다. 그는 1923년 최초의 공개시작조작을 통해 시중에 돈을 풀자 금리가 떨어져 유럽 자본의 유입을 막았다.

이후 1920년대 중반 사상 최저인 3.5%의 기준금리는 자산시장 붐을 일으켰다. 혹자는 1920년대의 연준 총재인 벤저민 스트롱이 몇 개월만 더 살았어도 1929년 대공황이 일어나지 않았을 것이라 말했다.

1922년부터 1927년까지 생산은 엄청나게 증가했음에도 가격하락은 없었다. 원래 통화량은 일정한데 상품 수량이 급격히 늘어나면 가격은 떨어져야 하는 법이다. 그런데 가격이 안 떨어졌다는 것은 가격하락을 막을 정도로 통화 공급이 충분히 늘어났음을 뜻했다. 1921년에서 1929년 사이에 통화량이 60% 이상 증가했다.

유동성 증가로 시장 이자율이 떨어지고 주식 붐이 일어났다. 최근 금융위기 직전에 있었던 주가상승처럼 이때도 엄청난 주가상승이 이어졌다. 시장은 더 이상의 불황은 없고 오직 호황만 있을 것 같았다. 시장에는 엄청난 거품이 끼였다. 그 뒤 버블이 터지면서 주식과 부동산 등 자산 가치의 하락은 대공황의 가속페달이었다.

이러한 현상은 21세기에 들어서면서도 똑같이 반복되었다. 2000년 닷컴 버블 붕괴와 2001년 9·11 사태 이후 지속된 1% 저금리에서 비롯된 과잉유동성이 자산시장 붐을 일으켰다. 예나 지금이나 똑

같았다. 2008년 금융위기 진앙지도 주택시장의 하락에서 출발해 증시폭락으로 번졌다.

경제와 증시의 불균등 성장, 다우지수 400% 이상 오르다

1928년이 되자 지칠 줄 모르던 미국 경제가 피로 증세를 보이기 시작했다. 하지만 월가는 실물경제와 괴리 현상을 보이면서 나 홀로 상승세를 보였다. 당시 저금리 기조로 유동성이 풍부해 주식시장은 활황이었다. 산술급수적으로 증가하던 국부와 달리 주가는 기하급수적으로 뛰었다. 전쟁 후부터 1929년까지 국내총생산이 50% 성장하는 동안 다우지수는 무려 400% 이상 오른 것이다. 주식시장은 영원한 상승가도에 들어선 것처럼 보였다.

미국 경제와 증시의 불균등 성장에는 그럴 만한 이유가 있었다. 미국 산업이 대규모 철도산업을 시작으로 철강산업에 진입하면서 꽃을 피우고 있었다. 게다가 제이피 모건과 록펠러가 주도하는 인수합병으로 미국 경제가 '규모의 경제' 이점을 누리고 있었다. 또한 에디슨이 발명한 전기 덕분에 노동자들의 생산성이 40% 이상 급증했다.

하지만 규모의 경제와 생산성 증대가 낳은 이익은 사회 각 계층에 고루 분배되는 게 아니었다. 주로 주가에 반영되어 금융자본가와 증시 참여자들에게 돌아갔다. 금융자본주의의 폐단이었다.

당시에도 IT 버블이 있었다. 1920년대 미국에서 신기술에 대한 투기꾼들의 환상은 주식시장이 호황을 유지하는 동안 지속되었다.

1925년에서 1928년 사이에 제너럴모터스의 주가는 10배 이상 치솟았다. RCA 라디오 방송사 주가는 1923년에서 1929년 사이에 20배 이상 폭등했다.

RCA's 1922 Logo

:: 1923년에서 1929년 사이 20배 이상 주가가 폭등한 RCA 라디오 방송사

잘 나가던 미국 경제의 파국은 바로 증시로부터 찾아왔다. 이러한 주식 시장의 활황은 경제 발전에도 힘입은 바 컸지만 그보다는 다분히 유동성 장세였다. 연준의 통화량 증발이 큰 원인의 하나였다. 1921년 6월 317억 달러였던 통화량이 1929년 6월에는 457억 달러로 44%나 늘어났다. 게다가 상당기간 지속된 저금리 기조가 여기에 불을 붙여 돈의 유통속도가 빨라져 통화승수를 높이고 주식 투기를 불러왔다.

대공황, 통화정책의 잘못으로 촉발

산이 높으면 골이 깊은 법이다. 1930년대 대공황 역시 통화정책 잘못으로 촉발되었다. 연준은 1921년 중반에서 1929년 중반까지 8년 동안이나 통화 팽창정책을 썼다. 1928년 한 해에만 연준은 6백억 달러의 통화를 방출했다. 당시 세계 금 유통량의 6배나 되는 돈이었다. 이듬해 1929년에는 한 술 더 떠 뉴욕 연방은행 혼자 방출한 금액만 580억 달러로 유동성의 홍수였다.

1920년대 미국 증시의 가장 두드러진 특징은 빚을 내 주식투기를 벌이는 차입투기의 일반화였다. 당시 투기꾼들은 마진론 곧 주식담보대출을 끌어와 '묻지마 투자'를 벌였다. 이를 이용하면 자기 돈은 1할만 내고 나머지 9할은 살 주식을 담보로 돈을 빌려 살 수 있었다. 문제는 9할의 돈을 빌릴 때 작성하는 계약서에 대출자가 콜을 하면 24시간 이내에 빚을 갚아야 한다는 내용이 있었다.

차입투기는 개인투자자들만이 벌인 게 아니었다. 은행과 증권사들도 가세했다. 뉴욕 연방은행에서 5%의 금리로 빌린 돈을 은행들은 증권업체에 12%로 대출해 주어 7%의 차액을 챙겼다. 이런 상황에서 증시가 폭등하지 않으면 오히려 더 이상한 일이었다.

저금리 기조가 낳은 부작용, 마진론 시장 돈놀이

이렇게 벤저민 스트롱의 금리인하는 버블을 야기하는 부작용을 낳게 된다. 금리가 떨어지자 많은 자금들이 마진론 시장 곧 일종의 주식담보대출 시장에 쏟아져 들어왔다. 다른 금융시장보다 마진론 시장의 수익률이 높았기 때문이다. 특히 투기적 광기와 증시의 대세상승에 취한 투자가들이 20%를 넘나드는 고율의 마진론 이자율을 전혀 개의치 않고 돈을 끌어다 주식투기를 벌였다. 이 바람에 마진론 시장에 돈 유입을 부추겼다.

은행만이 마진론 시장에 뛰어든 것이 아니었다. 급기야 철강이나 자동차업체까지 마진론 시장에 참여해 돈놀이를 했다. 베들레헴 철강은 1억 5천만 달러를, 크라이슬러는 6천만 달러를 마진론 시장에서 굴려 막대한 수익을 올렸다.

만약 벤저민 스트롱이
살아있었더라면

투기 열풍이 자신의 손아귀에서 벗어나고 있다는 사실을 직감한 스트롱은 이를 진정시키기 위해 1928년 세 번에 걸쳐 재할인율을 인상시켜 당시로선 상당한 수준인 5%에 이르게 했다. 이와 함께 그는 통화공급을 줄여나갔다. 스트롱은 이때 '문제는 주식시장의 붕괴를 막으면서 유럽경제의 재건을 어떻게 도울 것인가가 우리 정책의 초점'이라고 기록했다. 그는 자신과 미국이 직면한 문제를 정확하게 파악하고 있었던 것이다.

재할인율 인상과 통화팽창 억제정책은 월스트리트를 넘어 미국 실물경제에 즉각적인 영향을 미쳤다. 1929년 초 눈에 띄게 경제가 냉각되기 시작했다. 하지만 월가는 다른 반응을 보였다. 실물경제에서 벗어나 월가 자체의 운동 메커니즘에 따라 제멋대로 움직여나가기 시작했다. 따라서 벤저민 스트롱이 두려워한 파국을 막기 위해 연준 이사회가 신속한 조치를 내놓았어야 했다. 하지만 스트롱은 이런 급박한 순간에 1928년 10월 급격히 악화된 결핵으로 숨을 거두었다.

예나 지금이나 급브레이크가 문제

당시 대통령은 경제가 어떻게 돌아가는지 도통 몰랐다. 대공황 발발 직전인 1928년 말 쿨리지 대통령은 국회에서 이런 연설을 했다. "지금 상황처럼 낙관적인 적은 일찍이 없었습니다. 국내에는 평온, 만족, 수년간의 번영이라는 최고기록이 있습니다." 그는 1929년 3월 임기를 마치고 백악관을 물러나면서 "현재 주식 가격은 낮은 편"이라고 이야기했다.

 비슷한 낙관조의 연설을 쿨리지에 이어 다음 대통령 허버트 후버에게서도 들을 수 있다. 후버는 이렇게 말했다. "오늘 미국에 살고 있는 우리는 지금까지 어떤 나라의 역사에서도 찾아볼 수 없는 빈곤을 극복하기 직전의 상황에 도달해 있으며, 이제 '구빈원'(poorhouse)•은 우리 사회에서 자취를 감추어 가고 있습니다." 그는 또 "실제로 굶는 사람은 한 명도 없습니다."라고 말했다. 그것은 거짓말이었다.

 얼마 지나지 않아 빈곤이 전국을 휩쓸었다. 사람들은 후버를 조롱하기 위해서 집 없는 사람들이 모여 사는 곳을 '후버 마을'이라고 불렀고, 벤치에서 자는 사람들이 덮는 신문지를 '후버 담요'라고 불렀다.

• 20세기 전후 유행한 빈민구호시설로, 박애주의자들이 기금을 모아 설립했다.

1929년 10월 미국에서 증시가 붕괴되면서 대공황이 발생했다. 과열된 주식시장과 인플레이션을 우려한 연준이 1928년 2월부터 세 차례에 걸친 기준금리 인상과 함께 돈줄을 바짝 죈 것이 화근이었다. 항상 이러한 급브레이크가 문제였다.

1920년대에 연방준비제도를 성공적으로 이끌었던 뉴욕연방준비은행 총재 벤저민 스트롱의 갑작스런 죽음 이후 공백도 문제였다. 그는 1907년 뱅크런 사태를 모건과 함께 수습했던 경험이 있는 유능한 유대 금융가이자 당시 연준의 실질적인 리더였다. 그의 죽음 이후 방향타를 상실한 연준이사회는 리더십의 부재로 급박한 순간에 아무런 일도 하지 못했다.

스트롱이 수술받기 직전 인상한 재할인율 5%를 그대로 유지했고, 더욱이 은행들이 연준은행으로부터 5%짜리 자금을 대출받아 증권브로커들에게 12%를 받고 대출해주는 것을 방치했다. 증권브로커들은 이를 20%를 받고 마진론으로 투자자에게 넘겨주었다. 수십억 달러가 이런 메커니즘을 통해 월가로 흘러들어와 고삐 풀린 투기가 기승을 부리는 동안에도 연준이사회는 도덕적 권고를 하는 데 그친다.

이후 연준은 대출을 억제하기 위해 기준금리를 6%로 끌어 올렸다. 기준금리가 올라가자 은행들은 증권회사에 대한 금리를 이번에는 12%에서 20%로 올렸다. 이것이 치명타였다. 이후 증권브로커들이 마진론 금리를 비상식적으로 올리자 여기저기서 폭발음이 들리기 시작했다. 이는 주식을 담보로 대출받은 투자자들이 마진론 상환 요구에 앞다퉈 주식을 투매하도록 해 증시를 공황에 빠뜨렸다. 결과적으로 1928~1929년에 주식시장의 투기를 억제하고자 시도하였던 연준의 긴축정책이 금리인상 속도를 너무 성급히 서두르다 화를 부른 것이다.

과잉생산과 유동성 축소가 대공황 불러

게다가 주변 상황도 안 좋았다. 1920년대 후반에 들어서 세계적인 과잉생산과 과소소비 현상이 나타났다. 칼 마르크스가 지적한 '과잉 축적'이 나타난 것이다.

호황을 누리던 세계 경제는 1920년대 후반에 이르러 유동성이 급격히 축소되자 전 세계적으로 주가가 내려앉으면서 신용경색이 왔다. 이로 인해 많은 금융기관들이 문을 닫았다. 미국은 1929년 8월을 정점으로 산업생산이 줄어들기 시작했다.

1929년 9월 3일, 이날 다우존스지수는 이 해 최고점 381.17을 기록했다. 바로 하루 뒤 투자자문업자 로저 베브슨이 연례 미국 경제인 회의에서 증시의 붕괴가 임박했다고 경고했다. "공장들이 문을 닫게 될 것이고… 악순환이 되풀이 될 것이며, 결과는 가혹한 경제공황이 될 것"이라고 주장했다.

그리고 1929년 10월 24일, 거품은 기어이 터지고 말았다. 증시가 붕괴되면서 대공황이 시작되었다. 미국 증권시장에서 철도와 산업주가들이 떨어지기 시작하더니 1주일 만에 지수가 무려 37%나 급락했다. 미국이 불황으로 접어들면서 미국의 상품수입과 자본수출이 격감하자 다른 나라들도 불황에 빠져들었다.

급격한 유동성 축소가 불러온 불행, 대공황

당시 연준은 공황 상태임에도 통화정책을 거꾸로 추진했다. 1929년 457억 달러에 달하던 통화량을 4년 후인 1933년에는 3백억 달러로 줄여 극심한 디플레이션을 조성했다. 여기에 고금리 기조로 통화수축이 일어나 결국 미국의 실질 통화 공급은 3분의 1로 줄어들었다.

실물경제의 혈액인 통화량이 3분의 1로 급격히 줄어들자 경기는 빈혈 정도가 아니라 뇌사 직전에 이른다. 이 과정에서 은행들의 줄도산이 이어졌다. 평소 혈액을 나르던 9천 개 이상의 은행이 도산했고 연이어 2천여 개가 더 망해 불과 5년 만에 2만 5천 개였던 상업은행들이 1만 4천 개로 줄어들었다.

:: 대공황 당시 예금을 찾으려 줄을 선 사람들. 아메리칸유니온은행

이 와중에 예금을 보호받지 못한 많은 예금자들이 알거지가 되었고, 주식 투자자들은 한 푼이라도 더 건지기 위하여 주식시장 앞에 장사진을 이루었다. 도산하지 않은 은행의 고객들은 앞 다투어 은행에서 예금을 빼내 장롱 속에 숨겨두는 '현금퇴장' 곧 뱅크런 사태가 일어났다. 은행도 자신감을 완전히 상실해 기업과 개인에 대한 대출을 중단했다.

이 같은 여파로 경기가 얼어붙어 건설업과 자동차 업계의 가동률이 50% 이하로 떨어지면서 노동자들이 대량 해고되었다. 공황 전 260만 명이던 실업자 수가 공황이 정점에 달했던 1933년에는 1천 3백만 명으로 급증했다. 국민의 3분의 1 이상이 실업자가 된 것이다. 1933년 미국 실업율이 37.6%까지 치솟았고 미국 경제의 30%가 붕괴되었다. 국민순생산과 명목소득은 절반으로 떨어졌으며, 공황은 세계로 파급되었다.

통화쇼크로 대공황을 설명한 유동성축소 이론

훗날 밀턴 프리드먼은 그의 저서 《대공황》에서 공황으로 빠져드는 경제를 그대로 방치한 당시 연준을 격렬하게 비난했다. 1930년대 대공황이 연준의 무지와 실책 그리고 리더십의 실종 때문에 더욱 커지고 장기화되었다고 주장한다. 그들은 당시 통화량의 중요성을 몰랐다는 것이다.

즉 경기가 침체에 빠지고 통화량이 급격히 감소할 때 전격적인 통화 공급이 필요하다는 것이다. 만약 벤저민 스트롱이 살아있었다면 오랜 연륜과 통찰로 파국 지점을 앞두고 적극적인 통화완화 정책을 폈을 것이라고 말했다. 이렇게 말하는 사람은 비단 밀턴 프리드먼만이 아니었다.

통화쇼크로 대공황을 설명한 유동성축소 이론은 프리드먼의 주장으로 알려져 있지만, 실은 대공황 당시 케인스도 제기한 문제다. 그는 1931년 "투자 감소가 현 사태를 설명하는 전부라는 데 추호의 의심도 없다."면서 투자 감소의 복합적인 원인으로 '높은 이자율, 연방준비제도이사회의 긴축정책, 미국 이외 지역에서의 금 부족, 미국의 해외투자 감소' 등을 지적했다. 이 모두가 미국 연준의 통화긴축정책의 결과라는 점에서 그는 하나의 원인을 제시한 셈이다.

이 문제는 가장 믿을만한 대공황 이론으로 자리 잡게 된다. 이후 대공황을 연구하는 학자는 대부분 금본위제하에서도 국채를 통해 최초로 공개시장조작을 시도했던 벤저민 스트롱에 대해 언급하고 있다. 벤저민 스트롱이 살아있었더라면 세계 경제의 역사는 크게 달라졌을 것이다.

보호무역주의 대두,
공멸로 치닫다

세계 무역 규모가 3분의 1로 줄어들다

유럽의 가장 큰 해외시장인 미국이 경제공황을 겪게 되자 유럽의 대미수출도 타격을 받았다. 미국 의회는 자국의 불황을 타개하기 위해 1930년에 홀리-스무트 관세법을 제정하여 보호무역주의 정책을 강화했다. 이로써 평균 59%의 관세와 최고 400%의 관세를 매길 수 있었다. 경제학자 1,028명이 결사반대했으나 후버 대통령은 그해 6월 법안에 서명했다. 결과는 대실패였다.

이는 무역 상대국들의 강력한 반발을 사게 되고, 곧 무역 보복전이 전개되었다. 이로 인해 세계 각국에서는 경쟁적으로 보호무역주의 정책이 강화되었다. 세계 경제블록 간 무역이 막히다시피 했다.

그 결과 수 천만 명이 실직하고 정치적 긴장이 고조되었다. 이로써 교역증대에 의한 세계 경제 회복 가능성은 아예 없어졌다. 세계 경제는 이후 3~4년 더 침체되는 모습을 보였다. 모든 나라들은 독자생존을 모색해야 했으며 독일은 극단적인 파시즘의 길을 걷게 된다.

대공황 직전인 1929년 9월 1인당 국민소득 381달러는 이후 2차 세계대전이 끝나고도 한동안 깨지지 않았다. 그만큼 대공황의 골이 깊었다. 한국전쟁 종전 뒤인 1954년이 되어서야 전쟁 특수로 미국 경제가 부흥하여 4백 달러 대를 기록했다.

연준의 결정적 실수, 대형은행의 파산 방치

미국 연준의 결정적 실수는 1930년 12월 콜드웰회사와 뉴욕의 대형 은행이었던 '뱅크오브유나이티드스테이츠'의 파산을 방치한 것이다. 마치 2008년에 연준이 리먼브라더스의 파산을 방치했듯이. 이들의 자산규모는 당시 파산은행 전체 자산규모의 절반을 차지했다.

이로써 발생한 공포감이 전국을 휩쓸었다. 공포감의 전염이 전국적으로 현금 선호도를 높였음에도 연방준비은행은 공개시장 매입을 통해 본원통화량을 증가시키는 데 실패했다. 이것이 은행들의 자산 급매사태를 초래해 전반적인 자산가격의 하락을 불러왔다. 이는 또 자산을 담보로 대출해주었던 은행의 건전성 악화를 가져왔다. 이어 신용위기의 연쇄적 악화가 신용수축을 일으켜 통화량이 급격하게 줄어들었다. 이로써 경기 순환적인 불황이 대공황으로 발전했다.

결국 금본위제 무너져

게다가 미국에서 시작한 공황이 무역전쟁으로 번지자 각국은 해외 투자 자본을 철수시키는 한편, 보유한 외화를 금으로 바꾸어 국내에 저장했다. 결국 이 과정에서 1931년 5월에 오스트리아 최대 은행이 도산하면서 은행 간 신뢰가 무너져 신용경색이 왔다. 외국인 예금의 인출 쇄도와 오스트리아의 실링에 대한 공격이 들이닥쳤다. 오스트리아 정부는 금본위를 지키려는 헛된 노력으로 외환준비금을 순식간에 소진하고 뒤늦게야 외환통제를 실시했다. 이때 오스트리아에 재투자한 독일 은행도 함께 도산했고, 동유럽으로 확산되어 많은 은행들이 파산했다.

그러자 각국이 보유자산을 안전자산인 금으로 바꾸려고 금태환이 줄을 잇자 영국의 금 보유량이 줄어들면서 심한 공황을 겪었다. 결국 영국은 1931년 9월 21자로 금 지급을 중지했다. 세계 각국은 그 뒤 금본위제를 모두 포기했다.

미국의 기축통화 욕심이 더블딥 불러

영국이 금본위제를 탈퇴한 이후에 파운드화가 세계 기축통화로서의 위력을 상실하자 미국은 세계 기축통화에 대한 욕심이 생겼다. 그 무렵 미국은 경기를 살리기 위해서는 금리를 내려야함에도 달러 가치를 지지하고자 두 차례에 걸쳐 큰 폭의 금리인상을 단행함으로써 대공황을 심화시켰다. 이것이 결정적인 패착이었다. 살아나는 듯했던 경기는 다시 추락했다. 일명 '더블딥'이었다.

게다가 기축통화가 없어지자 각국은 자국의 공황을 타개하기 위해 각각 비상수단으로 수입할당제, 수입금지, 수입허가제 등을 발동하여 보호무역을 강화했다. 이는 다시 연쇄적으로 세계 경제활동을 위축시켜 악순환이 계속되었다. 이 시기에 각국은 국제적 협의체가 없어 일방적으로 자국의 보호정책을 시행해 공황은 더 심해졌다.

미국, 강하게 더블딥을 맞다

1928~1929년 미국의 긴축정책이 대공황 발발의 직접적 원인이라면, 1931년 미국의 금리인상으로 인한 통화긴축은 경기가 회복되지 않고 더욱 침체된 원인이었다. 이렇게 공황이 세계적으로 확산되는 과정에서 각국의 경제활동이 크게 위축되었다. 특히 미국의 경우 1932년의 국민소득이 1929년의 절반 이하로 떨어졌다.

다우지수는 1929년 최고 381에서 추락하여 1930년 회복되는가 싶더니 주가는 다시 곤두박질쳐 1932년 7월 8일 6분의 1 이하로 줄어들었다. 많은 은행들이 파산했다. 대공황은 1929년 미국 주식시장 붕괴로 촉발되어 진행된 초기 3년간의 디플레이션과 이후 8년간의 장기 경기침체기를 겪게 된다. 다우지수는 1932년 41까지 폭락에 폭락을 거듭했다. 3년 사이에 시가총액의 무려 89%가 증발해 버렸다. 1933년까지 세계는 유래 없는 대공황을 겪게 된다.

2008년 금융위기는 발생배경, 파급경로 및 확산범위 등에서 대공황 당시와 유사한 패턴을 밟고 있다. 현 위기의 문제는 그간 양적완화라는 방대한 통화방출 정책을 써왔기 때문에 이제 더 이상 불황을 통제할 정책수단이 취약하다는 점이다. 뿐만 아니라 유럽 재정위기, 중국 성장둔화 및 일본 경제침체, 미국의 쌍둥이 적자, 이란 문제 등이 겹쳐 '퍼펙트 스톰'(Perfect Storm)이 거론되고 있다. 루비니 교수는 이런 악재가 결합해 세계 경제를 심각한 상태에 빠뜨릴 수 있다고 경고했다.

대공황에 시달리는 국민의 선택, 정권교체

불안에 시달리던 국민들의 선택은 정권교체였다. 1932년 11월 대선에서 유권자는 압도적으로 프랭클린 루스벨트를 선택했다. 뿐만 아니라 루스벨트의 민주당은 상하원을 석권하는 압승을 거두었다. 루스벨트와 뉴딜연합이 권력을 장악해 케인스식 경제정책이 본격적으로 추진되기 시작했다.

참고로 32대 프랭클린 루스벨트는 26대 시어도어 루스벨트의 조카다. 삼촌은 미국의 최연소 대통령이고 조카는 4선에 성공한 최장수 대통령이다. 뉴욕 명문가 출신인 프랭클린 루스벨트는 26살 때 정계에 입문해서 승승장구하다 39세 되던 해 두 다리가 불구가 되는 척추성 소아마비를 앓게 된다. 그러나 루스벨트는 이에

:: 소아마비라는 장애를 극복하고 미국 최장수 대통령이 된 프랭클린 루스벨트

굴복하지 않고 뉴욕 주지사를 거쳐 32대 대통령에 당선된다.

루스벨트의 과감한 금융개혁이 빨리 위기를 끝내다

프랭클린 루스벨트는 대통령에 취임하자마자 곧 바로 금융개혁을 단행했다. 그는 취임 다음날인 1933년 3월 4일 은행업무를 중단시키고 무기한 휴업을 선포했다. 그때까지도 오리무중이었던 신용위기의 실상과 은행의 부실 정도를 파악하고, 그간 불법행위를 일삼은 은행을 적발하기 위해서였다. 한 마디로 혁명이었다.

이는 미국 역사상 전국 은행이 처음으로 문을 닫는 조치로 국민들에게 신선한 충격을 주었다. 이 때문에 뉴욕 증권거래소도 11일간이나 문을 열지 못했다. 그만큼 위험을 무릅쓴 중대한 결단이자 심각한 비상시국이었다. 대대적인 은행 감사를 실시해 금융위기의 실상을 파악하고 살려야 할 은행과 문을 닫아야 할 은행을 가려냈다. 그 다음 부실 은행은 정리하고 나머지 은행의 부실은 정부가 사들였다. 정부가 구제해준 은행들은 1주일 뒤에 다시 영업을 시작했다.

부실규모를 파악한 루스벨트 행정부는 은행으로부터 악성부채 30억 달러 규모의 부실 모기지를 구입했다. 이는 역사상 최초의 공적자금 투입으로, 맥을 잡아 집중과 선택을 택한 것이다. 그의 선택은 훗날 성공적이었다는 평가를 받았다.

이어 주택소유자들의 주택 차압을 막기 위해 주택자금 대출회사를 설립했다. 부실을 재빨리 도려내고 부실이 예상되는 곳에 화력을 집중한 것이다. 그는 급소와 맥을 찾아 신용위기를 빠른 시간에 해결했다. 이런 과단성 있는 정책들의 결과로 대공황의 신용위기는 1933년 3월 말에 일단 마무리됐다.

2008년 금융위기가 질질 끈 이유

프랭클린 루스벨트의 과감한 대공황 정책은 2008년 신용위기를 맞아 부실을 과감히 도려내지 못하고 주변부를 빙빙 돌며 대응한 부시나 오바마 정부와 비교된다. 그들은 초기에 공적자금을 투입해 부실채권을 따로 모아 해결하는 배드뱅크를 만들지 못했다. 유대 금융인들이 그들의 부실채권이 헐값에 처분되는 걸 반대했기 때문이다. 그랬으면 초기에 신용위기를 완화시킬 수 있었다.

그리고 차선책으로 은행의 부실채권을 주식으로 전환하는 작업도 국유화를 반대하는 금융세력에 밀려 제대로 해내지 못했다. 결국 그들의 선택은 오랜 시간에 걸쳐 무차별적으로 살포한 유동성의 힘으로 주식시장과 고용시장을 살려내는 것이었다. 이 통에 악성부실을 껴안고 버텼던 월가 금융가들은 마침내 주식시장이 살아나자 그들의 부실자산 역시 온전히 살아났다. 이 때문에 세계는 장기간 고생해야 했다.

THE DOLLAR STORY

루스벨트의
개혁

6

루스벨트, 대공황 타파 위해 유대인 끌어들여

루스벨트는 대공황을 타개하기 위해서는 유대인들의 협조가 절실하다고 판단했고, 이에 적극적으로 유대인과 유대자본을 불러들였다. 그 뒤 유대인이 주축이 된 대외 지향적 자본이 국내파 자본을 대치하고 지배적인 정치연합을 구축하였다. 유대계 경영인들은 본격적으로 정치와 행정부에 참여하였다. 또한 미국은 그간의 폐쇄적인 경제정책에서 벗어나 대외지향적인 경제정책을 추진하였다. 이것이 유대인이 미국 행정부에 입성하게 된 계기였다.

최초의 유대인 재무장관, 헨리 모겐소 2세

루스벨트는 재무장관에 유대인 헨리 모겐소 2세를 임명해 11년 동안이나 나라 살림을 맡겼다. 또 유대인들의 탁월한 능력을 잘 알고 있던 루스벨트는 아인슈타인의 건의를 받아들여 원자탄 개발계획을 유대인들에게 맡겼다. 그 뒤로 미국의 나라 살림과 방산산업은 유대인들의 몫이 되었다.

루스벨트가 유대인을 높이 사는 데는 이유가 있었다. 루스벨트의 할아버지 제임스 루스벨트는 1784년 뉴욕은행의 창설자였다. 미국 최초의 은행 가문이었다.

:: 헨리 모겐소 2세

루스벨트의 아버지는 미국 공업계의 거물이었는데 뒤에 남부철도증권회사를 설립하였다. 이 회사는 철도 합병사업을 주로 취급하였다.

루스벨트 자신도 하버드를 졸업했다. 이때 루스벨트는 자유방임적 정통자본주의에 일정 정도 국가가 개입해 규제하는 수정자본주의에 영향을 받았으며 이는 훗날 뉴딜의 바탕이 된다. 그리고 루스벨트는 컬럼비아대학 법과대학으로 적을 옮기고 법률시험을 통과하여 변호사 자격을 취득해 변호사로 일했는데 이때 고객 중의 하나가 모건상사였다. 그 뒤 해군부 차관보로 정부에서 일하다 월가로 옮겨 뱅커로 일한 경력도 있으며 1922년에는 연합유럽투자회사의 총재를 역임했다.

이렇듯 가문의 뿌리가 대대로 월가에 기반을 두고 있었고 루스벨트 역시 월가를 잘 알고 있었다. 때문에 취임 초 대규모 은행 감사, 글래스-스티걸법 제정, 증권거래위원회 설립 등 월가를 대대적으로 수술할 수 있었다. 또 한편으로는 유대인의 개인적 능력을 잘 알고 있었기 때문에 그들을 중용할 수도 있었다.

모겐소 2세는 루스벨트와 친구 사이였다. 그의 뉴욕 주 가족농장이 루스벨트 가문의 소유지와 인접해 있었기 때문이다. 루스벨트가 뉴욕 주지사 후보로 출마했을 때 그는 적극적으로 선거 운동에 참가했다. 1929~1933년 루스벨트가 뉴욕 주지사를 지내는 동안 모겐소 주니어는 자원보존국장 및 농업자문위원회 위원장으로 활동했다. 특히 자원보존국장으로 있으면서 1백만 에이커의 숲을 조림하여 많은 실업자들을 구제했으며 이 사업은 얼마 후 닥쳐올 대공황 시기에 실업구제 방안 모델이 된다.

그는 루스벨트의 1928년, 1932년 대통령 선거 캠페인에 참여했다. 1933년 루스벨트가 대통령에 당선되자, 모겐소 2세는 재무부 차관과 연방 농업신용청장으로 임명된다. 1934년 중엽까지 맡았던 농업신용청장직은 대공황으로 고생하던 농민들을 위해 농업대출을 시행해 대대적인 구제작업을 하였다.

모겐소 2세는 1944년 7월 1일에 열린 국제연합통화회의에 참석하여 22일까지 회의의 핵심 주체로서 국제 경제 통합과 전후 경제체재에 대하여 논의했다. 그 결과 국제통화기금(IMF)을 발족하고, 브레튼우즈체제를 성립하며, 국제부흥개발은행(IBRD)이 탄생했다.

브레인 트러스트 구성

1932년 대통령 선거가 다가오자 루스벨트는 브레인 트러스트(Brain Trust)를 조직하면서 다양한 방면의 저명교수와 전문가들을 초빙했다. 이것은 루스벨트가 대통령으로 집무할 때도 계속되어 특별 보좌관 제도로 굳어졌다.

뉴딜의 발상은 대부분 이 브레인 트러스트에서 나왔다. 그들은 현대에 대기업은 피할 수 없는 존재로, 이를 파괴하는 것만이 능사가 아니고 정부 규제 하에 두어 효율적으로 경제운용을 해야 된다는 합의를 도출했다. 그 결과 정부가 지향하던 종래의 자유방임주의에서 벗어나 경제문제에 적극 개입해서 경기회복, 실업자구제, 경제개혁을 추진할 계획을 제시했다.

당시 루스벨트의 유대인 중용에 대해 반감을 갖고 공격하는 사람들도 있었다. "사무엘 로젠만, 벤저민 코헨, 필릭스 프랑크푸르터, 데이빗 릴리엔탈, 버나드 바룩, 앤 로젠버그, 시드니 힐먼, 데이빗 나일스와 헨리 모겐소 2세, 그리고 루이스 브랜다이스 대법관과 허버트 리먼 뉴욕 주지사 등 루스벨트는 누가 봐도 유대인임이 분명한 인사와 참모들로 스스로를 둘러쌓고 있다." 이 때문에 미국의 보수우익은 루스벨트가 주창한 '뉴딜' 정책을 '쥬딜'(Jew Deal) 곧 '유대인의 책략'이라고 공격했다. 하지만 이들 유대인 중에는 급진적 사회주의 개혁사상을 갖고 있는 사람들이 많았다.

루스벨트의 결단, 금태환 정지

1933년 3월 루스벨트 대통령은 취임하자마자 그 이틀날 큰일을 하나 결단한다. 금본위제를 정지시켜 금태환을 막은 것이다. 이는 그의 가장 극적이자 결정적인 중요한 조치였다.

미국은 1800년대 후반부터 금본위제를 유지하고 있었다. 당시 미국은 공황의 혼란기라 금태환 요구가 많아 금 보유고가 급격히 줄어들고 있었다. 따라서 금본위제의 정지는 신임 대통령이 중요한 의도를 가지고 이제까지와는 다른 특별한 정책을 채택할 것이라는 강력한 신호였다.

그것은 다름 아닌 민간인과 은행의 금 보유 금지조치였다. 금은 국가만이 보유할 수 있었다. 시중에서 금 거래를 중단시키고 모두 정부가 사들였다. 민간인이 금을 거래하면 1만 달러의 벌금과 10년 징역이라는 중형으로 다스렸다. 루스벨트의 이 조치는 미국인들의 금 보유를 금지시켜 통화시스템 결함 지표인 시장에서의 금시세를 없애버렸다. 그리고 금값을 정부가 임의로 정하기 시작했다. 금은 국가 간 대외거래에만 통용될 수 있었다.

달러, 69% 평가절하

금본위제도 아래서는 금 1온스당 20.67달러라는 고정된 교환비율에 의해 달러화를 금으로 바꿀 수 있었다. 정부가 민간의 금을 모두 이 가격에 사들인 뒤 금 가격을 인상시키는 방식으로 달러의 평가절하는 실현됐다. 금 가격이 상승한다는 것은 금으로 측정한 달러화 가치가 떨어진다는 뜻이었다.

1933년 10월 25일부터 루스벨트 대통령과 재무장관 헨리 모겐소 주니어, 금융부흥공사 사장 제시 존스가 매일 아침 대통령 침실에서 만나 금 가격을 결정했다. 1933년 10월 온스당 20.67달러였던 공식 금값을 1934년 1월에는 '누구도 금을 보유할 수 없다'는 정화준비법(Gold Reserve act)을 만들어 금의 가치를 1온스당 35달러로 고정시켰다. 이로써 달러화는 3개월 만에 무려 69%나 평가절하되었다.

하지만 미국의 평가절하로 주변국들의 손해와 고통은 이루 말할 수 없었다. 이로부터 촉발된 각국의 평가절하 경쟁은 전 세계를 침체의 구렁텅이로 몰고 갔다. 나중에 세계 무역이 회복된 것은 한참 후의 일이다. 루스벨트의 이러한 평가절하는 이후 선례가 되어 달러의 역사 고비고비에 나타난다.

달러의 평가절하로 미국으로 금이 쏟아져 들어오면서 통화팽창으로 연결되고, 이는 루스벨트 집권기 통화량의 막대한 증가로 이어졌다. 이로써 수출경쟁력과 더불어 내수 활성화라는 두 마리 토끼를 잡는 계기가 되었다. 이후 시중에 돈이 풍부해지면서 이자율이 떨어지고 투자와 내구소비재 지출이 늘어 경기가 호전되었다. 특히 산업생산이 크게 늘었다. 1933년 3월과 7월 사이에 비내구재 생산량은 35%, 내구재 생산량은 83% 증가했다.

달러의 평가절하로 수출경쟁력이 높아지자 루스벨트는 이듬해 '호혜통상법'을 제정했다. 외국과의 호혜협정을 통해 기존의 관세를 50%까지 인하할 수 있는 권한이 대통령에게 부여되었다. 그 뒤 그의 임기동안 미국은 자유주의를 근간으로 하는 국제주의 정책을 추진해 나갔다. 경제 활동을 나라에서 통제하지 않고 일종의 자유경쟁의 시장경제체제에 맡겼다. 자유경제주의의 시작이었다.

대공황의 실상

미국은 대공황에 시달리면서 생산은 반으로 줄고 실업자는 1천 3백만 명을 넘어선 상태였다. 제조업 실업률이 20%에 육박했고 총 실업률은 37%까지 치솟았다. 대도시는 실업률이 50%에 이르렀다.

수요가 사라져 1929년부터 4년 동안 24%나 하락할 만큼 심각한 디플레이션 상황이었다. 대공황으로 경제는 반 토막이 났다. 미국 국민총소득(GNI)은 44%, 국내총생산(GDP)은 60%가 사라졌다. 기업수익률도 50% 줄었다. 은행은 약 9천 개 이상이 문을 닫았다. 그 뒤에도 파산 은행 수는 더 늘어나 전체 은행의 44%가 도산했다. 이들 대부분은 연준시스템에 동참하지 않은 은행들이었다.

미국 인구의 약 28%는 대공황 기간에 일체의 소득이 없었다. 학교도 문을 닫았다. 책 판매량은 50%가 줄었다. 뉴욕 거주 어린이의 20%가 영양실조 상태였다. 대학입학생도 줄었다. 미국인들은 현실에 대해 절망하고 미래에 대해 불안해했다.

대통령은 뉴딜정책으로 정부가 시장에 적극 개입하여 고용을 늘림으로써 개선할 수 있다고 믿었다. 새 대통령의 임무는 불황에 허덕이고 있는 미국 경제를 하루 빨리 재건하는 일이었다. 시장에 맡겼던 자본주의를 정부가 일시적으로 가져갔다.

유혈 없는 평화로운 혁명, 뉴딜정책

뉴딜정책의 골자는 정부가 경제에 적극 개입하는 것으로 공공사업을 일으켜 유효수요를 창출하여 경기를 되살리는 것이었다. 이는 애덤 스미스 이래로 자본주의 경제의 철칙이 되어 온 자유방임주의를 포기하는 것이기도 했다. 루스벨트가 경제공황의 타개책으로 내놓은 뉴딜정책의 핵심은 고용창출이었다. 곧 정부가 공공사업을 일으켜 실업자를 고용하면 국민소득이 늘어나고, 소득이 늘면 소비재 수요가 늘고, 수요가 늘면 생산설비를 늘리기 위해 투자와 고용이 늘고, 그러면 다시 소득이 늘어난다는 것이다.

루스벨트는 먼저 친농민 정책인 농업부흥에 손댔다. 1933년 5월에 '농업조정법'을 제정해 경작면적을 제한하고 과잉생산물을 사들여 가격을 안정시켰다. 그리고 토지와 삼림의 개량과 조성에 힘썼다.

또한 세계 최초의 대규모 하천유역 종합개발계획인 '테네시강 유역 종합개발공사'를 시작했다. 이는 앨라배마 · 조지아 · 켄터키 · 미시시피 · 노스캐롤라이나 · 테네시 · 버지니아 등 7개 주에 걸치는 약 10만 4천 제곱킬로미터 지역 내에 36개의 대형 댐을 건설하여 홍수방지와 농업생산 증가 그리고 전력자원의 개발 등 다목적사업이었다. 그 가운데 6개의 댐을 거의 동시에 건설하여 수력발전을 일으켜 종전 3분의 1의 요금으로 전력을 공급했다.

6월에는 산업의 부흥과 실업자 구제를 목표로 한 '산업부흥법'을 만들어 각 산업마다 생산량 · 가격 · 임금 · 노동시간 등의 기준을 정했다. 그리고 노동자의 단결권, 단체교섭권을 보장하고 최고 노동시간, 최저임금을 규정했다. 루스벨트는 정부의 고통분담 차원에서 공무원의 급여와 퇴역군인 연금을 약 15% 삭감했다.

산업부흥법은 노동자만 보호한 게 아니었다. 재벌들에게도 독점금지법을 2년 동안 잠정 중단시키는 당근을 던졌다. 정부가 법으로 카르텔을 허용하여 경제침체 탈출을 위해 재벌들의 활약을 적극 요청한 것이다. 대기업이나 과잉설비에 허덕이던 섬유·철강·석유산업들은 이를 적극 환영했다.

그는 우선 5억 달러의 연방자금을 각 주에 긴급 방출하고 극빈자에게 무상으로 제공해 굶어 죽어가는 사람들을 구제했다. 또 그는 의회를 소집해 뉴딜 법안을 만들었다.

루스벨트 대통령은 1930년대 위기 해소책으로 '예금자 보호 확대와 부실 금융기관 국유화, 경기부양책'을 썼다. 이는 2008년 금융위기에 다시 등장한 처방전이다. 이 배경에는 80여 년 전 역사의 교훈이 있었다.

하지만 기업인들은 자유방임의 종식을 한탄하고 노조의 전횡에 불만이 높았다. 그래서 2년 후인 1935년 5월 독점자본들의 반대로 최고재판소에서 산업부흥법은 위헌판결을 받아 소멸되었다. 대신 그 법 중의 노동자의 권리에 대한 부분을 재차 입법화한 '전국노동관계법'과 '사회보장법'을 만들어 65세 이상 된 노인에게 양로연금을 지급하고, 실업자에게는 일정기간 동안 실업수당을 지급하고 무능력자 구제 및 지원을 시행했다. 뉴딜정책으로 미국은 서서히 불황을 극복해 나갔다.

루스벨트, 국민과 통(通)하다

1933년 3월 12일 루스벨트는 취임 8일 만에 국민들에게 자신의 뜻을 알리기 위해서 첫 번째 라디오 연설을 했다. 일명 '노변담화'(Fireside Chat)다. 노변담화는 루스벨트 대통령이 라디오를 통해 불황 극복을 위한 국민적 단합을 호소한 대국민 소통방식이다. 대중 앞에서 하는 기존의 딱딱한 정치 연설이 아니라 가족들이 난로 근처에서 편하게 이야기하듯 매주 일요일 저녁 30분 동안 라디오를 통해 자연스럽고 차분한 목소리로 국민과 담소를 나눈 것이다.

그는 노변담화를 통해 서민의 편에 서서 싸울 뜻을 분명히 했다.

"우리는 오랫동안 평화를 위협하는 적, 즉 산업과 금융 분야의 독점, 투기, 분별없는 은행의 관행, 계급 간의 대립, 파벌주의, 전쟁으로 부당이득을 챙기는 이들과 투쟁을 해야 했습니다. 그들은 미국

:: 노변담화로 국민과 소통하는 프랭클린 대통령

정부를 자기 사업을 돕는 조력자 정도로 생각했습니다. 조직적으로 조성된 자금 위에 세워진 정부는 조직범죄단이 만든 정부만큼 위험한 법입니다. 미국 역사상 그들이 지금처럼 한 후보에 대항해 이렇게 힘을 모은 적이 없습니다. 그들 모두는 저를 증오합니다. 그러나 저도 그들과 싸울 준비가 돼 있습니다."

또한 그는 진심을 담아 국민들을 설득했다.

"우리의 경제시스템을 재조종하는 데 있어서, 화폐보다 더 중요하고 금보다 더 중요한 것이 있습니다. 그것은 바로 우리 자신에 대한 믿음입니다. 믿음과 용기는 우리의 계획을 실행하는 데 결정적인 요소입니다. 우리는 믿음을 가져야 합니다. 우리는 루머나 추측에 휘둘리지 말아야 합니다. 공포를 몰아내기 위해서 우리 함께 뭉칩시다. 정부는 경제시스템을 회복할 도구를 제공할 겁니다. 그러나 그 도구를 가지고 일하는 것은 바로 여러분들 자신입니다. 내 친구들이여! 경제적 위기를 극복하는 것은 나의 문제인 동시에, 여러분의 문제입니다. 우리가 함께 하는 한, 우리는 결코 실패하지 않을 겁니다."

루스벨트의 진심 어린 호소는 그대로 국민들에게 전달되었고, 그는 약속한 것들을 지켜나갔다. 금융개혁을 단행하고, 일자리 창출을 위해 대대적인 공공사업을 일으키고, 노동자들에게 노조결성권, 단체교섭권, 단체행동권을 주었다. 은퇴자 연금, 실업보험, 장애자 급여, 빈곤층 급여 등의 사회보장제도를 만들었으며 소득세, 법인세, 상속세, 물세, 초과이윤세 등을 대폭 인상했다. 미국인들은 그런 루스벨트를 한결같이 지지했다.

덕분에 루스벨트는 역사상 처음이자 마지막으로 4선에 성공한 대통령이 되었다. 1933년 3월 4일 첫 취임한 이후, 1945년 4월 2일 죽는 날까지 그는 미국의 대통령이었다. 그렇게 루스벨트와 미국인들은 함께 경제 공황을 극복했고 2차 세계대전을 승리로 이끌었다.

경기 회복의 일등공신 주택 모기지

1920년대 이전만 해도 자신의 집을 가진 미국인은 별로 없었다. 은행의 주택담보대출 기간은 3년 내지 5년으로 짧았다. 이러한 환경에서 집을 산다는 것은 큰돈을 필요로 했다. 그저 교외에 통나무로 집을 짓고 사는 정도가 전부였다. 그러다 1920년대 주식시장의 활황기를 맞아 주식으로 돈을 번 사람들이 은행에서 돈을 빌려 주택을 구입하기 시작했다. 그러다가 대공황이 터지자 주택시장은 치명적인 타격을 입게 된다.

기본적으로 당시의 주택담보대출은 기간이 극히 짧은데다 이자만 지불하다가 원금을 상환하는 구조여서 만기에 갚아야 할 돈이 너무 많았다. 이것이 1920년대의 주식시장 활황기 때는 크게 문제가 되지 않았다. 주식으로 어렵지 않게 돈을 벌 수 있었던 시기였고 그것을 통해 충분히 원금을 상환하고도 남았기 때문이다. 하지만 대공황이

터지자 상황은 돌변했다. 대출업자들이 대출 연장을 거부했고 이 때문에 주택담보대출을 통해 집을 산 사람들은 꼼짝없이 상환불능 상태에 빠졌다. 그 결과 1932년에서 1933년 사이에 주택 압류는 50만 건이 넘었고 1933년 중반에는 매일 1천 채가 넘는 주택이 압류당했다.

수많은 주택이 압류당해 빈 집으로 변했고 그렇게 주거지를 빼앗긴 사람들은 분노로 가득 찼다. 이러한 상황이야말로 공산주의자들이 기다리던 자본주의의 최후인 듯 보였다.

이러한 상황에서 해결책으로 등장한 것이 프랭클린 루스벨트 대통령의 '뉴딜'이었다. 뉴딜에 포함되는 사안 중 중요하게 작용한 것이 바로 주택시장을 안정화시킨 것이었다. 연방정부가 주택대부공사를 통해 기존에 3~5년에 불과하던 대출기간을 15년으로 연장하도록 지원했다. 더불어 지역의 저축대부조합을 통해 모기지를 활성화했다. 예금자 보호법을 만들어 예금을 보호함으로써 기존에 위험한 투자대상이었던 모기지를 안전한 수준으로 만들어 모기지 거래에 활력이 생기기 시작했다. 그 시작은 연방주택사업국이었다.

연방주택사업국은 모기지 업자들에게 보증보험을 제공해 기존 만기 일시상환 방식에서 20년 분할상환 방식이라는 획기적인 상품을 도입하도록 했다. 말 그대로 모기지 시장의 재편성이라 할 정도로 큰 변화였다. 덕분에 주택 구입하기가 과거보다 쉬워졌다. 좀 더 많은 미국인들이 이러한 대출 시스템을 통해 자기 집을 마련했고 미국인들의 주택 소유율은 크게 오르기 시작했다.

세제개혁을 통해
부의 재분배 실현

루스벨트의 조세정의, 누진세와 상속세 제도 도입

루스벨트 대통령과 그의 경제정책 조력자들이 개방정책과 시장자유주의를 옹호했다고 해서 항상 부자들의 편에 섰던 것은 아니었다. 그들은 오히려 부의 사회적 분배와 조세 정의를 구현키 위하여 노력하였다. 누진세 제도를 채택하여 호경기에 소득이 높아지면 자동으로 세율이 올라 소비를 억제하고 불경기에는 그 반대작용을 하게 하여 경기변동 폭을 줄였다.

루스벨트 정부는 모건과 록펠러 등 대재벌의 부의 집중을 막기 위해 최고 소득세율을 79%까지 올렸다. 나아가 1941년의 제2차 세계대전 직후부터 기업에 대한 법인소득세율을 50% 전후로 대폭 인상했다. 또 대재벌의 세습을 막기 위하여 최고상속세율을 77%까지 상향했다. 이것이 소위 말하는 '부자 쥐어짜기' 세법이었다.

프랭클린 루스벨트 대통령은 '우리나라를 세운 선조들이 정치적 힘의 세습을 거부했듯이 오늘 우리는 경제적 힘의 세습을 거부한다.'며 상속세를 올렸다. 시장자유주의를 신봉하는 정권에서도 사회적 약자인 빈곤 계층에 유리한 조세제도가 확립되어 갔다. 그러자 부작용도 나타났다. 부유한 계층은 소득을 숨기기 위해 카리브해의 면세국들, 이른바 텍스헤이븐에 자산을 은닉하기 시작했다.

소득 불균형 심화가 경제위기의 주범

대공황이 지나간 1935년 미국인 세대주 47%의 연간 수입이 1천 달러 이하였다. 1937년에 사망한 록펠러의 유산이 10억 달러로 이야기되던 시기다. 미국 총인구의 절반인 6천 4백만 명이 벌어들인 총액은 상위 1.5% 사람들의 소득과 같았다. 당시 상위 10%의 소득자가 소득의 50%를 점유했다. 하지만 사실상 모건과 록펠러가 상장 기업의 3분의 2 이상을 소유하고 있을 때라 부자들 간에도 편차가 컸다. 엄청난 부의 편중이었다.

미국에서 상위 10%의 소득 비중은 1920년 이후 점점 올라가 1928년 50%에 근접하자 대공황을 맞았다. 루스벨트의 조세혁명으로 이 수치는 다시 내려가 2차 세계대전 이후 35% 수준을 유지했다. 그러다 1980년대 레이건 행정부의 감세정책으로 다시 나빠져 마침내 2006년 50%를 다시 넘어섰다. 마치 상위 10%가 소득의 절반 이상을 가져가는 현상이 공황의 척도가 되는 양 두 번의 역사적 경험이 모두

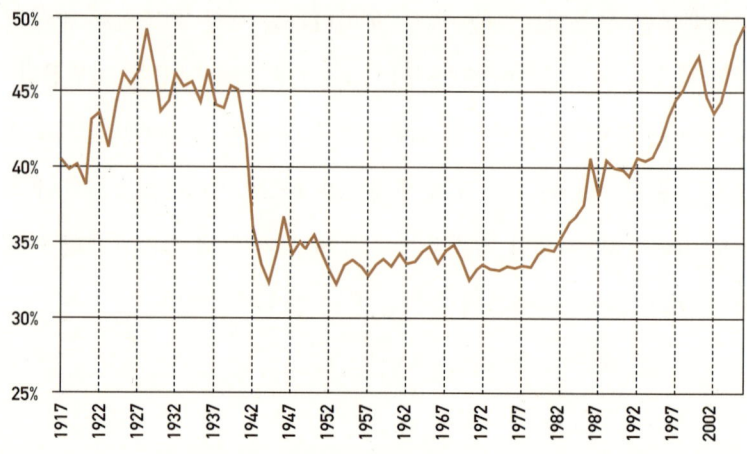
∷ 1917년~2006년 미국 상위 10%의 소득점유율 추이

금융위기를 초래했다.

타이타닉호가 소득세를 불러오다

미국은 비교적 다른 나라들보다 뒤늦게 20세기가 되어서야 소득세가 도입되었다. 1909년 기업 경영자에 대한 과세법이 미국의회를 통과한 것이다.

개인소득세는 타이타닉호 사건이 발단이었다. 1912년 타이타닉호가 침몰해 1천 5백 명 이상이 사망했다. 그런데 1등 객실의 부자 승객들은 많이 탈출했던 것에 비해 배 밑바닥 3등 객실에 있던 사람들의 사망률이 월등히 높은 사실이 여론을 자극했고, 이듬해인 1913년에는 개인에 대해 소득세를 징수하게 되었다.

하지만 세법 제정 당시는 최저소득세율이 1%, 최고소득세율이 7%에 불과했다. 사실상 거의 세금이 없는 것이나 다름없었다. 그 뒤 윌슨 대통령 임기에 최고 소득세율이 세금폭탄 수준으로 올라갔다. 1916년 15%로 오르더니 1년 뒤인 1917년에는 67%로 무려 4배가 넘게 오른 것이다. 1918년에는 다시 77%가 되었다.

이후 미국 소득세율의 변천사는 그대로 미국의 현대 정치사가 되었다. 1920년대 초에 불경기가 들이 닥치자 세율은 세 번이나 인하되어 부자들에게 부과되는 최고 세율이 25%까지 내려가고, 중산층은 거의 비과세나 다름없는 1%였다. 그러나 뒤에 이상한 현상이 일어났다. 세금을 줄이는 정책이니만큼 당연히 국가 재정이 어려워질 것으로 모두가 예상했는데 거꾸로 세입이 증가하고 납세의 형평성이 향상되었다. 이것이 현행 감세정책의 이론적 근거이다.

루스벨트, 세제개혁을 통해 부의 재분배를 실현하다

프랭클린 루스벨트 대통령이 등장한 이후 소득세율은 급상승했다. 루스벨트 첫 임기 때 소득세 최고율은 63%, 두 번째 임기 때는 79%, 세 번째 임기인 1940년에는 81.1%까지 올랐다. 강력한 누진세를 통한 소득재분배가 본격적으로 시작된 것이다.

특히 1942년에는 최고 소득세율을 88%로 올리면서 동시에 과세 대상을 기존 5백만 달러에서 2백만 달러로 낮추어 과세 대상의 범위를 대폭 넓혔다. 2차 세계대전 참전 영향도 있었지만 놀라운 개혁조

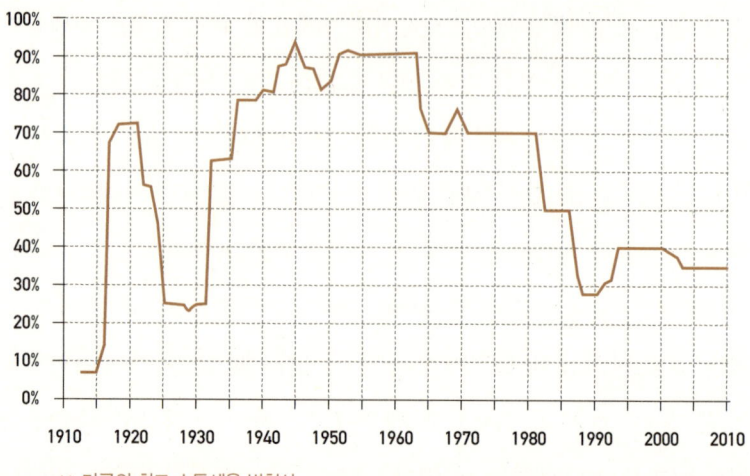
:: 미국의 최고 소득세율 변천사

치였다. 전쟁이 한창인 1944년에는 94%까지 올라 부자들은 소득의 94%를 세금으로 내야 했다. 쉽게 말해 1년에 1백만 달러를 버는 사람에게 6만 달러를 빼고 나머지 94만 달러는 모두 세금으로 거둬 갔다는 뜻이다.

이러한 추세는 그 뒤에도 그리 꺾이지 않았다. 1950~1960년대 중반까지 미국은 냉전비용 충당을 위해 92%까지 세금을 받았다. 법인세 역시 대공황의 해인 1929년 14%였던 것이 2차 세계대전 후 50%까지 치솟았다.

상속세도 마찬가지였다. 미국에서 상속세가 처음으로 도입된 것은 1910년대에 민주당이 집권한 후였다. 최고세율이 10%로 부자가 유산상속시 10% 정도를 세금으로 냈는데 루스벨트 집권 이후 상속세 상한세율은 20%→45%→60%→77%까지 올라갔다. 이러한 정책을 통해 부는 적절히 분산됐다.

미국에 재단이 많은 이유

루스벨트의 세금 인상 조치가 잇따르자 거부들은 재단을 만들어서 상속세를 피해나갔다. 록펠러 재단 등 미국에 기업재단이 많은 이유이다.

상속세를 부과해야 한다고 가장 설득력 있게 주장한 사람은 경제학자가 아니라 오히려 철강 사업으로 거부가 된 앤드루 카네기였다. 카네기는 《부의 복음》이라는 책에서 '부'는 그것이 유래한 공동체로 되돌아가야 하며, 상속은 자식들을 게으르고 만들고 부패시킬 것이라고 주장했다. 그 후 상속세는 사람들간의 기회균등을 보장하는 장치라는 생각이 자리 잡게 되었다.

루스벨트는 뉴딜정책을 수행하기 위해 1933년에 16억 달러이던 조세 수입을 점차 높여 1940년에 53억 달러를 거두어들였다. 세금이 무려 3배 이상 증가한 것이다. 이로 인해 기업의 투자심리가 얼어붙으면서 민간 투자가 극도로 침체되었다. 그 결과 불황이 장기화되었으며 많은 일자리가 없어져 1930년대에는 평균 18%의 실업률을 기록했다. 특히 제조업의 실업률은 26%에 달했다.

레이건 정부 때부터 감세로 돌아서

앞서 말했듯 미국은 과거 1950년대엔 최고 소득세율이 91~94%에 육박했다. 1970년대까지만 해도 70%까지 소득세를 매겼다. 1981년

레이건 정부가 들어서면서 소득세율을 큰 폭으로 떨어뜨렸다. 이른바 '레이거노믹스'라 불리는 정책의 한 축인 감세정책이 시작된 것이다.

소득세는 최고 35%, 법인세는 최고 30%로 각각 조정됐다. 그 뒤 실제 진행된 것을 보면 개인소득세 최고세율은 70%에서 28%로, 법인세율 인하는 48%에서 34%로 줄어들었다. 당시 인플레이션 상황에서 기업의 투자와 개인의 저축을 유도하기 위한 정책이었다.

돌이켜보면, 1980년대 당시 오일쇼크로 기업 경영이 힘든 시기에 적절한 타이밍의 적절한 선택이었다. 생산성은 높아졌고, 공황상태의 경기는 풀려 오히려 세수도 증대되었다. 하지만 이도 잠시, 1980년대 후반부터 세율의 하락에 세수도 같이 낮아지는 현상이 일어난다. 이는 미국 재정적자의 근본원인이 되고 있다. 그리고 아버지 부시가 바톤을 이어받아 또 다시 세금을 내렸다.

한편 최고 상속세율 77%는 1940년부터 1977년까지 무려 37년간이나 유지되었다. 레이건 정부는 경제정책뿐 아니라 사회정책에서도 미국 역사에서 근본적인 전환점이 된다. 세계적인 경기침체에 따른 위기를 복지축소와 결합한 노동시장 유연화, 탈규제 전략으로 대응한다. 이른바 '신자유주의'다. 레이건 행정부에서 세율인하 등 감세정책을 시행하여 소비증가로 경제가 나아졌으나 「감세→경제성장→세수증가→건전재정유지」라는 공급경제학자들의 주장과 달리 재정적자와 연방정부부채가 증가했다.

'문제는 경제야, 이 바보야!'

그 뒤 1993년 클린턴이 경제 문제를 화두로 하는 '문제는 경제야, 이 바보야!'라는 슬로건으로 집권하였다. 그리고「과도한 재정적자로 인한 민간투자 구축효과 → 금리상승 → 민간투자 위축」의 악순환 고리를 끊기 위해 재정적자 축소를 경제정책의 최우선 과제로 삼고 이번에는 소득세율을 인상하였다. 최고 소득세율을 31%에서 39.6%로 인상하고 법인세율도 미미하나마 34%에서 35%로 올렸다.

2001년 부시 주니어가 들어서자 경제성장 둔화에 대응하여 다시 감세 정책으로 돌아섰다. 최고 소득세율을 39.6%에서 35%로 인하하는 한편 2010년까지 단계적인 상속세 폐지를 내걸었다. 이때 제정된 법에 의해 미국은 2010년까지 일단 상속세가 한시적으로 폐지되었다. 그 뒤 상속세 폐지 법안을 영구화시키고자 하는 법안이 의회에서 타결됐지만 클린턴 대통령은 이를 거부했다.

그런데 재미있는 것은 세계적 부호들이 상속세 폐지를 앞장서 반대하고 있다는 것이다. 조지 소로소와 워런 버핏, CNN 창립자인 테트 터너, 빌 게이츠 회장 등이 '부의 불균형 완화' 등의 명분을 제시하며 상속세 존속을 찬성하고 있다. 이들 대부분은 상속세가 아니더라도 그들의 재산 절반 이상을 사회에 환원하겠다고 서약한 사람들이다. 이제 미국은 재정적자의 심화로 더 이상의 감세정책을 쓸 수 있는 여지가 없다. 소득세건 상속세건 오를 일만 남아 있다.

다우지수가
루스벨트의 개혁을 반기다

1929년 10월 24일 증시가 급락하여 다우지수가 하루 동안 12.8% 하락했고 다음날도 11.7% 떨어졌다. 그 해가 끝날 무렵 시가 총액의 3분의 1을 잃었다. 이러한 대세 하락기 동안에도 몇 차례 큰 반등이 있었다. 첫 번째 반등은 381에서 198까지 하락한 뒤 다시 294로 튀어 오른 것이었다. 고점 대비 50% 하락 후 다시 50% 상승한 것이다. 피보나치 함수의 되돌림 파동을 연상케 한다. 사람들은 어느 정도 경기가 최악의 국면에서 빠져 나온 줄 알았다.

그러나 아니었다. 곧이어 주가는 다시 고꾸라지기 시작해 그 이듬해인 1931년에는 1년 동안 52.7% 하락해 다우지수 역사상 최악의 연간 하락률을 보였다. 이는 대세 하락 중 일시적인 반등의 위험성을 보여주는 사례이다. 결국 더블딥이 덮친 것이다.

금융공황의 실제적인 파급효과가 산업계 전체에 나타나면서 공황은 장기화되었다. 결국 1932년 42선이 바닥이었다. 1929년 이후 35

개월 동안에 걸쳐 고점 381 대비 89%나 폭락했다. 그 뒤에도 침체 장은 길어 1930년대를 150으로 마감했다. 공황은 세계 전역으로 전염되었고, 그 기간도 2차 세계대전 직전까지 10년 동안이나 지속되었다. 대공황을 구해낸 건 전쟁특수였다.

대공황은 경제활동을 거의 마비시켰다. 기업도산이 속출하여 실업자가 늘어나, 1933년에는 그 수가 전 근로자의 약 30%에 해당하는 1천 5백만 명 이상에 달했다. 1837년까지 당시 기업의 90%가 파산할 정도로 기업의 생존 자체가 힘든 상황이었다. 그러나 당시는 농업기반의 자급자족 사회였기 때문에 이를 극복할 수 있었다.

그 무렵 미국의 금융지도가 바뀌었다. 당시 미국의 최대 은행이던 필라델피아은행이 파산하고 상대적으로 부채가 적었던 뉴욕은행이 살아남으면서 필라델피아에서 뉴욕으로 금융시장이 이동하였다.

대공황의 와중에 당선된 루스벨트는 '뉴딜'이라는 이름으로 강력한 개혁정책을 추진해 경제위기를 극복하고 미국식 복지국가의 초석을 닦았다. 뉴딜은 일반적으로 댐을 짓고 도로를 건설하는 대규모 공공건설 사업을 비롯한 경기부양정책으로 알려져 있다. 하지만 뉴딜은 '잊혀진 사람들을 위한 뉴딜'(신정책)이라는 정식명칭에서도 알 수 있듯이, 단순한 건설 사업이 아니다. 자유방임에서 국가개입으로 경제시스템을 바꾸고 사회복지를 시작한 신경제정책이었다.

개혁은 계속되었다. 금융개혁으로 은행을 정상화시키고, 금본위제를 폐지하는 한편 관리통화제를 일시적으로 실시하여 경기를 부양시켰다. 더불어 농업조정법을 통해 물가를 안정시키고, 공정경쟁과 노동자 단결권 인정, 최저임금제 실시 등 복지정책을 폈다. 무엇보다

"가난한 사람들을 돌보는 것이야말로 진보의 기준이다."라고 말하며 부자들의 소득을 상당 부분 세금으로 거두어 갔다. 증세정책으로 부자와 노동자계급의 임금격차를 축소시켜 중산층 중심사회가 가능하게 했다. 그리고 그것이 미국의 번영을 이끌었다.

미국 역사상 유일한 4선 대통령인 루스벨트는 뉴딜정책으로 대공황을 극복했다. 그리고 2차 세계대전에 참전하여 미국을 전후 초강대국으로 만든 발판을 마련했다. 그는 많은 미국인으로부터 존경을 받았는데 특히 미국의 유대인들은 미국 역사상 유대인에게 가장 호의적이었던 대통령으로 기억한다. 루스벨트도 재임기간 중에 유대인의 지위 향상을 위해 여러 가지 배려를 해주었다. 유대인 유권자들은 선거 때마다 루스벨트에게 90% 이상의 표를 몰아주었고, 많은 유대인 전문가들과 두뇌집단들이 그의 주변에서 자문 역할을 해주었다.

뉴딜정책은 사회주의 요소가 가미된 것이었다. 그럼에도 동유럽 계통의 유대인 대다수는 진보성향이 강했기 때문에 그의 정책을 전폭적으로 지지했다. 또한 그들은 대통령에게 직간접으로 영향력을 행사하여 미국이 2차 세계대전에 참전하도록 만들어, 나치 독일의 박해를 받고 있던 유럽의 유대인들을 해방시켰다.

1932년 주가가 바닥을 찍은 뒤에도 이듬해 2월말까지 반등하지 못했다. 반등의 신호탄은 1933년 3월 4일에 있었던 루스벨트 대통령의 취임식이었다. 다우존스지수는 1937년까지 5년 동안 371%나 뛰어올랐다. 뒤에 다시 떨어졌지만 말이다.

실질적인 은본위제 시행

1933년 루스벨트가 금본위제를 폐지하고 금 보유를 불법행위로 규정한 이래 금증서는 퇴출당하고 시중에 은행권, 은증서, 그린백만 남았다. 1933년에 루스벨트가 금본위제를 폐지한 뒤 미국 화폐 제도는 은본위제에 속해 있었다. 세 종류의 주요 화폐는 모두 은으로 교환할 수 있었다.

미국에서 은이 합법적 화폐로 인정받기 시작한 것은 1792년 '화폐주조법'을 제정해 달러의 법적 지위를 확정하면서부터다. 달러는 가장 기본적인 은을 본위로 했다. 이때부터 미국은 금·은의 양 화폐 병행 제도를 오랫동안 유지했다.

그 무렵 세계의 금광과 금 공급을 대부분 장악한 로스차일드 가문이 유럽 전체의 화폐 공급을 통제했다. 그런데 은산지는 금보다 분산되어 있고 생산량과 훨씬 많아 이를 통제하기가 쉽지 않았다. 따라서 로스차일드가는 1873년을 전후해 유럽 대부분 국가에 은을 화폐에서 배제하라고 압력을 넣어 단일 금본위제를 시행토록 압박했다. 유럽 나라들이 금본위제를 시행하자 미국도 이에 따랐다.

그 결과 1873년 2월, '1873년 화폐주조법'이 제정되면서부터 문제가 생겼다. 미국 서부의 은산지에서는 이 법에 강하게 반대하고 나섰다. 사람들은 이 법을 '1873년의 악법'이라고 강하게 비난했다.

그 뒤 은본위제를 지지하는 서민들의 움직임이 거세게 일었다. 1878년 의회는 '블랜드-앨리슨법'을 제정해 재무부에 매월 은 2백만~4백만 달러어치를 반드시 구매하도록 요구했다. 금과 은의 가격은 1:16으로 조정했다. 재무부는 금증서와 함께 은증서도 발행했고, 은증서 1달러는 은화 1달러와 동등하게 유통되었다. 나중에 1878년 이 법은 '1890년 셔먼법'으로 대체되었다. 셔먼법은 재무부의 은 구매 수량을 늘려 매월 450만 온스를 더 구매하도록 했다.

법에 따라 정기적으로 은을 구매해온 재무부는 1930년대가 되자 60억 온스가 넘는 은을 보유하게 되었다. 20만 톤이나 되는 엄청난 양이었다. 1930년대 미국은 세계 은 생산량의 66%와 은 제련량의 77%를 장악하고 있었다.

그 무렵 그린백은 유통량이 정해져 있어 국제 금융재벌들은 별다른 위협을 느끼지 않았으나 은증서는 문제가 되었다. 게다가 은 광산이 전 세계에 분포되어 있어 생산량이 많기 때문에 은본위제를 시행해 재무부가 은증서를 직접 발행한다면 국제 금융재벌에게는 커다란 위협이 아닐 수 없었다. 이후 은증서 문제는 케네디 대통령에게까지 이어져 많은 논란의 중심이 되었다.●

유대인들, 사법부 진출

미국 연방대법관은 '선량한 행동'을 하는 한 종신 임기를 누린다. 브랜다이스 대법관과 모겐소 2세 재무부 장관 이후 유대인들의 사법부와 관계 진출이 활발해졌다. 1942년경 재무, 인사 그리고 법무와 관

● 《화폐전쟁》, 쑹훙빙, 랜덤하우스코리아, 2008년 7월

련된 정부 각 부처와 기관에서 그 수가 눈에 띌 정도로 많아졌다.

특히 펠릭스 프랑크푸르터 대법관은 1939년 루스벨트 대통령이 임명한 유대인으로 역대 미국 대법관 중 유일한 급진 사회주의자였다. 그는 전략적 지위에 자신이 선호하는 인물들을 지명하는 일에도 상당한 영향력을 행사했다. 소위 말하는 '프랑크푸르터의 부하들'이 정관계에 많이 진출했다.

참고로 현재 미국 대법관 9명 중 3명이 유대인이다. 미국 인구의 0.2%에 불과한 유대인이 대법관의 3분의 1을 차지하고 있는 것이다.

반유대 정서와
유대인의 권익보호

7

유대인 차별 철폐와
그들의 부상

1924년 이민통제법, 유대인 이민을 막다

1881년 이후 러시아 알렉산더 3세의 유대인 박해를 피해 동구권에서 미국으로 입국한 유대인들이 약 260만 명이었다. 1920년대 유대인들이 미국 전체 인구의 3.8%까지 비중을 차지했다. 그러자 미국은 1924년 이민통제법을 제정하고 이민쿼터제를 적용했다. 1890년 기준으로 미국에 거주하고 있었던 동일 인종의 2%를 넘어서는 안 된다는 것이었다. 이 법은 유대인의 입국만 제한하는 것은 아니라 이태리인, 그리스인, 슬라브인 등의 이민에도 제한을 가했다.

그러나 이미 유대인 공동체는 1925년 450만 명을 헤아렸고 가장 영향력이 강한 세계 최대의 유대인 공동체로 급속하게 성장하고 있었다. 유대교는 미국에서 세 번째로 큰 종교가 되었다. 유대인은 단순히 받아들여지기만 한 것이 아니다. 그들은 미국의 핵심이 되었고,

이미 미국의 기반 형성에 결정적인 공헌을 하고 있었다.

유대인들을 견제하기 위하여 만든 시험 'SAT'

과거에는 교육계에서도 유대인 차별정책이 있었다. 매년 2백만 명 이상이 치르는 SAT 시험도 사실은 유대인들을 견제하기 위해 생겨난 것이다. SAT는 1923년 프린스턴대학의 인종차별주의 우생학자 칼 브리검이 만들었다. 1차 세계대전 이후 유대인들이 유럽에서 미국으로 대거 이주하면서 머리 좋고 똑똑한 유대인 자녀들이 앵글로색슨계 신교도들이 세운 명문대학에 무더기로 진학했다.

하버드대는 1900년 7%에 불과하던 유대인 신입생이 1922년에는 22%로 급증했다. 컬럼비아대도 1918년에 40%에 육박했다. 이에 따라 인종차별적 성격이 드러나지 않으면서도 유대인의 입학률을 낮출 수 있는 새로운 입학사정이 필요하게 되었다. 그래서 하버드, 예일, 프린스턴 대학의 반유대주의 학장들이 착상한 것이 SAT 시험이다. 갓 이민 온 유대인 학생들은 SAT 시험의 어려운 영어 단어와 긴 문장, 함정투성이 문제들 앞에서 추풍낙엽이 되었다.

SAT만이 아니었다. 1922년 다트머스 대학교는 학업성적뿐 아니라 인성, 운동실력, 지역배분 등의 기준을 대입 전형요소에 포함시켰다. 대입 결정에 주관적 요소인 개인적 성향이나 리더십, 그리고 지원자의 개인적 사회경제적 배경을 고려할 수 있는 조건이 마련됨에 따라, 대학은 원하는 신입생을 선발할 수 있게 되었다. 다른 대학들도 인격, 리더십, 과외활동, 봉사활동, 졸업생 자녀 특혜, 운동선수, 추천서, 에세이 등 주관적 요소를 내세워 유대인 학생을 밀어내기 시작했다.

1920년까지 고교성적과 입학시험으로만 평가하던 객관적 입시제도가 유대인 봉쇄전략으로 갑자기 주관적인 성격을 띠게 된 것이다. 이로 인해 1925년 28%였던 하버드대의 유대인 입학생이 1933년에는 12%로 절반 이하로 급감했다. 예일대는 동문 자녀가 1931년 21%에서 1936년에는 30%로 증가한 반면, 유대인 비율은 1927년 13%에서 1934년 8%로 줄어들었다. 나중에는 이러한 규제 속에서도 유대인들이 많이 들어오자 이번에는 아예 쿼터제도를 도입해 입학정원 자체를 증가하지 못하도록 묶어 버렸다.

대학의 유대인 쿼터제, 이제 아시아계에 적용되다

1930년대 초 유대인이 몰려 살았던 뉴욕 시의 경우 대학생의 절반이 유대인이었다. 뉴욕 인근의 보스턴과 필라델피아 등 아이비리그 대학들도 유대인 학생이 크게 늘어나고 있었다. 이렇게 유대인 학생 수가 폭증하기 시작하자 하버드와 컬럼비아를 포함한 명문대학들은 쏟아져 들어오는 유대인 학생 수를 제한하기 위해 쿼터제로 묶었다. 다른 소수 민족을 보호한다는 명분이었다.

그 뒤 의과대학들이 유대인 학생 수를 통제함에 따라 유대인 학생들은 의학공부를 하기 위해 종종 유럽으로 건너가야 했다. 법률학을 전공한 유대인은 법률회사에 취직할 수 없어 독자적인 법률회사를 차려야만 했고, 그 무렵 일반 상사에서는 유대인을 채용하지 않았다. 이렇게 유대인은 대학과 사회에서 차별받았다.

미국에 사는 한인교포 자녀들 중에는 공부 잘하는 학생이 많다. 그런데 실제로 한인학생 중에는 만점에 가까운 SAT 점수를 받고도 아이비리그 등 명문대에 떨어지는 사례가 부지기수다. 왜 그럴까? 요즈음은 아시아계 학생들이 불이익을 보고 있다. 명문대학들이 아시아계가 제2의 유대인이라는 시각을 갖고 있다. 당시 대학의 입학사정관들은 유대인 지원자에 대해 '시험점수는 높지만 상상력이 부족하고 원만한 성격을 갖추지 못한 학생'으로 유형화했었다. 이 같은 공정하지 못한 고정관념이 이제는 아시아계에 적용되고 있는 것이다.

루스벨트, 유대인 차별을 철폐하다

그때까지만 해도 미국의 주류사회인 WASP(White Anglo-Saxon Protestant)은 상류사회에 유대인이 접근하는 것을 막았다. 예를 들어 사학의 명문 예일대학에서는 1940년대까지 유대인을 정교수로 임명하지 않았다. 또한 하버드대학도 유대인 학생의 입학을 제한하기 위하여 쿼터제를 실시하였다. 루스벨트는 전쟁 때 고급인력의 충원 필요성을 들어 명문 사립대학들의 유대인 입학생 쿼터제를 철폐시켰다.

나치즘의 극성으로 전쟁난민 유대인의 이민을 허용

나치의 유대인 학살로부터 민족을 구하기 위한 미국 유대인들의 노력은 미국 기독교 사회의 냉담한 반응과 함께 1924년에 제정된 이민통제법이라는 걸림돌에 걸려 좌절되었다. 1930대말 미국 인구의 3.7%라는 비중은 더 이상 유대인의 입국을 허용치 않았다. 심지어 2만 명의 독일 유대인 어린이를 미국 가정에 입양시키기 위한 특별 법안이 제의되었으나, 난민법의 대상이 아니라는 비판과 함께 상원에서 기각되었다. 그러나 1938년 루스벨트가 이민자 수를 규제하는 관료주의를 배격하며 2만 7천여 명의 독일 내 유대인의 이민을 허용했다. 1939년 4월 포춘지가 실시한 여론 조사에서 미국인 94%가 유대인에 대한 독일의 처사를 반대하면서도 자국으로의 이민 쿼터 확대에는 8.7%만이 찬성하고 83%가 반대한 것으로 나타났다.

:: 이 노란색 배지는 나치가 유대인들을 격리하기 위해 사용되었다.

히틀러의 제국의회 연설이 같은 해 1월에 있었다.

"유대인 문제가 해결되지 않는 이상 유럽의 평화는 기대할 수 없는 것입니다. 세계는 원만한 합의에 이를 도량을 가지고 있습니다. 그러나 신의 선민이라면서 다른 민족들의 몸체에 기생하며 그들의 생산적인 노동을 착취하는 행태는 더 이상 용납할 수 없습니다…(중략)… 다른 민족들처럼 유대인도 정직하고 생산적인 노동으로 그들의 삶을 꾸려가는 방법을 터득해야 할 것입니다. 그렇지 않는 이상 그들에게는 상상할 수 없을 정도의 재앙이 닥칠 것입니다…(중략)… 만약 유대 국제금융자본이 다시 한 번 유럽의 국가들을 세계대전으로 내모는 데 성공한다면 그 전쟁의 결과는 유대인의 승리가 아니라 유럽 유대인의 전멸이 될 것입니다!"

그러다 독일의 나치즘이 더욱 극성을 부리자 유대인 재무장관 모겐소 2세는 프랭클린 루스벨트 대통령에게 나치 치하의 독일 유대인을 구해 줄 것을 간청했다. 이를 받아들인 대통령은 전쟁난민이사회를 만들어 의회의 협조를 얻도록 했다. 미 연방의회는 나치의 박해를 피해 이주하는 유대인 망명객들에게 이민을 허용하였다. 이로써 유대인을 주축으로 한 약 30만 명의 이민자들이 미국에 정착하게 된다. 당시 나치의 대학살로 당시 유럽 거주 유대인 인구의 3분의 2가 인멸되었다. 인류사에 일찍이 그 예를 볼 수 없는 미증유의 종족말살 참극이었다.

가능하면 끝까지 유럽에 남아 있고자 했던 유대인 상류사회 인사들마저 망명길에 오른다. 이때 유대인 고급 두뇌들이 속속 미국으로 유입되었다. 유대인에게 루스벨트는 은인이었다.

세계의 과학 중심지가 바뀌다

2차 세계대전 이전까지 독일은 세계 과학의 중심지였다. 현재 막스플랑크연구소로 이름을 바꾼 카이저빌헬름연구소는 전 세계 과학기술을 이끌었다. 1921년까지 약 20년 동안 자연과학과 의학 분야의 노벨상 가운데 절반 이상의 수상자가 독일어권 사람들이었다. 상대성이론의 거장 아인슈타인에 이르기까지, 이 시기 수많은 독일 과학자들의 이름은 화려하기만 하다. 이들 유대계 고급 두뇌 약 10만 명이 미국에 이민 온 것이다.

:: 상대성이론의 거장 아인슈타인을 비롯해 유대계 고급 두뇌 10만 명이 미국으로 건너 왔다.

많은 독일계 유대인 지식인들이 이주하면서 생긴 미국의 힘은 통계에서도 드러난다. 1901년부터 1939년 사이에 물리학, 화학, 의학 분야에서 노벨상을 받은 미국인의 수는 14명에 불과했다. 그런데 1943년부터 1955년까지, 즉 독일계 유대인들이 미국으로 이주한 뒤 이 분야에서 노벨상을 받은 미국인은 29명으로 늘어났다. 독일에서는 반대의 현상이 일어났다. 독일은 같은 기간 35명의 수상자가 5명으로 급감했다.

유대계 자본, 베일 뒤에 숨다

그러나 이보다 먼저 움직인 것은 유대계 자본이었다. 두 차례 걸친 세계대전은 유럽 유대인들뿐 아니라 유대자본도 미국을 피난처로 찾게 만들었다. 특히 2차 세계대전 당시 로스차일드 가문의 다섯 개 금융 거점 가운데 독일·오스트리아·이탈리아·프랑스가 나치의 수중에 들어가고 영국도 위태로운 상황에서, 뉴욕은 유대자본의 가장 안전한 도피처가 된 것이다. 히틀러에 의해 재산을 몰수당하는 등 유럽에서 쓴 경험을 많이 한 로스차일드 가문은 이후 그들의 이름을 쓰지 않고 대리자들을 내세웠다. 베일 뒤에 숨어 일을 진행한 것이다.

대표적인 유대 지식인인 앨빈 토플러는 "권력의 중심이 힘(폭력)에서 부(富)로 그리고 지금은 정보로 옮겨가고 있다."고 말한다. 우연의 일치일까. 로스차일드 가문는 이미 이것을 실천하고 있었다. 로스차일드가 중심이 된 유대 금융제국은 이미 19세기 중엽부터 정보를 손에 넣는 사업을 하고 있었다. 자기들 개인 정보망 네트워크도 뛰어나지만 모건 등 대리인을 동원하여 세계 유수의 신문과 통신을 장악하였다. 이처럼 세계적인 영향력을 가지고 있으면서도 로스차일드 가문은 절대 전면에 나서지 않는다.

미국의 발전에 공헌한 유대인 고급 두뇌들

그때까지만 해도 미국은 학문, 과학기술, 문화예술 방면에서 전통의 뿌리가 그다지 깊지 못했다. 때문에 유대인 고급 두뇌들은 미국으로부터 크게 환영 받았다. 당시 이주한 유대인들의 직종을 살펴보면 학자 및 교수가 3천 명으로 가장 많았고 다음으로 의사가 2천 명이었다. 그리고 작가가 1천 5백 명, 음악가 1천 5백 명, 변호사가 9백 명 등으로 노벨수상자만 10여 명이 넘었다. 이를 계기로 미국은 과학, 기술, 문화, 예술 등 각 분야에서 눈부신 발전을 거듭하여 아예 유럽의 수준을 능가하였다. 히틀러는 나라를 망쳤을 뿐만 아니라 고급 유대인 두뇌들을 내쫓아 독일의 지식산업 자체를 피폐하게 만들었다.

결국 유대인들이 본격적으로 미국에 몰려든 것은 150년 남짓이다. 3~4세대라는 짧은 기간 동안에 유대인은 오늘날의 미국을 만드는 데 앞장서 공헌하였다.

직업의 자유가 보장된 미국에서 유대인들은 모든 분야에 진출하였다. 그 가운데서도 초창기에는 유럽 본토에 거주하고 있는 유대인들과의 무역업이 가장 먼저 활성화되었다. 이를 바탕으로 뉴욕은 신대륙 최대의 무역항으로 급속히 발전하였다. 그리고 유대인들이 부를 축적하자 금융 산업을 일으켰다. 뉴욕은 또한 세계금융의 중심지로 우뚝 서 세계의 경제수도가 되었다.

20세기 초 뉴욕, 3명 중 한 명이 유대인

미국 성장의 원동력은 이민자들이었다. 1850년부터 1차 세계대전까지 유럽 인구의 10%가 이민 길에 올랐다. 그 가운데 4분의 3이 미국으로 흘러들었다. 이로써 미국 인구는 1850년에 2천 3백만 명이었던 것이 1910년에는 9천 2백만 명으로 급증했다. 1914년에는 영국·독일·프랑스 세 나라인구를 합한 것보다 많았다. 이 과정에서 1894년에 미국의 공업생산은 세계 1위가 되었다.

이 시기에 미국으로 유입된 유대인들은 주로 대도시로 몰려들었다. 뉴욕 유대인들은 1915년 140만 명으로 늘어났다. 거의 세 명 중 한 명이 유대인이었다. 유대인 정착 비중이 높은 도시를 중심으로 미국 경제는 발전하였다. 그들이 유통과 무역 그리고 금융을 기반으로 산업 발전을 주도했기 때문이다. 지금도 유대인들이 초기 상권을 형성했던 동북부 지역이 미국에서도 도시화율이 가장 높은 지역이다.

'연담거대도시'(megalopolis)라고 이름 붙여진 보스턴에서 워싱턴 D.C.에 이르는 길이 약 960킬로미터에 이르는 넓은 지역에 현재 약 4천만 명의 인구가 거주하고 있다. 이 가운데 8%가 유대인이다. 특히 뉴욕 시는 유대인 비중이 17%로 6명 가운데 한 명이 유대인이다.

● 《유대인을 알면 경제가 보인다》, 최재호, 한마음사, 2001년 7월

반유대 정서의 확산

반유대주의는 영어로 '안티-세미티즘'(anti-semitism)인데 반셈족주의란 뜻이다. 원래 셈족은 노아의 큰 아들 셈의 후손들이나 오늘날에는 주로 유대인을 지칭하고 있다.

미국은 원래 다양한 이민족이 한데 어우러져 사는 곳이라 반유대주의는 드물었다. 유럽에서 유대인을 가장 핍박한 세력은 가톨릭이었는데 미국은 개신교가 주류여서 유대인 박해는 없는 편이었다. 그런데 유대인의 경제 지배력이 커지자, 특히 제이피 모건과 록펠러가 미국 산업을 양분하다시피하며 트러스트를 결성하고 노동운동을 탄압하자 사회 분위기가 반유대 정서로 바뀌었다. 자본을 무기로 국내와 세계 경제는 물론 정치를 뒤흔드는 유대인에 대한 반발과 함께 그 혐오가 심화되어 반유대주의가 미국은 물론 전 유럽에 번졌다. 특히 대중들에게 영향력이 큰 지성인들이 반유대주의의 선봉에 있었다.

마크 트웨인의 성토

당시 미국의 유명작가 마크 트웨인은 반 유대정서에 대해 이렇게 표현했다.

"프로테스탄트는 가톨릭교도를 박해했지만 그들의 생계를 앗아가지는 않았다. 가톨릭교도 또한 프로테스탄트를 박해했지만 그들이 농업과 수공업에 종사하는 것을 막지는 않았다. 내 생각에 예수의 수난은 유대인을 바라보는 세계인의 시각과는 별로 상관이 없다. 유대인에 대한 반감은 그보다 훨씬 더 오래된 것이다…(중략)… 종교적인 이유만으로는 유대인 박해를 설명할 수 없다. 유대인이 증오 받는 이유는 그들이 불로소득자들이기 때문이다. 유대인의 인생 목표는 돈이다. 그들은 로마에서도 그랬고 그 후로도 그렇게 살아왔다. 그들의 성공은 전 인류를 그들의 적으로 만들었다."

마크 트웨인에 따르면 당시 남부의 주산업인 면화 생산도 유대인에 의하여 장악되었다 한다.

"남북전쟁이 끝난 다음 유대인들은 무리를 지어 남부의 면화생산주들에 몰려들었다. 그들은 농장에 상점을 차리고는 검둥이들이 필요로 하는 것을 전부 외상으로 내주었다. 당연히 검둥이들이 그 해와 이듬해 수확한 작물은 유대인들의 것이었다. 얼마 지나지 않아 백인들은 유대인을 혐오하게 되었다."

러시아에서 1881년 러시아 황제 알렉산드르 2세가 암살당했다. 암살자는 유대인이란 소문이 돌았다. 이 소문이 러시아 군중을 자극해 2백여 도시와 마을에서 유대인들이 공격을 받고 재산피해를 입었다. 그의 아들 알렉산드로 3세는 분노하며 말했다.

"그동안 우리 정부는 유대인들과 제국백성들 간의 관계를 큰 관심을 갖고 지켜봐온 바, 부당한 상행위를 통해 유대인들이 이 땅의 기독교인 백성들을 비참한 상황으로 내몰았다는 사실을 부인할 수 없다는 결론에 이르렀다...(중략)... 개별적인 소수의 사례를 제외하고, 유대인들은 한 집단으로서 이 나라의 번영과 발전에 기여하는 대신 그들의 간악함을 무기로 특히 빈곤한 민중들의 재산을 약탈해왔고 그들에 대한 백성들의 원성은 끊이질 않았다...(중략)... 문제가 심각하다는 판단 하에 정부는 민중에 대한 유대인들의 억압적이고 부도덕한 행태를 근절하고자 엄격한 조치들을 발동했던 것인데 이에 대해 유대인들은 체제를 전복하고자 하는 불순한 모의를 주동함으로서 정부에 맞서고 있다."

마크 트웨인은 당시의 상황을 이렇게 표현했다.

"지금 러시아에서는 유대인의 자유를 제한하는 법안들이 속속 마련되고 있다. 그 이유는 간단하다. 기독교도 농민은 도저히 유대인의 상업적 능력을 따라갈 수가 없기 때문이다. 유대인은 항상 수확될 작물을 담보로 돈을 빌려준다. 빚을 갚는 날이 되면 유대인은 추수된 작물을, 그리고 이듬해에는 농장을 소유했다. 마치 애굽의 요셉이 그랬던 것처럼 말이다. 존 왕 시절의 영국에서도 유대인에게 빚지지 않은 사람이 없었다. 당시 유대인은 수익률 좋은 사업은 뭐든지 손아귀에 끌어 모았고 상업의 왕이 되었다. 마침내는 그들을 왕국에서 추방할 수밖에 없었다. 같은 이유로 그들은 4백 년 전 스페인에서, 그리고 몇 백 년 후 오스트리아에서 쫓겨났다…(중략)…전 시대를 거쳐 기독교도들이 지배한 유럽은 유대인의 행동을 제약해야만 했다. 어떤 업종에 유대인이 뛰어들면 기독교도들은 그 업종에서 물러나야 했다. 유대인이 의사가 되면 기독교도 의사들은 일자리를 잃었다. 그리고 유대인이 상업에 손을 댔을 때 그들은 생계수단을 빼앗겼다. 기독교도들이 빈곤층으로 전락하는 것을 막기 위해서는 법적인 제도가 개입할 수밖에 없었다. 유대인은 또한 다른 업종들로의 진출이 막혀있었을 때도 돈을 벌어들일 방법을 찾아냈고 일부는 부자가 되기도 했다. 유대인의 역사는 실로 천박한 상업적 탐욕으로 점철되어 있다. 유대인의 종교에 대한 편견이 이들의 수난에 차지하는 비중은 10분의 1정도에 불과하다. 나머지 10분의 9는 다른 곳에서 찾아볼 수 있다."

에즈라 파운드도 유대인 성토

|

미국의 시인이자 문예 비평가인 에즈라 파운드도 가세했다.

"그나저나 미국인들에게 무슨 자유가 있나? 미국은 데모크래시의 수호자인가 아니면 쥬데오크래시(judeocracy)의 수호자인가? 당신들의 통치자를 통치하는 자들은 누구인가? 국민의 책임은 어디서 시작하고 어디서 끝나는가? 미국이 인종적

:: 시인이자 문예 비평가인 에즈라 파운드

으로 더럽혀지고 지적으로 무기력해지는 데 대한 책임은? 통치자를 선택함에 있어 과연 당신들은 얼마나 큰 권한을 가지고 있는가? 또한 정책을 결정하는 일은?...(중략)... 전쟁이 계속되는 날 매일 하루는 죽은 날이요 또한 죽는 날이다. 유대인이 일으킨 전쟁에서 더 많은 피를 뿌릴수록 앞으로 그들에 더욱 굴종할 수밖에 없으며 자유는 갈수록 희귀한 것이 되어 갈 것이다."

그는 유대인에 대한 편견과 유대인 문제는 별개로 생각해야 한다는 것을 강조했다.

"유대인에 대한 편견과, 유대인 문제에 대해 심각하게 고민하는 것은 별개의 일이다. 나는 묻는다. 고리대금업의 메커니즘으로 다른 사람의 재산을 계속 강탈하면서도 스스로를 '이웃'으로 생각해 달라는 유대인들의 요구가 가당키나 한 것인가? 고리대금업은 이 세상의 암적 종양이다. 오직 파시즘이라는 외과의사의 칼만이 그 종양을 모든 국가들의 몸체에서 도려낼 수 있을 것이다."

에즈라 파운드, 스콧 피츠제럴드와 함께 영국 시인 T.S. 엘리엇은 근대 서구문화에 유대인들이 끼치는 영향에 대해 부정적인 견해를 공개적으로 피력한 대표적 문인이었다. 그는 그의 작품들에서 소리 없이 파급되는 배금주의적 가치관이 가져온 근대 유럽인의 황폐화된 영혼과 인간소외를 개탄했다. 이런 목적을 위해 엘리엇은 음습한 모습으로 그려진 유대인 캐릭터를 서구문명을 침식하는 유대적인 요소의 메타포로 이용했다. 그는 반유대적인 발언과 작품들에 대해 사과하라는 유대인 사회의 끈질긴 요구에도 끝내 굴복하지 않았다.

이렇듯 당시 미국과 유럽 사회에서 반유대주의는 지성인들까지 가담했다. 거의 대부분의 국가에 이러한 크고 작은 반유대주의가 광범위하게 퍼져 있었다. 히틀러는 당시 유럽 전역에 퍼져 있던 반유대주의를 자신의 권력유지와 강화에 악용했다. 대규모 국가권력을 조직적으로 동원해 반유대주의의 이미지를 더욱 조작하고, 이를 정권 강화에 적극 활용한 것이다.

교황의 유대인관(觀)

히틀러 집권 시기의 교황 비오 11세도 공산주의의 혁명과 확산 뒤에는 이를 조종하는 유대인들이 있다고 보았다. 교황은 유대인을 가르켜 "그들 극소수의 손에 엄청난 권력과 경제적 독재권이 집중되어 있다. 그들은 세상이 돈을 소유하고 마음대로 조작하며 여신을 통괄한다. 이처럼 경제와 사회 전체의 핏줄을 움켜쥐고 있어 그들 앞에서는 감히 아무도 숨조차 제대로 쉬지 못한다."고 혹평했다. 교황의 이야기를 직접 들어보자.

"그 사악함과 간교함에 있어 인류의 역사상 유례를 찾아보기 힘든 공산주의 이념이 빠른 속도로 확산되는 데는 공산주의자들의 거짓된 선전과 선동 이외에도 또 다른 원인이 있다. 공산주의는 하나로 통일된 어떤 중앙권력의 조종 아래 여러 민족의 문화와 특성에 따라 교묘하게 변형

:: 교황 비오 11세

된 형태로 전파된다. 공산주의를 퍼뜨리는 핵심세력의 손끝에는 막대한 금융자원과 셀 수 없는 단체들, 조직들, 국제기구들, 철저하게 훈련된 공작원들, 언론사, 출판사, 영화사, 연극무대, 라디오, 각급 학원들, 그리고 대학교들이 놓여 있다. 오랜 시간에 걸친 이 거대한 네트워크의 일관된 노력으로 공산주의 사상은 조금씩 모든 계층 사람들의 머릿속에 파고든다.

공산주의의 확산을 설명해주는 또 다른 주된 원인은 공산주의 이념이 불러온 재앙에 대한 세계 주요언론의 의도적인 침묵이다. 우리가 의도적인 침묵이라고 부르는 이유는 일상에서 일어나는 사소한 일들까지 기사화하여 독자들의 시선을 끌려 애쓰는 이들 언론이 러시아와 멕시코에서 일어났던 엄청난 비극과 현재 스페인에서 저질러지고 있는 공산주의자들의 반인륜적인 만행에 대해서, 또는

러시아의 공산정권과 같은 거대한 국제공산주의 조직에 대해서는 신기하게도 일언반구가 없기 때문이다. 이들이 침묵을 지키고 있는 이유는 이들 언론사들을 지배하는 오컬트 세력(프리메이슨) 때문으로 이들의 변함없는 목표는 과거와 다름없이 기독교의 말살과 기독교적인 사회질서의 전복이다...(중략)... 이들이 퍼뜨리는 공산주의 프로파간다의 해악은 바로 지금 우리의 눈앞에 있다. 유명한 공산주의 이론가들이 이미 공개적으로 천명했듯이 그들의 목표는 기독교 서구문명과 기독교 종교의 말살이며 인간 특히 젊은이들의 마음속으로부터 신에 대한 기억을 추방하는 것이다...(중략)
스페인에서 공산주의자들은 그들의 손이 미치는 모든 성당과 수도원들을 파괴하고 불살랐으며, 노동계층과 가난한 사람들을 위해 헌신했던 수천 명의 남녀 성직자들을 잔인하게 학살했다. 그러나 공산주의자들이 저지른 만행의 희생자들 대다수는 일반 양민들로 이들은 야만적인 방법들로 살해되었다. 꼭 정치 지도자들이 아닌 평범한 사람이라도 양식이 있다면 지금 스페인에서 일어나고 있는 일들이 내일은 또 다른 문명국가에서 되풀이 될 수도 있다는 생각에 몸서리치지 않을 수 없을 것이다. 한 개인으로서, 또 한 사회의 일원으로서, 모든 인간에게 어느 정도의 속박과 자기절제는 필수적인 것이다. 그러나 신을 인간의 마음에서 지워보라. 그러면 그들은 정욕이 이끄는 대로 그 어떤 끔찍한 만행까지 마다하지 않는 짐승들로 변모하게 되는 것이다."

이렇듯 교황조차도 공산주의자들의 배후에는 유대인의 조직적 개입과 그들의 결사조직인 '프리메이슨'이 있다고 보았다. 또한 유대인의 궁극적인 목표는 '기독교의 말살'이라고 여겼다.

프리메이슨이란 18세기 초 영국에서 시작된 세계시민 의식과 함께 자유주의 · 개인주의 · 합리주의 입장을 취하며 인도주의적 우애를 목적으로 하는 단체이다. 그러나 외부의 시각은 유대인들이 세계 각국의 엘리트를 포섭하여 세상을 지배하려는 비밀단체로 보았다. 특히 유대교의 신비주의적 색채가 강하다고 본 것이다. 때문에 기존의 종교 조직들, 특히 로마 교황청을 주축으로 하는 가톨릭으로부터 대대적 탄압을 받게 되어 비밀결사 성격을 띠게 되었다. 교황의 이야기는 당시 유럽인의 유대인관을 엿볼 수 있는 대목이다.

포드, 반유대 운동에 앞장서다

자동차왕 헨리 포드는 기독교 장로답게 육체노동과 기독신앙을 중시했다. 그리고 기독교를 부정하고 근로의식을 파괴하는 공산주의자들의 파업을 경멸했다. 그는 교활한 유대인들이 미국을 부정적으로 물들인다고 여기고, 유대인과 투쟁해 건전한 사회를 회복해야 한다고 주장했다. 그의 공격대상 유대인은 '국적 없는 국제금융인', '퇴폐적인 영화인과 음악인' 그리고 '혼란을 선동

:: 자동차왕 헨리 포드도 반유대 운동에 앞장섰다.

하는 공산주의자' 등이었다.

그는 그의 생각을 전파하기 위해 1920년에 디트로이트에서 주간지를 발간하여 매주 그 자신이 칼럼을 썼다. 칼럼은 주로 미국 경제를 지배하려는 유대 금융과 유대인 국제노동자계급의 공산주의 전파, 유대인이 지배하는 헐리우드의 음모에 관한 내용이었다. 당시의 유명한 기독교 성직자들도 유대인들의 음모설을 강조했다. 그는 〈국제금융〉이란 제목으로 유대인을 흡혈귀에 비유하며 비하하는 특집기사를 1백여 회 내보냈다. 이 기사에서 그는 독일계 유대금융가들이 유럽의 유대금융가들과 야합하여 불로소득의 폭리를 취하여 산업자금을 위축시키고, 노동의 가치를 떨어뜨린다고 주장했다.

포드는 '시온의정서'가 위작이 아닌 진짜문서라고 믿고 이를 대량으로 출판해 보급시켰다. 그는 시온의정서 내용대로 유대인이 세계금융을 장악해 산업질서를 교란하고, 타락한 영화나 음악을 공급해 청소년들로 하여금 기독교 가치관을 떠나 타락하게 만들며, 저질 주류를 생산해 미국인의 건강을 해친다고 주장했다. 포드의 반유대주의에 유대인들은 포드 자동차 불매운동으로 맞섰으나 포드는 활동을 늦추지 않았다. 다음은 헨리 포드가 1926년 월스트리트저널에 기고한 글이다.

"유대민족은 다른 모든 국가들의 비밀을 간직하고 있는 지상의 유

● 시온장로의정서(The Protocols of the Elders of Zion) : 전 세계를 정복하려는 유대인의 계획을 주장하고 있으며, 유대인을 깍아내리려 만든 위작이라는 설이 있다.

일한 국가이다...(중략)... 이 세상에서 오늘의 미국 정부처럼 국제유대인에게 종속되어 있는 것도 없을 것이다. 사람들은 '영국이 이런 일을 했다', '독일이 저런 일을 했다'고 떠들지만 사실 그 모두는 유대인들이 한 일이었다...(중략)... 요즘 미국인은 전 세계에 타락하고 탐욕스럽고 잔인한 인간들로 알려져 있다. 왜인가? 그것은 유대인들의 금권이 이 나라에 집중되어 있기 때문이다. 유대인의 천재성은 그들은 땅 대신 사람을 벗겨먹고 산다는 것이다. 그들은 다른 민족의 사람들처럼 땅을 일구거나 천연자원으로 상품을 생산하여 삶을 꾸려가는 대신 그런 일을 하는 다른 민족들의 피를 빨아서 살아간다. 들판과 공장에서 땀을 흘리는 일은 다른 민족들에게 맡겨둔 채 유대인은 이들이 거둔 결실을 착취한다. 이것이 바로 유대인의 기생적인 천재성이다...(중략)... 내가 국제유대 권력에 반대하는 이유는 모든 전쟁의 배후에는 그들이 있기 때문이다. 전쟁에서 어느 나라가 승리하거나 패배하건 간에 돈의 권력은 항상 승리한다. 그 어떤 전쟁도 이들 없이는 시작되지 않고 그 어떤 전쟁도 이들의 허락 없이는 끝나지 않는다. 내가 이들에 맞서는 이유는 이들은 조국도 없으면서 모든 나라의 젊은이들을 전쟁터로 내몰기 때문이다...(중략)...

평화를 외치는 사람들은 대부분 전쟁이 왜 일어나는지도 모른다. 평화주의를 내건 단체들은 그저 표면 위에서 목청을 돋울 뿐이다. 국제자본이 모든 국가위에 군림하는 누상정부로 존재하는 한 평화는 불가능하다...(중략)... 국제자본은 평화적인 산업이 아니라 전쟁으로 돈을 번다. 이러한 근원을 파헤쳐 이들을 대중에게 노출시키고 무력화시키지 않는다면 평화는 찾아오지 않을 것이다. 이것이 바로 유대인 문제의 핵심이다. 왜냐하면 국제적 돈의 권력은 유대인의 것이기 때문이다."●

기타 반유대 단체

미국의 극우단체 KKK(Ku Klux Klan)는 남북전쟁 직후인 1866년 테네시 주 풀라스키에서 생겨나 활동했다. KKK는 백인 개신교 국가의 건설과 공산주의, 유대인, 흑인 배척을 실천하는 단체로 1920년대 회원 수 4백만 명으로 절정기를 맞았다. KKK는 흰색 복장과 십자가를 불태우는 특이한 예식으로 유대인과 유색인종을 공포에 몰아넣었다.

버틀러 목사를 중심으로 한 '아리안 민족체'(Aryan Nations)라는 단체는 유대인을 사탄의 후예로 규정하고 5백 명의 군사조직까지 갖추었다. 아리안 민족체는 유대인 방송기자 알란 버그를 살해하는 등 테러를 자행했으나 FBI의 수사를 받고 소멸되었다.

미국의 매카시즘 열풍

2차 세계대전 이후 소련과의 냉전시대가 열리자 공산주의자와 사회

● 〈월스트리트저널〉, 1926년 1월 26일

주의자를 색출해 타도하는 매카시즘 열풍이 미국에 불었다. 아일랜드계 공화당의원이자 반공주의자였던 매카시 상원의원은 정부 내에 공산주의자들이 있다고 폭로함으로써 민주당에 비해 열세였던 공화당의 지지를 끌어올렸다.

공산주의자나 사회주의자가 유독 많았던 유대인들이 특히 의혹의 눈길을 받았다. 기실 유대인들은 고대로부터 그들의 율법정신인 '정의와 평등'에 입각해 '각자가 능력껏 벌어 필요에 따라 나누어 쓴다.'는 공동체 정신을 갖고 있었다. 이는 개인이 버는 것은 자본주의의 효율을 이용해 능력껏 벌지만 공동체 내에서 나누어 쓰는 것 곧 분배의 공유 정신은 공산주의 사상이었다. 이스라엘의 집단농장 키부츠가 바로 이런 사상 아래 운영되고 있다.

그들의 이런 사상을 경제학적으로 정리한 것이 칼 마르크스의 자본론이며 러시아에서 혁명을 통해 공산주의 국가를 건설한 것이 트로츠기 등의 유대인들이었다. 히틀러가 공산주의와 유대인을 동일시했던 것도 이런 연유였다.

매카시즘 열풍 동안에는 조금의 좌익사상만 있어도 공개적으로 비판받고 격리되었다. 핵개발 정보를 소련에게 넘기다 체포돼 처형된 로젠버그 부부와 공범인 헤리 골드, 물리학자 훅스 등이 대표적인 유대인 공산주의자들이었다. 이때 찰리 채플린을 위시한 헐리우드 영화계 유대인 3분의 1이 퇴출당했다. 그 뒤 채플린은 스위스에서 여생을 보내야 했다.

유대인들의 강력한
권익활동

유대인들, 강력한 권익활동을 시작하다

한편 미국 내 유대인들은 스스로의 생명과 권익을 보호하기 위해 뭉치기 시작했다. 그 대표적인 예가 러시아에서의 유대인 학살에 대한 고발조치였다. 뉴욕의 유대인들은 1892년 뉴욕타임스를 움직여 러시아 차르 체제의 잔학상을 취재하도록 러시아로 특파원을 파견시켰다. 그 뒤 러시아의 반유대 실상에 관한 뉴욕타임스의 특집기사로 미국인들의 분노를 자아내게 했다. 이후 언론의 위력을 맛본 유대인은 뉴욕타임스를 아예 사들였다. 1896년 언론인 아돌프 옥스가 뉴욕타임스를 인수했다. 그 뒤 유대인들은 미국의 주요 신문과 방송을 사들이거나 설립하여 언론을 장악했다.

약 3천 5백 개의 유대인 단체

미국 유대인 사회는 20세기 초부터 전국적인 조직을 갖추기 시작한다. 19세기 중반 미국으로 이주했던 독일계 유대인 수십만 명에 더해 러시아와 동구계 유대인 260만 명이 미국에 진입하면서 조직이 우후죽순처럼 생겨난다.

현재 미국에는 3천 5백 개의 유대인 단체가 등록되어 있는데 그 가운데 대표적인 단체가 6개 있다. 그 중 가장 큰 3개 단체를 빅3라 부른다. '미국유대인위원회'(American Jewish Committee: AJC), '미국유대인의회'(AJ Congress), 그리고 '유대인비방대응기구'(Anti Defamation League: ADL)가 그것이다. 그리고 나머지 3개가 미국이스라엘공적위원회(AIPAC), 미국유대인단체회장단총회, 세계유대인총회(WJC)다.

이들 단체의 본부격인 전미유대인협회(NJCARC)는 국가 조직과 흡사하다. 교육, 과학, 방위, 사회 등 각 분야에 산하조직을 두고 있다. 전미유대인협회는 미국 내 1천 2백 개 도시에 흩어져 있는 유대인 단체의 총본부로, 각 지부 위에 30개의 중간 조직이 있다. 이 가운데 회원수가 10만 명 이상이나 되는 5대 단체가 있다. 가장 큰 단체인 미국유대인연합회(AJC)를 비롯해 ATC, AZO, ADL, HADESSA가 바로 그것이다. 이 가운데 HADESSA는 회원수가 150만 명에 이르는 세계에서 가장 큰 여성 단체이다.

초강력 유대인비방 대응

특히 3대 단체 가운데 하나인 '유대인비방대응기구'는 유대인의 권익옹호를 위하여 조직된 단체다. 1913년 법조인 리빙스톤이 창설한 이 기구는 뉴욕에 본부가 있다. 전 세계의 반유대 활동을 감시해 대응책을 마련하고, 출판물·연극·영화 분야에서 반유대주의를 추방하고 있다.

이들의 활동력이 워낙 강력하여 최근 10여 년 사이 미국에서는 '메리 크리스마스'(Merry Christmas)라는 정겨운 말이 사라지고 있다. 대신 '즐거운 휴일'(happy holyday)이라는 말로 대체되고 있다. 대통령의 대국민 연설도 그렇게 시작된다. 크리스마스가 유대인 명절과 겹치면서, 유대인 단체들의 종교 편향 항의에 굴복한 결과다.

미국에서는 함부로 유대인에 대하여 비방하거나 비판하지 못한다. 미국 경제나 정치를 유대인이 '지배'한다거나, 언론이나 금융을 유대인이 '장악'하고 있다는 표현을 쓰면 이 단체는 곧장 소송을 거는 것으로 유명하다. 이런 실정이다 보니 그간 서양에서는 유대인이 아니면 유대인 이야기를 잘 쓰지 않는다. 그러다 보니 유대인들이 쓴 친유대계 책이 주류를 이루고 있다.

반면 동양에서는 중국과 일본을 중심으로 음모론적인 시각에서 쓴 반유대계 책이 주종을 이룬다. 이러한 양태가 객관적 입장에서 유대인의 있는 그대로의 역사와 실재를 파악하는 데 적지 않은 애로가 된다. 그들의 역사와 현실을 감정이입 없이 그리고 객관적 사실에 대한 부당한 가감 없이 전달할 수 있는 책이 필요한 이유이다.

그래서 서구에서는 오히려 유대인에 대한 출판물이 별로 없는 실정이다. 요즈음 이들은 미국과 서구뿐 아니라 제3국 출판물에 대해서도 강력히 대처하고 있다. 우리나라에서 인기리에 판매되고 있는 이원복 덕성여대 교수의 교양만화《먼나라 이웃나라》가 유대인을 비하, 왜곡했다며 2007년 미국 내 유대계가 시정을 요구하고 나서 곤욕을 치른 바 있다.

유대계가 이 만화에서 문제 삼은 부분은 "아랍 테러세력이 이를 갈며 미국을 미워하는 이유도, 뉴욕 세계무역센터를 자살공격으로 무너뜨린 것도 바로 WASP(정통 미국인)들 뒤에서 돈과 언론을 무기로 미국을 자신의 뜻대로 움직이는 유대인 때문이다.", "한마디로 미국의 언론은 유대인의 것이며 유대인의 소리, 그 자체라고 해도 지나친 말이 아니다."는 내용이었다. 미국의 유대인 인권단체들이 출판사를 방문하여 결국 출판사가 전량 회수해 폐기하는 것으로 합의했다.

| The Dollar Story **PLUS** |

에이펙 총회의 위력

2012년 3월 첫 주말, 워싱턴 D.C.는 1만 3천여 명의 유대인들로 점령당해 있었다. 이들은 3월 4~7일 워싱턴 컨벤션센터에서 '미국·이스라엘 공공정책위원회' (AIPAC : 일명 에이팩) 연례총회에 참석키 위해 모인 유대인들이었다. 에이팩은 미국을 움직이는 강력한 유대계 시민운동조직의 하나다. 정치적인 영향력의 막강함을 빗대어서 에이팩을 '신의 조직'이라 부르기도 한다. 총회장에서 이스라엘 대통령 페레스에 이어 연단에 오른 오바마 대통령은 "미국과 미국의 이익을 지키기 위해 필요하다면 무력 사용을 주저하지 않을 것이다."라며 이란을 겨냥했다. 이란에 대한 이스라엘의 초강경 대응을 적극 만류하던 종전 태도와는 판이했다. 오바마조차 회장 분위기에 압도되었던 듯하다.

이어 총회장 연단의 휘장 뒤에서 개막 행사를 위해 미국을 찾은 페레스 대통령과 오바마 사이에 비공식 면담이 이루어졌다. 같은 시각 에이팩 참석자들은 유대국가 건설을 위해 평생을 투쟁한 시몬 페레스 대통령 소개 영상물을 보며 눈물을 흘리고 있었다. 페레스에 대한 오바마의 존경심은 한국의 김대중 대통령에 대해 클린턴 대통령이 가졌던 존경심에 비견되곤 한다. 에이팩 2012는 1만 3천여 명이 참가한 초유의 행사였다. 양국 대통령이 동시에 참석한 것은 물론 이 행사에 참석한 미국 연방의원만 4백여 명이었는데 이는 전체 연방의원의 4분의 3에 해당한다. 현장에서만 약 3억 달러가 모금되었다.

연방의원들이 이리 많이 참석하는 것은 이 회의에서 매년

200위까지의 의정활동 순위가 발표되기 때문이다. 이 순위는 곧 다음 해의 그들의 정치후원금 액수와 비례할 뿐 아니라 언론의 지지 여부와도 관련된다. 정치인들이 가장 신경 쓰는 돈줄과 언론을 모두 유대인이 장악하고 있는 것이다.

총회가 끝난 뒤 1만 3천여 명의 참가회원들은 435개의 연방 하원 지역구별로 그룹을 만들어서 의사당을 방문했다. 각자 손에는 '대화 요점'이라고 적힌 매뉴얼이 들려 있었다. 의원들을 만나 어떻게 설득하고 어떤 점을 요구해야 하는지 행동요령이 적혀 있다. 미리 통보받은 상·하원 의원들이 에이팩이 요구하는 법안에 동의한다는 사인을 해주기 위해서 의원실에서 대기하고 있는 게 상례다.

미국, 세계 경제를 주도하다

8

대량생산 시스템으로 세계를 장악하다

헨리 포드의 대량생산 시스템

1920년대와 1930년대의 미국 사회는 반유대주의와 반이민주의 정서가 팽배했다. 특히 포드 자동차의 헨리 포드가 반유대주의에 가장 앞장을 섰다. 헨리 포드는 분업생산 시스템으로 자동차를 저렴하게 대량생산하여 자동차를 대중화시킨 역사적 인물이다.

농부의 아들로 태어난 포드는 13세 되던 1876년에 아버지와 마차를 타고 디트로이트에 갔다가 이야기로만 듣던 증기자동차를 보고 홀딱 반해 버렸다. 그는 학업을 중단하고 15살 때 기계공이 되어 자동차 제작에 몰두했다. 당시 디트로이트에는 발명왕 에디슨이 세운 에디슨전기회사가 있었는데 그는 일터를 이곳으로 옮기면서 전기에 관한 지식을 배웠으며, 본격적으로 자동차를 연구하기 시작했다.

천신만고 끝에 1893년 12월 24일 부엌 싱크대 위에서 2기통짜리

엔진을 완성한 후 1896년 5월 드디어 최초의 4륜 마차 차체에 2기통 가솔린엔진을 장착한 자동차를 완성했다. 그는 몹시 기뻐 펄쩍펄쩍 뛰었다. 하지만 이내 작업실 문이 자동차보다 작아 나갈 수가 없다는 사실을 깨달았다. 헨리는 도끼를 들고 와 문과 벽을 부수기 시작했다. 도끼소리에 놀라 잠이 깬 식구들 앞에서 자신이 만든 1호차를 당당히 올라탔다. 시운전은 성공이었다. 2인승, 4마력, 시속 45킬로미터의 이 차는 친구에게 2백 달러에 팔렸고, 현재 포드박물관에 소장되어 있다.

이 소식을 들은 에디슨은 열 살 아래인 포드를 만나 격려하고 이후 자동차왕 포드와 발명왕 에디슨은 깊은 우정으로 맺어진다.

1903년 포드가 디트로이트 중소자본가들의 자금 15만 달러를 모아 포드 자동차 회사를 설립했을 때, 이곳에는 50여 개 이상의 자동차 회사들이 존재하고 있었다. 그러나 포드가 이들과 달랐던 점은 자동차의 생산과 소비에 대해 자신만의 독창적인 기획이었다. 다른 자동차 회사들이 새로운 탈것인 자동차를 유한계급의 과시용으로 제공하고 있을 무렵, 포드는 자신의 자동차를 저렴한 가격에 누구나 구입할 수 있도록 하겠다고 공언했다. 이것은 그의 신념이었다.

그러나 그것은 쉽지 않은 길이었다. 당시 자동차는 신기하지만 고장이 잦고 시끄러우며 비실용적인 사치품에 불과했다. 때문에 포드가 은행에서 대출을 요청하자 은행장은 "멀쩡한 말들이 이렇게 많은데 자동차 사업이 되겠는가?"라며 대출을 거절했다는 일화도 있다.

그럼에도 대중차 개발이라는 그의 신념은 확고했다. 1903년 세계 최초의 양산 대중차 포드 모델T의 제작을 시작하여 마침내 1907년에

:: 포드는 죽을 때까지 검정색 한 가지만의 T형 모델을 고집했다.

완성했다. 이듬해 포드는 다른 회사들이 자동차를 2천 달러 수준의 가격으로 팔고 있을 때 825달러라는 파격적인 가격에 내놓았다. 스스로와의 약속을 지키기 위해서였다.

그의 경영 원리 또한 특이했다. '미래에 대한 공포와 과거에 대한 존경을 버릴 것', '경쟁 위주로 일하지 말 것', '봉사가 이윤에 선행할 것', '값싸게 제조하여 값싸게 팔 것' 등 4개의 봉사원칙을 내세웠다. 이를 '포디즘'이라 하는데 특히 경영을 봉사로 생각한 점이 이채롭다. 또 이윤에 집착하지 않고 값싸게 팔 것을 고집하여 열심히 일하는 사람은 누구나 탈 수 있는 자동차를 만들겠다는 오랜 숙원을 이루었다.

그러고도 그는 더 싸게 만들 방법에 몰두했다. 드디어 1913년 조립라인 방식에 의한 양산체제인 포드시스템을 확립하고 컨베이어 벨트가 정상적으로 가동하자 차들이 쏟아져 나왔다. 그때까지 1대를 조립하는 데 12시간 30분 걸리던 것이 1시간 30분으로 단

:: 라인 작업을 하고 있는 포드공장의 노동자들

축되었다. 이러한 대량생산 덕분에 1914년에는 자동차 가격을 440달러까지 낮출 수 있었다. 연이어 그는 종업원들의 복지를 대폭 향상시켰다. 하루 2달러하던 종업원의 최저임금을 5달러로 올려주었다. 또 종업원에 대한 이익분배금 1천만 달러를 별도로 책정하고 하루 9시간이던 노동 시간도 8시간으로 단축했다. 시대를 앞서간 획기적인 노동정책이었다. 스스로 세운 포드 사의 경영원리이자 4대 봉사원칙을 지킨 것이다. 그 뒤 1916년에는 자동차 가격을 345달러로 인하했으며 1925년에는 가격이 260달러까지 내려갔다.

도살장의 해체라인을 자동차 조립라인으로 바꾼 것이나 평균일당의 두 배가 넘는 5달러 발상을 한 점에서 그는 천재였다. 5달러 일당은 비용보다 훨씬 많은 이익을 가져왔기 때문에 '가장 경제적인 발상이었다.'고 그는 흡족해했다. 자동차가 예상보다 빨리 인류의 생활필수품이 된 건 포드의 투철한 신념과 열정 그리고 추진력 덕분이었다. 이 포드 모델T형은 1927년 단종될 때까지 1천 5백만 대를 만들어 20세기 전반 전 세계의 자동차 시장을 독점하다시피 했다.

그의 업적은 대중차를 만든 것에 그치지 않고 새로운 관리방식과 경영시스템을 도입한 데 있다. 포드는 공장의 경영합리화를 위해 '제품의 표준화', '부품의 단순화', '작업의 전문화'라는 '3S운동'을 전개하였다. 이 원칙을 달성하기 위하여 누드젠콘이 창안한 컨베이어 시스템을 채용하여 흐름작업조직으로 노동생산성 증대에 크게 이바지하였다. 이러한 '포드 시스템'은 20세기의 미국을 대표하는 생산양식으로 전 부문에 파급되었다.

대량생산, 대량소비 시대의 개막

컨베이어 시스템으로 대변되는 포드시스템의 탄생은 끊임없는 혁신과 미국식 합리주의의 소산이었다. 1903년 회사 설립 때부터 공구와 부품을 규격화하고 공정을 단순화시켰다. 이후 계속 혁신되는 자동화와 표준화로 임금은 높아지고 작업시간은 단축되면서도 생산성은 올라갔다. 포드시스템은 대량생산, 대량소비 시대를 열었다.

미국식 대량생산의 상징은 그 뒤 선박으로 옮겨갔다. 1941년 9월 처음 건조된 1만 920톤짜리 리버티선은 그 후 2차 세계대전이 끝날 때까지 무려 2,718척이나 생산되었다. 이 배는 길이 135미터에 배수량 1만 4천 245톤의 비교적 큰 수송선이었다. 보다 고급형들까지 합치면 3,801척으로 하루 평균 3.5척씩 건조했다는 이야기다. 1만 톤이 넘는 대형 선박을 과자 찍어내듯이 만들었다. 거대한 공업 잠재력과 과학적 관리기법이 합쳐진 결과다.

:: 대량 생산된 수송선 리버티선. 1만 톤이 넘는 대형 수송선들이 하루 3.5척씩 건조되었다.

이로써 미국은 전 세계 바다를 장악했다. 고대로부터 바다를 장악한 나라가 세계를 주도했다. 페니키아 이후 그리스가 그랬고, 그 뒤 카르타고를 바다에서 제압한 로마가 그랬다. 이슬람이 그랬고, 레판토 해전에서 이슬람을 격파한 스페인 제국이 그랬으며, 스페인의 무적함대를 깨트린 영국이 그랬다.

2차 세계대전을 계기로
세계 경제의 주도권을 잡다

히틀러의 부상과 2차 세계대전

대공황 이후 미국의 보호주의는 유럽의 보호주의를 낳았다. 그리고 이는 다시 독일·이탈리아·스페인·벨기에 등이 폭력적 국수주의와 국가사회주의를 뒤섞은 파시즘으로 치닫게 했다. 이렇듯 '너 죽고 나 살자'는 보호주의 뒤에 기다리고 있었던 것은 2차 세계대전이었다.

 1차 세계대전이 끝난 후 독일에 대한 가혹한 베르사유조약이 만들어지고, 독일 대표단은 파리 교외의 베르사유 궁전에 호출되어 일체의 항변도 하지 못한 채 조약에 서명하였다. 이는 훗날 1929년 대공황이 독일을 강타하여 독일 경제를 큰 혼란에 빠뜨렸을 때 독일 국민들의 강한 불만을 불러 일으켰다. 이 때 대중연설의 천재 히틀러의 베르사유체제 타파 구호에 독일 국민들이 귀를 기울이게 되었고, 그로 의한 나치즘 운동은 세계공황의 소용돌이 속에서 크게 성장하였다. 이로 인해 결국 히틀러가 권력을 쥐게 되었다.

게다가 무리한 전쟁배상금을 갚기 위해 정부가 돈을 마구 발행하자 엄청난 초인플레이션에 휩싸이게 된다. 이러한 상황에서 나치스가 군대를 재건하여 '독일 통일'을 구실로 동유럽으로 영토를 확대했다. 결국 케인스의 예언대로 독일이 복수의 칼을 집어든 것이다. 유럽은 경제 위기가 촉발한 세계대전을 치러야했다. 결과적으로 대공황의 그늘에서 벗어난 것은 전쟁 덕분이었다. 2차 세계대전을 수행하기 위해 군수산업이 확대되었기 때문이다.

참전을 원한 미국, 명분을 만들다

1941년 12월 일본이 진주만을 폭격하자 미국 역시 전쟁에 빨려 들어갔다. 아니, 미국 스스로 전쟁을 원했다. 전쟁은 다수의 군수산업 업체를 거느린 모건, 록펠러, 듀퐁 등 유대인들에게는 쾌재의 소식이었다. 기업은 원래 평상시보다는 전시 등 비상시에 돈을 많이 버는 법이다.

기실 미국 내 유대인들은 개전 초부터 루스벨트 대통령에게 직간접으로 영향력을 행사하여 미국이 2차 세계대전에 참전하도록 종용했다. 나치 독일의 박해를 받고 있던 유럽의 유대인들을 구해내야 하기 때문이었다. 그러나 미국 정부는 참전 명분이 없었다. 루스벨트와 미국의 군산복합체는 참전을 열망했으나 1차 세계대전 때와 같은 딜레마에 빠져있었다. 명분을 만들어야 했다. 일본의 진주만 기습 4일전에 〈시카고 트리뷴〉 1면 톱으로 '루스벨트의 전쟁계획'이 특종으로 보도되었다. 여기에는 루스벨트 대통령이 얼마나 전쟁에 참전하고 싶어 하는지가 잘 드러나 있었다.

당시 미국은 전쟁 참가를 위해 일본을 상대로 다양한 도발적 조치들을 취했다. 루스벨트 정부는 미국 내 일본의 자산을 동결했고 파나마운하 사용을 금지했다. 또한 일본에 대한 무역봉쇄 조치를 단행했는데 석유의 66%를 미국에 의존해 온 일본에게 무역봉쇄는 치명적이었다. 이로 인해 일본은 중국과의 전쟁을 계속하는 데 필요한 석유 및 기타 전략자원의 수입이 불가능해졌고, 수마트라 섬의 석유를 겨냥하지 않을 수 없게 되었다. 미국은 영국과의 공조 하에 무제한적 봉쇄조치를 가했고, 수차례에 걸쳐 도쿄를 상대로 미국의 군사적 대응을 암시했다.

그리고 진주만 공습 11일 전인 11월 26일 미국은 일본에 최후통첩을 보낸다. 미국은 무역봉쇄 해제 조건으로 중국, 인도차이나로부터 일본군이 완전히 철수할 것과 독일 이탈리아와의 동맹에서 탈퇴할 것을 요구했다. 일본군의 중국 철수는 일본이 도저히 받아들일 수 없는 요구였다. 이것은 미국도 잘 알고 있었다.

전시 영국의 생산성장관 올리버 리틀튼은 1944년 좀더 솔직하게 시인했다. "일본의 진주만 공습은 미국이 취한 도발적인 조치들에 연유한다. 미국이 어쩔 수 없이 2차 세계대전에 참전하게 되었다는 얘기는 어설픈 코미디다...(중략)... 많은 사람들은 루스벨트가 일본과의 전쟁을 원했던 이유가 일본이라는 '뒷문'을 통해 미국의 지배적인 반전여론을 무력화시킨 뒤 더욱 중요한 유럽전선에 참전하기 위함이었다."고 증언했다.

전쟁이 발발하자 루스벨트의 전시내각이 구성되었다. 육군 장관에는 모건상사의 고문 변호사를, 전시 생산국장에는 제너럴모터스 사장을 임명하였다. 그리고 연합군 최고사령부 요직은 모건계의 팬아메리카 항공사 중역들로 구성되었다. 전시내각은 마치 유대계 증권회사의 주주총회를 방불케 했다.

일본은 당시 중국을 침략하고 독일과 동맹 중 이를 견제하기 위해 미국, 영국, 네덜란드가 손잡고 일본에 대한 경제제제에 나서는 통에 석유공급까지 끊어졌다. 함정과 항공기를 운항할 수 없는 지경에 이르러 이판사판으로 전쟁을 결심했다. 일본은 인도네시아와 보르네오에 있는 네덜란드의 유전을 노렸다. 유전지대를 점령하는 것은 쉬운 문제지만 배후의 미국 태평양함대가 골칫거리였다. 미국함대가 존재하는 한 안정적인 석유수송을 할 수 없었다.

그래서 치밀하게 작전을 짜 미국함대가 주둔하고 있는 진주만을 폭격하는 한편 유전지대를 점령하였다. 그러나 결국 미국 잠수함들의 공격 때문에 안정적인 석유 반입에 실패하였다. 가미가제 자살 폭격도 항공유 부족에서 나온 고육지책이었다. 연료부족으로 막장에 몰린 일본은 최후의 수단으로 가미가제 특공대를 조직했다. 일본의 계산에 따르면 미군 항공모함 1척을 격침시키기 위해 8대의 폭격기와 6대의 전투기가 필요했다. 이런 비행부대를 유지할 연료가 없어 미숙련 조종사를 뽑고 천황을 위해 순교토록 한 것이다.

1995년 군사기밀 해제로 확인된 '플라잉 타이거즈'

그 무렵 미군이 포착한 암호문서가 냉전이 종료된 1995년에 기밀이 해제되어 일반에게 공개되었다. 여기에 따르면 1933년에 탄생한 미국의 프랭클린 루스벨트 정권 하에는 3백 명의 코민테른 스파이가 있었다고 한다. 그 가운데 눈에 띄는 것은 재무성 넘버2인 재무차관 헨리 화이트였다. 헨리 화이트는 일본에 대한 최후통첩을 쓴 장본인이라고 알려져 있다. 그는 루스벨트 대통령의 친구인 모겐소 재무장관을 통해서 루스벨트 대통령을 움직여 일본을 미일전쟁으로 몰아붙였다.

당시 루스벨트는 공산주의에 대한 두려움을 인식하고 있지 않았다. 그는 헨리 화이트 등을 통해서 코민테른 공작을 받아들여 일본과 싸우는 장개석에게 전투기 1백 대로 구성된 민간인 항공용병부대 '플라잉 타이거즈'를 파견하는 등 드러내지는 않았으나 강력하게 지원하고 있었다. 미군은 파일럿들에

:: 날개 달린 호랑이 그림이 그려진 '플라잉 타이거즈' (위)와 상어이빨이 그려진 비행기(아래)

게 전역신청을 받은 뒤, 민간인 신분으로 P-40 호크 전투기의 제작사인 커티스사의 직원으로 '취업'시켜 '서비스' 훈련 차 보낸다는 명목

으로 보내게 된다.

괴짜조종사들은 아프리카 전선의 영국 비행대인 제112비행대를 본 따 상어이빨을 그려 넣었으며 날개 달린 호랑이 그림을 그려 넣어 플라잉 타이거즈로 이름 붙였다. 진주만 공격이 일어나기 한 달반 전부터도 중국대륙에서 미국은 일본에 대해 은밀하게 항공공격을 개시하고 있었다. 루스벨트는 전쟁을 하지 않는다는 공약으로 대통령이 됐기 때문에 미일전쟁을 시작하는 것은 아무래도 용납될 수 없어 일본이 선제공격을 가하도록 유도할 필요가 있었다. 일본은 루스벨트가 쳐놓은 그물에 빠져 진주만 공격을 결행하게 된 것이다.

군수산업에 쏟은 전비, 과거 50년 국가예산보다 많아

미국은 전쟁에 직접 참전하기 전부터 공업 구조를 무기 생산체제로 바꾸고 무기를 대량 생산했다. 1941년 3월에는 무기대여법을 만들었다. 연합국에 무기를 외상으로 대량 빌려주기 위한 법이었다. 그전에 무기는 현금거래였다. 미국이 무기대여법을 근거로 연합국에 지원한 무기와 식량, 석유는 501억 달러에 이른다. 요즘 가치로 환산하면 1조 달러가 넘는 돈이다.

항공기 1만 5천 대, 전차 7,050대, 지프 5만 대, 트럭 38만 대, 기관총 12만 정, 화약 35만 톤, 기관차 2천 량, 대잠구축함 105척, 어뢰정 2백 척 등 무기류와 식료품 448만 톤, 군화 1천 5백만 족 등을 제공했다. 이렇게 참전 전부터 미국은 엄청난 양의 무기를 찍어냈다.

참전 후 전비는 기하급수적으로 늘어났다. 2차 세계대전 중 미국의 전비 총액은 2천 450억 달러에 달하는 천문학적 수치다. 과거 미국의 50년간 국가 예산보다도 많았다. 이 같은 엄청난 돈의 70% 이상이 모건, 록펠러, 듀퐁가로 흘러 들어갔다. 2차 세계대전은 인류 역사상 가장 큰 재앙이었다. 하지만 이를 계기로 세계 경제의 주도권은 완전히 미국으로 넘어갔다.

금본위제로의 복귀, 미국의 패권 장악

19세기 영국이 주름 잡았던 국제금융 권력은 1차 세계대전으로 인해 끝나고 이후 대공황을 거치며 새로운 채권국으로 미국이 급부상했다. 미국의 축적된 금융자본은 세계로 뻗쳐 나갔다. 1936년경에는 미국과 영국, 프랑스간에 금본위제로의 복귀와 환율안정을 위한 협정이 체결되었다. 미국이 완전한 자신감을 얻은 것이다. 이제 미국은 고립주의·민족주의 성격에서 벗어나 개방과 자유주의 방향으로 전환했다. 세계를 제패할 패권적 능력뿐 아니라 동기와 의지까지 갖추게 된 것이다.

게다가 연이어 발생한 세계 경제사에 획을 그을 수 있는 여러 사건들이 미국의 국제 정치력과 경제의 발흥에 큰 힘이 되었다. 특히 루스벨트 대통령 통치기간 중에 일어 난 대공황, 금본위제 붕괴, 자유무역질서의 후퇴, 파시즘의 발흥, 2차 세계대전으로 이어지는 일련의 과정에서 세계 정치경제의 구질서가 붕괴되고 미국이 패권을 장약하게 되었다.

1930년대 중반에 미국은 전 세계 금의 약 35%를 보유하고 있었다. 2차 세계대전 중 다른 나라들이 미국으로부터의 수입에 의존해 전쟁을 치르다 보니 종전 시점에 이르러 미국은 전 세계 금의 약 70%를 보유하게 되었다. 가히 압도적이라고 말할 만한 상황이었다.

미국이 세계시장에서 금을 사들이는 행위를 중단한 건 1944년 2차 세계대전의 종전을 눈앞에 둔 때였다. 그동안 세계 많은 나라들의 금 보유고가 거덜 났고, 금태환제를 포기하도록 강요받았다. 이들 나라들은 자국 화폐를 싼값에라도 달러와 바꾸어야만 했다. 어쩔 수 없었다. 사람들은 이제 금을 보유하고 있는 미국 화폐를 더 신뢰했다. 결국 달러화 가치는 점점 더 높아졌다. 이는 달러가 세계 기축통화로서 작동할 수 있는 근거를 마련하게 된다.

달러, 세계의 기축통화가 되다

달러를 세계 '기축통화'로

미국의 경제패권은 사실상 힘의 역학구도에 기초해 형성되었다. 미국의 주도로 안정적 국제통화 질서를 확립하기 위해 1944년 7월 미국 뉴햄프셔 주 브레튼우즈에서 44개국 대표들이 모여 '국제통화기금'(IMF)이 설립되었다.

미국 재무차관보 화이트와 경제학자이자 영국 대표였던 케인스가 회의를 주도했다. 여기서 케인스와 화이트의 논쟁이 있었다. 영국과 미국의 논쟁은 세계 금융 조율기구를 청산동맹(Clearing Union)으로 할 것인가 아니면 안정화기금(Fund)으로 할 것인가 하는 주제에 집중되었다.

영국은 IMF가 국제통화의 발권력을 보유해야 한다고 역설한 반면 미국은 자신만이 발권력을 가져야 한다고 주장한 것이다. 당시 어느 국가도 미국의 적수가 되지 못했다. 국제통화의 발권력을 미국이 독점하는 것은 피할 수 없었다. 단지 기축통화의 안정을 위해 달러화의 발행을 금 보유와 연계시킨 것이 제약의 전부였다.

하지만 애당초 게임이 안 되는 싸움이었다. 왜냐하면 사실 당시 수많은 전쟁에서 패해 막대한 채무국이었던 영국과, 지금보다도 더 막강한 권력을 휘두르던 채권국 미국의 싸움이었기 때문이다. 따라서 해리 화이트가 거의 일방적으로 회의를 주관했다.

:: 워싱턴 DC에 있는 IMF 본부

결국 미국의 주장이 관철되었다. 이 안정화기금이 오늘날 국제통화기금(IMF)이다. 미국은 '달러화를 매개로 하는 고정환율제도'를 전후 세계 금융질서의 골간으로 삼았다. 국제 결재수단을 금 대신 달러화로 하되 언제든지 달러화를 가져오면 미국이 35달러에 금 1온스를 바꿔준다는 것이었다. 사실상의 달러 본위제를 도입한 것이다.

화이트는 결국 많은 반대를 무릅쓰고 국제 통화제도를 관장하는 IMF와 IBRD(세계은행)를 미국 내에 두게 되고 달러를 중심으로 한 세계 금융체제를 확립했다. 이것이 일명 '브레튼우즈체제'이다.

후일담이지만 아이로니컬하게도 자본주의 핵심장치인 IMF 창설을 주도했던 유대인 해리 덱스터 화이트 재무차관은 공산주의자였다. 그는 친이스라엘 성향으로 로스차일드 가문의 영향 하에 있었던 인물이다. 1920년대 초반부터 미국 공산당은 소련으로부터 지원을 받으며 미국 내에서 소련의 입장을 옹호하고 소련에 우호적인 여론을 조성하는 한편 지하에서는 간첩임무도 수행했다. 1947년 소련에 원자폭탄 비밀을 넘긴 죄로 처형된 유대인 로젠버그 부부 역시 미국 공산당 당원이었다. 1930년대 미국에서 유대인 공산주의자들은 소련이 심어놓은 공산주의 지하세포의 80% 이상을 차지했다. 매카시 선풍 이후 1947년 스미스 법안에 의해 기소된 공안사범들 가운데 과반 이상이 유대인들이었다.

IMF 이사회에 거부권이 보장된 유일한 국가, 미국

회의 결과 브레튼우즈체제를 관장하는 기구로 국제통화기금인 IMF와 세계은행인 IBRD를 창설하는 협정이 발효됐다. 국제 통화질서를 명실상부하게 미국이 주도하게 된 역사적 출발점이다. 이후 IMF 총재는 명목상 유럽인이 맡되 실질적인 주도권은 지분이 가장 많은 미국이 주도하고 있다.

 IMF에서 이사회 안건에 거부권이 보장된 유일한 국가가 미국이다. 다른 나라들이 실컷 논쟁을 하고 어깃장을 놓다가도 막판에는 꼬리를 내릴 수밖에 없는 이유이다. 한편 세계은행 총재는 미국인이 맡는 게 관례화 되었는데 초대 유진 메이어를 위시해 대부분 월가나 재무

관료 출신의 유대인들이 맡아 왔다. 그러다 최근 한국계 김용 총재가 선임되었다.

브레튼우즈체제의 형성 과정에서 영국과 미국의 헤게모니 대결의 흔적은 '달러-금'의 절충본위제라는 모양으로 나타났다. 영국의 대표 케인스는 완전한 금본위제를 주장했다. 미국은 아직 서툴러서 이것을 완전히 엎을 수는 없었다. 그래서 전쟁 전의 가치인 '금 1온스=35달러'라는 기준이 합의되었다. 이로써 브레튼우즈체제는 금본위제이면서도 조절 가능한 고정환율제라는 특성을 가지게 되었다. 금 1온스당 35달러의 금태환을 보장하고 각국 통화의 가치를 달러에 고정시켰다. 1파운드는 2달러 80센트, 1프랑은 20센트 그리고 1달러는 360엔으로 결정되었다.

패권국 통화를 기축으로 하여 다른 통화들의 가치를 고정시킴으로써 달러의 가치가 유지되는 한 국제통화 질서의 안정이 지켜지도록 했다. 국제수지 적자문제를 해소하기 위한 평가절하를 허용했다.

루스벨트와 얄타회담, 한반도를 양분하다

제2차 세계대전이 종식될 무렵 이탈리아가 이미 항복한 상태였고 독일마저 패전의 기미가 보이자, 연합국 지도자들은 전후 대책을 논의하기 위해 1945년 2월 4일~11일 크림 반도 얄타에서 회담을 가졌다. 미국의 루스벨트 대통령, 영국의 처칠 수상, 소련의 스탈린 최고인민위원 등 연합국의 지도자들은, 패전 후 독일을 미국·영국·프랑스·소련 4국이 분할 점령한다는 원칙 등 몇 가지 점에 합의하였다.

극동문제에 있어서는 비밀협약을 맺었는데, 그 내용은 소련이 독일 항복 후 2~3개월 이내에 대일전에 참전해야 하며, 그 대가로 연합국은 소련에게 러일전쟁에서 잃은 영토를 반환해주고 외몽골의 독립을 인정하는 한편 한반도도 38선으로 나누어 참전국이 신탁통치한다는 것 등으로 추정된다.

얄타회담의 일부 조항은 태평양과 만주에서 일본을 패배시키는 데 소련의 지원이 절실히 필요하다는 가정에서 체결된 것이었다. 그러나 소련의 참전은 지연되었고, 미국의 원폭이 투하된 1945년 8월 6일 뒤에 참전하여, 참전한 지 불과 5일 만에 일본은 항복했다.

프랭클린 루스벨트는 우리 한국인들에게는 유감스러운 존재이다. 얄타회담에서 한반도에 38선을 긋도록 스탈린과 합의한 대통령이기 때문이다. 이 회담 직후 병마에 시달리던 루스벨트는 결국 뇌졸중으로 사망했는데 이 회담에 참가했던 세 사람이 모두 뇌졸중으로 쓰러졌다는 점이 특이하다.

트루먼 독트린, 사회주의 확산을 막다

그 뒤 루스벨트의 뒤를 이어 부통령 해리 트루먼이 대통령이 되었다. 1947년 3월 12일, 그는 상하 양원 합동회의에서 행한 연설에서 이른바 트루먼 독트린 선언을 했다. 그는 "미국의 목적은 소수파가 독재정치를 강요하는 공산 침략주의에 대항해 자유민주주의 제도와 영토 보전을 위해 투쟁하는 세계의 모든 국민을 원조하는 것"이라고 선언했다.

트루먼 독트린의 주 이유는, 사회주의 확산을 방관할 시 유럽과 아시아라는 대형시장을 잃을 것으로 판단했기 때문이다. 전후 미국 대외정책의 근간은 일단 공산주의 봉쇄였다. 따라서 우선 가장 부유한 지역인 서유럽과 일본이 공산주의의 영향권에 들어가는 것을 막아야만 했다.

∷ 루스벨트의 뒤를 이은 해리 트루먼 대통령

경제적으로 미국은 두 가지의 상이한 정책을 통해 목표를 실현한다. 서유럽의 부흥을 위해서는 자금을 직접 투입하는 '마셜 플랜'이라는 대규모 원조를 단행한다. 서유럽은 다른 지역에 대한 무역의존도가 상대적으로 낮았고 또한 기술적으로도 상당한 수준을 견지하고 있었음으로 국내경제의 활성화만으로도 재건에는 큰 문제가 없다고 판단한 것이다. 실제 미국은 시장으로서의 가치가 큰 유럽을 경제적으로 지원하여, 당시 옛 소련 주도로 벌어지던 사회주의 확산을 막았다.

그러나 일본의 경우는 사정이 달랐다. 우선 기술 수준에서 일본은 서유럽에 미치지 못했다. 그리고 또한 일본 경제는 중국과 동남아시아에 상당히 의존되어 있었다. 곧 방대한 수출시장이 없이는 일본의 부흥이 어렵다고 판단한 것이다. 따라서 일본의 경우 쌍무적인 안보조약을 통해 공산 중국과 소련에 대한 안전을 보장해줌과 동시에 방대한 미국시장을 일본의 수출 증진을 위해 개방시켰다. 그 유명한 수출주도형 경제성장정책이 실행되었던 것이다. 바로 이 파고를 두 번째로 잘 이용한 국가가 한국과 대만이었고 세 번째로 잘 이용해 경제 기적을 창출하고 있는 국가가 중국인 것이다.

미국이 유럽을 돕다, 유럽 복구를 위한 마셜 플랜

군에서 전역하고 트루먼 내각의 국무장관이 된 조지 마셜이 그 해 타임지의 올해의 인물로 선정된다. 이유는 유럽 전후 복구를 위한 마셜 플랜의 전격적인 제안이었다. 2차 세계대전 후 유럽은 초토화 상태였다. 특히 독일, 프랑스, 베네룩스 3국의 피해가 극심했다. 이탈리아도 전쟁의 한복판에 휘말렸으며, 영국은 허구한 날 독일 공군의 공습을 받아야 했다. 그리스도 독일과의 전쟁 및 내전으로 황폐화되었고, 노르웨이나 핀란드도 사정은 비슷했다. 독소전의 주 무대가 된 소련 서부 및 동유럽은 말할 것도 없었다.

마셜은 초토화된 유럽에 대해 미국이 대대적인 재정지원을 단행하여 빠른 전후복구를 도와주어 유럽을 회복시킬 것을 제의하였다. 서서히 동서냉전 구도가 확고히 되어가던 이 무렵, 마셜의 이러한 대대적인 유럽 전후복구 지원책은 소련의 서진에 맞서 서유럽 국가들을 최대한 빨리 회복시켜야 한다는 전략적 필요성과, 유럽의 빠른 회복으로 미국 산업력이 소비시장을 계속 유지해야 한다는 경제적 필요성이 맞물린 결과였다. 이후 마셜 플랜으로 1948년부터 3년 동안 130억 달러가 지원되어 유럽은 급속도로 복구되었다.

냉전 시대, 자유주의 진영과 사회주의 진영의 대결구도

2차 세계대전 이후 세계전체로 보면 보호주의와 정부개입의 물결이 크게 밀려왔다. 지나친 자유방임으로 빈익빈 부익부 문제, 주기적 공황문제, 독과점 문제 등이 발생하자 자유주의에 대한 두 가지 반대 사상이 득세하였다. 하나는 19세기 말 마르크스의 공산주의 사상이고 다른 하나는 1930년대 대공황이후 케인스의 수정자본주의 이념이다.

먼저 공산권은 서구와의 세계무역에 동참하지 않았다. 냉전체제 하에서 자본주의 진영은 서구의 안전을 위협하게 되는 재화가 소련으로 유입되는 것을 막기 위해서 대 공산권 수출통제위원회(COCOM)를 설치했고, 이에 대항하여 소련은 동구권과 함께 공산권 국가들의 경제상호원조회의(COMECON)을 만들었다. 그리하여 동서 진영 간에는 무역이 거의 일어나지 않았다.

또한 중남미 지역이 전후 낙후되면서 종속이론이 등장하였다. 이 이론에 의하면 자유무역은 1차 산업에 비교우위를 갖는 농업 국가들은 계속 부가가치와 연관효과가 적은 1차 산업에 특화하게 되고 그러면 영구적으로 선진국을 따라잡지 못하고 주변부에 머물게 된다고 하는 종속이론이 등장하면서 자유무역주의에 대항하였다. 제2차 세계대전이후 세계의 절반을 차지한 공산주의 국가들은 자유주의 시장경제 원리를 부정했다. 정부가 가격을 결정하고 경제계획을 수립하는 등 전형적인 중상주의 정책을 실시하였다.

에치슨 라인과 6.25 전쟁

제2차 세계대전이 끝날 무렵인 1945년 2월에 미국·영국·소련 대표가 얄타에 모여서 일본군의 무장을 해제하기 위해 38도선을 경계로 북쪽은 소련군이 남쪽은 미군이 군정을 실시하기로 하였다. 이후 군정이 끝나자 미국은 소련과의 협상결과, 한반도에서 소련군과 미군이 동시에 철수하기로 했다. 그리하여 1949년 6백 명의 군사고문단만 남기고 미군은 남한에서 철수하였다. 소련군도 북한에서 떠났지만 북한은 소련에게 엄청난 군사적, 경제적 협조 약속을 받아냈다.

1950년 1월 10일 에치슨 국무장관은 "서태평양에서의 미국의 방위선은 일본-오키나와-필리핀을 연결하는 선으로 이 방위선에 대해서는 미국이 직접적인 책임을 지지만, 그 외의 다른 지역에 대해서는 우선 공격을 받은 국민의 저항으로 대비한 후 다음에 국제연합 헌장 아래 전 문명세계의 원조에 의존한다."라고 에치슨 라인을 발표하였다. 중국과의 관계를 고려하여 한국과 대만은 이 방위선에서 제외되었다.

그리고 5개월 후 한국전쟁이 일어난다. 역사는 에치슨 라인을 6·25의 제1전범으로 지목하였고, 에치슨은 공화당으로부터 전쟁발발의 책임자로 비판받았다. 그러나 사실 이 연설의 요체는 흔히 알려져 있듯이 한국을 포기하겠다는 것이 아니었다. 오히려 그것은 재정지출 삭감을 주장하는 미 의회와 군비의 효율적 사용을 주장하는 군부를 다독이면서, 북진통일이나 본토 수복을 외치는 이승만과 장제스의 무모한 모험을 견제하고, 그러면서도 유엔을 끌어들여 두 나라의 안전을 확보하겠다는 다목적 발언이었다. 그러나 여기에 오산이 있었다. 북한과 소련은 미국이 대한민국에 대한 방어 의지를 포기한 것으로 판단하고 5개월 후 전면 남침을 감행, 민족상잔의 비극이 일어나게 된다. 미국은 다급히 한국을 도왔다.

"알지도 못하는 동방의 작은 나라, 만난 적도 없는 사람들의 자유를 지키기 위해 국가의 부름에 응한 우리의 아들과 딸들을 기린다." 이 문구는 워싱턴 시내 한국전쟁 기념공원 '참전 기념비'에 새겨진 추모 글이다. 6·25전쟁 3년 동안 한반도 땅을 밟은 UN군은 4천 명의 유대인을 포함하여 총 190만 명이었다. 그 중 미군은 178만 명(참전 연인원 약 58만 명)이었고 이 가운데 약 4만 5천 명이 고국에 돌아가지 못했다. 온전한 몸으로 귀국하지 못한 상이군인도 9만 2천 명에 달했다. 이렇게 미국은 총 13만 7천 명이나 되는 엄청난 사상자를 내면서 대한민국의 자유를 위해 싸웠다. 그들은 최소한 한반도에서는 자유민주주의를 사수하기 위해 대한민국을 몸과 마음으로 도왔다.

하지만 미국도 얻은 게 있었다. 2차 세계대전 뒤 미국 군수산업은 판매시장이 없어 불황에 빠져 미국 경제도 힘들었는데 한국전쟁이 미국 경제 회복에 크게 기여했다. 한국전 이후 월스트리트 주가가 급속도로 상승세를 타기 시작했다. 패전국 일본도 보급기지 역할을 맡아 재기의 발판을 마련했다. 도산 위기의 도요타가 트럭 등 4천 7백 대의 군수 차량을 수주 받는 등 한국전 기간 중 일본이 공급한 물량은 30억 달러가 넘었다. 이는 일본이 다시 일어설 수 있는 큰 힘이 되었다.

1969년 달러 고액권 사용이 중단되다

달러도 예전에는 고액권이 발행되어 유통되었다. 1918년 5백, 1천, 5천 및 1만 달러 4종의 고액권이 추가로 발행되었다. 심지어 은행 간 거래를 위해 1934년에는 십만 달러짜리도 발행되었다.

그러나 이 고액권들이 주로 범죄 조직에 의해 검은 돈으로 사용되자 1946년부터 발행이 중단되었다. 그 뒤 공식적 유통이 완전히 중단되지는 않았으나 사용하는 이가 드물다. 고액권 악용 사례가 늘어나자 리처드 닉슨 대통령이 1969년 회수 후 사용을 완전 중단시켰다. 유럽 연합은 지금도 2백, 5백 유로짜리 고액권을 사용하고 있다.

현재 달러 고액권은 법정통화로 인정되고 있으며 주로 화폐수집가들에 의해 소장되고 종종 경매에서 고가에 낙찰되곤 한다. 2009년 1천 달러 지폐가 225만 달러에 낙찰된 바 있다.

:: 5백 달러 : 윌리엄 매킨리, 1천 달러 : 그로버 클리블랜드, 5천 달러 : 제임스 매디슨, 십만 달러 : 우드로 윌슨

세계 금융의 중심, 월가

유대인의 도시 뉴욕의 월가는 세계 금융의 중심지로 그 중심에는 유대계 자본이 있다. 1901년 제이피 모건이 유에스스틸을 상장시키면서 뉴욕은 런던 금융시장을 앞질러 세계 최대의 금융시장이 되었다. 당시로선 천문학적인 14억 달러를 월스트리트에서 조달했다. 이때 대기업의 IPO 규모가 1백만 달러 수준이었다.

그 뒤 2차 세계대전 당시에는 로스차일드 가문의 다섯 개 금융거점 중 독일, 오스트리아, 이탈리아, 프랑스가 나치의 수중에 들어갔다. 당시 영국도 위태로운 상황에서 뉴욕은 유대자본의 가장 안전한 도피처가 되었다. 월스트리트 주가는 한국전쟁 동안 전쟁특수로 2년간 24%의 상승률을 기록했다.

350년이 넘는 이민사를 통해 유대인들은 뉴욕에서 가장 큰 이민세력으로 성장해 세계 금융시장의 중심인 맨해튼의 주인이 되었다. 세계 금융의 양대 산맥인 런던의 경우도 유대계 자본이 주도하기는 마찬가지다. 우리는 외환위기를 겪으면서 월가가 얼마나 중요한 곳인지 뼈저리게 느꼈다. 그들 신용등급 평가 하나에 투자자금이 빠져나가 경제가 추락하여 나라가 흔들리는 모습을 보았다.

국가의 신용등급은 우리 은행들의 차입 금리를 결정한다. 월가에서 발행하는 우리 외평채의 이자율이 기준금리가 되어 우리 기업들의 차입금리가 결정된다. 한 국가의 경제를 쥐락펴락하는 힘이 월가에 있는 것이다. 한 국가만이 아니다. 월가는 세계 경제 전체를 좌지우지하는 힘을 가지고 있다. 그 중심에 유대인들이 있다.

참고문헌

| 서적 |

《99%의 롤 모델-오늘의 부족한 1%를 채우는 역사》, 권홍우, 인물과사상사, 2010년 2월

《달러의 비밀》, 크레이크 카민, 따뜻한손, 2009년 9월

《먼나라 이웃나라》, 이원복, 김영사

《부의 역사》, 권홍우, 인물과사상사, 2008년 6월

《성서 이후의 유대인》, 최영순, 매일경제신문사, 2005년 5월

《유대인을 알면 경제가 보인다》, 최재호, 한마음사, 2001년 7월

《유대인의 역사》폴 존슨, 살림 등, 2005년 3월

《이야기 미국사》, 이구한, 청아출판사, 2006년 7월

《하룻밤에 읽는 세계사2》, 미야자키 마사카츠, 랜덤하우스코리아, 2011년 3월

《화폐전쟁》, 쑹훙빙, 랜덤하우스코리아, 2008년 7월

| 신문기사, 잡지 |

〈J.P.모건의 1백 64년사〉, 박태견 기자, 프레시안, 2002년 7월 25일

〈강철구의 세계사 다시 읽기〉, 강철구, 프레시안

〈다우지수·워크아웃·물타기… 철도 산업서 등장〉, 강남규 기자, 중앙선데이, 2009년 11월 8일

〈러·일전쟁 100년 쇄신 발굴〉, 강영수, 월간조선, 2004년 3월호

〈박재선의 유대인 이야기〉, 박재선, 중앙SUNDAY

〈시어도어 루스벨트 대통령〉, 김형인 한국외대 연구교수, 월간조선, 2006년 10월호
〈오늘의 경제소사〉, 권홍우 편집위원 등, 서울경제신문
〈월스트리트저널〉, 1926년 1월 26일
〈유대인 이야기, 리바이스에서 랄프 로렌까지〉, 육동인 기자, 뷰티타임스, 2004년 10월 13일
〈주경철의 세계사 새로 보기 ③ 비버, 북아메리카의 역사를 바꿨다〉, 주경철, 주간조선, 2009년 11월 30일
권홍우 편집위원, 서울경제신문
박태견, 프레시안, 2002년 7월 25일/박태견, 뷰스앤뉴스, 2008년 9월

| 인터넷, 기타 |

〈고아에서 미국 대통령으로 앤드루 잭슨〉, 작성자 큐터, http://blog.daum.net/_blog/BlogTypeView.do?blogid=0Dafh&articleno=12878460&categoryId=444379&regdt=20111130181520
〈담배의 전성시대〉, 배연국의 돈 블로그, http://blog.segye.com/bykoog
〈로스차일드, 화폐 그리고 대공황〉, 샤프슈터 박문환 팀장, 와우TV
〈스탠더드 오일의 탄생〉, 정혁준 블로그, http://blog.hani.co.kr/june/37837, 2011년 9월 28일
마이네임이즈, http://blog.naver.com/shinade/60008791169

달러 이야기
달러의 탄생과 세계지배의 역사

1판 1쇄 인쇄 | 2014년 12월 5일
1판 4쇄 발행 | 2020년 9월 25일

지은이 홍익희
펴낸이 김기옥

경제경영팀장 모민원 **기획 편집** 변호이, 김광현
커뮤니케이션 플래너 박진모
경영지원 고광현, 임민진
제작 김형식

디자인 디자인허브
인쇄·제본 민언프린텍

펴낸곳 한스미디어(한즈미디어(주))
주소 우편번호 121-839 서울특별시 마포구 양화로 11길 13 (서교동, 강원빌딩 5층)
전화 02-707-0337 | **팩스** 02-707-0198 | **홈페이지** www.hansmedia.com
출판신고번호 제 313-2003-227호 | **신고일자** 2003년 6월 25일

ISBN 978-89-5975-758-9 (13320)
ISBN 978-89-5975-761-9 (세트)

- 책값은 뒤표지에 있습니다.
- 이 책은 저작권법에 따라 보호받는 저작물이므로 무단 전재와 무단 복제를 금합니다.
- 잘못 만들어진 책은 구입하신 서점에서 교환해 드립니다.